ANNALES
DES CAUCHOIS

IMPRIMERIE CLAYE, TAILLEFER ET Ce
7 RUE SAINT-BENOÎT.

ANNALES
DES CAUCHOIS

DEPUIS LES TEMPS CELTIQUES

JUSQU'A 1830

Par CH. JUSTE HOUËL

AVOCAT A LA COUR ROYALE DE PARIS

L'UN DES CENSEURS DE LA SOCIÉTÉ DE L'HISTOIRE DE FRANCE,
ANCIEN BATONNIER DES AVOCATS DE ROUEN, PRÉSIDENT DE L'ACADÉMIE ROYALE,
PRÉSIDENT DE LA SOCIÉTÉ D'ÉMULATION, PROFESSEUR AU COLLÉGE ROYAL,
MEMBRE DE LA COMMISSION DÉPARTEMENTALE DES ANTIQUITÉS DE LA MÊME VILLE,
PRÉSIDENT DU TRIBUNAL CIVIL DE LOUVIERS,
MEMBRE DE LA COMMISSION DÉPARTEMENTALE DES ANTIQUITÉS DE L'EURE
ET CORRESPONDANT DE LA SOCIÉTÉ DES ANTIQUAIRES DE NORMANDIE.

TOME TROISIÈME

PARIS
AU COMPTOIR DES IMPRIMEURS-UNIS
— Comon et Cⁱᵉ —
15, QUAI MALAQUAIS

1847

ANNALES DES CAUCHOIS

CINQUIÈME PÉRIODE.

Dès que les portes de Rhoëm furent ouvertes, ou An 1204
pour mieux dire, dès que les troupes du roi de France
ne se regardèrent plus comme en pays ennemi,
l'aspect, les habitudes cessèrent d'être les mêmes;
on détruisit la tour de César, et l'on construisit, près
de la fontaine Gaalor, une grosse tour, qui existe aujourd'hui, et qui vient même d'être réparée [1]; on augmenta la barbacane; nous en avons vu les restes [2]; la
porte du Pont-Honfroy remplaça la porte Robec [3].
Naguère, toute la province et les territoires en dépendant rayonnaient autour de la capitale normande;
c'était là qu'on stipulait de royaume à royaume;
que la paix et la guerre se décidaient; désormais,
l'importance de Paris augmentera, à mesure que
celle de Rhoëm diminuera. Comme le commerce va
prendre plus d'extension, on reculera les murailles,
car, de la mer jusqu'à la haute Seine, c'est la seule

(1) Chron. norm. ap. Duch., p. 1005. — Farin, t. 1, p. 44. — Chron.
roth. Delamarc. (2) Lesguillez, p. 31. — Deville, p. 13.
(3) Richard, Revue de Rouen, 1843.

position fortifiée. Nous allons nous occuper d'une simple province; c'est de législation spéciale, de biographies, plus que de faits généraux, que nous allons vérifier les dates.

Le premier acte est la création d'un roi d'armes, dont les fonctions sont de tenir, sous l'inspection du connnétable, des registres de toutes les familles nobles et de leurs blasons [1]; le deuxième est l'institution des baillis, spécialement des baillis de Caux [2]; le troisième est l'usage de répandre en Normandie le titre de *marquis*, jusque-là à peine employé [3].

Philippe-Auguste entend dire que plusieurs seigneurs normands ont désapprouvé l'accord ou grande charte; il confisque leurs domaines, et ces barons, pour la plupart nés en Angleterre, s'y retirent avec des intentions hostiles [4].

An 1205   Immédiatement après, le roi s'occupe du personnel qui est à sa disposition; il vient pour cela à Rhoëm. On a le cérémonial de sa réception [5]. Le brave Guillaume de Hommet est conservé connétable de Normandie [6]; Guillaume d'Angerville, de l'ancienne maison d'Auvricher ou Orcher, en Caux, est grand sénéchal [7]; presque tous capitaines français sont aux autres postes [8]. On rend au comte de

---

(1) V. Ordonn. du 29 juillet 1760, Recueil du conseil d'État. — M. Decruzy, p. 301 et suiv. (2) Béziers, 1769.

(3) V. sur l'étymologie l'origine et les fonctions, Trévoux, v° Marquis. — M. Granier de Cassagnac, Revue de Paris, t. 51.

(4) A. Le Prevost, sur Rou, p. 23. — Reg. de Philippe-Auguste, légué par le conseiller d'état Rouillé Ducoudray, à la Bibliothèque royale. — Dict. hist. v° Rouillé Ducoudray.

(5) Pommeraye, p. 437.

(6) Soc. des ant. de Norm. 1834, p. 53. — M. Floquet, Parlement, p. 111. (7) Toustain de Richebourg.

(8) Cron. 1581, folio 161, verso.

Bretagne Lindebeuf en Caux et d'autres terres fort importantes ¹.

Le roi respecte la décision des chanoines de Rhoëm qui, au décès du fameux Gautier, prélat pendant vingt-quatre ans, ont nommé pour archevêque, sauf l'avis du pape, le pauvre, mais *prud'homme*, Robert Poulain ²; il respecte aussi celle de Robert Poulain lui-même, qui envoie des chanoines à l'abbaye des Deux Amants ³; mais il s'empresse de faire décider, en un conseil de barons, la différence des droits du roi et de ceux de l'Église. Parmi les signataires du procès-verbal sont: Henri d'Estouteville, Jean de Préaux, le chambellan de Tancarville, Robert de Torcy, Robert d'Esneval et Thomas de Pavilly ⁴.

Après ces soins qui déposent de la constance, du savoir, de la gravité de ces hommes qui, malgré les fautes de Richard et de Jean, avaient pris soin de l'intérieur du pays, on se délasse bientôt à l'ombre de quelques-uns des bienfaits de la paix.

On lit le poëme de Guillaume Lebreton, *Philippidos* ⁵; on s'entretient des anecdotes de la cour de Philippe-Auguste, des romans de chevalerie, tels que les chevaliers de la Table-Ronde, et autres produits de la gaie science ⁶.

Les marchands apprennent que Constantinople a

---

(1) Cron. 1581, folio 161, verso.
(2) Cron. 1581, folio 161, verso. — Chron. et charte ap. Duch., p. 1005, 1061. — Mém. de l'inst. hist., juillet 1835, p. 299. — Pommeraye, Gilbert, Servin, placent le fait en 1208.
(3) V. l'étymologie de Duplessis, t. 2.
(4) Masseville, t. 3, p. 55.
(5) W. Britton, ap. script. Fr., t. 18, p. 322. — Lesguillez, p. 21.
(6) Sim. de Sismondi, t. 1, p. 299, 300. — Anecdotes de la cour de Philippe-Auguste, par M. de Lussan, in-12. — Les chevaliers de la Table-Ronde, par Creuzé de Lesser, 1812.

été prise par les croisés [1], et l'on pense, en suivant la route tracée par la flotte de Richard, à importer des objets du Levant, à exporter vers le Bosphore les produits normands. Bientôt on lira un poëme de vingt-quatre mille vers sur Godefroy de Bouillon [2]; au lieu d'un *archi-pirate* pour commander une flotte, ce sera un *amiral*, comme dans le Levant [3].

Quelques chevaliers de la croisade et des hommes de l'art revenaient, enthousiasmés des produits de l'architecture orientale. Les dessins en ogive d'Enguerrand [4], devenaient à la mode jusque dans l'écriture [5]; il semble que ce fût une manière d'élever des trophées à la gloire des chrétiens, vainqueurs des musulmans.

C'est aussi certainement de cette époque que date l'usage de chanter à table [6], soit qu'il ait été importé de l'Orient en France et de France en Normandie, soit qu'il vienne d'une habitude donnée par la paix, de prolonger les repas.

Résultats plus sérieux dus aux mêmes causes : les abbayes faisaient un commerce qui allait se modifier. On avait dit jusque-là : vin de Fécamp, vin du Bec, vin de Jumiéges [7], pour dire vin importé en France par les soins des religieux de Fécamp, du Bec, etc.; des particuliers allaient faire ces échanges. Autrefois l'abbaye de Notre-Dame-des-Préaux possédait presque seule des tanneries, des fouleries [8]; on allait en établir

---

(1) Hénault. (2) Soc. de l'Hist. de Fr. 1840, p. 106.
(3) Émir-al, *v.* Spelman, et Mém. acad. de Rouen, avec l'épigr. *Ades ô mihi.* (4) Soc. de l'Hist. de Fr. 1835, p. 217. — Hénault, rem. particulières, p. 792. (5) Soc. des ant. de Norm. v. de 1837, t. 8, 9, p. 72.
(6) M. Pluquet, p. 380. — M. Depping le mentionne pour 1223, t. 2, p. 231. (7) Brussel, fiefs, t. 2. — M. Depping, p. 437 et notes.
(8) M. Depping, t. 2, p. 438.

plusieurs à Rhoëm sur la Renelle et Robec. Les autres conquêtes de Philippe-Auguste sur les Anglais [1] augmenteront les relations commerciales. Saint-Valery allait faire un commerce étendu de cuirs importés d'Angleterre [2]. L'abbaye de Saint-Michel-du-Tréport, qui était si considérable, et dont la nef a subsisté jusqu'en 1750, qui n'a dû qu'à des causes semblables sa richesse et même son luxe [3], allait, comme les autres, se renfermer dans des habitudes moins mondaines.

Beaucoup de familles qui avaient des domaines en Angleterre et en Normandie, allaient opter entre ces résidences; ceux de leurs membres qui devaient rester en Angleterre vendaient leurs biens normands. C'est dans le pays de Caux surtout que ces mutations avaient lieu : Lusignan qui avait eu le domaine d'Eu, par exemple, le cédait aux Brienne [4].

Le roi vainqueur entretenait la pensée que, peu à peu, le caractère français allait se développer de nouveau dans le pays de Caux et le Roumois, comme dans le Vexin; mais on conçoit que, quand nous disons *peu à peu*, il ne se pouvait pas que ce fût même en quelques années. Les coutumes normandes qui étaient celles que le conquérant avait importées de l'autre côté de la Manche, ne cessaient pas par l'effet d'un traité; beaucoup de noms même, comme l'a remarqué M. Thierry, restaient pareils [5]; toutes les lois portées par Guillaume en Angleterre subsistaient [6].

(1) Lenain de Tillemont, Saint Louis, t. 1, p. 75.
(2) M. Depping, t. 2, p. 437.
(3) V. le tableau actuellement dans l'église de Tréport, qui représente cette abbaye en 1750.
(4) Duchesne, p. 1055. — M. Estancelin, p. 5. — M. Depping, t. 2.
(5) T. 3, p. 300. (6) Hoüard. — Littleton.

C'est le moment d'analyser en quelques lignes ce que ce fut que cette vieille coutume, ou, en d'autres termes, ces vieilles mœurs recueillies et réglées à Lillebonne par les prélats, barons et délégués [1], ce qui a fait nommer le pays, pays d'états [2].

Le vieux Coustumier dont les manuscrits deviennent si rares, était tout le droit normand, et, sauf quelques additions, quelques corrections, le corps de l'ouvrage a duré six siècles. Les seigneurs normands ont juré fidélité à ses règles, ayant à leur tête Regnauld, comte de Boulogne [3].

Si d'abord il n'a pas été publié en français [4], si même il n'a pas été publié autrement que par la relation qu'ont faite ceux qui avaient stipulé et ceux qui avaient promis les droits [5], il est certain, pour quiconque veut se rendre compte des événements, et en même temps examiner les textes, que le Coustumier a été constaté à la manière du temps. Les prélats de Normandie ont semblé en accuser réception, comme étant chargés en premier ordre de son exécution [6] ou comme ayant l'habitude de noter les événements par écrit. Peu après, cette Coutume a été écrite sur parchemin [7]. En 1205, vingt-un seigneurs posaient certaines espèces,

---

(1) Bessin, Concil. roth. — Duchesne. — L. Thiessé, p. 20. — Soc. des ant. de Norm., t. 10. p. 467, 470. — Sur l'assemblée de Lillebonne, *v.* la Coutume de Normand., impr. en 1483, par G. Gaullemier, pour Robinet Macé, ch. 109 ; et l'hist. de la rédaction au *deux* tiers du vol. — Nous ne savons sur quel fondement Toustain de Richebourg place la rédaction de la Coutume en 1229, t. 1, p. 107. — Noël, t. 2, p. 123. — Édouard Coke, *passim*.

(2) Ann. de la Soc. de l'Hist. de Fr. 1840, p. 134.

(3) Hoüard, t. 1.

(4) Daviel, Recherches sur l'origine de la Cout., p. 15, 18, 27, 28.

(5) La lettre de M. Pardessus, et l'introduction de M. Marnier en tête des établissements de Norm. 1839.

(6) Daviel, p. 47. (7) Recherches de Van Kœnig.

certaines distinctions, pour obtenir l'interprétation du texte [1]. En 1208, la Coutume a été le sujet d'une lettre au roi [2]; en 1220, une rédaction plus complète a eu lieu [3]; en 1250, un juriconsulte l'a mise spontanément en un texte français [4]; en 1269, saint Louis a mentionné la Coutume de Normandie dans une de ses ordonnances [5]; en 1270, le roi en a accueilli une rédaction officielle faite par Desfontaines [6]; en 1280, Richard Dombault, pour la familiariser, la traduisait en vers normands [7]; en 1300, elle était admirablement écrite, et le manuscrit qui a appartenu à l'abbaye de Jumiéges, est bien connu; un autre manuscrit appartient à la Bibliothèque royale [8]; en 1302, son texte est cité dans une charte royale [9]; en 1315, dans la charte normande, on se référait à la Coutume; en 1350, un autre manuscrit était rédigé *in-folio* [10].

Si, en 1394, les états en demandaient la réformation, sous Charles VI, un manuscrit que nous possédons [11], a été fait avec assez de soin pour qu'on puisse précisément remarquer les différences qui existent entre le cahier qu'il copiait et celui de la première édition dont nous allons parler.

Sous la domination anglaise, l'échiquier observait

---

(1) Brussel, Usage général des fiefs.
(2) Style de procéder, *in proemio*.—Daviel, p. 24 — M. Floquet, parlement, t. 3, p. 185. (3) Van Koënig.—Ludwig, relliq. ms. dipl.—Lettre de la comm. des archev. d'Angl. 1834, p. 22.
(4) Ludwig. (5) Recueil des lois, Isamb., Jourd., Decruzy.
(6) Basnage. (7) Hoüard, t. 4, *v.* Suppl., p. 49. — Daviel, p. 26. — Floquet, t. 3, p. 185.
(8) Fonds Bigot.—Fonds Dupuy.— M. Van Praët, Catal. des livres ms. sur vélin. (9) M. Floquet, t. 3, p. 188, 196. (10) Daviel, p. 43.
(11) In-4 de 400 pages, de la main de Charles Morisse, et relié en peau de truie.

la loi civile du Coustumier [1]. Sous Charles VII, en 1453, il a été question de fixer le texte, en suivant l'expression du temps, les usages et styles [2]. Enfin, en 1483, le texte a été imprimé in-octavo et in-folio [3]. Vers la même époque, on a imprimé à Rouen, pour Raulin Gauttier, un *Recueil des ordonnances du pays de Normandie*, ouvrage extrêmement rare [4]; en 1510, on a imprimé à Caen le *Grand Coustumier*, in-folio [5]; en 1515, on l'a imprimé aux frais de Michel Augier, imprimeur et relieur à Caen [6]; en 1523, en 1524, on l'a imprimé pour François Regnoult [7]; en 1539, Le Rouillé d'Alençon a composé son *Grand Coustumier*, et cité ses autorités, ce qui forme un gros volume *in-folio*, dont nous reparlerons plus tard [8]; en 1568, Tanneguy-Sorin a publié un texte, de *Consuetudine Northmaniæ*, dédié à Catherine de Médicis [9], et l'on ne comprend pas comment le parlement a pu écrire, le 11 juin 1571, que le Coustumier de Normandie n'était du tout escript [10]; en 1574, le Dieppois Terrien a livré son in-folio, sous le titre de *Commentaires du droict civil de Normandie* [11], en seize livres et plus de 700 pages; en 1576, aux états de Blois, on demandait une rédaction de la Coutume pour les trois ordres [12]; en 1577, des lettres-patentes du roi ont ordonné de procéder à la réformation de certaines

---

(1) Échiquier, reg. 1423, 1424, 1426. — M. Floquet, t. 3. — M. Dupin, 1845, p. 14, 21. (2) Villaret. — M. Floquet, t. 3, p. 196.
(3) Le libraire est Robert Macé. (4) 1 vol. in-12, relié, avec figures.
(5) E. Frère, Recherches, p. 7. (6) Id.
(7) V. Lettre de M. François, libraire, à l'auteur, en 1816.
(8) Chez N. Leroux, pour Fr. Regnauld, libraire. — Broch. de la comm. des Archives d'Angl. 1834.
(9) A Caen, chez P. Chandelier. (10) M. Floquet, t. 1, p. 400. — *De consuet. Northm.*, à Caen, chez P. Chandelier.
(11) A Paris, chez Jacques Dupuy. (12) M. Floquet, t. 3, p. 197.

parties¹ ; en 1578, Martin le Mégissier a imprimé avec la Coutume les libertés du pays² ; en 1583, 1584, 1586, cette nouvelle Coutume a été travaillée. Il sera temps, nous le croyons, quand nous serons arrivés à cette époque, de faire l'historique de la Coutume nouvelle, et de citer ses commentateurs et sa durée.

Les stipulations du XIIIe siècle n'ont pas moins porté alors, ainsi que nous l'indiquent le manuscrit de Charles Morisse et la publication si intéressante de M. Marnier³, sur le droit, la juridiction, la justice, l'office au vicomte, le justissement, la délivrance de namps, le Banon et le défends, le jugement, le devoir du sénéchal au duc, la coustume, le duc, le monnéage, les mesures, les moulins, le trésor trouvé, les usuriers, l'homicide de soi-même, les forfaitures, le varech ou voreq, la tenue par hommage, par parage et par bourgaige, la garde d'orphelin, les dons, l'exoine, la gésine de femme, le droit d'aînesse, le haro, l'eschiquier, l'attourné, les témoins, les plaideurs, les jureurs, le meurdre, les personnes de sainte église, les pèlerins et marchands, le douaire ou doère⁴, la veufveté d'hommes, les records et la prescription. Ce qui avait été stipulé par les Normands qui se rendaient à Philippe-Auguste, n'a été changé que par eux-mêmes et à la suite de leur propre expérience, par la jurisprudence de l'échiquier⁵.

Le pays de Caux spécialement conserva ses coutumes particulières sur les donations, le droit d'aî-

---

(1) Lettres du 22 mars, v. M. Floquet, t. 3, p. 198.
(2) 1 vol. in-8. (3) In-8, 1839, avec lettre de M. Pardessus.
(4) Marnier, p. 61. (5) V. l'immense Recueil de l'échiquier aux archives de la cour royale de Rouen.

nesse, la garde et le mariage de filles, les successions collatérales. Très-longtemps il conserva cette loi : *que si le père occit son filtz par félonie, ill ira* seulement en *essil,* parce que *li filtz* est *du sanc* et de la *char au père*[1]; que si le *filtz tuoit le père,* il était pendu, que si c'était la fille elle était *arse;* que si l'usurier meurt, le château appartient au seigneur[2].

N'est-ce pas un travail intéressant, que de comparer les dispositions civiles et les dispositions pénales, soit avec les lois romaines qui, peu à peu avaient été abandonnées, soit avec la législation importée successivement par les Francs et les Carlovingiens, soit avec les coutumes que les hommes du nord avaient importées, soit avec les dispositions ultérieures ?

C'était à conserver alors intact le droit coutumier, que la force et l'habileté des Normands devait consister. La force de leur roi devait les préserver des invasions anglaises.

An 1206 — Jean voulait bien d'abord laisser les Normands en repos; c'était vers La Rochelle qu'il pensait à faire une descente[3] : c'était le Poitou qu'il voulait envahir. On assurait même qu'il renonçait à la Normandie, au Maine, à la Bretagne[4]. Aussi, à côté des lois générales, on écoutait les règlements particuliers, comme l'ordonnance en faveur des Juifs[5]; Charles-Martel, le premier vicomte de Rhoëm, devait penser à leur exécution spéciale[6]. L'échiquier, qui a rendu

---

(1) Marnier, p. 26. (2) Marnier, p. 34.
(3) Cron. 1581, folio 161, verso. (4) Sim. de Sismondi, t. 1, p. 310.
(5) Hénault, t. 1, p. 179 et suiv. — M. Floquet, t. 1, p. 81.
(6) Farin, t. 1, p. 311.

ses décisions sans trouble pendant trente ans, siégeant parfois à Rhoëm, parfois à Falaise [1], était tenu par des commissaires du roi [2]; Guérin, ami de Philippe-Auguste, l'a présidé vingt ans [3].

C'était à Pacy qu'était signée une charte, par laquelle Philippe-Auguste confirmait, sous forme d'ordonnance spontanée, et d'une manière étendue, ce qui n'était que le résultat de la capitulation [4]. *An 1207*

Le maire de Rhoëm était contraint de rendre au chapitre un prisonnier qui avait levé la fierte [5], et de faire amende honorable [6].

Philippe-Auguste, qui avait fait bâtir à Rhoëm le fort Bouvreuil [7], envoyait de ses hommes bardés de fer, pour le garder au besoin [8], et plaçait l'échiquier au château [9].

Les revenus du duc de Normandie, qui consistaient principalement en dîmes, droits de ports, de varech, de marsouins, de reliefs, de garde noble, d'impôt de célibat, de régale ou année des archevêchés [10], de salines, de colombier, de chasse; en amendes diverses pour délits forestiers, refus de duel, monnéage, etc., passaient au roi de France [11].

On créait, pour garder la ville principale de Nor- *An 1208*

---

(1) M. Floquet, t. 1, p. 34, 36, 80.—*Arresta scaccarii*, ms. de la Bibl. du roi. — V. Marnier, p. 111 et suiv.

(2) M. Floquet, t. 1, p. 33. (3) Id., p. 35.

(4) Bessin, Concil roth., p. 106.—Michel, Chron. de Norm. 1839, in-4. — Houard, t. 1. — Script. — Leber, p. 221 à 249. — Duchesne, p. 1062 à 1063. — L. Thiessé, p. 220, 227. — Thierry, t. 3, p. 304. — Recherches sur les états provinciaux, 1789. — M. Depping. — Daviel, sur la Coutume de Norm., p. 39. — Arch. de la mairie de Rouen.

(5) M. Floquet, Hist. du priv. de Saint-Romain.

(6) M. Depping, t. 2, p. 465. . (7) Id. p. 466 et suiv.

(8) M. Deville, sur Saint-Georges de Boscherville, 1827, in-fol.

(9) M. Floquet, t. 1, p. 40. (10) Brussel. — Spelman.

(11) Mém. *Ades ô mihi* à l'Acad. de Rouen.

mandie, une compagnie d'arbalestriers, en leur accordant, à cause de ce service gratuit, certains priviléges[1]. Les habitudes guerrières des Normands, et spécialement des Cauchois, n'étaient pas éteintes en si peu de temps. S'ils ne prenaient pas d'intérêt à la naissance d'un fils de Jean, en octobre 1207, s'ils étaient peu assidus à la cour du roi de France, ils quittaient leur ancienne cotte de mailles, pour porter la pesante armure nouvelle : on parle d'une croisade contre les hérétiques; dès que les moines de Cîteaux l'ont prêchée, que l'archevêque de Rhoëm, Robert Poulain, a dit qu'il allait marcher lui-même avec les chevaliers[2], les Normands veulent s'y rendre avec les Français[3]. Innocent III, qui fait publier cette croisade dans le midi se félicite d'unir Anglais, Normands et Français dans cette vue. On annonça bientôt que trente-huit mille hommes étaient morts[4] parmi les musulmans; que les croisés avaient perdu beaucoup moins de monde, et la victoire fut célébrée en Normandie comme dans le reste de la France.

An 1209

A leur retour, les chevaliers se rendaient encore bien peu à la cour, mais ils aimaient à s'occuper des choses depuis longtemps oubliées dans leur pays. En sortant de l'échiquier[5], où se rendaient des jugements que nous avons dans leur originalité[6]; ils s'occupaient des décisions que les conciles rendaient contre les OEuvres d'Aristote condamnées au feu[7]. Ils passaient

---

(1) Farin, t. 1, p. 388. (2) Pommeraye, p. 441.—M. Michelet, p. 115.
(3) Sim. de Sismondi, t. 1, p. 317. — Richard, Bibl. des échevins, p. 37, cite un passage de la Chron. de Norm. ms. in-folio, lequel dit : *Crestiens de toutes terres chrestiennes* s'émeurent.
(4) Sim. de Sismondi, p. 317.
(5) M. Floquet, t. 1, p. 36. (6) Id., p. 80.
(7) Châteaubriand, Études hist. p. 415.— Hénault place le fait en 1210.

en revue les faits que recueillait le Picard Élinandus, lecteur de Philippe-Auguste, à partir du commencement du x° siècle [1].

Que n'avaient-ils alors parmi eux un écrivain sage, indépendant, au courant des faits, pour nous retracer les circonstances de cette lutte, lors de laquelle Jean-sans-Terre, qui avait confisqué les biens de l'Église dans les îles Britanniques, ayant soulevé ses sujets, avait fourni au pape l'occasion d'attribuer encore cette couronne à Philippe [2]. Il nous apprendrait comment le même Jean-sans-Terre, s'étant soumis au saint-siége, et ayant un fils dont il voulait faire un duc de Normandie, ce qui ramenait beaucoup d'esprits, voyant sortir de la Seine une flotte de dix-sept cents petits bâtiments, était venu à bout de la faire détruire par sa flotte de cinq cents voiles [3]. Mais on ne nous parle que de quelques incendies d'églises, An 1210 comme celui de Saint-Cande-le-Vieux [4]; des incendies à l'abbaye de Jumiéges [5]; des cruautés exercées envers les hérétiques, qu'on brûlait; ce sont là les tristes lueurs de l'histoire normande. Un trait de mœurs municipales surgit, et il faut le noter : c'est de ce temps que date l'usage de donner des noms de An 1211 saints aux rues; la ville de Rhoëm est une de celles où il a été le plus suivi, et, dans chaque *quartier* (ou quart de la ville), on rivalisait, en dépouillant presque chaque rue du nom précédent [6].

Vers la basse Seine, des armements nouveaux [7], la An 1212

---

(1) Dict. hist. (2) Hénault, t. 1, p. 172.
(3) Estancelin, Recherches, p. 70. — Hénault, Dissert., p. 172.
(4) Servin, t. 1, p. 7. — Farin, t. 1, p. 509. — Périaux, p. 103. — Pommeraye, p. 442. (5) Pommeraye, p. 444. — Masseville, t. 3, p. 103.
(6) V. cartons du général Valazé.
(7) Sim. de Sismodi.

tentative de Renault, comte de Boulogne, qui voulait s'emparer de Lillebonne, et qui était dépouillé même de son comté [1], le double mur et le triple fossé que l'on faisait autour de Rhoëm [2], les grands travaux faits par Enguerrand, architecte de la belle cathédrale [3], et à la salle capitulaire de Saint-Georges [4], employaient beaucoup de monde.

En même temps que Guillaume Despinay donnait à Saint-Georges-de-Boscherville pour des fondations pieuses [5]; que des hommes vraiment reconnaissants assistaient à l'inhumation du sage et bon Alexandre, abbé de Jumiéges, à qui est dû le titre appelé *Charte cartulaire* pour son couvent [6], car le mot *charte* était à la mode, même pour des titres moins importants [7]; les amateurs de poésie applaudissaient aux soins d'*Alexandre* de Bernay, auquel on attribue les premiers vers Alexandrins [8].

An 1215. Le pavage en terre cuite, qui était si régulier et si solide, lorsque les voitures n'étaient pas en usage, s'étendait dans toutes nos rues [9]. On allait, sans doute, améliorer le sort des populations par des découvertes; mais Jean-sans-Terre recommençait son rôle, et il fallait reprendre les armes dans la France nouvelle, comme dans l'ancienne France.

Ce singulier prince donne aux chevaliers français,

---

(1) L. Dubois, Résumé, p. 266. (2) Duplessis, t. 2, p. 8.
(3) Soc. de l'Hist. de Fr. 1835, p. 217. (4) Deville.
(5) Courcelles, p. 9. (6) Bulletin de la Soc. de l'Hist. de Fr. 1843, p. 58. — Deshayes, p. 62.
(7) Un acte d'échange de l'abbé de Jumiéges est appelé charte. V. Arch. du roy. s. du Pont de l'Arche, de 1217.
(8) Dict. hist. v° Alexandre XLI.
(9) Soc. des ant. de Norm. 1826, p. 180. — Isambert, à l'occasion des lois du roi Louis XIII, p. 478.

vers la Flandre, de l'aliment pour leur courage[1] ; mais croirait-on aujourd'hui qu'une croisade a été prêchée pour les enfants, afin de trouver la croix de Jésus-Christ? croirait-on que, prêchée par un jeune garçon, elle a eu pour résultat que quatre-vingt-dix mille autres ont péri de fatigues et de misère [2]!

Jean va profiter du deuil des familles, pour atta- *An 1214* quer encore la France[3]. Pendant que son neveu Othon ira en Flandre, lui, il ira en Poitou[4]. Les Cauchois fourniront peu d'armes contre lui : ils auront bien leur part dans cette bataille de Bouvines, où tant de milliers d'hommes ont péri, et dans laquelle, payant de leur personne, Philippe-Auguste et Othon ont été renversés de cheval; où le chevalier Guérin, nommé à l'évêché de Senlis, s'est distingué près de Mathieu II de Montmorency; bataille qui, livrée le 17 août[5], au milieu des chaleurs de l'été, empêchait par ses préparatifs et ses résultats, tant de bras de se livrer aux récoltes. Un nombre considérable de seigneurs était resté immobile.

Lorsqu'un fils naissait à la cour de France, le *An 1215* 15 avril 1215, fils qui devait avoir une si grande renommée sous le nom de saint Louis, quelques Normands et les Français avaient du plaisir à penser à sa puissance, au besoin de se réunir tout à fait, et d'obtenir la paix. Lorsque Jean, dans sa faiblesse, donnait à l'Angleterre la grande charte, parce que la Normandie avait des libertés analogues, la difficulté consistait à la garder, surtout lorsque Jean lui-même,

---

(1) Sim. de Sismondi, t. 1, p. 322.
(2) Sim. de Sismondi, t. 1, p. 330.
(3) Sim. de Sismondi, t. 1, p. 324.   (4) Sim. de Sismondi.
(5) Hénault. — Sim. de Sismondi.

qui avait parlé de se faire mahométan [1], semblait ensuite protester; et faisait déclarer, le 24 août, par le pape, cette grande charte, une œuvre illicite [2]. C'en était fait de la puissance de Jean, mais était-on tout à fait garanti, quant aux libertés de la Normandie?

An 1216 quand on voyait que la grande charte anglaise exigeait que nul procès ne fût fait que suivant une loi; qu'elle favorisait les libertés des villes, permettait les testaments sur la fortune privée, abolissait les confiscations, et ne permettait pas la saisie des instruments de labourage [3], cela était une conséquence heureuse de la capitulation; mais on sut que les barons anglais, bien que Jean eût deux enfants, appelaient le fils aîné du roi de France pour régner sur les îles Britanniques [4]; que celui-ci même se rendait en Angleterre [5]; on dut voir là une confusion, qui allait rendre encore la Normandie témoin de tous les démêlés que les partis se proposaient de faire naître; chacun se tenait sur la réserve. Le 21 octobre 1246, la mort de Jean-sans-Terre remit les choses en un autre état [6] : la Normandie était bien cédée définitivement;

An 1217 l'Angleterre demandait à Philippe-Auguste de se retirer avec ses Français, à de bonnes conditions, et il le faisait; Henri III, fils de Jean, protégé par les hommes les plus puissants de l'Angleterre [7], allait régner.

Il était temps que Philippe-Auguste, qui avait aug-

---

(1) Dict. hist. v° Jean-sans-Terre.
(2) Dict. hist. v° Jean-sans-Terre. — Sim. de Sismondi, t. 1, p. 325, 326. (3) N. Hoüard. — Dict. hist. v° Jean. — Hume. — Littleton.
(4) Sim. de Sismondi. — Hénault.
(5) Lenain de Tillemont, t. 1, p. 34.
(6) Hénault, t. 1, p. 161, 177. — M. Depping, t. 2, p. 421. — L. Dubois dit 17 octobre. (7) Sim. de Sismondi, t. 1, p. 328.

menté de deux tiers l'étendue de son royaume¹, pensât à fortifier ses principales citadelles; c'était même le moyen indirect, bien compris par lui, d'accoutumer les seigneurs à négliger tout à fait leurs fortifications de château; il ordonne d'entourer de fossés, de palissades, les principales villes². Ses soins s'étendent jusqu'aux bourgs qui étaient sur un point culminant ou menaçant; il n'est pas jusqu'à Lyons, dans le Vexin normand, qu'il ne traite de forteresse royale³, *castrum regium*. An 1218

Aussi, ces immenses travaux d'art absorbèrent beaucoup des bras qui portaient les armes; et comme les seigneurs adoptaient l'usage de mettre leurs armoiries le long des murs⁴, les chefs de famille y travaillaient eux-mêmes. Guillaume de Bray, qui remplacera le sage Robert III, abbé de Saint-Wandrille⁵, fera travailler à son beau couvent. Les moines de Jumièges auront une chapelle au sein de Rhoëm⁶. Si Robert Poulain, contraint de siéger à l'échiquier pendant quelque temps⁷, ne peut plus, autant qu'il le désire, s'occuper des embellissements de sa cathédrale, et de la surveillance à apporter à l'ordre de Saint-François, qui s'établit⁸, il reviendra bientôt à ses goûts favoris. Tout le temps de Guillaume de Hommet est absorbé par les visites à faire aux immenses fortifications nouvelles de Rhoëm, dont le périmètre s'étend de jour en jour⁹. Les fossés de la seconde enceinte, qui était An 1219

An 1220

---

(1) Sim. de Sismondi. (2) Id.
(3) Ann. de la Soc. de l'Hist. de Fr. 1841, p. 198. — Cartulaire du département de l'Eure, Soc. de l'Hist. de Fr. 1843, Bulletin, p. 27.
(4) Langlois, Saint-Wandrille, p. 29. (5) Id., p. 150.
(6) Où est la rue de la Poterne, *v.* Deshayes, p. 64.
(7) Floquet, Parlement, t. 1, p. 43. (8) Masseville, t. 3, p. 116.
(9) Périaux, p. 104.

supprimée, deviendront habitables. Philippe-Auguste les donnera aux moines de Saint-Ouen [1], dont l'abbé est le sage Roger [2], et cela afin qu'ils augmentent leurs constructions.

An 1221 — L'histoire arrive à ces moments où quelques noms seulement surnagent. Le décès de Robert Poulain, l'archevêque, à la date du 4 mai 1221 [3], l'élection de Robert Duchâtel aux fonctions de maire, le léopard qui figure dans l'écusson de ses armes [4], Gui de la Roche, élevé au grade de grand sénéchal [5], sont les seuls faits que nous laisse l'année 1221.

An 1222 — L'élection de Thibaut d'Amiens à la place de Robert Poulain [6], le messager d'Honorius III, qui est reçu à Pacy-sur-Eure, par Philippe-Auguste, à l'occasion de l'abandon de l'Égypte par les croisés [7], la nouvelle de la maladie du roi, sont les seuls faits recueillis pour 1222.

An 1223 — L'année 1223 devient plus intéressante : Philippe-Auguste, celui qui avait détruit l'œuvre de Rollo, qui en même temps avait abattu tant de pouvoirs, qui, en quarante-trois ans de règne, avait fait une France toute nouvelle, meurt à Mantes le 25 juillet [8]. Au lieu d'expédier au sacre de Louis VIII, son fils, un ambassadeur, c'est un héraut que l'Angleterre envoie pour faire demander, au nom de Henri III, la restitu-

---

(1) M. Richard, archiviste, Revue de Rouen, 1843.
(2) Soc. des ant. de Norm. 1834, p. 14. — (3) Ms. Pasquier.—Pommeraye et la Chron. des archev. de Rouen placent le fait en 1222.
(4) Farin. (5) Toustain de Richebourg.
(6) Pommeraye, p. 445, 446. — Gilbert, p. 156.
(7) Sim. de Sismondi, t. 1, p. 331.
(8) Velly, t. 3. — Essai sur le comté d'Évreux. — L'art de vérifier les dates. — Rigord. — Mézeray. — Sim. de Sismondi, t. 1, p. 332. — Hénault. — Hist. et Cron. 1581 dit en 1224, folio 162 verso. — Lenain de Tillemont fixe la date au 14 juillet 1223, Vie de saint Louis.

tion de la Normandie [1]; tous les châteaux cauchois consultent leurs intérêts; les prêtres aussi; chaque partie du Roumois et du Vexin prend de nouveau part à la haute politique. La demande de l'Angleterre, et l'absence de réponse, étaient un avertissement mutuel pour les populations voisines de l'Océan, de se tenir prêtes à la guerre; l'empire de Philippe-Auguste, fondé sur la misère des peuples, n'avait pas eu le temps d'être chéri. Un concile tenu à Rhoëm, bien qu'il semblât ne s'occuper principalement que de l'établissement des ordres mendiants, du costume des filles publiques, nommées *filles amoureuses* [2], ou même, si l'on veut, de tout ce qu'avait décidé le concile de Latran [3], n'en était pas moins une occasion pour tous les puissants ecclésiastiques, de jeter un coup d'œil sur les résultats internationaux [4]. L'archevêque de Rhoëm se souvenait de la préséance que l'on avait donnée sur lui à l'archevêque de Lyon, lors du concile de Bourges [5]; il en avait conservé rancune.

A quelles divisions les esprits ne sont-ils pas exposés! certaines ambitions ne pouvaient-elles pas prendre leur aliment dans la faiblesse des enfants de Jean-sans-Terre; d'autres dans celles de Louis VIII, bien qu'il fût âgé de trente-six ans quand il est monté sur le trône, et qu'on lui ait, par imitation de la Normandie à l'égard de Richard, donné le surnom de Cœur-de-Lion? L'attaque faite en Poitou, en Provence, par ses généraux, suivie de la défaite de Savary de Mau-

An 1224

---

(1) Hénault, t. 1, p. 180. — Velly, t. 4, p. 26.
(2) Châteaubriand, Études hist. p. 319.
(3) Roisset, Hist. des conciles, 2 vol. in-8. — Prud'homme, t. 20, p. 202.
(4) Anquetil, t. 2, p. 204, 212. (5) Pommeraye, p. 449.

léon, comte anglais, et du changement de parti de celui-ci, l'accueil à lui fait par Louis VIII, une nouvelle expédition d'Anglais en France, vers Bordeaux [1], le commencement des querelles sérieuses des Albigeois [2], n'exposaient-ils pas les hommes peu fermes à bien des irrésolutions? l'abolition des dettes de la noblesse envers les Juifs n'était-elle pas un infaillible moyen d'armer ceux-ci, et d'opérer des soulèvements, surtout en Normandie, où ils étaient accueillis à Rhoëm où ils avaient leur rue, leur gardien [3]? Les faits, même à cette époque, causes de graves incendies [4], étaient d'une bien autre importance que des lettres-patentes en latin, qui permettaient de bâtir sur d'anciens fossés de Rhoëm [5], et auxquelles Louis VIII donnait une certaine solennité, ou bien la mission donnée par le pape à l'archevêque de Rhoëm, de vérifier les miracles de l'archevêque de Dublin, pour savoir s'il serait mis au rang des saints [6], ou bien la question de savoir s'il y aurait une rue spéciale, la rue Ganterie, affectée aux Gantiers [7], si même on édifierait de nouvelles léproseries [8].

An 1225 Toute l'année 1225 est employée dans le pays de Caux, comme dans tout le reste de la France, à des exercices d'armes [9], à des préparatifs de guerre. Ce qui est certain pourtant, c'est que peu de seigneurs cauchois ont été employés à cette expédition, que l'his-

---

(1) Velly, t. 4. — Sim. de Sismondi, t. 1, p. 330. — Dictionn. histor. v° Louis VIII. — Lenain de Tillemont, Hist. de saint Louis, t. 1, p. 350.

(2) Moréri, v° Albigeois. — Hist. de la croisade contre les Albigeois, par Fauriel, impr. chez Didot.

(3) Sim. de Sismondi, t. 1, p. 334. (4) Farin, t. 1, p. 500.

(5) Id., p. 20. — Périaux, p. 104. — Dusouilley, t. 1, p. 20.

(6) Masseville, t. 3, p. 61. — Pommeraye, p. 448. — Baronius.

(7) Farin, t. 2, p. 21. (8) Châteaubriand, Études histor., t. 3, p. 319. — Pluquet, p. 255. (9) Anquetil, t. 2, p. 207.

toire note sous le nom de croisade des Albigeois[1], lors de laquelle, en mai 1226, on mit debout soixante mille hommes d'armes, avec une multitude immense de gens de pied[2] ; ou bien on comptait peu sur leur concours, ou bien ils désiraient rester pour veiller sur l'Angleterre.

En 1226

La position n'est pas moins critique, quand on apprend, en octobre, que Louis VIII, après le siége d'Avignon, après le sac de cette ville, après des affaires brillantes près de Toulouse, a été atteint par une épidémie ; quand on apprend, en novembre, non par des seigneurs normands (il n'y en avait pas un seul près de lui), mais par les commerçants, que le 3 de ce mois il est décédé, laissant, de onze enfants qu'il avait eus de Blanche de Castille, quatre fils très-jeunes, sans avoir pensé à la tutelle, ni à la régence[3], et ayant eu soin seulement de leur partager son royaume ; quand on réfléchit que les inconvénients qui frappent l'enfant de Jean-sans-Terre, frappent aussi le fils aîné de Louis VIII, âgé de onze ans et demi.

Il semble que le pays ne se soutint que par les institutions particulières. Beuvron donnait aux autres Cauchois l'exemple de fortifier de nouveau chacun son habitation[4]. Le bruit se répand qu'à son lit de mort, Louis VIII a fait prêter serment à la reine, par plusieurs seigneurs français[5] ; que celle-ci est dans l'intention de gouverner pendant la minorité de son

---

(1) Anquetil, t. 2, p. 213. (2) Velly, t. 4. — Sim. de Sismondi.
(3) Velly, t. 4. — Sim. de Sismondi. — Anquetil dit qu'il a laissé la tutelle et la régence à Blanche, v. p. 216. — Le Dict. hist. v° Louis VIII, place le décès au 8 novembre 1226.
(4) Daniel, 1713, in-folio, an 1226.
(5) Lenain de Tillemont, t. 1, p. 426.

fils [1] ; que déjà ce fils est remarquable par sa franchise et sa piété éclairée. Les seigneurs cauchois, quoique peu assidus à la cour de Philippe-Auguste, s'informaient du caractère de ces seigneurs qui ont juré fidélité à la mère du roi, et qui l'ont autorisée à mettre son nom sur les chartes et actes publics, au lieu de celui de son fils [2]. S'ils ne sont pas nombreux au sacre, qui a lieu le 29 novembre [3], car on n'y voyait guère, avec l'archevêque de Rhoëm que le connétable et le chambellan de Tancarville [4], ils ne font aucun mouvement de désobéissance; s'ils ne sont pas zélés comme Thibaut, comte de Champagne, ils ne conspirent pas; s'ils n'aident pas au siége et à la victoire de Bellesme, ils n'en manifestent pas de contrariété.

An 1227 Lors même qu'un débat s'élève entre le roi, ou plutôt sa mère, et l'archevêque de Rhoëm, à l'occasion de la propriété du comté de Louviers et du droit de prendre du bois dans la forêt [5], les seigneurs n'y veulent pas prendre part; ils ne sont pas tout à fait indifférents aux succès du prélat qui, portant l'affaire devant le pape, obtient Gaillon [6], mais ils s'en réjouissent avec discrétion.

La reine-mère voit bien qu'il faut user d'adresse, surtout quand, vers d'autres parties de ses États, il y

---

(1) Guill. de Nangis. — Dict. hist. v° Blanche.
(2) Archives du roy. copie, en 1392, d'une charte de la *royne Blanche* (que Dieu absolve), concernant Arques. — Resnel du Belley, né à Rouen, en 1692, a publié un panégyrique de saint Louis.—Servin, t. 2, p. 339.
(3) Velly, t. 4.—Masseville, t. 2, de la p. 278 à 319.—Sim. de Sismondi. — Joinville, avec notes de Ménard, in-4, 1617.
(4) Lenain de Tillemont, t. 1, p. 429.
(5) Id., p. 473. — Masseville, t. 1, p. 63.
(6) M. P. Dibon, p. 21.—Pommeraye, p. 450.—Journal le Siècle, 1837.

a une confédération contre elle[1]; pour gagner Philippe, comte de Boulogne, oncle de Louis IX, elle lui remet Lillebonne avec Mortain[2]. Elle dit tout haut qu'elle place sa confiance dans un Normand, Jean Desvignes[3]. Lorsqu'il avait été question d'imposer certaines redevances, non stipulées dans le traité de Rhoëm, plusieurs barons normands avaient parlé de passer le détroit, pour dire au roi d'Angleterre que la Normandie l'attendait[4]; de ce nombre étaient Raoul II de Lusignan, comte d'Eu[5] et Beuvron[6]; la reine le savait; de suite elle renonçait à ses plans. Elle livrait à l'attention des seigneurs de Normandie d'autres objets : la fondation du couvent des Frères Prêcheurs[7], l'établissement des Cordeliers de Rhoëm[8], par Geoffroy de Quiédreville; la fondation de plusieurs couvents de femmes; la protection accordée aux Templiers de Normandie[9]; les cartulaires de quelques abbayes[10]; la restauration des églises et des chapelles.

Un incendie immense, qui dévorait une partie de la métropole, depuis Saint-Patrice jusqu'à la Seine[11], donnait lieu à montrer la munificence de cette reine, dont le pouvoir tendait à être absolu[12] : c'était parce qu'elle voulait, au décès de Thibaut, archevêque de Rhoëm[13], dicter un choix, qu'on était deux ans sans le remplacer; c'était parce qu'elle favorisait

An 1228

An 1229

(1) Anquetil, t. 2, p. 220. (2) Velly, t. 4. (3) Id.
(4) Velly, t. 4, p. 114, 119. (5) D. Lebœuf.
(6) Daniel, an 1226. (7) Laquerrière, t. 2, p. 145.
(8) Pommeraye, p. 452. — Masseville, t. 3, p. 105.
(9) Lenain de Tillemont, t. 1, p. 462.
(10) V. le cartulaire de l'abbaye de Préaux, en 414 pages, Biblioth. de M. de Blosseville. (11) Pommeraye, p. 452. —Chron. roth. — Farin, t. 1, p. 510. — Périaux, p. 104.
(12) Sim. de Sismondi. (13) Chron. des archev.

trop le clergé, qui regardait comme relevant de l'Église toute habitation qui était décorée d'une croix,

An 1230 qu'il fallait un arrêt de l'échiquier, sur l'abus de placer des croix sur les maisons [1].

On était tellement irrité de cette tendance à violer le pacte de 1204, que, tandis que la reine convoquait les grands vassaux à Compiègne [2], Foulques Pagnel, avec soixante gentilshommes de Normandie, allait s'offrir au roi d'Angleterre [3]. Blanche montrait bien sa fermeté, en faisant confisquer leurs biens, quoique leurs offres n'aient pas été agréées; mais comme elle agissait sans autre forme de procès, elle faisait naître d'autres mécontentements [4].

An 1231 Le nouvel archevêque Maurice [5], quoiqu'il ait été presque imposé, ne pouvait s'empêcher d'excommunier les officiers royaux [6], à cause de leurs prétendus excès; mais la raison véritable, c'est qu'ils faisaient passer trop de temps aux ecclésiastiques, dans l'échiquier [7]. Quelques Normands avaient évidemment une correspondance avec les fils de Jean, et spécialement avec Richard, qui alors avait vingt-deux ans; ne fût-ce que pour entretenir la crainte d'une révolte, et quoiqu'ils sussent parfaitement que Hugues, le grand sénéchal, tout dévoué à la reine, les surveillait.

An 1232 En femme sachant l'influence des villes sur tous les seigneurs, qui habituellement résidaient dans leurs châteaux, Blanche favorisait toujours la ville

---

(1) Floquet, t. 1, p. 143. — (2) Anquetil, t. 2, p. 226.
(3) Lenain de Tillemont, t. 1, p. 463. — Velly, t. 4, p. 146.
(4) Velly, t. 4, p. 147.
(5) Pommeraye, p. 453. — Gilbert, p. 156. — Servin, t. 1, p. 26.
(6) Velly, t. 4. — (7) Floquet, t. 1, p. 41.

de Rhoëm ; elle faisait nommer le doyen de cette ville, Thomas de Freauville, à l'évêché de Bayeux [1] ; elle augmentait encore l'étendue de ses fossés [2], ils comprenaient l'église de Saint-Maclou, qui jusque-là avait été hors ville [3] ; elle envoyait son fils, dont elle connaissait la tenue et, par suite, l'ascendant vers ce centre de la Normandie. Le jeudi avant la Saint-Martin d'été, comme s'il venait passer huit jours au Vaudreuil [4], il voyait beaucoup d'habitants de Rhoëm. L'archevêque de Nice venait en Normandie ; on l'excitait à visiter toutes les abbayes du pays ; il baptisait une cloche à Jumiéges [5].

An 1235

Comme Louis IX avait été bien accueilli une première fois, la reine le renvoyait encore ; c'est alors qu'il est venu à Pacy-sur-Eure, qu'il a acheté Pinterville, maison des archevêques, pour en gratifier Guillaume d'Aubergueville, neveu de l'archevêque d'Évreux [6]. Ensuite, le mardi avant la mi-carême, il est venu à Pont-de-l'Arche ; il y est resté dix jours [7], et pendant ce temps il a fait de nouvelles et fréquentes visites à la ville de Rhoëm ; il ne blâmait pas l'alliance de cette commune avec les communes de Caux [8], il imitait Charlemagne, qui avait conquis les Rothomagiens, avant d'avoir toute la puissance, par ses qualités, en résidant au milieu d'eux.

Sans doute, pendant ce séjour, Louis IX a étudié pour son compte les raisons que prétendait avoir l'ar-

---

(1) Pommeraye, p. 455. (2) Duplessis, t. 2. (3) Farin, t. 1, p. 17.
(4) Institut historique, avril 1837. — Voir encore une charte d'une admirable écriture sur le Vaudreuil, *Vallum-Rodolii*, aux archives du royaume.
(5) Deshayes, p. 65. (6) Essai sur Évreux.
(7) Institut historique, avril 1837, p. 123.
(8) Journal des Savants de Normandie, 1844, p. 146.

chevêque, par suite d'un différend avec la reine, de mettre le duché en interdit [1], ce qui a duré treize mois,

An 1234 et s'est-il réservé d'agir plus tard comme il le faudrait; il a sans doute aussi entendu, mais peut-être avec quelque prévention, les réclamations des Juifs. Il a fallu que l'échiquier constatât leur oppression et en

An 1235 référât à la couronne [2], pour que l'année suivante on publiât une ordonnance en échiquier [3], sur les Juifs; puis que l'on défendît d'emprisonner et même d'exproprier des chrétiens pour dettes envers des marchands de cette nation [4].

La nouvelle croisade que faisait prêcher Grégoire IX [5], à la tête de laquelle se plaçait Thibaut IV, dont la solennité effarouchait Guillaume de Bray, à ce point qu'il se démettait des fonctions d'abbé de Saint-Wandrille, en faveur de Robert d'Automne [6], apportait quelque calme dans ces querelles religieuses.

An 1236 Lors de la majorité de Louis IX, qui arrivait le 25 avril 1236 [7], on voulut troubler sa conscience, en prétendant que Louis VIII avait promis de restituer la Normandie aux Anglais [8]; mais l'archevêque Pierre II de Colmieu n'avait pas beaucoup de peine à le calmer [9].

An 1237 Quand il eut donné à Robert, son frère, le comté d'Artois, à Alphonse, son second frère, le comté du Poitou, à Charles, le troisième, l'Anjou et le Maine [10],

---

(1) M. Deville, Hist. du Chât.-Gaillard, p. 14. — Pommeraye, p. 458. — Annal. du P. Raynault. (2) M. Floquet, t. 1, p. 83, 104.

(3) Id., p. 132. (4) Id., p. 84.

(5) Sim. de Sismondi, t. 1, p. 353. (6) Langlois, p. 150.

(7) Anquetil la place en 1234. (8) Sim. de Sismondi, t. 1, p. 347.

(9) Chron. des archev. de Rouen, — Gilbert, — Masseville, t. 1, p. 332, — Servin, t. 1, p. 16, — Pommeraye, p. 461, placent le fait en 1237.

(10) Sim. de Sismondi.

il n'hésita plus à garder toute la Normandie. Le cartulaire de l'archevêché, sous l'épiscopat de Pierre de Colmieu, ancien chapelain d'Honoré III, et de Grégoire IX, qui avait présidé le concile de Tholoze [1], qui avait refusé deux autres évêchés, et même autrefois celui de Rhoëm; ce cartulaire, disons-nous, devint dépositaire de plusieurs centaines de pièces relatives à la cathédrale [2].

Louis IX s'occupa avec un soin extrême de la vicomté de l'Eau, et des droits fixés pour la faire durer [3]; il recommandait un grand soin dans la formation des listes des gentilshommes qui devaient tenir les assises de Caen, parmi lesquels étaient Jean de Pratelle, l'archidiacre de Rhoëm et Guillaume de Bretteville. Il gagnait le Cauchois Guillaume d'Espinay, père de Richard, grand-père du capitaine d'Arques, de cette famille déjà nommée, qui s'est divisée en d'Espinay du Bois-Gueroult et d'Espinay Saint-Luc [4]. *An 1238*

An 1239

Lors de la naissance du prince royal [5], Louis IX reculait encore les murailles de Rhoëm [6]. C'était à Rome que l'on tenait un concile contre l'empereur Frédéric [7]; l'archevêque de Rhoëm s'y rendait, d'accord avec le roi; s'il était arrêté par les soldats de l'empire, le roi obtenait promptement sa liberté [8]. Il encourageait aussi les Normands isolés qui faisaient des courses contre les vaisseaux anglais [9]. *An 1240*

Les villes anséatiques, parmi lesquelles figurait *Ans 1241 1242*

---

(1) Pommeraye, p. 461 et suiv.
(2) Bulletin de la Soc. de l'Hist. de Fr. 1843, p. 58.
(3) Farin, t. 1, p. 353. — Ms. des droits fixés.
(4) Courcelles, p. 10. — Lainé, 1844. — Moréri, v° Épinay.
(5) Sim. de Sismondi. (6) Farin, t. 1, p. 21.
(7) Périaux, p. 104. (8) Masseville, t. 3, p. 69. — Pommeraye, p. 466. (9) M. Thierry, t. 3, p. 305.

Rhoëm [1], se confiant aux lumières du roi, s'unissaient pour faire le commerce, et pour empêcher les projets qu'on prêtait aux souverains de faire des échanges de villes et de provinces [2].

An 1243 — Enfin, une trêve de cinq années, ou plutôt un traité de paix, par lequel Henri III cède tout ce qu'il possède au nord de la Garonne [3], indique l'art de Louis IX pour la diplomatie. La Normandie entière commençait à estimer ses talents. Sa résistance au pape décelait une grande fermeté [4]; on estimait son habitude de rendre la justice au pied d'un chêne dans la forêt de Vincennes [5]; aussi les Normands lui manifestaient un intérêt véritable, lorsque malade, se faisant trans-

An 1244 porter à Pontoise, il dépérissait visiblement [6]. Mais, malgré la vénération pour les personnages religieux, bien que nulle part plus qu'en Normandie on n'élevât de ces belles constructions en style ogival, qui étaient destinées au culte [7]; bien que la faveur royale élevât l'archevêque de Rhoëm, homme plein de talents, au titre de cardinal et à l'évêché d'Albane [8], on regardait comme futile et comme exagéré le sacrifice d'une très-grosse somme d'argent, pour acheter des reliques du saint-sépulcre, que l'on déclarait faussement être une concession gratuite [9]. On regardait déjà comme peu dans l'intérêt des populations, que Louis IX prît la croix; la reine-mère elle-même en était alarmée [10].

---

(1) Hénault. (2) Velly, t. 4, p. 266. — Joinville.
(3) Sim. de Sismondi. (4) Velly, t. 4, p. 306.
(5) Anquetil, t. 2, p. 241. (6) Velly, t. 4, p. 311. — Sim. de Sismondi.
(7) A. Le Prevost, Soc. des ant. de Norm. 1825, t. 23.
(8) Pommeraye, p. 467. (9) Sim. de Sismondi.
(10) Velly, t. 4, p. 307.

Le nouvel archevêque, Odon Clément [1], qui de Saint-Denis venait à Rhoëm, qui devait cet avénement à ses largesses en faveur des croisades, et qui bientôt devait jouer un certain rôle au concile général de Lyon, ne pouvait pas faire agréer ces futilités ; il avait beau dire que Louis acquittait un vœu fait pendant sa maladie, on en gémissait [2]. La fondation de l'autel et de l'église des Frères Prêcheurs jacobins hors la ville, la fondation du couvent des Béguines [3], la fondation d'une église nouvelle au Tréport, quoique faite à l'aide de beaucoup de quêtes, l'agrandissement du couvent des Dominicains, qui était dix ans à s'opérer [4], ne paraissaient aux yeux de beaucoup de seigneurs normands qu'une tendance à croire que tout était satisfait, quand on faisait des monuments ou des actes non pas pieux, mais ascétiques : on en était si peu satisfait que, pour qu'une décision royale fût regardée en Normandie comme admise, comme exécutoire, on exigeait, ou du moins il était d'usage, qu'elle fût reportée sur les livres de l'échiquier ; cela se nommait *re gestum*, et cela donne, suivant un auteur qui se hasarde peu, l'étymologie du mot *registre* [5]. On s'en expliquait si ouvertement que la reine-mère, quand elle voulait dissuader son fils d'aller à la croisade [6], et de pêcher des hommes, suivant l'expression d'alors [7], faisait surtout savoir ses oppositions en Normandie. Aussi, lorsqu'en 1246, pensant à se rendre contre les Sarrasins, Louis IX venait visiter

An 1245

An 1246

---

(1) Velly, t. 3, p. 315. — Pommeraye, p. 468. — Servin, t. 1, p. 16. — Gilbert. — Nous adoptons cette date, quoique Masseville fixe le fait à 1241.

(2) Anquetil, t. 2, p. 244. (3) Hist. et Cron. de 1581, folio 162.
(4) Masseville, t. 3, p. 104. (5) Velly, t. 4, p. 387.
(6) Id. (7) Anquetil. t. 2, p. 246.

l'abbaye du Bec, et se recommandait aux prières des moines [1], les Cauchois, qui avaient retenu des traditions de leurs pères, quel était le sort des peuples quand Richard Cœur-de-Lion résidait en Palestine, se montraient extrêmement froids dans leur accueil. Très-peu de Normands, et surtout très-peu de Cauchois s'enrôlaient avec Colin d'Espinay [2] dans les deux mille huit cents chevaliers qui se joignaient au jeune roi [3].

An 1247 Plus les ecclésiastiques voulaient prendre d'empire, plus les barons normands surtout voulaient s'y soustraire. Cette confédération jurée par les hauts barons contre les justices cléricales en matières civiles et criminelles [4], était surtout accueillie sur les bords de la Seine ; aussi, le départ pour la Terre-
An 1248 Sainte, le 12 juin 1248 [5], de ce jeune monarque qui, suivant ses propres expressions, en parlant à d'Espinay, tout en enrôlant ses frères, et en laissant venir la reine, ne se regardait pas *autant comme roi que comme pélerin* [6], l'ascendant que prenaient les nouvelles corporations religieuses, et surtout les jacobins [7], les *lettres royaux* datées de Soissons, adressées aux baillis de Normandie, sur les droits dont Saint-André-en-Gouffern jouissait, du temps de Henri et de Richard [8], toutes ces imprudences mettaient encore les seigneurs normands sur la réserve. La sagesse,

---

(1) Soc. des ant. de Norm., t. 12, de la p. 355 à la p. 404.
(2) Courcelles, p. 10.
(3) Sim. de Sismondi.
(4) M. Thierry, t. 1, p. 6.
(5) Hénault, t. 1, p. 194. — Sim. de Sismondi. — Rec. des Hist. des croisades, publié par l'Acad. des inscriptions en 1844, avec cartes.
(6) Sim. de Sismondi. (7) Farin, t. 1, p. 22.
(8) Soc. des ant. de Norm. 1834, p. 476.

les habiles visites pastorales[1] d'un nouvel archevêque, Odo II, ou Odo Rigaut[2], comte de Louviers[3], homme éloquent, portaient à une meilleure tenue ; il signale lui-même les désordres de plusieurs couvents des sept diocèses de la province[4] ; son intelligence avec Renault, vicomte de Rhoëm[5], était favorable à la régente, mais sans sortir des bornes d'une véritable prudence.

La reine avait ce titre de régente que lui avait donné son fils[6]. Pendant qu'il touchait terre en Chypre, elle tâchait que son absence laissât le moins d'inconvénients possibles. Sa précaution allait si loin, surtout en Normandie, que lorsqu'un incendie dévorait une partie de Rhoëm, les églises de Saint-Laurent, de Saint-Godard, de Saint-Ouen[7], c'était elle qui contribuait le plus à faire réparer ces pertes ; l'architecture du temps (car alors on n'empruntait pas l'architecture de tous les siècles), indique la prompte réparation d'une grande partie de ces désastres. Quand l'église de Saint-Wandrille a été aussi réparée par Mauriel[8], et le prieuré du Mont-aux-Malades augmenté par des seigneurs dont on a les noms[9], tout porte à croire qu'elle y a beaucoup contribué.

An 1249

(1) Journal des visites d'Odo Rigaut, recueilli par M. Bonin, édit. Le Brument, in-4, 1845.
(2) Gilbert, p. 156. — Pommeraye, p. 474. — Chron. des archev. — Servin, t. 1, p. 12 et 16. — Chron. roth. Delamarc.
(3) Dibon, p. 91. — Odo Rigaut a consacré, le 6 août, l'église de Saint-Pierre de Driencourt ou Neufchâtel. — Ms. à Neufchâtel, chez M. Hubard.
(4) M. Floquet, Hist. du parlement de Norm., t. 5, p. 623.
(5) V. Charte, Soc. des ant. de Norm. t. 8, p. 16.
(6) Hénault, — Velly, t. 4, p. 380.
(7) Chron. roth. — Farin, t. 1, p. 510. — Périaux, p. 104. — Masseville, t. 3, p. 107. (8) Langlois, p. 151.
(9) Masseville, t. 3, p. 108.

Que Louis IX séjournât un mois en Chypre, on s'en apercevait peu. Quand il eut pris Damiette, grâce à la réconciliation entre les templiers et les hospitaliers[1], grâce aussi à son enthousiasme dont on rapportait les anecdotes[2], après deux jours de batailles, le zèle se réchauffait; mais quand, après un séjour de cinq mois dans cette ville, l'armée eut éprouvé la dyssenterie; quand on sut la capitulation faite par le jeune roi[3], la tristesse de la France n'était point partagée par cette nouvelle partie du royaume qui portait le nom de Normandie; elle paraissait sans inquiétude sur ce qui pouvait en résulter pour elle.

An 1250 En apprenant toutefois la captivité du roi, le 6 avril 1250[4], la désolation de sa jeune épouse[5], la mort du seigneur de Try-Château qui portait sa bannière[6], et la conduite de Colin d'Espinay devant Damiette[7], l'intérêt se ranima. On pensa que le roi s'était exposé personnellement, et l'estime ramena quelque fidélité, bien qu'il y ait eu beaucoup de fautes de Louis. L'échange de sa personne, contracté le 8 mai, ne laissa plus envisager que les sacrifices que chacun avait à faire[8]. Si l'on ajoute que, dans tout le pays, il y avait des sinistres, des incendies[9]; que tous pensaient à se retirer dans des couvents, comme celui des Cordeliers[10], ou dans celui des Jacobins qui s'agrandissait chaque jour[11], ou enfin dans les

---

(1) Velly, t. 4. — Anquetil, t. 2, p. 251. — Joinville. — Hénault, p. 195. (2) Joinville.
(3) Hénault place en cette année la captivité du roi et de ses frères. — M. de Sismondi, à bon droit, la place plus tard.
(4) Sim. de Sismondi. (5) Anquetil, t. 2, p. 262.
(6) De Courcelles. (7) Velly, t. 4, p. 495. (8) Id., p. 510.
(9) Langlois, Hist. de Saint-Wandrille, p. 16.
(10) Servin, p. 12. — Lesguillez, p. 29.
(11) Oursel, p. 92.

abbayes nombreuses qui existaient déjà, ou que fondaient de nouvelles bulles du pape [1], on verra que, malgré la solennité du mariage de Marie de Lusignan avec Alphonse de Brienne, qui devenait ainsi comte d'Eu [2], malgré les visites, ou peut-être à cause des visites pastorales de l'archevêque [3], il y avait beaucoup de personnes qui croyaient encore à une fin prochaine du monde. Un écrivain supérieur à ces pensées et à son siècle, Guillaume de Nangis, qui nous a laissé une chronique si curieuse à consulter aujourd'hui [4], constate que les séances de l'échiquier étaient moins assidues [5], et que ceux qui revenaient de la croisade, avec les armoiries qu'ils allaient transmettre à leurs enfants [6], étaient loin d'encourager à en aller conquérir d'autres. An 1251

Si, dans les campagnes, une espèce de croisade se forme, à l'aide des prédications faites par un fanatique aux bergers, aux vachers, aux hommes de peine, sous le nom de *corps des pastoureaux*, pour aller chercher ce roi [7], qui avait le courage et n'avait pas les vices de Richard, on reconnaît qu'ils agissent contre les prêtres eux-mêmes [8], et amènent une espèce de guerre civile. Pourtant ces cent mille hommes s'écoulèrent, comme un torrent libre, suivant l'expression d'un historien [9]. An 1252

(1) Soc. des ant. de Norm. 1834, p. 87. — V. une donation du droit de pacage en faveur du couvent de Saint-Michel-du-Tréport, par Alphonse Ier, comte d'Eu, fils du roi de Jérusalem, dans Coquelin, Hist. du Tréport.
(2) D. Lebœuf, Hist. d'Eu. (3) Visites pastorales d'Odo Rigaut, ms. de 766 pages. V. Soc. des ant. de Norm. 1839, p. 215.
(4) Introd. au vol. in-8, publié par la Soc. de l'Hist. de Fr. en 1843, sous le titre : Guill. de Nangis. (5) Marnier, p. 25.
(6) Ménestrier, p. 4. (7) Guill. de Nangis, p. 208.—Sim. de Sismondi, t. 1, p 361. — Anquetil, t. 2, p. 272, 273. — Millot, t. 1, p. 357.
(8) Sim. de Sismondi, t. 1, p. 361, 362. (9) Anquetil, t. 2, p. 276.

An 1253 Le roi d'Angleterre, toujours attentif, est sollicité encore par ses conseillers d'avoir de nouvelles vues sur le continent [1]. Il entretient dans le pays de Caux des correspondances fréquentes, sous prétexte de relations commerciales. Il laisse bien augmenter un peu l'éclat de la capitale de la Normandie; il laisse construire des portes nouvelles, comme celles de Martinville et de Saint-Hilaire [2]; il rit de ce développement donné à tant de couvents, à tant d'églises [3], à la construction du collége d'Harcourt [4]; c'est sur le personnel qu'il agit : ses plans se développent surtout lorsque, veillant sur les mouvements de la flotte de France [5], près de laquelle même il avait des espions, il apprend le décès de la reine Blanche, cette régente habile, bien avant que la nouvelle en ait pu parvenir à Louis, alors à Jaffa [6]. Il allait commencer ses agressions, si ce n'est qu'on était en décembre, et qu'en Normandie on était alors peu habitué, à combattre en hiver. Louis IX est averti, il revient [7]; des An 1254 Iles d'Hyères, où son bâtiment aborde [8], il se hâte de longer le Rhône, de traverser la Bourgogne et de rentrer dans Paris; il invite même le roi d'Angleterre à venir l'y voir [9]. Pour plaire à quelques classes de la ville de Rhoëm, consultant trop exclusivement Odo Rigaud, il donne des biens à des corporations religieuses, telles que les filles mineures [10], les car-

---

(1) Hume.—Velly, t. 5, p. 107. (2) Farin, t. 1, p. 26. Lesguillez, p. 22.
(3) Laquerrière, t. 2, p. 92.
(4) Masseville, t. 3, p. 90.
(5) V. Moniteur du 1er novembre 1812.
(6) Velly, t. 5, p. 108 et suiv. (7) Hénault, t. 1, p. 195. — Sim. de Sismondi, t. 1, p. 360. — Matthieu Pâris.
(8) Velly, t. 5, p. 136. — Sim. de Sismondi, t. 1, p. 361.
(9) Hénault. (10) Farin, t. 1, p. 22.

mes[1] ; il accueille les augustins qui viennent s'établir là[2] ; il se hâte, dès qu'il a un instant, de venir en Normandie. Les moines du Bec ont conservé, tant qu'ils ont duré, le souvenir qu'il avait dîné dans leur réfectoire[3], et qu'il avait aidé à réparer des incendies qui leur avaient fait un tort immense, ainsi qu'à ce village dont ils avaient fait une espèce d'école d'hommes lettrés[4]. Les habitants de Lisieux reçoivent de l'archevêque une visite personnelle, qui les touche et les rallie[5]; Louis n'est pas étranger à la nomination de Jean, abbé de Sainte-Catherine-du-Mont, à Rhoëm. La seule ordonnance qui n'ait pas trait à l'Église ou à des corporations religieuses, est celle par laquelle il a fait ouvrir des portes vers la route de Beauvais et vers Bouvreuil[6].

Aussi Henri III, ce roi d'Angleterre qui avait eu connaissance du mécontentement d'une partie de la noblesse normande, quoiqu'il fût beau-frère de Louis, après avoir encouragé la rébellion des frères de celui-ci dans le Poitou et dans l'Anjou, lui redemande nettement la Normandie[7]. *An 1233*

Louis IX ouvre enfin les yeux : il pense aux institutions civiles, aux mœurs de la Normandie, au moyen de s'attacher cette population, qui s'était si bien tenue quand il y avait anarchie gouvernementale; il rend une ordonnance sur les baillifs, sénéchaux et viguiers[8] ; il déclare qu'il va consulter les

---

(1) Les carmes étaient à l'endroit où est aujourd'hui la place de la Chaîne. — Hénault, p. 196. — Farin. — Lesguillez.
(2) Hénault. — Farin. (3) Soc. des ant. de Norm., t. 12.
(4) Jean Bourget, Hist. de l'abbaye du Bec.
(5) Soc. des ant. de Norm. 1839, p. 225.
(6) Servin, p. 2. — Lesguillez, p. 27. (7) Sim. de Sismondi, t. 1, p. 361. (8) Pasquier, Rech. de la Fr., l. 8, ch. 3.

états, et rend une ordonnance à cet égard [1]; il en rend une autre sur les élections du maire de Rhoëm, laquelle a pour titre : de *nostris communibus Normanniæ*, et qui plaît singulièrement à cette province, par cela seul qu'elle voit qu'on la distingue [2].

An 1256

An 1257 L'échiquier, pour montrer que la féodalité ne devait plus compter sur l'empire qu'elle avait du temps de Richard-Cœur-de-Lion et de Jean, et que si elle avait des hommes d'armes, elle devait veiller, rendait un arrêt que Hénault qualifie de *remarquable*, par lequel le seigneur de Vernon est condamné à dédommager un marchand qui, en plein jour, a été volé dans sa seigneurie [3].

An 1258 Les chevaliers, les prélats, se faisaient un véritable devoir de ce tribunal; si nous avions un peu plus de place, nous aurions du plaisir à répéter leurs noms [4]. C'est presque par des contrats autant que par des lois que Louis IX veut avoir droit sur la Normandie [5].

Voyant que de plus en plus la politique devait être sa principale occupation, Louis IX obtenait, par sa nouvelle attitude, même en sacrifiant une ancienne province française, la Catalogne, un traité avec l'Espagne, sur la limite des deux royaumes [6]. Le roi d'Angleterre lui-même va renoncer à des conditions onéreuses, il est vrai, et qui seront l'objet d'une satire [7]; mais enfin, il va renoncer aux pensées qu'il avait sur la Normandie [8], et l'on conçoit que les con-

---

(1) Hénault, t. 1.

(2) Recueil des ordonn. du Louvre. — Lois Isambert, t. 1, p. 278. — —Leber, p. 234. — Guichard, Jurispr. comm., p. 37.

(3) Hénault, t. 1, an 1257. (4) Floquet, t. 1, p. 38.

(5) Archives du roy. Contrat avec Philippe d'Auteuil, février MCCLVIII.

(6) Sim. de Sismondi, t. 1, p. 364. (7) La satire de la *Paix aux Englois*. — V. Inst. hist., janvier 1835. (8) Hénault.

séquences de cette renonciation, presque officielle, seront l'attachement des seigneurs qui voyaient un pouvoir plus solide, et celui des communes, dont on respectait les droits. Quant au clergé, il n'a jamais cessé d'être un chaud partisan de celui qu'il a placé depuis au rang des saints.

Saint Louis (car l'histoire même lui donne aussi ce nom) veut donc bien rendre à Henri III le *Périgord*, le *Limousin*, l'*Agénois*, et même une partie de la Saintonge et la Gascogne; mais à la condition qu'il lui abandonne à jamais, pour lui et ses héritiers ou successeurs, c'était sa formule [1], la Normandie, la Touraine, le Maine, l'Anjou, le Poitou [2]. Ce traité est du 20 mai 1259; il a une signature officielle datée de Londres du mois de septembre de la même année [3]. Le roi d'Angleterre cesse de prendre le titre de duc de Normandie et devient pair de France [4]. Saint Louis supprime le droit de guerres privées [5], et porte par là à la féodalité pour le reste de la France, un coup pareil à celui qui lui avait été porté par la Normandie, lors du traité fait du temps de Jean-sans-Terre. Il fonde ces *établissements* [6] qui sont regardés comme une des plus pures sources du droit français, qu'avait fait naître la réunion des états, et qui, comme on l'a judicieusement remarqué [7], sont un assemblage de

An 1259

---

(1) Charte de septembre 1259, Archives du royaume, titres, S. Pont-de-l'Arche.

(2) Millot. — Guillaume de Nangis, t. 1, p. 220. — Sim. de Sismondi. — Anquetil mentionne le *Quercy*, t. 2, p. 226, comme cédé aux Anglais.

(3) Isambert, Lois et ordonn., t. 1, p. 281. — Servin, t. 1, p. 301, place le fait en 1260. — V. Rech. sur les états généraux de 1789.

(4) Guill. de Nangis. (5) Sim. de Sismondi.

(6) V. Isambert, Rec. et ordonn. à cette date. — Anquetil, t. 2, p. 292, dit qu'ils n'ont paru qu'un an avant la mort de saint Louis.

(7) M. Dupin, Disc. à la cour de cass. 1845, p. 23.

coutumes, d'ordonnances et de lois romaines. Enfin, il défend le duel, et y substitue la preuve testimoniale [1], ou n'accorde le duel qu'avec des formes qui le rendent ridicule, changement tellement important, qu'il supprime légalement un usage qui a déjà plusieurs siècles d'existence [2].

An 1260 La renonciation du roi d'Angleterre à la Normandie a eu encore d'autres effets qu'un ordre nouveau, qu'un attachement plus fixe des familles normandes : il a eu un résultat analogue à ce qui s'était passé lors de la conquête de Guillaume ; des familles entières ont traversé le détroit. Les unes, vendant leurs propriétés normandes, allaient être anglaises tout à fait, et même devenir des ennemis de la Normandie ; les autres, vendant ce qu'elles avaient en Angleterre, sont revenues avec l'argent qui en était le produit, acheter de nouvelles terres, spécialement dans le pays de Caux [3] ; des pièces précieuses, relatives à ces établissements, sont conservées [4]. Les templiers, qui avaient déjà une maison à Rhoëm, sont venus en fonder une seconde [5] ; ils avaient des biens considérables ; et leur percepteur, Robert Paiard [6], n'avait certes pas une sinécure.

Une fondation qu'on peut encore regarder comme une institution d'un ordre élevé, est un collége de chirurgie, dû au Normand Jean Pitard [7] ; une autre

(1) Hénault, t. 1. — M. Michelet. — Trévoux, v° duel. — Joinville. — La Chaise. — L'abbé de Choisi. — Daniel. — Voltaire.

(2) De nos jours il est curieux d'observer les usages du Jury, malgré la jurisprudence de la cour de cass. v. arrêt de la cour d'assises de Rhoëm, mai 1845, dans l'affaire lors de laquelle plaidait M° Liouville.

(3) L. Thiessé, p. 237. (4) Trésor des chartes, ou invent. de Godefroy et Dupuis, 1615, douze pièces de 1258 à 1378.

(5) Servin, t. 1, p. 12. — Périaux, p. 105. — Lesguillez, p. 81.

(6) Soc. des ant. de Norm., t. de 1834, p. 66. (7) Dict. hist. v° Pitard.

est celle de l'hôpital de Vernon, qui n'est pas seulement destiné à certains lépreux privilégiés, mais qui doit recevoir tous les malades indigents [1]. Une autre, qui peut rentrer dans les premières pensées de saint Louis, qui, dit-on, n'était pas loin de faire le cénobite [2]; après tout elle pouvait être l'effet de sa reconnaissance, c'est la donation faite à l'abbaye de Jumiéges, de ce qui revient au roi, dans divers tènements [3], et l'usage de l'abbé d'avoir une crosse tout à fait comme celle d'un évêque [4].

Ce qui n'est pas une institution, mais une mode, ce qui atteste l'état des mœurs, sans être le résultat d'une ordonnance, c'est l'habitude des dames de se livrer alors aux tapisseries et autres ouvrages d'aiguille, dont les riches dessins nous sont restés [5]; c'est celle d'enluminer les livres d'une manière encore plus riche; et puis l'usage de rechercher les vieux livres, usage dont l'exemple est donné par le roi [6].

Dès que saint Louis n'est plus pressé par la politique extérieure et par ces choses de goût, ses pensées se rétrécissent : il laisse les hommes de loi et les ecclésiastiques, qui le dominent, prendre sur lui un certain empire [7]; on veut trop l'habituer au rôle de juge [8].

An 1261

Toute l'année 1262 est consacrée pour ainsi dire à des ordonnances locales, relatives à Rhoëm et à

---

(1) Hist. et Cron. 1581. (2) Anquetil, t. 2, p. 290.
(3) M. A. Le Prevost, Suppl. aux notes sur Rou, p. 15.
(4) V. Musée de Rouen, crosse d'un abbé de Jumiéges.
(5) Anquetil, t. 2, p. 208.
(6) Anquetil, t. 2, p. 229. — Montfaucon, ad sæc. 13.
(7) Sim. de Sismondi. — Archives de la ville de Rouen. — Archives du notariat. (8) Anquetil, t. 2.

ses environs¹. Celle contre les blasphémateurs ² pouvait être de l'invention du roi seul ; mais il aimait trop à entendre raconter l'assiduité d'Odo Rigaut à l'échiquier, et le résultat du procès porté devant cette

An 1263 juridiction, entre les moines de Jumiéges et Crespin., sire de Dangu³. Il était enchanté d'être médiateur entre Henri III, roi d'Angleterre et ses barons, ayant

An 1264 à leur tête Simon de Montfort ⁴; de donner à l'archevêque de Rhoëm ses instructions, avant qu'il se ren-

An 1265 dit au concile de Lyon, assemblé contre les Grecs infidèles ⁵.

An 1266 C'était encore saint Louis qui instituait les maréchaussées⁶ ; qui faisait rédiger de nouveau et avec soin cette œuvre de jurisprudence que nous avons signalée en son temps, et qui portait le titre de *Jugement de la mer*⁷, comme c'était lui qui adressait les plus sincères félicitations à Odo Rigaut, quand celui-ci annonçait avoir trouvé à Cherbourg, lors de sa tournée en basse Normandie, des manuscrits pré-

An 1267 cieux ⁸. Nous voudrions savoir si le premier il eut la pensée d'écrire les chartes en français⁹, ou bien de diminuer le nombre des monnaies, quand quatre-vingts seigneurs donnaient cours à la leur ; mais certes il y a applaudi bien vite.

On voudrait voir saint Louis parcourir le royaume ;

---

(1) Pièces imprimées en 1790. — Farin, t. 1, p. 29, 33. — Ms. de M. Lemaître de Louviers. — Laquerrière, t. 2, p. 71.

(2) Hénault. (3) M. Floquet. Hist. du parlement, t. 1, p. 17, 40.

(4) Millot. — Sim. de Sismondi, t. 1, p. 368.

(5) Chron. roth. — V. Liber visitation. Odoni , arch. roth. ms. de la Bibl. du roi, numéro 1245. (6) Velly, t. 5.

(7) Vieux Coutumier, in-fol., p. 62. — Jugements d'Oléron, ms. en vélin, appartenant à l'auteur de ces Annales. — Isambert, Anc. lois, t. 1, p. 322.

(8) Soc. des ant. de Norm., t. 12, p. 357. — Id. 1839, p. 243.

(9) Soc. des ant. de Norm., t. 7, p. 13.

à son retour, rendre, s'il le voulait, la justice sous son vieil arbre à Vincennes; mais quand le bruit se répand que les infidèles ont quelque succès en Palestine [1], ses anciennes pensées le reprennent. Il se hâte de publier son ordonnance contre les Juifs et la pragmatique sanction [2]; de signer l'acte de fondation des Dominicains de Rhoëm, ainsi que celui de la foire de la Chandeleur [3]; de signer la fondation, par le Cauchois Sana, d'un collége pour vingt-quatre boursiers nommés par les archidiacres cauchois [4]; de signer l'acte qui autorise Thomas de Gades, seigneur de Canteleu, à donner un moulin aux Chartreux [5]; il se hâte d'adhérer à l'institution des Carmes [6], de faire un codicile dans lequel l'archevêque de Rhoëm, pour s'être croisé avec lui [7], est un des exécuteurs testamentaires [8]. Il institue l'ordre du Navire et du Croissant [9]. Toutes ses ressources financières sont pour des enrôlements; en un mot, toutes ses pensées se portent vers une croisade [10]; il n'y a guère en Normandie qu'un homme bien zélé, c'est Raoul Osmont de Feuguerolles [11]; mais plusieurs obéissent à la demande du roi de le suivre. Il compte sous sa bannière Guillaume du Bec-Crispin, connétable héréditaire de Normandie, Jean Mallet, sire de Graville, le baron de Tournebu, le baron de Roncherolles, le sire de Tilly, le roi d'Yvetot.

An 1268

An 1269

An 1270

---

(1) Sim. de Sismondi. (2) Hénault. — Millot.
(3) Servin, t. 1, p. 12. — Farin, t. 1, p. 68.
(4) Masseville, t. 3, p. 91. (5) Farin, t. 1, p. 35.
(6) Masseville, t. 3, p. 11. (7) Pommeraye, p. 481.
(8) De Sainte-Marthe, Hist. généal. de Fr. — Pommeraye, p. 482. — Anquetil, t. 2, p. 304. — Hist. générale de la maison de Fr.—Isambert, Lois anc., t. 1, p. 348.
(9) Hénault. (10) Hénault. — Anquetil, t. 2, p. 300. — Millot.
(11) Soc. des ant. de Norm. 1834, p. 384.

Le 1ᵉʳ juillet on part d'Aigues-Mortes ; le 17, la flotte est devant Carthage ; le 24, cette ville est prise, quoiqu'elle ne fût pas dans les plans originaires. Alors Louis tombe malade, et, après vingt-deux jours de souffrance il meurt [1] entre les bras de son fils Philippe, au moment où son frère arrivait avec un corps d'armée. Il faut toute la prudence et toute la temporisation de celui-ci, pour ramener, après quelques combats et un traité avantageux, même pour le commerce, une grande partie de cette armée [2]. Tout le monde, par les histoires, par les poésies, par les tableaux même, connaît les détails de ce décès.

La question de savoir où est le cœur de saint Louis excite encore, de nos jours, des publications nombreuses [3]. Des lettres de Philippe III, du 2 octobre, nommaient treize régents pendant son absence. Parmi ces régents était encore Odo Rigaut, l'archevêque de Rhoëm [4] ; mais, malgré la sagesse de cet administrateur, chacun désirait le retour et du roi et de l'armée. On voulait des pensées différentes de celles qui dominaient saint Louis. Philippe III, qu'on a nommé le Hardi, nous ne savons trop pourquoi [5], mais qui eût mérité le nom de *modéré*, qu'on n'a donné à aucun monarque, avait vingt-cinq ans lorsqu'il a été appelé au trône ; il avait déjà quatre enfants. L'histoire de France constate qu'il a vécu encore quinze ans ; que son règne est plein de monotonie ; qu'à l'exception

---

(1) Joinville. — Anquetil. — Sim. de Sismondi. — Millot.
(2) Guill. de Nangis. — Robert Gaguin. — Masseville, t. 3.
(3) Moniteur, septembre 1844. — Lettre à M. A. Le Prevost sur le cœur de saint Louis, par Deville, in-8, 1845.
(4) Isambert, Lois, p. 614. — Masseville, t. 3, p. 3.
(5) Anquetil. — Masseville, t. 3.

de l'événement des *vêpres siciliennes* [1], c'est à peine s'il y a un fait notable ; hé bien, les contrées dont nous suivons les destinées doivent bénir cette renommée. Il faut tout notre empressement à trouver des détails pour constater quelques faits, aussi nous les consignerons.

Le sacre du roi à Reims, sa visite à divers ports, son examen de la forteresse d'Arques, avec ordre de rétablir les fortifications [2]; la nouvelle du décès de Henri III, roi d'Angleterre, et son remplacement par l'énergique Édouard [3]; la confirmation du privilége des bourgeois de Rhoëm, de ne pas s'éloigner de leurs remparts, et d'y rentrer le soir [4]; confirmation obtenue par Robert de Fermoville, grand sénéchal [5]; tous ces actes simplifiaient le gouvernement de Normandie. *Ans 1274 1275*

Le roi augmentait le nombre des établissements et accordait ce privilége même à un orfèvre [6], tandis que Rodolphe de Hapsbourg, roi des Romains, avait des pensées de cette nature en Allemagne.

Il n'y avait de remarqué, pendant l'an 1274, que le décès du Cauchois Thomas de Gades, ancien officier de saint Louis [7]; on riait dans le pays de Caux, comme ailleurs, de la mort de Henri Ier, roi de Navarre étouffé par son excessif embonpoint [8]. *An 1274*

La mort du savant Odo Rigaut [9], remplacé de suite par Guillaume de Flavacourt, issu d'une famille du *Ans 1275 1276*

---

(1) Anquetil, t. 2, p. 332. (2) Notice sur Arques, 1845.
(3) Sim. de Sismondi. — Hénault, t. 1, p. 161.
(4) A. Daviel, Mém. à l'Acad., p. 65, et aut. cités.
(5) Toustain de Richebourg, Hist. de Norm.
(6) Anquetil, t. 2, p. 339. (7) Manuscrit de Pasquier.
(8) Sim. de Sismondi. (9) Chron. roth. — Chron. des archev. de Rouen. — Gilbert, p. 156. — Pommeraye, p. 483. — Servin, t. 1, p. 16.

Vexin; la nomination de plusieurs abbés en basse Normandie [1]; la défense de bâtir des colombiers en roture [2], la confirmation du droit spécial coutumier [3], les usages normands non violés encore par Labrosse, ce confident intime du roi, ancien chirurgien de saint Louis, dont les excès et les abus ont été signalés par les chronologues contemporains [4]; la fondation à Rhoëm de l'hôpital du roi, lequel a donné ce nom, qui subsiste encore, à une rue près de la Crosse [5]; la réalisation du privilége exclusif de monnéage en faveur du roi [6]; une charte en faveur de Saint-Georges-de-Boscherville [7], la fondation de l'hôtel de Pèlerins par Guillaume de Sana, trésorier de la cathédrale [8], l'admission de Thomas Despinay dans l'*ost* du roi, remplissent trois années.

An 1277

An 1278 L'année 1278 serait oubliée en entier, sans les lettres-patentes de Philippe III, qui confirmaient une sentence du bailli de Rhoëm [9]; une autre qui ajoute à la juridiction de cette ville le plaid de l'épée (placitum spadæ) [10]; une autre enfin sur le retrait lignager [11].

An 1279 Si une émeute résultait, ou des lettres par lesquelles le roi se réservait, en interprétant la charte de commune, le cas de meurtre, méhaing et gage de bataille [12], ou des dispositions du concile de Pont-Audemer, qui dressait vingt-quatre canons, dont un entre autres dé-

---

(1) Soc. des ant. de Norm. 1834, p. 255.
(2) M. Floquet, Hist. du parlement, t. 1, p. 80.
(3) Villaret. — Isambert, Lois. (4) Anquetil, t. 2, p. 325.
(5) Lesguillez, p. 106. — Laquerrière, t. 2, p. 118.
(6) V. Arrêt de l'échiquier: De consuet. norm. in-4, ch. 15.
(7) Deville. (8) Masseville, t. 3, p. 113.
(9) Soc. des ant. de Norm. 1834, p. 399.
(10) Brussel. — A. Daviel, p. 52.
(11) Isambert, Lois, 29 septembre 1278. (12) Id. — Leber, p. 255.

clarait hérétiques tous ceux qui ne faisaient pas leurs Pâques [1] ; si même le maire est assassiné, le 4 février 1280, sur la place de la Calende, et jeté dans la rivière avec sa mule [2], malgré les nobles efforts du bailli Renault [3], il n'en est pas moins vrai que toutes les campagnes, que le surplus des bords de la Seine et de l'Océan, étaient tranquilles. Un Cauchois, Richard Dombaut, pensait à mettre en vers la coutume, et nous laissait ainsi le moyen d'établir la différence avec le langage normand du temps de Robert Wace [4]. Les Dieppois fabriquaient des centaines de cet instrument précieux, la boussole récemment inventée [5]. La Normandie comme le reste de la France se servait des lettres, des chiffres et des étymologies arabes, rapportées de la dernière croisade [6].

An 1280

En 1281, l'archevêque de Rhoëm recevait du pape la mission d'*informer des mœurs et des miracles* de Louis IX, pour savoir s'il méritait d'être sanctifié [7].

An 1281

Cet événement terrible dont nous avons déjà parlé, les *Vêpres siciliennes*, qui avait lieu le 30 mars 1282, qui amenait le massacre de tant de Français [8], et devait être le sujet d'une tragédie d'un des plus illustres Cauchois, Casimir Delavigne ; cet événement, disons-nous, amenait, de la part de la noblesse française, une juste vengeance. Les indulgences du pape

An 1282

---

(1) Masseville, t. 3, p. 33. — Prud'homme, t. 20, p. 203.
(2) Farin, t. 1, p. 526. (3) Soc. des ant. de Norm., t. 8, p. 18.
(4) Hoüard, Dict. de droit norm. 1782, t. 4. — Dict. hist. v° Dombault.
(5) M. de Châteaubriand, Études hist., t. 3, p. 337. — Renaudot, sur les Indes. — Guill. Denis, de Dieppe. — Millot n'en fixe la découverte qu'à la fin du XIV° siècle. — M. Estancelin, Rech., p. 116. — Moréri, v° Boussole. — Dict. hist. v° Gioia.
(6) Soc. des ant. de Norm. 1837, 1838, 1839, p. 72.
(7) Pommeraye, p. 487. (8) Hénault, t. 1, p. 312. — M. de Bazancourt, Hist. de la Sicile sous la domination normande, 2 vol. in-8.

étaient acquises à chaque guerrier qui s'enrôlait pour cette espèce de croisade [1]; mais il n'en est pas moins vrai encore que tout l'intérieur de la France était tranquille, et s'occupait d'améliorations agricoles; que tous les ports pensaient à une navigation devenue si facile par le succès de l'aiguille aimantée.

An 1283 — La guerre de Catalogne, née de ce que la couronne d'Aragon avait été conférée par une bulle à Charles de Valois, second fils de Philippe III, donnait bien à quelques Cauchois, comme Jean d'Harcourt, l'occasion de se distinguer [2]. La volonté du roi qui, par une ordonnance exigeait de la noblesse des droits de mutation [3], blessait bien tous les gentilshommes et les irritait, en mettant cette nouvelle condition aux apanages; de même qu'on était mécontent de voir le pouvoir de l'archevêque s'étendre chaque jour sur le droit de pêche et autres choses séculières [4]; mais rien de tout cela n'était un trouble réel. La mort de plusieurs personnes, frappées de la foudre le

An 1284 jour de Pâques 1284, dans la cathédrale [5], pendant que l'archevêque officiait, était regardée comme un avis du ciel, et chacun l'a interprété à sa manière.

An 1285 — L'année 1285 devenait très-intéressante. Philippe III, ou le Hardi, ce roi pieux, brave, équitable [6], dont le seul défaut peut-être avait été sa trop grande confiance en *La Brosse,* voulant venger la mort de Charles d'Anjou, décédé le 7 janvier, prenait à Saint-Denis cette oriflamme, ou drapeau du Vexin français,

---

(1) Anquetil, t. 2, p. 336. (2) Masseville, t. 3, p. 8.
(3) M. Floquet, Hist. du parlement, t. 1, p. 85. — Hénault. — V. Pratique de Beaumanoir.
(4) Pommeraye, p. 488.
(5) Chron. roth. — Farin, t. 1, p. 510. — Gilbert, p. 19.
(6) Masseville, t. 3, p. 9.

qu'on regardait comme son étendard personnel [1] ; il demandait le secours de cet Eudes de Montreuil qui avait fortifié Jaffa [2] ; il employait neuf mois entiers à préparer la guerre. D'anciens seigneurs normands, qui vivaient depuis plusieurs années retirés dans leurs terres, venaient réunir leurs bannières à son guidon ; sa seule hésitation venait de ce qu'il s'apercevait bien des troubles qui pouvaient naître, de la jeunesse et du caractère de son successeur ; mais il décédait le 6 octobre à Perpignan [3], laissant deux fils et une fille de son premier mariage, un fils et une fille du second ; et chaque province de France prévoyait que le calme allait cesser.

Philippe IV, dit le Bel, eut à peine, en effet, avec Jeanne qui lui avait apporté la couronne de Navarre, rempli ses devoirs envers son père, près duquel il était lors de son décès, et dont il recevait le dernier soupir [4], que son amour des richesses [5], et son goût pour la renommée militaire, sa haine de toute espèce d'opposition, se déclarèrent. Les guerres d'Aragon, de Castille, de Naples, étaient un aliment à son ardeur [6]. Quand le bailli de Rhoëm voulait s'occuper du différend de l'abbé de Grestain avec Hugues Buscard, pour des biens à l'embouchure de la Seine [7], Philippe-le-Bel disait nettement qu'il n'avait pas les goûts de saint Louis ; il avait bien un confesseur, né Cauchois, Nicolas de Fréauville [8], mais c'était plutôt

An 1286

_____

(1) Sim. de Sismondi, t. 1, p. 382, 383.
(2) Dict. hist. (3) Masseville, t. 3, p. 9. — Hénault. — Anquetil, t.
— M. de Sismondi fixe le décès au 5 octobre.
(4) Anquetil, t. 2, p. 342. (5) Sim. de Sismondi.
(6) Anquetil, t. 2, p. 343.
(7) Soc. des ant. de Norm., t. 8, p. 2.
(8) Servin, t. 2, p. 280.

une affaire d'étiquette qu'un goût prononcé pour le confessionnal. A peine trouvait-il le temps d'autoriser la fieffe faite d'une partie des vieux fossés de Rhoëm [1]; il savait trouver plus d'instants pour gagner l'historien Bourgeville [2] au retour des conférences d'Oléron [3], ou après le traité de Campo-Formio [4].

An 1287

An 1288

An 1289 Une famille cauchoise commençait alors à briller, elle devait ensuite signaler beaucoup de ses membres à l'attention publique et même au souvenir de la postérité. Gautier de Silly, sieur de Watteville, d'Offranville, allait avoir pour descendant Robert de Silly, qui épousait Guillemette de Lonray; Jacques de Silly, gouverneur de Caen, maître d'artillerie au siége de Capoue, François de Silly, gouverneur d'Alençon, mort à Pavie près de son roi; les Silly devaient s'allier aux Matignon, qui tous ont été ou des ambassadeurs, ou des généraux, ou des lieutenants généraux de province, et qui surtout sont fiers de compter, dans leur longue généalogie, ce Jacques de Matignon dont toute la vie a été glorieuse, et dans la famille duquel les Colbert et les Montmorency ont été heureux d'entrer [5].

An 1290 L'échiquier continuait son office; il décidait avec indépendance, entre le maire et le chapitre de la cathédrale de Rhoëm, des questions de juridiction [6]; obéissant à ce règlement qui ordonnait qu'il siégeât deux fois par an, et trois mois chaque fois [7], il ne

---

(1) Farin, t. 1, p. 23.
(2) Chron. roth.
(3) Sim. de Sismondi, t. 1, p. 388. (4) Id.
(5) V. Généal. des Matignon.
(6) M. Floquet, t. 1, p. 144. — Soc. des ant. de Norm. 1834, p. 469.
(7) Hénault. — Servin, t. 2, p. 28. — Isambert, Anc. lois. — L'Ann. de la Soc. de l'Hist. de Fr. place le fait en 1302; — Léon Thiessé, en 1303.

vaquait pas lorsque plusieurs de ses membres se rendaient aux États généraux [1].

Le pays de Caux, toute la Normandie, ont applaudi sans doute au traité de Tournus, du 19 février, lequel a rétabli la bonne harmonie entre la France et l'Aragon [2]. On ne saurait dissimuler que le calme où l'on était depuis longtemps, devait rendre les peuples bien plus sensibles à une agression venant de l'Angleterre [3]. Les Anglais attaquent des vaisseaux normands ; on croit même qu'il ne s'agit d'abord que d'une rixe entre deux matelots [4] ; Rhoëm en fait sa plainte à Philippe-le-Bel [5] ; celui-ci, comme s'il n'attendait que cette occasion pour conquérir la Guienne, ajourne Édouard à paraître à Noël en parlement, comme vassal [6], puis il confisque le duché, malgré des excuses déclarées tardives [7]. En vain l'Anglais avait voulu profiter du tumulte occasionné à Rhoëm, par l'établissement de la maltôte, *malè tolta,* tumulte si vif que les membres même de l'échiquier avaient pris la fuite et avaient été poursuivis jusque dans le château [8] ; que l'argent perçu avait été répandu sur le pavé, et qu'ensuite il avait fallu faire pendre les rebelles [9] ; l'Anglais avait trouvé tous les sentiments réunis contre lui ; il gardait toutefois une rancune dont les effets vont se faire sentir.

An 1294

Édouard descend en Normandie ; il se moque d'une nouvelle citation devant le parlement de Paris, pour

An 1295

---

(1) Brochure sur les états généraux.
(2) Sim. de Sismondi, t. 1, p. 389. — (3) Guill. de Nangis, t. 1, p. 281.
(4) Anquetil, t. 2, p. 216. — Hénault, p. 218.
(5) Servin, t. 1, p. 302. — Masseville, t. 3, p. 13.
(6) Guill. de Nangis. (7) Hénault. — Servin. — Nangis. — Anquetil, t. 2, p. 348. (8) Masseville, t. 3, p. 16. — Noël, ms. — Guill. de Nangis, p. 282. (9) M. Floquet, t. 1, 85.

une querelle qui a eu lieu à Bayonne, entre des matelots anglais et encore des matelots normands [1]; il renouvelle les plaintes de son pays, à l'occasion du duché de Normandie; il faudra son mariage avec Marguerite, fille de Philippe-le-Bel, et celui de son fils Édouard avec Isabelle, fille du même monarque [2], pour qu'il consente à abandonner ses prétentions;

An 1294 mais, en attendant, il déclare se refuser à tout hommage [3]; il se réjouit de l'impôt établi en France, sur les revenus du clergé [4], sur la vaisselle d'argent [5]. Il jouit de l'altération des monnaies et des persécutions dont Philippe-le-Bel menace les templiers, enrichis encore dans la Normandie par la donation que leur a faite Gaucher de Châtillon, de la terre et du château de Cailly [6].

An 1295 Le seul Français qui lui fasse impression, est le Cauchois d'Harcourt, seigneur de Lillebonne et Cailleville, qui, avec un Montmorency, saccage Douvres [7], et qui amène enfin cette paix ou trêve dont nous avons dit les conditions, et qui a été signée, le 23 juin, au congrès d'Agnani [8].

Le sire de Lillebonne, dont le caractère était belliqueux, ne pouvait, même en temps de paix, dissimuler ses goûts. Le chambellan de Tanquerville ou Tancarville prend le parti de ses gens qui avaient eu une querelle avec ceux d'Harcourt, à l'occasion d'un moulin; celui-ci en fait le sujet d'un combat. Les

---

(1) Hume, t. 2, p. 378.—Sim. de Sismondi, p. 390.—Walsingh., p. 58.—Heming, t. 1, p. 39.—Math. West., p. 419.
(2) Dict. hist. v° Édouard Ier. (3) Sim. de Sismondi.
(4) Chron. rothom. Delamarc. (5) Sim. de Sismondi, t. 1, p. 397.
(6) Mémorial de Rouen, 18 juin 1838.
(7) Masseville, t. 3, p. 15.
(8) Sim. de Sismondi. — Hénault place la paix ou trêve en 1297.

voilà chacun à la tête d'un parti; une rencontre a lieu; Tancarville a un œil crevé : il faut une comparution devant le roi, à Lillebonne, pour que la querelle cesse [1]; c'est Enguerrand de Marigny, qui lui-même avait porté l'ajournement, et il faut ces paroles du roi : *Cessez, de par le roi*, pour que la paix soit faite [2].

Mais autant Philippe-le-Bel se montre jaloux de mettre les seigneurs d'accord, autant il prend peu de soin de plaire aux prêtres. Le pape, dans deux bulles, avait beau en faire la remarque [3], il se plaisait dans son indifférence; l'assemblée tenue au Louvre, à cet égard, était pour la forme [4]. Il était sévère envers l'abbaye de Jumiéges, et en même temps il instituait, dans cette paroisse, un marché [5], véritablement en faveur des habitants. S'il défendait l'exportation des monnaies et des métaux précieux, cette ordonnance avait pour contre-poids la saisie de quelques bénéfices ecclésiastiques [6]. Lors de l'inondation d'une partie de la ville de Rhoëm [7], il venait au secours de beaucoup d'habitants, et négligeait tout à fait le clergé. *Ans 1296 1297*

Appuyé sur cinq ministres vraiment remarquables, parmi lesquels étaient le Normand Marigny, le roi, après avoir abaissé l'Église, songeait aussi à maintenir la noblesse dans une obéissance plus exacte [8], et à supprimer les corporations militaires. Il défend plus que jamais les guerres privées [9], qui n'étaient *An 1298*

(1) Cron. 1581, fol. 163. — Masseville, t. 3, p. 19, 20, 21.
(2) Cron. 1581, fol. 163 verso. (3) Sim. de Sismondi.
(4) Dict. hist. v° Mornay. (5) Deshayes, p. 79. — Observ. in-4, 1813, p. 4. (6) Sim. de Sismondi, t. 1, p. 398.
(7) Farin, t. 1, p. 506. — Dulaure, t. 2, p. 51.
(8) Sim. de Sismondi, t. 1, p. 401. (9) Hénault.

que des duels, avec des conséquences plus graves, et, en Normandie, cette défense avait des résultats considérables, tant on avait pris, comme pour conserver le goût de la guerre, l'habitude de ces petits combats. Le bailli de Caux recevait à cet égard des ordres sur parchemin, et scellés [1].

An 1299 On comprend qu'alors le clergé va susciter l'irritation de la noblesse, et celle-ci laisser bénir les résistances. Le conseil du roi tiendra-t-il contre ce concours? Les lettres publiées, pour être exécutoires en Normandie, statuant sur les juridictions laïques et ecclésiastiques [2], auront-elles force de loi? La noblesse sera-t-elle à son tour appuyée par ses vassaux? Quel sera l'effet du concile de Bonnes-Nouvelles [3]? La réponse à ces diverses questions est dans les mœurs ecclésiastiques qui étaient blâmables, et que réprimandaient les autres classes; elle est dans la position plus heureuse des villes qui, comme Rhoëm, avaient stipulé leurs libertés; on trouvait plus facilement de l'argent, dit Saint-Simon, dans la bourse du peuple affranchi [4]. Un concile même, ou synode normand, tenu par Guillaume de Flavacourt, décrétant sept articles, en a un contre les clercs qui portent l'épée, et entretiennent des concubines [5], un autre contre les ecclésiastiques usuriers, un autre contre ceux qui se livrent trop à la bonne chère [6]; il n'en fallait pas davantage pour que le pouvoir royal devînt le plus fort. Dès qu'il avait obtenu un pareil succès, il faisait

---

(1) Arch. du roy. pièces de Caux, mars M CC XCVIII.
(2) Isambert, Anc. lois. (3) Pommeraye, p. 489.
(4) T. 11, p. 473.
(5) Chron. roth. Delamarc. — Recueil des conciles, t. 11. — Isambert, Anc. lois. — Prud'homme. — Dict. des conciles, v° Rouen.
(6) Masseville, t. 3, p. 92.

bien aussi de permettre qu'un prisonnier fût arraché au supplice, en vertu du privilége de Saint-Romain [1]; d'autoriser la fondation du prieuré de la Madeleine et de la commanderie de Saint-Antoine [2], d'accorder une nouvelle forme du jubilé [3], d'autoriser la fondation du collége de Saint-Esprit [4], de tout faire pour que le Normand, Antoine du Bec fût patriarche de Jérusalem [5].

Quand Philippe-le-Bel est certain des dispositions intérieures; quand il sait qu'il dirige la noblesse, et que le clergé se tient dans sa ligne, que personne ne songe plus à aller conquérir la Judée, dont on a été chassé après avoir perdu tant de millions d'hommes [6], il s'occupe enfin de cette guerre de Flandre qu'il projetait depuis longtemps, et pour laquelle il voulait se mettre à la tête de l'armée. Il institue, afin de faciliter cette guerre, ce qu'il a appelé la *Cour des aides* [7], qui n'était qu'une nouvelle forme d'impôt; il fait le tour de son royaume [8], pour s'assurer de toutes les dispositions, notamment de ses Cauchois; il trouve là une partie des soixante mille hommes qu'il voulait rassembler, et, pour prouver sa satisfaction au peuple commerçant, il facilite un nouveau développement de ses cités, spécialement de Dieppe, dont son historien dit : « qu'elle a repris figure de ville [9]. » Il part pour la Flandre; il s'empare d'une

An 1500

---

(1) M. Floquet, Privil. de Saint-Romain, p. 70. — Hist. de la cathédrale, p. 625 à 641. (2) Servin, t. 1, p. 12.

(3) Hénault, t. 1. (4) Marchangy, Tristan-le-Voyageur, t. 3, p. 47.

(5) Masseville, t. 3, p. 118.

(6) Suard, Tabl. de l'Europe, en tête de l'Hist. de Charles-Quint.

(7) Farin, t. 1, p. 226. — Masseville n'admet la cour des aides en Norm. qu'en 1450, t. 4, p. 540. (8) Hénault.

(9) Diarium Ph. IV, E. tab. autog. de sancto justo, Dict. hist. v° saint Juste. — M. L. Vitet, Hist. de Dieppe.

partie de ses forts et accorde une trêve de deux ans [1].

An 1301   Le commerce va reprendre une importance si réelle, que c'est sous Philippe-le-Bel, et certes de son consentement, que la hanse teutonique ou ligue anséatique se forme, que Rhoëm entre dans cette confédération [2], que ses relations avec presque toutes les villes commerçantes de l'Océan, procurent des marchandises, des matières premières et des objets d'art jusqu'alors inconnus, ou bien dont l'usage était oublié depuis longtemps. La guerre même devait jouir de ce bienfait, car on construisait de nouveaux bâtiments avec des boussoles perfectionnées. Tandis que des Cauchois, sous la conduite des comtes d'Eu et de Tancarville, se distinguaient au siége de Courtrai [3], lors duquel deux cents seigneurs de marque et deux mille cavaliers sont restés sur le champ de bataille [4], lors duquel les Flamands avaient fait un trophée de quatre mille paires d'éperons dorés, d'autres Cauchois entretenaient la forte alliance des villes commerçantes et leurs bons usages. Si le chapitre de la cathédrale de Rhoëm renouvelait, précisément au moment de la nouvelle qu'on recevait de ce combat, une prétention déjà émise qu'on avait attenté à ses priviléges; si même à cette occasion, ou plutôt parce que le pape était inquiété et frappé, il laissait exposée pendant trois jours et trois nuits la châsse de saint Romain [5]; le roi répondait à ces démonstrations et à beaucoup d'autres, en renouvelant la

An 1301 trêve avec Édouard, le 30 mai 1303 [6], en tenant des

---

(1) Anquetil, t. 2, p. 250. (2) Verdenhagen.—Du Tillet.—Trévoux, v° Hanse. — Pontanus. — Rœderer, Louis XII, t. 1, p. 60.

(3) Massev., t. 3, p. 30. (4) Sim. de Sism., t. 1, p. 413. (5) M. Floquet, Privil. de Saint-Romain, t. 1. (6) Sim. de Sism., t. 1, p. 407.

états généraux [1] contre le pape Boniface VIII, et la bulle *Ausculta filii*. Le 23 juin, au Louvre, les barons, les députés des villes, les magistrats, en présence des évêques, dans une réunion qui ne durait qu'un jour [2], annulaient l'effet de cette bulle et de quatre autres; ils déclaraient le pape voleur, fornicateur [3], tout en maintenant les justes priviléges ecclésiastiques [4]. Le roi avait gagné les seigneurs normands, et obéissant à leur demande, il avait rendu l'échiquier fixe à Rhoëm [5], par ordonnance du 28 mars; il le faisait présider par son grand sénéchal. On est curieux encore aujourd'hui de voir les personnages qui y siégeaient, et, spécialement pour le pays dont nous nous occupons, de recueillir les noms [6] de l'archevêque de Rhoëm, de l'abbé de Saint-Ouen, de l'abbé de Jumiéges, du doyen de Rhoëm, de l'abbé de Sainte-Catherine, de l'abbé de Préaux, de l'abbé de Lilledieu, du prieur de Saint-Lô, du prieur du Mont-aux-Malades, de l'abbé de Fécamp, de l'abbé de Saint-Wandrille, de l'abbé d'Aumale, de l'abbé du Valasse, de l'abbé de Valmont, de l'abbé du Tréport, de l'abbé d'Eu, de l'abbé de Foncarmont, de l'abbé de Bellozanne, de l'abbé de Beaubec, du prieur de Longueville et du trésorier de Charlemesnil; puis les noms du comte d'Harcourt, du vicomte de Roncheville, du vidame d'Esneval, du baron de Claire ou Clères, du vicomte de Fanguernon, du baron du Bec-Thomas,

---

(1) Hist. des états-généraux, depuis 1302, par Boullé, 2 vol. in-8.

(2) M. Michelet. — Soc. des ant. de Norm., t. 10, p. 476. — Ann. de la Soc. de l'Hist. de Fr. 1840, p. 99. — Châteaubriand, Études histor., t. 3, p. 332. — Sim. de Sismondi, t. 1, p. 407. — Anquetil, t. 2, p. 355.

(3) Anquetil. (4) Isambert, Anc. lois. — Anquetil, t. 2, p. 375.

(5) Isambert, Anc. lois. — Floquet, t. 1, p. 88. — L. Dubois, résumé, p. 266. (6) Masseville, t. 3, p. 39 à 43.

du baron d'Acquigny, du baron de Beuvron, enfin des comtes d'Eu, de Tancarville, d'Aumale, de Maulevrier, du sire et baron d'Estouteville, du sire de Graville, de Marigny lui-même, que le roi venait de faire comte de Longueville [1]. On est heureux de retrouver les traits de Robert de Bussi, ancien président de cet échiquier, dont on possède encore la statue [2].

An 1304 — Puis Philippe-le-Bel, qui ne s'était occupé que quelques instants de Jean de Bailleul, cet ex-roi d'Écosse qui décédait en Normandie [3], ayant encore une fois complété une force de soixante mille hommes [4], la trêve expirée, retournait à ses Flamands. Il conduisait avec lui la reine Jeanne, son épouse [5]. La perte même d'une partie de sa flotte ne le décourageait pas plus que l'excommunication de Benoît IX; la bataille de Mons en Puelle [6], suivie de la conquête définitive de Lille, Douai, Orchies et Béthune, prouvait qu'il entendait la guerre après avoir entendu la politique et l'administration. Comme il se tenait sagement dans l'intérieur de sa cour, il se tenait bravement à la tête de l'armée.

Revenu à Paris, Philippe se montre sensible à la requête du commerce de Rhoëm, qui demande l'exemption de l'amodiation des vins venant par mer [7]; il est loin de s'opposer à la tenue d'un concile à Déville, près Rhoëm; d'un autre à Pinterville, près Louviers [8]; il a le temps de sourire à l'auteur d'un

---

(1) Golnitz, Itin. belg. Gall. — Anquetil, t. 2, p. 129.
(2) Bulletin de la Soc. de l'Hist. de Fr. 1843, p. 264. — Il est mort le 23 juin 1304. (3) Masseville, t. 3, p. 151.
(4) Anquetil, t. 2, p. 383. (5) Id., p. 359.
(6) Sim. de Sismondi. — Anquetil, t. 2, p. 383.
(7) Traité des états provinc. 1789, in-8. (8) Masseville, t. 4.

manuscrit sur Robert-le-Diable [1]; il donne des regrets à la perte du sage abbé de Saint-Wandrille, dont il apprend la fin pieuse, dont il recommande comme modèle la sage administration [2]; il accorde à Marigny reconnaissance de certains droits communaux [3]; il joint à ce qu'il lui a donné ses beaux domaines de Marigny, d'Écouis et de Rozay [4].

Bientôt les Normands regrettent, autant que le roi, la reine Jeanne, décédée le 2 avril 1305; ils la regrettent moins parce qu'elle avait apporté en dot le domaine de Navarre, que parce qu'elle avait donné de bons exemples sur le trône; moins parce qu'elle avait accordé au normand Marigny des faveurs pour sa province, que parce qu'elle savait unir la piété à l'exemption de tout excès en matière de religion; moins parce qu'elle était belle, que parce qu'elle avait attaché le roi par les liens d'une fidélité irréprochable [5]; moins enfin parce qu'ils l'avaient vue souvent, que parce qu'ils savaient les bons conseils qu'elle donnait à son époux. *An 1305*

Ils regrettent encore Guillaume de Flavacourt [6], que Philippe-le-Bel avait encouragé, en le protégeant contre son chapitre; ils manifestent hautement devant son successeur, Bernard de Farges, criblé de dettes [8], leur douleur pour la perte de celui qui ne *An 1306*

---

(1) Soleisme, Bibl. dram., in-8, — Le manuscrit a été publié par Ed. Frère en 1836.
(2) Langlois, Saint-Wandrille, p. 151. — Chartes, sceaux, cités dans cet ouvrage. (3) V. arrondissement de Rouen, 1826, sur les sept villes de Bleu, près Gisors, et le Mém. de M. A. Daviel.
(4) Masseville, t. 3, p. 123. (5) Sim. de Sismondi.
(6) Ms. Pasquier. — Masseville, t. 1, p. 332. — Ms. Bigot. — Pommeraye, p. 491. — Servin, t. 1, p. 16. — Gilbert.
(7) Gilbert. — Un curieux ms. porte cette date à 1305. — La Chron. des archev. ne date le remplacement que de 1307. — Pommeraye, p. 492.

s'était pas contenté de faire monter la plus belle cloche du diocèse, mais qui savait au besoin résister à la cour de Rome [1].

AD 1307   En ces circonstances, on dirait que le caractère du roi est tout à fait changé ; le despotisme se montre ouvertement ; il se passe un fait qui n'est pas spécial au pays de Caux, qui n'est pas spécial à la Normandie, mais qui a donné aussi sa secousse profonde dans ces parties de la France; nous voulons parler de la condamnation des templiers [2], dont l'ordre existait depuis 1119. Il y en avait le long des rives de la Seine : Guy était le grand prieur de Normandie [3]. Parmi les quinze mille chevaliers dont se composait l'ordre [4], il pouvait y en avoir de coupables, mais tous ne l'étaient pas, et tous ne devaient pas être punis, ruinés, déshonorés. Nous ne savons pas exactement quel nombre, parmi leurs neuf mille maisons [5], était dans le pays de Caux et dans le Vexin ; il y en avait deux établissements à Rhoëm [6], un au Tréport [7], un à Pont-de-l'Arche, un à Louviers [8], un à Cailly ; mais nous avons la certitude que beaucoup de cadets de Normandie en faisaient partie [9]. Dans ce pays, plus que partout ailleurs, où l'on était habitué à des formes judiciaires, respectées en échiquier, on blâmait hautement le mode trop expéditif des commis-

---

(1) Guill. de Nangis, p. 355.
(2) Dupuy, Hist. de la condamnation des Templiers, 1713.—M. Michelet, p. 163. — Hénault, t. 1, p. 226. — M. de Chambure, 1 vol in-8, 1811.
(3) Hermant, p. 318. —Tableau de M. Marquis, 1836. — M. de Golbéry, art. du Moniteur du 21 juin 1846, lui donne le titre de commandeur.
(4) Sim. de Sismondi, t. 1, p. 409 et suiv.
(5) Hermant, p. 301.
(6) Duplessis, t. 2. — Périaux, 1828. —Farin, t. 3, p. 221.
(7) V. Coquelin.   (8) Ms. Lemaître.
(9) Guill. de Nangis, de la p. 359 à la p. 390. — Sim. de Sismondi.

saires [1] ; on se révolta contre cette espèce d'accord,
d'abord tenu secret, puis divulgué, qui a été proposé
à Philippe-le-Bel par Clément V, de consentir à la condamnation, pouvu que la poursuite contre la mémoire
du pape Boniface fût abandonnée [2]. On jeta du ridicule sur la forme de procéder; sur l'absurdité de plusieurs chefs d'accusation; on blâma le roi, quand on
sut qu'il entrait quelque vengeance purement personnelle dans ses accusations [3] ; parce que les templiers
avaient critiqué l'altération des monnaies en France [4].
Mais ce fut bien autre chose, quand on vit que les
poursuites avaient ce résultat que, le 13 octobre,
Jacques Molay lui-même avait été arrêté, ainsi que le
grand prieur de Normandie et soixante chevaliers,
qui avaient suivi le grand maître [5]; puis, on avait entendu des témoins tout à fait suspects, des templiers
qui avouaient ces faits dégoûtants imputés à tout
l'ordre, n'étaient pas condamnés, et se retiraient
de là plus riches qu'auparavant. Les conséquences
auxquelles le roi tenait surtout, malgré l'avis de
beaucoup d'évêques, lors des états généraux de
Tours, et encore, quoique plusieurs aient été décla-
rés innocents, étaient d'abord la confiscation de leurs
biens immenses, et la dotation d'une partie à d'autres
corporations [6], principalement aux chevaliers de

(1) Dusouilley, t. 1, p. 141. — M. Michelet, loc. cit. — M. Michaud.
(2) Sim. de Sismondi, t. 1, p. 410. — Farin, t. 3, p. 221.
(3) Dupuy, édit. de 1713. — Anquetil, t. 2, p. 393, 318.
(4) Mézeray.   (5) Hermant, t. 1, p. 306.
(6) Sur l'ordre des Templiers et leur procès, v. Jacques de Vitri, lib. 1.
— Guill de Tyr. — M. Paris, en 1244. — Dupuy, Hist. de la condamnation
des Templiers. — Le P. Daniel. — Velly, t. 5. — Ms. Brienne. — Ann. de
la Soc. de l'Hist. de Fr. 1840. — Hénault. — Chron. roth. — Sim. de Sismondi. — Campomenès, Madrid, 1747. — Anquetil, t. 2, p. 401. —
M. Raynouard, préf. des Templiers. — Hist. des chevaliers de Malte, par

Saint-Jean-de-Jérusalem, qui allaient devenir chevaliers de Rhodes [1], mais en ayant soin d'attribuer au roi les deux tiers des biens mobiliers [2]. Aussi, l'altération des monnaies, signalée par les templiers d'abord, occasionna dans beaucoup de localités des insurrections multipliées [3]. Aussi on avait beau, dans les actes comme ceux que passe par exemple l'abbé du Bec-Helloin, nommer Philippe le très-excellent prince [4], l'opinion publique alors le qualifiait autrement.

An 1309 — Quand le roi veut obtenir l'exécution d'une ordonnance sur la comptabilité des agents de son gouvernement [5], il faut qu'il se rende lui-même à l'échiquier de Normandie [6].

An 1310 — Marigny a beau faire, il ne peut, par la construction de beaux édifices [7], détruire l'effet des choses qui sont de la tyrannie, et si contraires aux stipulations du temps de Philippe-Auguste.

An 1311 — C'est un autre acte de despotisme, quand Bernard de Farges, l'archevêque de Rhoëm, par l'accord du roi et du pape, est transféré à Narbonne, pour faire venir Gilles Aiscelin de Narbonne à Rhoëm [8]; c'était chose attendue qu'un concile général, comme celui

---

Vertot. — M. Michelet.—V. pièces relatives aux Templiers, soixante-seize liasses, au trésor des chartes, et l'invent. de Godefroy et Dupuy, en 1615.

(1) Coquelin, p. 24.
(2) Hermant, t. 1, p. 317.
(3) Hénault. — Sim. de Sismondi, t. 1. p. 415 et suiv. — En cette année a lieu le procès célèbre du Normand Barbier, né à Rhoëm, et écolier de l'université de Paris, qui donne lieu aux réclamations de corps contre le prévôt de Paris. (Gaz. des trib. du 21 avril 1841.)
(4) Arch. du roy. v° Caux, acte à cette date, le jour du sabbat après la Pentecôte. (5) Isambert, Anciennes lois.
(6) M. Floquet, Parlement, t. 1, p. 90. (7) Chron. roth.
(8) Pommeraye, p. 493, et les auteurs qu'il cite. — Chron. roth. — Gilbert, p. 156. — Servin, p. 16.

qui a été tenu à Vienne en Dauphiné, où étaient trois cents évêques et trois rois, rendrait justice aux templiers brûlés, en disant que leurs corps seraient mis en terre sainte [1]; mais c'était aussi une conséquence du despotisme de Philippe-le-Bel, que ceux qui possédaient leurs biens ne seraient pas tenus de les rendre, et que l'ordre continuerait d'être supprimé [2]. Le roi regardait comme nuls les capitulaires qui, si longtemps avaient été le droit [3]; on s'insurgeait en Normandie où l'on invoquait toujours ce droit, quoique ce fût souvent pour les autres provinces un sujet de sarcasme. En Normandie aussi, on n'avait pas trouvé le moyen d'exécuter la peine de mort contre les templiers, faute de bourreaux [4]. *An 1312*

Le roi avait beau, après cela, user de sévérité envers les princesses de sa cour [5], à cause de leur inconduite, et les envoyer au Château-Gaillard avec Philippe et Gautier d'Aulnoy ou d'Aulnay, gentilshommes normands, leurs complices, sauf à punir ceux-ci plus sévèrement après; il avait beau ordonner des fêtes splendides [6]; recommander l'indulgence à Geoffroi le Danois, maître des eaux de toute la Normandie [7]; il avait beau, à la fête de la Pentecôte, créer des chevaliers parmi lesquels étaient les Cauchois Jean de Bretteville, Jean de Ricarville, Jean de Rouvray, Guillaume du Verbosc, Robert de Thibouville [8]; il *An 1315*

---

(1) Prud'homme, Hist. des conciles, p. 203, t. 20, du Dict. univ.
(2) Sim. de Sismondi, t. 1, p. 413. — Radingius templariorum examinationes. — Dict. hist. v° Radingius.
(3) Baluze. — Soc. de l'Hist. de Fr. 1835, p. 445.
(4) M. Floquet, Parlement, t. 1, p. 181.
(5) Mézeray. — Hénault. — Anquetil, t. 2, p. 406 et suiv. — Sim. de Sismondi, t. 1, p. 417. — Voy. pitt. dans l'anc. France.
(6) Anquetil, t. 2, p. 414. (7) Pommeraye, p. 496.
(8) Masseville, t. 4, p. 517.

avait beau recommander à ses enfants, lorsque la langueur s'emparait de sa personne, d'aimer les lois, il était détesté; les nobles formaient une ligue contre lui [1]. Toute l'année 1314 était triste, et les derniers mois étaient languissants [2], à ce point, que la mort du roi, qui a eu lieu le 29 octobre [3], était attendue, qu'elle ait été prédite ou non par Jacques Molay du haut de l'échafaud, en mars 1313, quand celui-ci marchait au supplice avec le prieur de Normandie [4].

On augurait peu du caractère de Louis X, surnommé le Hutin, âgé de vingt-trois ans [5], qui avait deux frères: Philippe, âgé de vingt-un ans et Charles, âgé de vingt ans. Cependant, le mariage d'une de ses sœurs avec le roi d'Angleterre, le mariage d'une autre avec le roi de Castille [6], indiquant des relations amicales avec deux puissances en état de maintenir la paix, révélaient des vues politiques. Déjà les Normands profitent de ce qu'ils voient moins de dureté en Louis X qu'en Philippe-le-Bel, pour recouvrer leurs droits entiers. C'est sous Louis-le-Hutin que l'archevêque de Rhoëm fonde à Paris le collége de Montaigu [7]; que l'on commence ces manuscrits beaux comme l'histoire romaine, qui a figuré si longtemps dans la bibliothèque des échevins [8]. C'est Louis-le-Hutin qui, le 19 mars 1315, a délivré cet acte appelé charte aux Normands, par laquelle, après avoir respecté leurs monnaies, et promis de ne pas mettre

---

(1) M. Beugnot, préf. des *Olim*, t. 3. (2) Sim. de Sismondi.
(3) Hénault, Sim. de Sismondi. — Masseville, t. 3, p. 34. — Anquetil, p. 419. (4) M. Raynouard, Note sur les Templiers. — Hermant, p. 318. — Dict. hist. v° Molay, — de Golbéry.
(5) Anquetil, t. 2, p. 427.
(6) Masseville, t. 3, p. 35. (7) Pommeraye, p. 487.
(8) Richard, p. 22. — Bibl. roy. n° 6918.

d'impôts sans utilité, il enjoint de respecter leurs priviléges ou droits, sous peine, envers chacun de ses agents, de perdre son office [1]; cette charte par laquelle il consentait que toute possession annale pût lui être opposée; cette charte qui a servi de modèle pour la Champagne, la Bourgogne, le Ponthieu, et qui a été déposée à Rhoëm au trésor de Notre-Dame, près de la Fierte [2]; cette charte qui affranchissait tout ce qui avait encore condition de serf; cette charte par laquelle il promet aux seigneurs qu'ils seront libres après la guerre; qui promet d'envoyer, de trois ans en trois ans des enquesteurs, pour savoir s'il y a des plaintes, et déclare qu'il n'y a appel de l'échiquier au parlement de Paris. Mais c'est Louis-le-Hutin aussi qui a disgracié Marigny, comte de Longueville, né à Lyons, puis un mois après, et, sur un simulacre de procès, a, sinon ordonné [3], du moins souffert qu'il finît ses jours à un gibet [4], et cela en cédant au seul ascendant de son oncle, le comte de Valois, qui avait reçu un démenti formel du ministre un peu hautain [5]. C'est Louis-le-Hutin qui a eu assez peu de précaution, pour qu'à la suite d'un été de onze mois sans pluie, le blé ait augmenté

---

(1) Grand Coustumier de Norm. suppléments. — Coustumier de Norm. 1483. — Servin, t. 1, p. 307. — Chéruel, p. 318. — Isambert, an 1314. — Masseville et les aut. qu'il cite, t. 3, p. 120, 121. — États provinciaux, 1789, broch. in-8. — Leber, p. 335. — Soc. des ant. de Norm. 1834, p 13, et t. 10, p. 476. — Lemaître, broch. in-8. — M. Depping, t. 2, p. 254. — Anquetil, p. 427. — Hénault, p. 796, et les états de Norm. 1789, la datent du mois de juillet; — M. Sim. de Sismondi, du 19 mai, — M. L. Thiessé, de 1316, 13 juillet, p. 240. — M. Floquet, t. 3, p. 188, de 1315.

(2) M. Floquet, t. 1, p. 97.

(3) Masseville, t. 3, p. 122, 123, 124. — Anquetil, t. 2, p. 434 et et suiv. — Guill. de Nangis, p. 416.

(4) Biogr. univ. v° Marigny. — Masseville, t. 3, p. 123 et suiv. — An-

de neuf fois sa valeur¹; c'est Louis-le-Hutin qui a fait étouffer, dit-on, Marguerite de Bourgogne, pour épouser Clémence de Hongrie². Mais c'est aussi lui qui a ordonné la réformation des monnaies, de véritables encouragements pour l'agriculture, la modération des honoraires des avocats; c'est lui qui a ordonné, le 12 mars 1316, l'établissement de la force armée dans les villes³. Après tous ces actes, dont les uns sont si louables, les autres injustes ou cruels, troublé, ne pouvant tenir le sceptre, il l'a laissé échapper, et est mort le 5 juin 1316⁴. On a dit qu'il était décédé pour s'être trop échauffé au jeu de paume⁵.

An 1316. La reine, fille de Charles de Hongrie, était enceinte⁶; le régent fut Philippe, comte de Poitiers; au bout de quatre mois un prince naquit; on le nomma Jean; il fut roi de droit, et il mourut au bout de huit jours, laissant ainsi en possession du trône cet oncle qui était régent, alors âgé de vingt-trois ans⁷, et dont les heureuses dispositions étaient reconnues de tous. Cet avénement a donné lieu alors à examiner encore une fois, si les femmes pouvaient régner en France⁸; on a décidé, dans une assemblée, composée de seigneurs et de bourgeois, ce que l'on appelait, sans en bien définir l'origine, la loi salique, et le

---

quetil, t. 2, p. 431. — Ann. de Touchet. — A. Passy, Discours du 14 septembre 1845, p. 7.

(1) Masseville, t. 3, p. 126. (2) Sim. de Sismondi. — Anquetil, t. 2, p. 429. (3) Coll. lois fr.

(4) Suivant Hénault, t. 1, p. 231, Sim. de Sismondi et Masseville.

(5) Anquetil, t. 2, p. 446.

(6) Sim. de Sismondi. — Masseville. — Anquetil.

(7) Anquetil, t. 2, p. 452. — Hénault, t. 1, p. 236. — M. Monmerqué, Doutes hist. — Bulletin de la Soc. de l'Hist. de Fr. 1844, p. 122 et suiv.

(8) Masseville, t. 3, p. 127, 128, 129. — Sim. de Sismondi. — Anquetil, t. 2, p. 449.

frère de Louis-le-Hutin a été nommé Philippe V ou *le Long*.

Le premier acte de Philippe V fut un acte de justice; ce fut la révision du procès du ministre normand; on transporta son corps dans l'église d'Écouis [1]; on rétablit la famille dans tous ses biens [2], et le fils aîné redevint comte de Longueville en Caux. La fin de l'année s'est passée en poursuites contre les lépreux et les Juifs [3]; en poursuites contre l'évêque de Châlons [4], lors desquelles on appela l'archevêque de Rhoëm, comme on l'appela encore lors des différends avec le duc de Bourgogne [5].

Dès qu'il est sacré à Reims, le 9 janvier 1317, Philippe V continue les bonnes mesures contre l'altération des monnaies [6]. S'occupant peu des accusations de sorcellerie, qu'on voulait mettre à la mode [7]; de la décision de l'échiquier de Normandie sur le point de savoir qui doit faire office de *Bourel*, le *Bourel* mort [8], il recommande à ses officiers de justice, à tous ses généraux, l'obéissance aux lois et l'esprit de modération, l'absence de toute intrigue et de tout mensonge [9]. C'est lui qui a encouragé la construction et la réparation des monuments qui, en décorant la ville, donnent de l'occupation à beaucoup de bras, et c'est en cette année 1318 que le nouveau monument de Saint-Ouen de Rhoëm a été continué par l'abbé Roussel, dit Marc-d'Argent [10].

An 1317

An 1318

---

(1) Anquetil, t. 2. (2) Masseville, t. 3, p. 130. — Anquetil, t. 2, p. 441. (3) Michelet, p. 140.
(4) Isambert, p. 135.
(5) Pommeraye, p. 495. (6) Isambert, Lois anc., p. 164.
(7) Sim. de Sismondi, t. 1, p. 417. (8) Ms. sur la vicomté de l'Eau, sur vélin. (9) Guill. de Nangis, t. 2.
(10) Pommeraye, Hist. de l'abbaye de Saint-Ouen, 1662, in-fol. —

An 1519 — Le sage roi, sans condamner absolument la manie des croisades qui reprenait dans quelques têtes [1], semblait n'y pas faire plus d'attention qu'au zèle de ceux qui s'appelaient les *Nouveaux Pastoureaux*, et se dirigeaient surtout contre les Juifs; ou bien qu'aux Gallois, c'est-à-dire aux martyrs d'amour [2] : il les laissait s'épuiser faute de contradiction.

Il conférait la noblesse à beaucoup de serviteurs fidèles [3]; mais, dans sa pensée, il atténuait l'orgueil de beaucoup des anciens nobles, même de Jean d'Yvetot [4], en prodiguant les titres nouveaux.

An 1520 — C'est sous ce règne, aussi digne des regrets et de l'estime de la postérité que le règne de Titus, que la ville de Rhoëm a obtenu d'être gouvernée par un maire et trente-six pairs électifs [5], et qu'il a été décidé que si le maire venait à manquer à ses devoirs, la meilleure maison qu'il eût serait rasée [6]. C'est lui qui a fait le plus d'efforts pour l'égalité des poids et An 1521 mesures [7], et la pureté des monnaies [8]. C'est sous son influence que les pouvoirs se respectaient à ce point, que si l'archevêque de Paris voulait seulement interroger une femme accusée d'adultère, et enfermée au Château-Gaillard, il fallait la permission de l'évêque diocésain [9]. Aussi ce fut un chagrin universel, quand on apprit sa maladie [10]. Elle dura longtemps, et il

---

Marchangy, Tristan, t. 3, p. 53. — Servin, t. 1, p. 12. — Gilbert, p. 2. — Chron. roth., p. 6. — Farin, t. 3, p. 3.

(1) Anquetil, t. 2, p. 461. — Sim. de Sismondi, t. 1, p. 428.
(2) Anquetil, t. 2, p. 463, 469.
(3) Toustain de Richebourg. (4) Masseville, t. 4.
(5) M. Chéruel. — Leber, p. 225. — Farin, t. 1, p. 242. — Journal des Savants de Norm. 1844, deuxième livraison, p. 133, 144.
(6) Farin. (7) Hénault. — Continuat. de Nangis.
(8) Anquetil, t. 2. (9) M. Deville, Hist. de Château-Gaillard.
(10) Froissard. — Le continuat. de Nangis. — Belleforest.

semblait que chacun craignît de troubler son roi, tant l'ordre était respecté par tous. Le 3 janvier 1322, jour de sa mort[1], fut un jour de deuil pour toutes les provinces, et ce règne si court a été loué par tout ce qu'il y a d'historiens indépendants, érudits et amis de la vérité.

An 1522

Charles IV qui lui succédait[2], et qui a aussi le surnom de *le Bel*, était peu préoccupé au commencement de son règne de la science du gouvernement : il n'avait qu'à ordonner la continuation des ordres de son prédécesseur. Ce qui l'occupait surtout, c'était la rupture de son mariage avec Jeanne de Bourgogne, pour épouser la fille de l'empereur Henri VIII[3]; et puis il semblait se jouer de ces libertés, si bien stipulées du temps de Louis X, si bien observées par Philippe-le-Long[4]. La nécessité de penser à un troisième mariage, quand la reine fut décédée, à la suite d'une fausse couche, et la cérémonie de son union avec Jeanne, fille du comte d'Évreux[5], le préoccupaient bien plus que le procès injuste qu'il faisait diriger contre Gérard la Guette[6], administrateur des finances sous le dernier règne. L'intérêt qu'il portait à l'établissement des jeux floraux de Toulouse[7], ou à la *gaie science*, la lecture du traité de musique de Jean de Murs[8], prenaient bien plus de ses instants que les préparatifs de guerre de Gascogne[9], qu'il abandon-

An 1525

An 1524

(1) Hénault, t. 1, p. 237. — Anquetil, t. 2, p. 474. — Masseville, par erreur, porte la date du décès au 3 janvier 1321, t. 3, p. 130.
(2) Masseville. — Anquetil. (3) Anquetil, t. 3, p. 2.
(4) M. Floquet, p. 101.
(5) Anquetil, t. 3, p. 3. (6) Id., p. 4.
(7) Moréri, v° Jeux Floraux. — Anquetil, t. 3, p. 11.
(8) J.-J. Rousseau. — Dict. hist. v° Joannes. — Le P. Jumilhac.
(9) Masseville, t. 3, p. 131.

nait au connétable Renault de Trye¹. Aussi, lorsque sa sœur, la reine d'Angleterre, feignait de se réfugier près de lui, en fuyant les sévices de son époux, tandis qu'elle voulait épier les forces de la France, se hâtait-il de la renvoyer, pour éloigner de trop fortes complications politiques². Il se réjouissait en secret de la mort du fameux comte de Valois, qui avait eu assez de puissance pour faire périr injustement Marigny³; puis il le regrettait, quand il s'agissait de faire, au milieu d'un hiver rigoureux⁴, de nouvelles levées, ou pour marcher avec le comte d'Eu contre ceux qui se nommèrent les bâtards⁵, ou pour une nouvelle guerre contre l'Angleterre⁶, guerre pour laquelle on peut désirer un autre historien que Froissard, qui commençait alors à écrire, et qui, on ne sait par quelle raison, est partial en faveur des ennemis de son pays⁷. La mort de Charles IV, arrivée le 1ᵉʳ février 1328⁸, à Vincennes, fut donc un événement regardé comme plus heureux que dangereux. Elle laissait une complication que l'on a déjà vue, c'est-à-dire que la reine était enceinte⁹, et qu'il fallait attendre pour savoir si elle mettrait au monde un roi; dans le cas où ce serait une princesse, le roi d'Angleterre, Édouard III, au nom de son épouse, prétendrait sans doute à la couronne de France¹⁰. Il y a plus : déjà l'Anglais voulait la régence; Philippe,

---

(1) Hénault. — La Chron. de saint Victor finit à l'année 1323. — V. Communication de M. V. Leclerc à la Soc. de l'Hist. de Fr., 1845, novembre, p. 173.
(2) Froissard. — Masseville, t. 3, p. 133.
(3) Masseville, t. 3, p. 132. (4) Cont. de Nangis.
(5) Cont. de Nangis. (6) Anquetil, t. 3, p. 7.
(7) Masseville, t. 3, p. 144. — Froissard, édit. de J.-A. Buchon, 1824.
(8) Masseville, t. 3, p. 136. (9) Anquetil, t. 3, p. 13.
(10) Masseville, t. 3, p. 137. — Anquetil, t. 3, p. 18.

fils de Charles de Valois, cousin germain des trois derniers rois, homme de tenue et de résolution, se montra digne de son rôle. Il assembla les états et se fit attribuer la régence [1]; jusqu'au moment des couches de la reine, il administra avec force et sagesse; puis, dès que la reine eut mis au monde une fille, il s'empara nettement du pouvoir; il se fit sacrer, le 29 mai, par l'archevêque de Trye [2]. Il prit enfin le titre de roi de France et de Navarre [3]. Préparer une levée considérable de troupes, nommer de nouveaux pairs, dont quelques-uns en Normandie [4], marcher vers la Flandre qui se soulevait, commander l'armée en personne, telles étaient ses premières mesures, et cela indiquait à Édouard III qu'il avait un rival qui l'attendait. Inutile de dire quels seigneurs normands étaient avec lui; leurs noms sont conservés par de fidèles annalistes [5]. En résumé, une armée de quinze mille Flamands a été anéantie. Ceci mérite une pro- An 1329 fonde attention : la prétention d'Édouard III à la couronne de France, la grande question de vassalité exigée du roi d'Angleterre, les formes humiliantes de cette vassalité [6] que sont allés rappeler au roi anglais les Cauchois d'Harcourt et Tancarville [7], et plus encore cette rivalité personnelle qui s'élevait entre Édouard III et Philippe VI, vont devenir les causes de cette rivalité nationale qui, pendant tant d'années, détruira un si grand nombre d'Anglais et de Français.

Hâtons-nous de noter quelques faits, tels que le

---

(1) Masseville, t. 3, p. 138. — Anquetil, p. 16.
(2) Hénault. (3) Anquetil, t. 3, p. 21.
(4) Soc. de l'Hist. de Fr., 1839. (5) Masseville, t. 3, p. 141.
(6) Anquetil, t. 3, p. 24 et suiv. (7) Masseville, t. 3, p. 142.

décès de l'archevêque Guillaume de Durfort et l'élévation sur le siége archiépiscopal de Pierre Roger, devenu ensuite pape sous le nom de Clément VI[1]; bientôt nous serons emportés par les grands événements.

An 1550. Ce qui n'a pas été suffisamment remarqué, c'est la nomination d'un nouveau duc de Normandie, en la personne de Jean, fils aîné du roi[2]; ce prince fut parfaitement accueilli alors, moins à cause de l'utilité de ce titre qu'à cause du plaisir que le roi faisait à la province; moins à cause de la nouvelle dignité qu'à cause du personnel même de ce duc, dont la biographie est une des plus curieuses qu'offre la France. On est presque forcé de séparer de nouveau l'histoire de Normandie de l'histoire générale du pays, et les événements vont devenir si graves, qu'ils demanderont une forte résolution pour mépriser les jalousies ou les préférences nationales.

En suivant l'inspiration de Raoul Toustain, son grand sénéchal et de Robert d'Espinay[3], le duc Jean s'occupe à son tour de la perfection des monnaies[4]; il encourage à Rhoëm la réunion littéraire sous le nom de *Société de la Conception*, et il en approuve les statuts[5]; il va accorder à Philippe de Caqueray le privilége de la création d'une verrerie[6]; il encourage l'industrie des fabriques de drap, qui devient l'occasion de créer un bourg, aujourd'hui ville florissante, et

---

(1) Pommeraye, p. 499. — Servin, t. 1, p. 16.
(2) Hist. et Cron. 1581, folio 163 verso. — Servin, t. 1, p. 308. — L. Dubois, p. 266. — Anquetil, t. 3, p. 48, recule le fait d'une année; — Masseville, de deux, t. 3, p. 148.
(3) Courcelles, p. 5. — Lainé, p. 12.
(4) Toustain de Richebourg. — Anquetil, t. 3, p. 38.
(5) Ballin. (6) A. Passy, Disc. du 14 septembre 1845.

qui a son historien, nous voulons parler de Darnétal [1]. Le duc éprouvait du plaisir à offrir pour récompense de ce qui était beau, utile, des livres enluminés, genre de luxe qu'il a mis encore plus à la mode [2] ; il contribuait à l'ascendant que prenait l'archevêque Pierre Roger. Il félicitait l'abbé de Saint-Wandrille d'élever cette tour de pierre qui est restée debout trois siècles, et qu'il a fallu un siècle pour reconstruire [3] sur le même modèle ; il visitait aussi cette belle abbaye de Jumiéges, qui avait du luxe dès qu'elle avait du repos [4] ; il engageait à rédiger les registres de l'échiquier en normand et en latin [5] ; par lettres-patentes, il exhortait chaque corps à bien respecter les juridictions [6] ; il encourageait cette heureuse industrie qui consistait à employer du verre aux fenêtres, au lieu de toile ou papier huilé [7]. Il excitait les notaires à rédiger leurs actes en normand : les archives du royaume possèdent un contrat d'acquisition passé devant Henri Quiefdeville, par lequel le duc achetait d'un bourgeois de Caudebec une partie de terrain : toutes les expressions sont normandes, jusqu'à la date, *mil trois chents trente-chingt*, dont la prononciation est conservée par les paysans cauchois [8].

Tous ces soins pacifiques ne l'empêchaient pas de jouer le rôle d'une sentinelle pleine d'intelligence vis-à-vis d'Édouard, roi d'Angleterre, et de suivre les intentions premières du roi son père, quand il avait

---

(1) Hist. de Darnétal, par M. Al. Lesguillez, in-8.
(2) Soc. des ant. de Norm., t. 12, p. 358.
(3) Langlois, p. 34.   (4) Deshayes, p. 81, 82.
(5) Gabriel Dumoulin, p. 492. — M. Floquet, t. 1. p. 150.
(6) Ms. Lemaître.   (7) Laquerrière, t. 2.
(8) V. aussi arch. du roy. titre de mil trois *chents* trente trois, 1333, carton Arques.

réorganisé pour lui le duché de Normandie. Aussi, quand on levait des troupes dans le pays de Caux, lesquelles étaient conduites par Mauny, pour aller soutenir en Écosse la cause d'un des prétendants [1]; quand, après avoir abattu quatorze mille cent hommes en un jour, celui qu'avait protégé Mauny se faisait couronner, et quand le vaincu à son tour venait en Normandie, au Château-Gaillard [2], le duc Jean ne voyait là que l'occasion d'entretenir ses Cauchois et ses autres Normands dans l'habitude des armes. Henri de Bailleul, Gilbert d'Onfreville, pour s'être mis au service d'un Écossais [3], n'en revenaient pas moins dans leurs châteaux cauchois; le comte d'Eu était envoyé vers le roi d'Angleterre, pour le presser de faire le voyage en Terre-Sainte [4] avec ceux que l'archevêque de Rhoëm avait enrôlés au Pré-aux-Clercs [5]. Chacun comprenait, en Normandie, comme dans le reste de la France, que le véritable ennemi de tous était Édouard III.

An 1332

An 1333

Celui-ci, de son côté, qui avait accueilli Robert d'Artois, condamné en France au bannissement, pour crime de faux [6], qui offrait un asile à tout ce qui ne se trouvait pas bien en France, manifestait déjà des projets d'invasion en Normandie, et se préparait à une guerre de cette nature. Cela était tellement imminent, que des deux côtés du détroit on armait; on cherchait à perfectionner les armes. Le pape Jean XXII, pour distraire deux rivaux puissants, mais bons chrétiens, avait bien à la vérité proposé une croisade, et

An 1334

---

(1) Walsingham. — Masseville, t. 3, p. 151. (2) Deville.
(3) Masseville, t. 1, p. 151.
(4) Pommeraye, p. 510. (5) Le cont. de Nangis.
(6) Anquetil, t. 3, p. 46 et suiv.

le roi de France, à l'exemple du roi d'Angleterre, ne l'avait pas refusée positivement [1]; mais le résultat de cette démarche ne fut pas autre que ceci : chacun avait imposé le chiffre habituellement accordé pour les croisades; et les états de Normandie avaient envoyé Pierre Roger, leur archevêque, vers le roi pour offrir leur décime [2], à la condition qu'on assemblerait ainsi les états tous les ans [3]; chacun avait exercé ses troupes, compté les bannières et les chevaliers; les deux rivaux étaient prêts pour une autre lutte.

An 1335

Un résultat réel sortait déjà de cette grande crise, comme cela est arrivé, et comme nous l'avons noté plusieurs fois lors de l'assemblée des états, on obtenait enfin le principe de la réunion périodique [4], et il fut promis qu'on ne lèverait désormais aucun impôt sans consulter les états chaque année. C'est, en un mot, la pensée du régime *représentatif*. Pendant même que le comte d'Eu et le comte de Tancarville se rendaient à Bordeaux avec l'archevêque de Sens, pour tâcher de traiter avec le prince de Galles [5], l'esprit guerrier continuait vers la Seine.

Pour donner à la Normandie encore plus de nerf et d'activité, le roi cédait à Philippe d'Évreux le royaume de Navarre [6]; mais il se trompait sur le résultat de cette cession; il créait une espèce de rivalité de la part du duc de Normandie. Il divisait mal à propos ses forces : on dirait que le bon sens, ou une de ces grandes pensées qui naissent à l'approche des dangers

---

(1) Anquetil, t. 3, p. 55 et suiv.
(2) Farin, t. 1, p. 317.
(3) Masseville, t. 4, p. 114. — Saint Simon, t. 11, p. 473, dit que Philippe de Valois a fait du peuple un troisième ordre à cette occasion.
(4) Brochures, 1789. — Soc. des ant. de Norm., t. 10, p. 476.
(5) Daniel, an 1335. (6) M. Michelet.

en avertissait les Normands. On dirait aussi que l'invention toute récente de la poudre et des armes à feu [1], excitait ceux-ci à s'en servir contre leurs perpétuels ennemis. En 1336, les états de Normandie offrent au roi de France des secours extraordinaires d'hommes et d'argent [2], invoquant la fidélité au roi et la gloire du pays ; ils demandent d'aller attaquer les Anglais dans leur île ; ils ne demandent pas d'autre chef que le duc Jean, tout récemment relevé d'une grave maladie [3]. Ils offrent quatre mille hommes d'armes tout équipés et quarante mille hommes de pied ; ils se chargent de leur solde pendant trois mois [4]. Telle était la proposition partie de Rhoëm, tandis que le comte d'Eu, connétable de France [5], prenait plusieurs places en Gascogne. Le roi de France, enchanté, excité par le brave Jean, son fils, autorise une descente en Angleterre ; car il entend dire qu'en même temps des Anglais étaient descendus en Picardie. Les Normands s'embarquent ; en quelques heures ils ont traversé le détroit, pris, pillé et brûlé Portsmouth et quelques bourgs ; ils n'ont respecté que les églises et les hôpitaux [6]. Ils rentrent vainqueurs dans le pays de Caux.

La guerre était engagée, et sur le continent et dans les îles Britanniques ; la question était toujours la légiti-

_____

(1) V. Preuves dans Hénault. — Soc. des ant. de Normand. 1824, p. lxxxix.—Lacabanne, Bulletin de la Soc. de l'Hist. de Fr., décembre 1844, p. 157. — Anquetil, t. 3, p. 68. — Masseville, t. 3, p. 394.

(2) Du Tillet.—Cont. de Nangis, t. 2, p. 162.—Brochures de 1789, lors de la réunion des états généraux. — Masseville, t. 3, p. 155, place le fait en 1338. — Le même, t. 3, p. 388 ; il explique pourquoi il ne donne pas le prétendu discours que l'on trouve dans l'*invent. de l'hist. de Norm.*

(3) Cont. de Nangis.

(4) Masseville, t. 3, p. 156.

(5) Cont. de Nangis. — Masseville, t. 3, p. 154. (6) Id., p. 155.

mité du roi de France[1]. On emploie encore une année à discipliner les corps, à perfectionner les armes; le 11 juillet 1338, Thomas Fouque, garde du clos des Galées à Rhoëm livrait une certaine quantité de *gerros* (carreaux à feu), pour approvisionner Harfleur[2]. L'échiquier, participant de l'esprit de toute la population, réglait les formes du duel judiciaire[3]; appliquant les idées chevaleresques au barreau, il réglait le serment des avocats[4]; les moines de Jumiéges réclamaient certains droits en Angleterre, et l'on en reconnaissait le fondement[5]. Pour dégoûter ces faux monnayeurs qui, malgré tant de sages édits, continuaient une altération dont l'exemple avait été donné jadis par le gouvernement même, l'échiquier ordonnait qu'ils fussent jetés dans l'huile bouillante[6]. Un congrès à Arras, pour terminer le différend avec le roi Édouard III, congrès où Rhoëm envoyait son archevêque[7], n'était qu'un délai pour s'apprêter encore mieux. La naissance d'un fils du duc de Normandie[8], la confirmation de la charte normande[9], par lettres datées de Poissy, n'étaient que des occasions de fêtes militaires; le cliquetis des armes était le bruit qui dominait.

Enfin, en 1339, Édouard III demande positivement la couronne de France[10], et descend en Flandre[11]. On lui répond en partant du pays de Caux, en faisant

---

(1) Hume, t. 2, p. 82. — Froissard, l. 1, ch. 4.
(2) Lacabanne, loc. cit. (3) M. Floquet, t. 1, p. 154, 156.
(4) Id., t. 1, p. 36. (5) Deshayes, p. 82.
(6) M. Floquet, t. 1, p. 182.
(7) Chron. roth. Delamarc. (8) Id.
(9) Recueil p. états prov. 1789. — Ordonn. du Louvre, t. 6, p. 650. — L. Thiessé, p. 242.
(10) Anquetil, t. 3, p. 6. — Masseville, t. 3, p. 161.
(11) Masseville, t. 3, p. 158.

une descente en Angleterre. Les Dieppois sont les plus ardents à livrer un assaut à la ville de Southampton [1]; le roi de France va distraire Édouard par la Picardie; pendant ce temps, les Normands et leurs alliés chargent leurs vaisseaux de richesses anglaises, et reviennent à Dieppe pour les partager [2]. Connaissant une fois la route, ils y retournent au bout de quelques jours; pillent Douvres, Sandwich et Winchelsey; attendent les vaisseaux anglais qui rentrent, se les partagent, et notamment ils ramènent un gros navire baptisé du nom de *Christophle*, chargé de laines en suint [3], que Darnétal va convertir en draps.

Il est vrai que le 1er août les Anglais ont fait à leur tour une descente en France. Cent vingt voiles ont porté dans le pays de Caux des guerriers pleins de colère; ils ont incendié le bourg et le village de Mers [4], qui est tout vis-à-vis du Tréport, et qui, maintenant n'a que des chaumières avec les débris d'une croix du xie siècle; ils ont pillé le Tréport et profané son église; ils ont mis tout à feu et à sang et se sont aussi rembarqués après [5].

An 1340 — Les deux rois se portèrent vers la Flandre. On pensa qu'à la place de ces invasions réciproques, en Angleterre et dans le pays de Caux, il fallait un grand duel, où chacun des prétendants payât de sa personne. Le duc Jean qui partageait pleinement cette pensée, fit, suivant l'expression de *Froissard*, une *grand' assemblée de gens d'armes* [6], pour se rendre

---

(1) Nouvelle Minerve, 1835, p. 329.
(2) Le cont. de Nangis. — Masseville, t. 3, p. 159. — Froissard, édit. Buchon, p. 227. (3) Cont. de Nangis. — Masseville, t. 3, p. 160.
(4) M. D. Lebeuf, Hist. de la ville d'Eu.
(5) Duplessis. — Cont. de Nangis.
(6) Froissard, p. 302, 303. — Masseville, t. 3, p. 162.

sur le théâtre de la guerre, et le roi d'Angleterre, quoiqu'il eût à cœur de se venger mieux des invasions cauchoises, voulut être entouré aussi de tout son monde en Flandre. Il laisse Philippe de Valois fatiguer ses hommes autour de quelques places, repasse en Angleterre, rassemble ce qui restait de sa noblesse, de ses meilleures troupes salariées, complète ainsi cent vingt mille combattants [1], et ne pense qu'à retourner à ses lieutenants. La flotte normande qui était prévenue et qui l'épiait, eut même beaucoup de peine à le rencontrer auprès de l'*Écluse*, le 23 juin 1340; mais ici le sort des armes fut malheureux pour les Dieppois et les autres Normands. Après un combat terrible, les vaisseaux étant accrochés l'un à l'autre, combat qui a duré plus de huit heures, combat lors duquel le roi d'Angleterre lui-même a été blessé à la cuisse, combat qui lui a coûté beaucoup de ses gentilshommes et cinq mille soldats, lors duquel beaucoup de navires normands ont été coulés; un secours de Flandre étant survenu à la flotte anglaise, dix mille Français ont été tués ou noyés; un pareil nombre a été conduit dans les prisons anglaises, et le fait est noté par les plus sages historiens comme le commencement des malheurs du pays [2].

Édouard, à la vérité, n'en profita pas immédiatement; le siége de Tournay lui fit perdre du temps, et laissa à sa belle-mère, sœur du roi de France, la possibilité d'amener une trêve entre les deux rois; mais le désastre de l'Écluse, la perte de tant de braves, et la ruine du Tréport, n'étaient pas moins des choses

---

(1) Anquetil, t. 3, p. 61.
(2) Froissard, p. 302. — Masseville, t. 3, p. 162, 163. — Anquetil, t. 3. p. 66. — M. Estancelin, Recherches. — Le cont. de Nangis.

dont on devait avoir à se souvenir. Jean, duc de Normandie, Philippe d'Évreux, le comte Raoul d'Eu [1], le comte de Longueville, le comte d'Harcourt, le sire de Maulévrier et leurs hommes, s'étaient conduits avec courage [2] ; mais le résultat de tout cela était une trêve et non la renonciation au trône de France de la part du roi d'Angleterre. L'emploi de la poudre par le duc de Normandie était le présage de guerres bien autrement désastreuses encore. Le salpêtre, le soufre et le charbon mélangés, allaient moissonner les rangs, sans que les hommes fussent dans la nécessité de se tuer un à un.

Il s'est passé un fait curieux pour le Vexin, c'est que le roi de France a proposé au roi d'Angleterre, avant la trêve, de vider le différend par un duel. Le combat devait avoir lieu dans la plaine de Pont-de-l'Arche ; mais Édouard n'avait point accepté [3]. Encore une fois, voici un temps de repos, et non une paix définitive.

An 1341. Ce repos sera employé de diverses manières : en Normandie, et spécialement sur les bords de la Seine, tandis que les cultivateurs utiliseront les chevaux échappés à la guerre ; que les comtes, barons et chevaliers remettront leurs armures dans leurs coffres, et entourées de sciure de bois ; que l'échiquier ordonnera l'usage des enquêtes en masse ou par tourbes [4] ; que la confrérie de la Conception demandera une approbation de ses nouveaux statuts [5] ; que certaines chapelles, encore nouvellement élevées, demanderont des

---

(1) Froissard, p. 303, 304. (2) Masseville, t. 3, p. 165, 166.
(3) Cron. de 1581, folio 163 verso.
(4) M. Floquet, Parlement de Normand., t. 1, p. 184.
(5) M. Ballin, p. 8.

lettres-patentes pour leurs priviléges [1]; que les marins veilleront sur la veuve d'Olivier sire de Clisson, troisième du nom, qui arme trois corsaires [2]; le duc Jean, cet homme si brave à la tête de l'armée, si calme dans son palais, sera préoccupé de la grande question de savoir qui l'emportera un jour, ou de son père, ou d'Édouard. Aussi, dès qu'une querelle surgira en Bretagne, il dira aux seigneurs de Normandie de reprendre leurs armures, et de faire ajuster les caparaçons de leurs chevaux; il déclarera qu'il doit se mettre à la tête de l'armée, et qu'il sera le premier prêt [3], que son lieutenant sera Charles de Montmorency [4]. La succession au duché de Bretagne est bien la question apparente; savoir si ce sera Jeanne, fille de Charles de Blois, ou Jean comte de Montfort, qui commandera, sera bien la question nominale; mais comme le roi de France soutiendra Charles qui est son neveu, et Édouard, Jean de Montfort qui consent à faire hommage de la Bretagne à l'Angleterre, le fond de la querelle sera encore une fois entre les Français et les Anglais [5] une question dynastique.

Huit mille hommes et les principaux seigneurs de Normandie engagent cette guerre [6]; des combats de trente contre trente, de cent contre cent, sont des essais entre chevaliers anglais et normands. On admire le courage de Jeanne de Flandre, on applaudit à son héroïsme. Gautier de Mauny est des premiers à

---

(1) Soc. des ant. de Norm. 1834, p. 234.
(2) Saint-Foix, t. 1, p. 107. — Le Dict. hist. v° Clisson, place le fait en 1343. (3) Froissard. — D'Argentré.
(4) Désormeaux, Hist. de la maison de Montmorency.
(5) Masseville, t. 3, p. 167, 168.
(6) D'Argentré. — Anquetil, t. 3, p. 73 et suiv. — Le continuateur de Nangis.

demander, après tant d'actes de bravoure de cette princesse, la trève qu'elle réclame [1]; mais encore une fois tout cela n'était qu'une trève, et le roi d'Angleterre voulait montrer Jeanne comme une bannière en cas de besoin. Aussi, quand le duc Jean revenait à Rhoëm, appuyé sur son cher Montmorency, et gouvernait avec sa précaution habituelle, quand il signait le 1er août cette charte qui accordait à la ville de Rhoëm de ne ressortir que de l'échiquier et non du du bailliage [2], quand il recevait l'hommage de Jean-de-Saint-Léger, qui succédait à Guillaume III, abbé de Saint-Wandrille [3], quand il favorisait Nicolas Roger, oncle du pape Clément VI, qui montait à la place de celui-ci sur le siége archiépiscopal de Normandie [4]; quand il tâchait de réparer les effets d'une inondation, telle qu'on venait à Rhoëm en bateau jusqu'à la porte du Pont-Honfray [5]; quand il étudiait avec soin les moyens d'empêcher le suicide [6]; quand il félicitait celui qui venait d'inventer le papier glacé [7], il était toujours préoccupé des intentions d'Édouard.

An 1345

Et en effet, il avait raison : Édouard envoyait Jeanne sur les côtes de France; un combat naval, vis-à-vis Guernesey, entre trente-deux vaisseaux d'une part et quarante-six de l'autre, avait des résultats incertains [8]. Le comte d'Artois prenait Vannes au nom de l'Angleterre, et sa mort, arrivée peu de temps après, n'empêchait pas le résultat de toutes les

---

(1) Masseville, t. 3. (2) M. Floquet, Parlement, t. 1, p. 106.
(3) Langlois, p. 152.
(4) Pommeraye, p. 508. — Dict. hist. v° Clément. — Chron. des archev.
—Servin, t. 1, p. 16. (5) Richard, Revue de Rouen, 1843.
(6) M. Floquet, Parlement, t. 1, p. 164.
(7) Soc. des ant. de Norm., p. xxxvi.
(8) Anquetil, t. 3, p. 78. — Masseville, t. 3, p. 171.

instructions qu'il avait données. Il fallait une nouvelle levée de près de quarante mille hommes, pour forcer encore Édouard à une fausse paix [1] conclue au mois de décembre.

Que nous la qualifions bien de fausse! A peine Édouard était-il retourné en Angleterre, qu'il pensait à reprendre les hostilités [2]. Cette fois encore, c'était la Bretagne qui allait être le théâtre de la guerre [3]. Jean, à la vérité, s'y rendait avec ses Cauchois et ses autres Normands, et cela appartient peut-être plus à l'histoire de Bretagne qu'à la nôtre.   *An 1344*

Mais Jean est à peine reposé, il a eu à peine le temps d'autoriser un couvent de religieuses à Rhoëm, sous le nom de Filles-Dieu [4]; d'applaudir à la fondation, par Jeanne de Montmorency, d'une chapelle à Saint-Martin-la-Campagne [5]; d'entendre le récit des prétendus miracles de Notre-Dame, que l'on répandait dans tout le diocèse [6], et de visiter Richard de Chantemesle dans son couvent de Saint-Wandrille [7], qu'il faut encore penser à rassembler une armée. C'est la Gascogne cette fois qui va voir les guerriers normands. Croirait-on que cent mille hommes étaient là pour Philippe de Valois [8]? Pendant une année entière, les armées anglaises et françaises se sont trouvées en présence, sans résultat important; les deux Normands, de Saint-Aubin et Geoffroy d'Harcourt, avaient quitté la cause française pour le roi anglais [9], et celui-ci, par hasard, quand il allait conduire un nouveau ren-   *An 1345*   *An 1346*

---

(1) Dutillet. — Masseville, t. 3, p. 177.
(2) Masseville, t. 3, p. 179. (3) Anquetil, t. 3, p. 79, 80.
(4) Servin, t. 1, p. 12. (5) Chartrier de Valmont.
(6) Ms. publié en 1836, in-8, v. à la Bibl. roy.
(7) Langlois, p. 152. (8) Hume, t. 2, p. 124. — Froissard, l. 1, ch. 121. (9) Rymer. — Hume, t. 3, p. 124.

fort à son armée, descendant à la Hogue [1], a commencé alors une nouvelle invasion dont les conséquences ont été si affreuses; qui a commencé par la capitulation de Barfleur, l'incendie partiel de Cherbourg [2], l'incendie de Valognes, la capitulation de Carentan [3], et le sac de Saint-Lô [4].

Le comte d'Eu et le comte de Tancarville revinrent, à la vérité, vers la Normandie, à temps, pour préserver Caen d'un premier coup de main; mais bientôt ils furent eux-mêmes prisonniers avec plusieurs braves [5]; les Anglais, bien que les femmes en France se joignissent aux hommes pour combattre, après trois jours de pillage, soumirent la ville, emportèrent quarante mille pièces de drap, firent beaucoup de prisonniers, et tuèrent cinq mille hommes.

Quelles conséquences devait tirer une armée aguerrie, de pareils commencements! Toute la rive gauche de la Seine revoit le fléau de la guerre [6]; les environs d'Évreux sont saccagés; les Anglais, suivant l'expression de Froissard, *chevauchent vers une grosse ville que l'on nomme Louviers* [7]; Édouard ne voulant pas perdre le temps devant Rhoëm, qui était réputé imprenable, et défendu par le comte d'Évreux et le comte d'Harcourt, parent de Geoffroy d'Harcourt, un de ses lieutenants, se contenta de brûler les abords du Pont-de-l'Arche, ceux de Gisors, les faubourgs de

---

(1) Masseville, t. 3, p. 189 et suiv., et p. 390. — Châteaubriand, t. 4, p. 47 à 62, Étud. hist.
(2) Froissard. — Soc. des ant. de Norm. 1824, p. 208. — Anquetil, t. 3, p. 89. (3) Froissard. — Le contin. de Nangis.
(4) Gergeau. — Froissard, l. 1, ch. 124.
(5) Ant. de Caen. — Froissard. — Masseville, t. 3, p. 193. — L. Dubois, résumé, p. 267. — Anquetil, t. 3, de la p. 91 à 103.
(6) Masseville, t. 3, p. 197.
(7) V. aussi M. Michelet. — M. P. Dibon, p. 23.

Vernon, et de mettre toutes les campagnes environnantes à la merci de ses gens [1]. Pour empêcher que les Français reprissent l'agression, et leur imposer la défensive qu'ils n'aiment pas, il marchait vers Paris, tout en ordonnant à de nouvelles levées en Angleterre de le venir rejoindre par la Picardie, c'est-à-dire que la guerre avait tout à fait changé de théâtre, et que la grande question s'agitait personnellement entre les deux rois et sur le lieu contentieux. Du haut des remparts de Paris, on put voir l'incendie de Saint-Germain-en-Laie, celui de Saint-Cloud, celui de Bourg-la-Reine [2]; et combien le roi avait à se reprocher de n'avoir pas été assez actif! dès qu'il marchait avec Charles de Montmorency vers Édouard, celui-ci se rendait en Picardie, tout prêt à se rembarquer à l'instant où il serait pressé un peu vivement.

En effet, comme nous le disions tout à l'heure, l'offensive étant reprise, les Français étaient dans leur disposition préférée. Édouard était forcé de passer la Somme; là il était attendu par le Normand Godemar du Fay, qui, le 25 août, n'étant pas assez en force pour le vaincre, lui donna seulement beaucoup d'inquiétude : ainsi Édouard, non par choix, mais par hasard, se trouva placé près de Crécy, et Philippe y arriva précisément le lendemain.

Crécy! quel est le Français qui ne se souvient pas de ce nom avec tristesse? quel est le philosophe qui ne s'en souvient pas avec une profonde émotion?

---

(1) Froissard. — Masseville, t. 3, p. 198. — Essai sur le comté d'Évreux. — Châteaubriand, Études hist., t. 4, p. 83. — Hume, t. 3, p. 127 et suiv.
(2) Contin. de Nangis. — Gaguin. — Masseville, t. 3, p. 199.

C'est là qu'Édouard, à la tête d'une armée de quarante mille hommes, bien compacte, placée entre la mort ou la victoire, en présence de plus de quatre-vingt mille Français, est resté vainqueur [1]; que deux rois, que plus de trente mille hommes sont restés sur le champ de bataille, que le roi de France a eu un cheval tué sous lui; c'est là que les soldats de Rhoëm et de Beauvais, arrivés le lendemain, 27 août, et avec un archevêque et avec Charles de Montmorency, qui a gagné son titre de gouverneur de Normandie [2], perdirent sept mille hommes et cet archevêque; c'est là aussi que l'artillerie a joué un rôle important [3]; on avait vingt-quatre canons de fer [4]. On ne voit pas parmi les combattants le bon et brave duc Jean; il était encore en Gascogne avec toute la noblesse normande et ses gens d'armes cauchois [5]. Presque tous les historiens se plaisent à croire que, s'il fût venu là, l'issue pouvait et devait même être différente. On éprouve quelque consolation quand on voit Geoffroy d'Harcourt ému, en regardant tant de sang français répandu, quitter le parti victorieux et revenir vers la patrie [6]. La politique française aussi affirme que la grande question n'est pas décidée par cette boucherie de Crécy.

Édouard, par des raisons que la postérité a quel-

---

(1) Hume, t. 3, p. 129 à 136.
(2) Désormeaux, Hist. de la maison de Montmorency, 1764.
(3) Masseville, t. 3, p. 200. — Anquetil, t. 3, p. 103 à 113. — Note de Masseville, t. 3, p. 394. — Jean Villani, l. 12, cap. 66. — Ducange, v° *Bombarda*. — Ducos, p. 118, 138. — Polyd. Virgile, De invent. rer. — Pancirolus, in novis repertis, lib. 2, tit. 18. — V. M. Léon de Lacabanne, sur l'hist. de la poudre à canon, in-8 de 32 pages, 1844.
(4) V. Bulletin de l'hist. de Fr. 1844, p. 159.
(5) Contin. de Nangis. — Masseville, t. 3, p. 201.
(6) Masseville, t. 3, p. 207.

que peine à discerner ¹, se dirige sur Calais, et le roi de France, un peu injuste envers Godemar du Fay, n'a guère plus de confiance qu'en son fils Jean, qu'il fait revenir de Gascogne, au risque de perdre le Poitou ². Voilà donc le sort de la France à peu près limité au sort de Calais, et confié au duc de Normandie. Soixante mille Anglais seront là pendant onze mois, et cent cinquante mille Français ou alliés de la France seront autour d'eux ³; mais, par un vertige évident, ou par une nécessité déduite du défaut de subsides, quand Philippe voit que le siége de Calais ne peut être levé, il licencie la majeure partie de son armée, rentre au centre de la France, et laisse ainsi Édouard pénétrer enfin dans Calais.

Tous les malheurs sont désormais faciles à prévoir : tous ces tableaux qui font encore couler des larmes, l'héroïsme de Jean de Vienne, l'inflexibilité d'Édouard, les prières de la reine anglaise à genoux, la vertu de ce riche marchand nommé Eustache de Saint-Pierre, sont les parties pathétiques et éloquentes de ces pages; mais qu'on place à côté la misère, la mendicité des autres habitants chassés de leur ville, le désordre, les vices qui étaient la conséquence d'une guerre où les nations n'étaient rien, où il s'agissait seulement de savoir qui serait roi, qu'on ajoute les résultats d'une peste qui décimait les deux peuples ⁴, on commencera à se faire une idée des malheurs de ce temps.

Une convocation nouvelle des états, la nomination de Charles de Montmorency, maréchal de France, au

An 1347

---

(1) Anquetil, t. 3, p. 104 et suiv. (2) Froissard.
(3) Masseville, t. 3, p. 209 et suiv. jusqu'à 215.
(4) Valsingh.

poste de gouverneur de Normandie, quelques emplois donnés à des Calaisiens, l'administration du brillant archevêque Jean de Marigny, qui remplaçait un octogénaire mort à Avignon [1], même une trêve de neuf mois, pourront-elles réparer ces malheurs? Il est évident que non, et quand la ville de Calais, remise après la trêve, reçoit pour tout privilége que les offices qui viendraient à vaquer dans son sein soient à la nomination du brave duc de Normandie, c'est une bien faible consolation [2].

On n'a le temps même de rien prévoir : on crée bien de nouveaux couvents pour les veuves et les orphelins [3]; on commence bien à limiter le nombre de ceux qui entreraient dans ces asiles [4]; on vend des bois pour payer les dettes [5]; mais arrive un autre malheur, c'est une contagion qui a porté le nom de

An 1348 *Peste noire*, contagion qui, dans Rhoëm, a donné lieu à cette fonction des *marqueurs*, lesquels sortaient de leur clos pour *marquer* les maisons empestées, avec défense d'en sortir; contagion en mémoire de laquelle une lampe a été suspendue, pour être allumée à perpétuité, dans la chapelle de Notre-Dame-du-Vœu [6].

An 1349 Philippe VI, il est vrai ne se décourageait pas. Cela ne l'empêchait pas, dès qu'il était veuf, d'épouser la fille du comte d'Évreux, âgée de dix-huit ans, réputée, suivant l'expression de Brantôme, la plus belle personne de son temps [7], et que le duc de Normandie, veuf aussi, aurait bien voulu avoir pour

---

(1) Pommeraye, p. 509. (2) Hénault.
(3) Laquerrière, t. 2, p. 171.
(4) Soc. des ant. de Norm., t. 8, p. 66.
(5) Archives du royaume, section d'Arques.
(6) Le contin. de Nangis. — Masseville, t. 3, p. 216. — Marchangy, Tristan, t. 3, p. 46. (7) Hénault, t. 1, p. 249.

épouse[1]. Cela ne l'empêchait pas non plus de joindre, sans un seul combat, le Dauphiné à la France[2]; de confisquer, sans jugement, le comté d'Eu, sur le connétable de Nesle[3], et de le donner à Charles d'Artois, frère de saint Louis; de soigner des juridictions nouvelles, comme l'office *az Birmans*[4]; de faire réunir les états de Normandie, le 20 mars, à Pont-Audemer, pour avoir des aides[5]; de faire poursuivre les débiteurs du fisc[6]; de faire réunir les trois ordres à Paris[7], et d'y parler avec franchise des libertés du pays[8]; de s'occuper de la fondation de plusieurs hôpitaux, comme celui de Saint-Vivien de Rhoëm[9]; d'encourager certains monuments, comme le beffroi de la grosse horloge de cette ville[10]; d'anéantir une conspiration comme celle des vingt-trois bouchers[11]; de rire même du procès des drapiers de l'œuvre pleine, contre les drapiers de l'œuvre rayée[12]. La mort seule peut arrêter ses bonnes intentions, son courage et son zèle.

An 1350

Le 23 août, jour du décès de Philippe VI, est une date dont toute la Normandie, plus que tout le reste de la France, doit se souvenir, non pas parce que ce jour le duc de Normandie est devenu roi[13], parce qu'il a donné en douaire à la belle veuve de Philippe

---

(1) Masseville, t. 3, p. 222. (2) Id., p. 221.
(3) Estancelin, p. 5. (4) Soc. des ant. de Norm. 1839, p. 284.
(5) Recueil Isambert, p. 634.
(6) Archives du roy. carton *Arques*.
(7) Soc. des ant. de Norm., t. 19, p. 481.
(8) Id., p. 507. — Ann. de la Soc. de l'Hist. de Fr. 1840.
(9) Marchangy, Tristan, 3e vol., p. 50.
(10) V. inscription sur cette cloche.
(11) Chron. roth. — Châteaubriand, t. 4, p. 116.
(12) Paul Dibon, p. 169.
(13) Masseville et Hénault disent le 22 août; — Farin, t. 1, p. 8; — Michelet, p. 145; — Anquetil, t. 3, p. 110, disent le 23.

la ville de Neufchâtel [1], parce que le brave Cauchois, Robert de Houdetot, est devenu maître des arbalétriers de France [2], ni même parce que le duché de Normandie a été réuni à la couronne [3]; mais parce que c'est encore, malgré les vertus du roi Jean, une ère nouvelle de malheurs qui commence.

An 1351 — Les premiers actes du règne de Jean sont tristes: la guerre de Bretagne devient féroce [4]; on fait décapiter devant son hôtel le comte d'Eu, ce connétable qui revenait d'Angleterre et qui voulait fomenter des troubles [5], pour acquitter sa rançon envers ceux qui lui avaient rendu la liberté. Son comté est confisqué. On fait pendre plusieurs autres seigneurs normands qui tenaient quelques assemblées au Vaudreuil [6], sans qu'il soit bien établi qu'elles fussent séditieuses; on décapite à Rhoëm des seigneurs bretons, sans formes suffisantes de justice [7]. Le roi faisant chancelier de France Pierre de la Forêt, qui venait d'être élu archevêque de Rhoëm [8], à la place de Jean de Marigny, sur lequel le comté de Longueville a été confisqué, en même temps qu'il crée des jalousies peut-être méritées, met trop de pouvoirs différents dans la même main. Il faisait réparer, à la vérité, quelques places, comme Rhoëm, dont on reculait la porte cauchoise [9]; il faisait de Tancarville un comté [10]; mais

---

(1) Ms. chez M. Hubard. (2) Moréri.
(3) Soc. de l'hist. de Fr. 1839, p. 139. — Chronicon sui temporis, auct. Petro Bajoc, ab 1350 ad 1392.
(4) Anquetil, t. 3, p. 126.
(5) Froissard. — Contin. de Nangis. — Éphém. univ. disent 1360, t. 11, p. 318. — Dict. hist. v° Jean. — Châteaubriand, Études hist., t. 4, p. 119. — Moréri, v° Eu.
(6) Hist. et Cron. de 1581. (7) Anquetil, t. 3, p. 127.
(8) Pommeraye, p. 514. — Massceville, t. 1, p. 332. — Gilbert.
(9) Duplessis, t. 2. (10) Id.

il laissait pendre vingt-trois drapiers, le 9 août, pour une cause qui était loin de mériter tant de rigueur [1]. Il demandait des subsides considérables aux états assemblés [2], presque pour les frais de son couronnement; puis il augmentait trop l'influence du clergé [3]. On dirait qu'un pouvoir beaucoup plus étendu ne le trouvait plus aussi fort qu'il s'était montré sous les ordres de son père. Le titre de connétable, vacant par la mort du comte d'Eu, il le donnait à Charles d'Espagne, pour qu'il réunît un comté à sa couronne [4], tandis que cela devait toujours être le prix de la valeur, de la fidélité, de l'habileté militaire. A l'occasion du couronnement, l'ordre de l'Étoile était créé, et de suite les décorations en étaient si prodiguées, que personne n'y tenait [5]; ceux qui la méritaient en riaient.

An 1352

Le roi avait vu avec mécontentement, quand il était duc de Normandie, le voisinage de Charles d'Évreux, roi de Navarre, homme plein d'habileté et d'éloquence; mais aussi rempli de perfidie, et qui était envieux du pouvoir du connétable; il le craignait, il ne savait pas le ménager, et toute son habileté consistait à gratifier tour à tour les deux rivaux, de présents pleins d'importance [6]. Le roi de Navarre avait reçu, entre autres choses, le comté de Longueville [7]. Cette rivalité finissait par l'assassinat du connétable, commis par les gens de Charles, et par la puissance de celui-ci, portée à un degré tel qu'elle devenait dangereuse pour la couronne [8]. C'était lui

An 1353

---

(1) M. Floquet, t. 1, p. 103. — (2) Soc. des ant. de Norm. 1836, p. 499.
(3) Farin, t. 1, p. 377. — (4) Anquetil, t. 3, p. 129. — (5) Id., p. 131.
(6) Id., p. 135. — (7) Masseville, t. 3, p. 228.
(8) Froissard. — Masseville, t. 3, p. 228, 229.

qui se permettait de créer barons tous les habitants de Cherbourg, en leur disant que la récompense qu'ils avaient reçue était insuffisante. Pour toute punition du meurtre du connétable, on avait confisqué ses terres, et l'on avait fait un nouveau comte de Longueville; il demandait pardon au roi entouré de pairs [1], et le roi lui rendait tout [2].

An 1354

La trêve avec l'Angleterre écoulée, et bien qu'on eût importé en France, en la tirant d'Allemagne, de la très-grosse artillerie [3], bien qu'on eût pris quelques délais, en envoyant au pape l'archevêque de Rhoëm, Pierre de la Forêt, pour qu'il intervînt [4], Jean n'était pas prêt. Il était occupé de son indigne vassal, le roi de Navarre, qui tâchait même de faire conspirer le fils aîné du roi, pour l'instant où celui-ci se rendrait à Eu. Jean, se fiant, et il avait raison, à la sagesse de son fils, voulait le créer duc de Normandie [5]; et il répondait ainsi aux perfidies du roi de Navarre; mais celui-ci n'en avait pas moins les intentions que nous venons de signaler.

An 1355

Il fallait qu'usant à la vérité de bravoure personnelle, mais de peu de dignité, le roi allât, dans un festin où le roi de Navarre était, avec le dauphin, à Rhoëm, et lui-même, de sa main, arrêtât le factieux [6], puis le fît conduire en charrette à la prison; et encore cette fois il punissait les complices, Charles de Gra-

(1) Masseville, t. 3, p. 233. (2) Id. — Essai sur le comté d'Évreux.
(3) Bulletin de la Soc. de l'hist. de Fr. 1844, p. 160.
(4) Pommeraye, p. 507.
(5) Hénault, t. 1, p. 262.
(6) Le contin. de Nangis, t. 2. — Chron. roth. — Hénault, p. 262. — Villaret, t. 9, p. 151, 153. — Le Laboureur, Hist. de Ch. VI. — Ms. Pasquier. — Masseville, t. 3. — Anquetil place le fait en 1356. — L. Thiessé, p. 252. — L. Dubois, p. 267. — Servin, t. 1, p. 320. — Châteaubriand, t. 4.

ville, Maulévrier et autres, qu'il faisait décoller au champ du pardon, en épargnant le principal coupable, qu'il faisait seulement conduire au Château-Gaillard [1], après avoir encore une fois confisqué Longueville, les autres biens du factieux, au profit de la couronne.

Jean pensa enfin à agir en roi, lors de la convocation des états généraux; si la guerre imminente était bien la cause du soin avec lequel on les assemblait [2], au moins on en profitait pour régler les gabelles, la taxe des marchandises, et autres choses d'administration qui étaient livrées à l'arbitraire. Le 1er mars, jour de la réunion, était devenu une date dont on se souvenait dans toutes les parties de la France, et la noblesse [3], peu accoutumée à supporter, avec ses sacrifices personnels, des impôts énormes, pensa à se retirer [4]. Le roi même, reconnaissant par une ordonnance, que deux ordres des états ne liaient pas le troisième, voulait le contenir, et ne pouvait s'empêcher de gémir de la position où il se trouvait; tout cela était incertain, indécis. Enfin, en octobre, l'invasion anglaise entraîne tout. Le roi d'Angleterre et le prince de Galles, son fils, connu à cause de son armure sous le nom de Prince Noir, avaient repris la mer. Le père descendait à Calais, le fils à Bordeaux. Le roi Jean, si bien à la tête d'une armée, assemblait des troupes à Amiens; il poursuivait Édouard jusqu'à Saint-Omer; le défiait *corps à corps*, et le forçait à se rembarquer [5]. Cela n'empêchait pas qu'il n'y eût une

---

(1) Deville. (2) Anquetil, t. 3, p. 145.
(3) Annuaire de la Soc. de l'Hist. de Fr. 1840, p. 103.
(4) Masseville, t. 3, p. 238.
(5) Froissard.—Masseville, t. 3, p. 237.

autre armée en France, et de plus ce rebelle permanent, le roi de Navarre. Pour accoutumer son fils au commandement, et pour avoir lui-même moins de soucis, Jean crée son fils aîné, Charles le Dauphin, duc de Normandie et autres lieux [1] ; celui-ci fait son entrée à Rhoëm, le 7 décembre, avec la plus grande pompe.

An 1356 Dès les premiers jours de 1356, le roi réunit les trois états du royaume [2], et même il les réunit deux fois en cette année [3]. Il obtient enfin les secours espérés ; les bourgeois l'avaient emporté [4]. Il envoie contre Geoffroy d'Harcourt, qui avait encore abandonné son pays, et faisait des courses en Normandie aidé d'Anglais et de partisans du roi de Navarre, le maréchal de Clermont, les seigneurs de Raineval, de Créqui, de Riville et de Fréauville. Rhoëm avait été le lieu du rassemblement ; on était allé rapidement au-devant des rebelles ; on les avait rencontrés entre Coutances et Saint-Sauveur-le-Vicomte ; Geoffroy d'Harcourt avait été tué avec six cents de ses partisans [5].

On pouvait supposer que ce succès, des secours importants administrés par un homme qui si longtemps avait conduit ses troupes à la victoire, qu'une cause aussi juste et d'aussi sages intentions l'emporteraient ; c'est lors de la bataille de Poitiers que tant

---

(1) Masseville, t. 3, p. 235. — Farin, t. 1, p. 398. — L. Dubois, p. 267. — Ann. de la Soc. de l'Hist. de Fr. 1839. — Soc. des ant. de Norm. 1834, p. 480.

(2) Dict. hist. — M. Deville. — Hénault. — Farin. — Masseville, t. 3, p. 240. — Ann. de la Soc. de l'Hist. de Fr. 1840, p. 106.

(3) Anquetil, t. 3, p. 150.

(4) M. Michelet.

(5) Masseville, t. 3, p. 235. — Farin. — Gaguin. — Soc. des ant. de Norm., t. 12, p. 243.

d'espérances ont été déçues! le récit en a été fait par
M. de Châteaubriand [1], de manière à ce qu'on n'ait
pas la velléité de rivaliser avec lui. A nous de résumer les tristes effets de cette journée du 18 septembre :
la noblesse, et surtout la noblesse normande [2], avait
perdu ses plus célèbres guerriers; le nouveau comte
d'Eu, le comte de Tancarville, le comte de Graville,
Olivier de Rozay, Pierre de Saint-Denis, Jean de Montigny, Philippe de Forges, étaient prisonniers; mais
la plus grande perte, celle dont les conséquences
étaient le plus affligeantes pour la patrie, après les
actes de bravoure personnelle dignes des plus grands
éloges, le bon roi Jean était fait prisonnier, et quelle
que fût l'urbanité, quelle que fût la politesse et
l'obéissance, pour ainsi dire pieuse, avec lesquelles le
Prince Noir le traitât; quoiqu'il le servît à table sans
affectation, il n'y avait pas deux partis à prendre : il
fallait aller le chercher en Angleterre [3].

Les sentiments du pays de Caux, de la Normandie, An 1357
sont dans les premiers moments communs à toute la
France. Bientôt la misère amène des factions, et ne
laisse voir que comme des lueurs quelques actes
d'attachement et de fidélité. La belle conduite de
Robert d'Houdetot, à Honfleur, n'a pas d'autre suite
qu'un souvenir pour l'histoire [4]; les états assemblés
durent presque toute une année [5], sous la direction

---

(1) Études hist. t. 4, p. 129.
(2) Masseville, t. 3, p. 247, 254. — Dict. hist. v° Jean. — Alph. Karr, Musée Pitt. 1835, p. 326, 327. — Anquetil, t. 3, p. 156 et suiv. — La Soc. de l'Hist. de Fr. 1840, p. 193, fixe la date au 29 septembre. — La Cron. de 1581, p. 165, la fixe au 19.
(3) Mézeray. — Velly. — Hume. — Voltaire, Essai sur les Mœurs. — D'Orléans.
(4) Moréri.
(5) Anquetil, t. 3, p. 176, 183.

du duc de Normandie devenu régent [1] tandis que Jean soutient bravement son infortune à Londres. On veut mettre en accusation l'archevêque de Rhoëm, comme chancelier, le trésorier de France et autres magistrats [2]. A Paris, la *Jacquerie* commet ses excès [3], et en Normandie, le trop fameux Charles de Navarre, libéré, veut reprendre possession de ses biens, et n'est repoussé que par les armes de la capitale même de la province qu'il voulait envahir [4]. Marcel fait assassiner Robert de Clermont, maréchal de Normandie, et traîner son cadavre le long des rues [5]. Jean de Dormans, chancelier du duché de Normandie, parle en vain avec éloquence, à Paris, devant le peuple [6]. Si les députés ne manquent pas de se trouver aux diverses réunions des états, on stipule des conditions trop difficiles pour les secours alloués en avril, en juillet, en novembre [7].

An 1358 Veiller sur le territoire et délivrer le roi, telle était la devise de ce qui aimait la patrie [8]. Nous possédons un acte qui qualifie le Cauchois Louis Regnault de *receveur des impositions de la vicomté de Caudebec pour la rédemption du roi* [9]. Cela n'empêchait pas des ravages de bien des côtés : Louviers était pillé par un parti composé d'amis du méchant roi de Navarre et d'Anglais [10]; Jumiéges était envahi par huit cents

---

(1) Bulletin de la Soc. de l'Hist. de Fr. 1842, p. 244.
(2) Masseville, t. 3, p. 258. (3) Michelet, p. 147.—Mézeray.—Anquetil, t. 3, p. 205. (4) Anquetil, t. 3, p. 191.—Servin, t. 1, p. 325.—L. Thiessé, p. 254.—Masseville, t. 3, p. 265.
(5) Masseville, t. 3, p. 268.—Le contin. de Nangis. — Dict. hist. v° Jean LI.—Hénault place le fait un an plus tard.
(6) M. de Châteaubriand, Études hist. t. 4, p. 172.
(7) Ann. de la Soc. de l'Hist. de Fr. 1840, p. 106, 107.
(8) Rob. Gaguin, l. 9, fol. lv. (9) Archives du roy. partie de Caux.
(10) M. Dibon.

hommes et pillé pendant six jours [1] ; les états qui devaient se réunir à Paris le 1ᵉʳ mai se réunissaient plus tard à Compiègne, et le subside voté était loin des exigences de l'Angleterre [2] ; le maire de Rhoëm profitait bien et de la personne du régent et de la présence des états pour reprendre ses droits de *haro*, que l'on voulait faire tomber en désuétude [3] ; Jacques le Lieur, non satisfait des murailles de Rhoëm, et dans la prévision des effets de l'artillerie, avant que les Anglais vinssent en force, faisait bien établir une fortification sur le mont Sainte-Catherine [4] ; il faisait bien fermer la Seine [5] ; mais tout cela ne délivrait pas le roi, et l'altération des monnaies reproduisait, sous cette régence, les effets funestes que l'on avait voulu éviter sous les deux derniers règnes [6].

Enfin, le 25 mai 1359, les états, assemblés à Paris, se déterminent à faire la guerre aux Anglais [7], si l'on n'obtient la délivrance du roi. Cette décision a de l'écho partout, et les Anglais en entendent le retentissement. Ils tâchaient d'obtenir du roi Jean un traité honteux, préférant n'avoir plus qu'à demander l'exécution de sa parole, et il paraît qu'ils obtenaient la Normandie, le Maine, l'Anjou, la Touraine, le Poitou, la Saintonge, l'Angoumois, le Limousin, le Périgord, le Quercy et quelques cantons de Gascogne et de Picardie, l'hommage de la Bretagne, quatre mille écus d'or, et en attendant l'exécution, pour otages, sept villes de Normandie et dix sei-

An 1359

---

(1) Deshayes, p. 86.
(2) V. Ann. de la Soc. de l'Hist. de Fr., p. 109.
(3) Secousse. — M. Floquet, part., t. 1, p. 108.
(4) Farin, t. 1, p. 251. (5) Le contin. de Nangis.
(6) Ann. de la Soc. de l'Hist. de Fr. 1840, p. 108.
(7) Id., p. 110.

gneurs[1]. Les états regardèrent comme injure ce que Jean, dans l'espoir de se venger, ou pour empêcher les actes du roi de Navarre, avait pourtant promis. On déclara le traité non *accordable*[2]. On se disposa de toutes parts à la guerre; on tourna en raillerie le surnom de *Rex Francus* que les Anglais donnaient à *Jean*, tandis qu'ils appelaient déjà Édouard *Rex Francorum*[3]. Cela traîna encore plusieurs mois, et des deux côtés on se sépara. Enfin Édouard descendit à Calais avec une armée qu'on évaluait à cent mille hommes; il annonça que, pour cette fois, il voulait jouer le rôle qu'avait joué Guillaume en Angleterre; mais Charles le régent, dont la renommée commença par des fonctions secondaires, et augmenta quand il eut tout le pouvoir, eut une de ces pensées qui sauvent les États par leur simplesse, leur force et leur opportunité: il défendit toute bataille rangée[4], et ne permit que la défense dans les villes fortifiées. Il voulut épuiser les assaillants, par le temps, par les sorties, par la famine, par la haine des Français. Il recommanda à la flotte normande de visiter tout le long des côtes de France et de paralyser l'effet des descentes d'Édouard vers l'Artois[5], d'où il tirait des aliments pour ses places. Si le roi de Navarre visait à empoisonner le Dauphin[6], tout le pays regardait cette mesure comme digne de haine, et demandait la dégradation définitive de ce rebelle.

An 1360 Tous nos historiens sont d'accord qu'un événement surnaturel a beaucoup aidé à la résolution prise par

---

(1) Chron. de Fr. — Masseville, t. 3, p. 283, 284. — Anquetil, t. 3, p. 210. (2) Masseville, t. 3, p. 223.
(3) Anquetil, t. 3, p. 215. (4) Masseville, t. 2, p. 287.
(5) Anquetil, t. 3, p. 217. (6) L. Thiessé, p. 255.

le régent. Froissard, tous les contemporains, Voltaire, Anquetil [1], constatent qu'une pluie continue, mêlée de grêlons d'une grosseur prodigieuse, suivie de tourbillons affreux, a détruit presque tout le matériel du camp d'Édouard, et tout à fait décontenancé ses hommes. Une telle quantité de chevaux anglais a péri, qu'il sembla que cet événement était une menace du ciel. Beaucoup affirment qu'Édouard s'est tourné vers l'église de Chartres et a promis la paix. Ce qui est certain, c'est que le régent n'a pas laissé perdre l'occasion ; c'est que beaucoup de Normands et autres ont préparé une descente en Angleterre [2]. Martin Duboc, seigneur de Tendos, lieutenant des forêts de Normandie, un des dix otages promis par Jean [3]; Amaury Filleul, maire de Rhoëm, également otage [4]; Charles de Montmorency, comte de Tancarville [5], et plusieurs autres plénipotentiaires ont, à la date du 8 mai 1360, fait ce traité de Brétigny [6], dont les conséquences essentielles ont été une paix définitive, quoique avec une rançon énorme, un impôt sur chaque feu du plat pays, un impôt spécial pour chaque ville, la renonciation d'Édouard, à la vérité à la Normandie ; mais l'acquisition de la Guienne, du Poitou, de l'Agénois, de Boulogne et de Calais [7].

---

(1) T. 3, p. 226 et suiv.

(2) Contin. de Nangis, p. 298. — (3) Soc. des ant. de Norm. 1826, p. lxxxviij. — (4) Farin, t. 1, p. 251. — Masseville, t. 3, p. 293, 295.

(5) Daniel, 1713, p. 595. — Désormeaux, Hist. de la maison de Montmorency.

(6) Rymer. — Leber, p. 282. — Anquetil, t. 3, p. 227, 229. — Hénault, t. 1. — Noël, ms. Acad. de Rouen, premier cahier, p. 8. — Daniel place à tort le fait en 1359 ; il explique que le Brétigny dont il s'agit est près de Chartres, *v.* p. 594.

(7) Masseville, t. 3, p. 295, 392. — D. Sauvage. — L'abbé de Choisi. — Du Tillet. — Soc. des ant. de Norm. 1836, p. 501.

Pour sûreté de l'exécution du traité, on voulait qu'une foule de seigneurs et de bourgeois restassent à Londres, et, indépendamment de ceux que nous avons cités, il fallait avant que le roi fût libre, que le comte d'Étampes, le comte d'Harcourt, le comte d'Estouteville, le comte de Maulévrier, deux bourgeois de Rhoëm et beaucoup d'autres, allassent rejoindre Martin Duboc et Amaury Filleul[1]; la personne du roi était retenue, même quand Édouard ratifiait le traité en France, à Louviers[2].

Ce n'est que le 27 octobre que Jean fut libre, qu'il lui fut permis de venir embrasser son fils en Normandie, ainsi que le gouverneur, Charles de Montmorency et Robert d'Espinay mourant[3]; ce n'est qu'en décembre qu'il fit une entrée solennelle à Paris[4].

Après les effusions de la joie, il faut penser aux choses d'administration. Le fils du roi reprend, à la vérité, son simple titre de duc de Normandie, mais il a une part considérable aux affaires générales; on refait une armée presque permanente; on fait des règlements sur les finances[5], sur les actes de tabellionnage[6]; les Juifs, jadis proscrits, sont admis, mais sous la garde du comte d'Étampes[7]. Toute l'année 1361 encore, comme on s'y attend bien, sera employée à réparer une partie des désastres. L'armée anglaise, en traversant le Pont-de-l'Arche, pour retourner en Angleterre par la Picardie[8], a laissé des traces de son passage; on tâchera de les effacer.

---

(1) Masseville, t. 3, p. 296.
(2) Anquetil, t. 3, p. 299. — M. Dibon, p. 24.
(3) Lainé. — De Courcelle. (4) Masseville, t. 3, p. 301, 308.
(5) Soc. de l'Hist. de Fr. 1840, p. 137.
(6) Acad. de Rouen, 1844, p. 103 et suiv. (7) Hénault, t. 1.
(8) Masseville, t. 3, p. 298.

Le duc de Bourgogne, mourant sans enfants, laissera son duché au roi de France; il sera réuni à la couronne, sauf des dispositions ultérieures et sauf les nouvelles intrigues du roi de Navarre; mais parmi ceux qui reçoivent de nouveau ou les marques de confiance ou la faveur de Jean, il y a un homme qu'on ne peut s'empêcher de distinguer, et que dès lors le régent lui-même avait discerné : le fils d'une Normande, de la famille de Malmain; nous voulons parler de Bertrand Du Guesclin [1], défenseur de Dinan, possesseur du fief nommé *Riche de Rien*; et il semble que ce nom de Du Guesclin prononcé soit un soulagement pour l'historien et pour le lecteur, comme il en a été un pour le pays et pour la couronne.

Quelques institutions se fondent : l'archevêque de Rhoëm étant décédé à Avignon, son successeur s'attachera à séjourner dans son diocèse [2]; on fera une école aussi à Rhoëm à l'endroit nommé encore rue de l'École [3]; on encouragera l'industrie du drap, qui se partage entre Rhoëm et Darnétal [4]; s'élevant même à des vues plus hautes, on ne destinera plus la province à servir d'apanage à des membres de la famille royale, ce qui, à la vérité, pouvait accidentellement faire le bien de quelques villes, mais amenait des

---

(1) Duchâtelet, Preuves de l'Hist. de Fr., 1666.—La Biogr. univ. et les neuf ouvrages qu'elle cite. — La bibl. de Lelong. — Le roumant de Bertrant Duglaisquin, en vers, ms. 1387. — Soc. des ant. de Norm., 1839, p. 255. — Masseville, t. 3, p. 305. — Anquetil, t. 3, p. 240. — Vie de Du Guesclin, par M. de Fréminville, 1 vol. in-8, 1841, p. 49. — Claude Ménars, Hist. de Bertrand Du Guesclin, 1618. — Villaret. — Monstrelet. — Dutillet. — Lefèvre, Hist. de Du Guesclin, 1692. — Guyard de Berville.

(2) Pommeraye, p. 519. — Gilbert, p. 157.

(3) M. Chéruel, p. 212. (4) Chron. roth.

divisions nécessaires et turbulentes. La Normandie, la Bourgogne, le Languedoc et autres provinces, ne devaient plus être distingués de la France [1].

An 1362. Les hommes instruits des événements arrivés pendant les règnes précédents, n'étaient pas satisfaits de voir le roi prendre la croix à la sollicitation du roi de Chypre [2], et méditer le voyage en Terre-Sainte, tandis qu'il fallait une assemblée de députés des bailliages de Caux et de Rhoëm, pour obtenir, à l'aide d'un subside, la remise d'Honfleur par les Anglais [3]; tandis que la dette envers l'Angleterre n'était pas payée, et que Boulogne et Calais, avec la Guienne et le Poitou, étaient aux mains des mêmes Anglais. Sans la présence de Du Guesclin, qui défaisait Guillaume de Windsor [4], en basse Normandie, qui faisait prisonnier Felleton et Gravaques [5], et qui utilisait le courage d'Ollivier de Mauny et de tant d'autres Normands, lesquels ne voulaient que l'occasion de la vengeance, le courage allait peut-être manquer. Un moment d'incertitude, toujours funeste en administration, ébranlait quelques fidélités, et encourageait au contraire le roi de Navarre dans son inconstance. Il reprenait ses courses aux portes de Rhoëm, et créait ainsi des inquiétudes nouvelles entre Paris et la Normandie. La misère autour de Rhoëm était effroyable; les brigandages étaient impunis [6]. Si ce n'est que Jacques le Lieur qu'on vient de voir tout récemment fortifier la côte Sainte-Catherine, s'entendait avec Du

---

(1) Masseville, t. 3, p. 303. (2) Anquetil, t. 3, p. 245. — Masseville, t. 3, p. 308. (3) Soc. des ant. de Norm., t. 10, p. 479.

(4) D'Argentré. — Masseville, t. 3, p. 305. — Biogr. univ. v° Du Guesclin. — Hénault, t. 1, p. 266.

(5) Biogr. univ. et les aut. qu'elle cite.

(6) Le contin. de Nangis.

Guesclin contre le Navarrois; que dix mille hommes sortaient de Rhoëm et allaient assiéger celui-ci dans Rolleboise [1]; que Du Guesclin venait les joindre avec quinze cents chevaux et deux mille hommes de pied; qu'un grand zèle s'emparait des seigneurs à la voix de Du Guesclin; qu'on délivrait enfin, suivant l'expression de Masseville [2], le pays de Caux et le Vexin, qui sait ce que fût devenue la France? le roi n'était plus à la hauteur de son rôle.   *An 1363*

La tristesse des habitants de Rhoëm fut grande; quand ils virent encore Jean, au mois de janvier 1364, retourner en Angleterre. Lorsqu'il passa à Rhoëm pour s'y rendre [3], non-seulement il éprouva de la froideur, mais il entendit des murmures contre ce voyage; on blâma le comte d'Eu de l'y accompagner [4]; on se moquait de la raison qu'il en donnait, c'est-à-dire pour déterminer Édouard à la croisade; on regardait même cela comme une fable [5]; il a donné lieu à cette supposition, qu'il voulait aller revoir une certaine comtesse de Salisbury, qui l'avait bien traité pendant sa captivité! Aussi, quand, dans le courant d'avril, on apprit la mort du roi Jean, on en éprouva peu de regrets [6]; on portait toutes ses espérances sur deux hommes que l'on connaissait par leurs actes, qui s'étaient appréciés, que l'on avait bien vus à Rhoëm; les mots d'ordre étaient *Charles V* et *Du Guesclin*.   *An 1364*

Que l'on juge combien Charles fut applaudi quand, après la célèbre bataille de Cocherel, faite presque

---

(1) Hist. de Du Guesclin. — (2) Masseville, t. 3, p. 314.
(3) L. Dubois, résumé, p. 269. — L. Thiessé, p. 257.
(4) Masseville, t. 3, p. 310. — (5) Id. — Anquetil, p. 249.
(6) Hénault, t. 1. — Fréminville, p. 121. — Masseville, t. 3, p. 315.

par hasard, et parce que les Anglais et le Captal de Buch, cousin du roi de Navarre, avaient voulu empêcher le sacre [1], après cette bataille dont nous avons les détails, heure par heure, dans Masseville, dans Daniel, dans Fréminville [2]; après cette bataille, où tant de Normands s'étaient distingués; quand, disons-nous, Charles V fit son entrée dans Rhoëm [3]. On sut qu'il venait de donner le comté de Longueville en Caux, définitivement confisqué sur le roi de Navarre [4], à Du Guesclin [5], avec le titre de maréchal de Normandie [6]. On ne faisait que répéter tous les bons mots qui avaient été dits, pendant cette longue bataille [7]. La correspondance de Du Guesclin [8] a conservé des souvenirs qui se rattachent à l'événement; on citait avec enthousiasme le nom de Bertrand de Matignon cousin germain de Du Guesclin, qui avait porté sa bannière au fort de l'action [9], celui d'Olivier

---

(1) Cron. de 1581, folio 166.

(2) Daniel, p. 613, 614, 615, 616, 617.— Fréminville, p. 122.— Chose singulière! les historiens ne sont pas d'accord sur le jour : Masseville dit le 23 mai; Hénault, le 6 mai; Maire et L. Dubois, le 17; Daniel, dit le jeudi après la Pentecôte; la Chron. de Norm., le jeudi avant le sacre du du roi; d'autres, le 27 mai. — Anquetil dit que la nouvelle en arriva à Reims le lendemain du sacre; il paraît que c'est le 24 mai, suivant une lettre rapportée par Anselme, t. 5, p. 379.

(3) Le contin. de Nangis. (4) Daniel, p. 617.

(5) Duplessis. — Robert Gaguin, lib. 9, folio lviij. — Chron. en vers, par Cavalier, 2 vol., édit. Charrière, impr. Didot. — Hist. de Bertrand Du Guesclin, comte de Longueville, par ***, 1845. — Moréri, v° Longueville. — Anquetil, t. 3. p. 254. — Cron. 1581, fol 165. — Biogr. univ. v° Du Guesclin. — Ménard, Hist. de Bertrand Du Guesclin, 1618. — Fréminville, p. 138.

(6) Essai sur le comté d'Évreux, — Millot, t. 2, p. 139. — L. Thiessé, p. 258. — Masseville, t. 3, p. 324. — Fréminville. — Biogr. univ.

(7) Daniel, p. 616, 617.

(8) Corr. de Du Guesclin, de 1364 à 1377, Trésor des chartes, ou Inventaires de Godefroy et Dupuy, dix-sept lettres. — Bulletin de la Soc. de l'Hist. de Fr., 1845, p. 18.

(9) Tableaux de Thorigny.

de Mauny, celui de La Houssaye, celui de Robert de Villequier, gouverneur de Caudebec, qui n'avait pas cessé de figurer depuis le commencement jusqu'à la fin [1] de la bataille, et qui était mort à la suite de ses blessures.

Si le roi de Navarre avait encore des partisans, presque tout le pays était satisfait d'apprendre qu'avec son comté d'Évreux, il n'avait plus qu'une petite ville dans le Midi, et quelques petits châteaux sans armée véritable [2].

A partir de ce moment, le pays de Caux prendra un tout autre aspect : les agriculteurs retourneront à leur charrue ; Olivier de Mauny sera envoyé faire la guerre en basse Normandie [3] ; on se remettra à travailler à l'église du Tréport [4] ; le Captal de Buch, fait prisonnier à Cocherel, suivra la condition voulue [5] ; une société se formera à Rhoëm pour faire le commerce par Dieppe avec la Guinée [6] ; on importera, en Normandie, ces horloges sonnant les heures, dont un modèle venait d'être placé à Paris, par Henri de Vic [7]. Un navire apportera la nouvelle de la prise d'Alexandrie par Lusignan, roi de Chypre [8], sans qu'il y ait eu nécessité de déranger les chefs des gouvernements anglais et français. Des écoles se forment dans le pays de Caux [9] ; il y avait, à Paris, un col-

---

(1) Le contin. de Nangis, t. 2, p. 343. — Daniel, loc. cit. — Hist. de Du Guesclin. — Masseville, t. 3, p. 320.

(2) Cron. 1581. — Hénault, t. 1, p. 220.

(3) Masseville, t. 3, p. 330.   (4) Coquelin, p. 21.

(5) Dict. hist. v° Gresly. — Vie de Bertrand Du Guesclin, en vers, par Cuvillier, en 1384, ms. de la Bibl. royale. — Fréminville, p. 134.

(6) Delacroix, de l'Afrique. — Laquerrière, t. 2, p. 79. — Masseville, t. 3, p. 393. — Nouvelle Minerve, 1835, p. 329.

(7) Dict. hist. v° Vic.   (8) Soc. de l'hist. de Fr., 1er vol., 1842, p. 246.

(9) Duplessis, t. 2. — Arch. du roy. : Caux.

lége fondé par maître Gervais Chrétien, pour vingt-quatre Normands[1]. Si le jeune et brillant comte de Longueville, qui combattait en Bretagne, le 29 septembre, avec ses lieutenants cauchois, était fait prisonnier par le célèbre Chandos, chacun s'empressait de contribuer à sa rançon de cent mille livres[2]. En novembre, deux navires de cent tonneaux font voile vers les Canaries et nomment l'endroit où ils s'arrêtent *Petit-Dieppe*. Ils reviennent vers le pays de Caux[3] avec des profits immenses, et rapportent de l'ivoire et de l'or[4]; à partir de ce moment, la sculpture en ivoire est restée une industrie spéciale à Dieppe.

An 1365   On éprouvait du chagrin de voir Du Guesclin troublé en son comté de Longueville. Dans sa colère, il voulait, disait-on, le remettre au roi, mais Charles V fit cesser ce trouble; il laissa Du Guesclin en assurer la propriété à Olivier Du Guesclin, son frère[5]; il donnait, en outre, au vainqueur de Cocherel, *Valmont*, qu'il ne lui avait pas promis[6]. Cette belle réputation de Du Guesclin, commencée en Normandie, avec des Normands, ira grandir encore en bien d'autres contrées[7]; mais n'était-il pas juste de constater en quelles circonstances, avec quels compagnons il l'a fondée? Les enfants, dans leurs écoles, apprenaient à lire dans la description toute récente de la bataille de Cocherel, et les ecclésiastiques faisaient sagement remarquer, que le bon Du Guesclin,

---

(1) Jourdan, 1778, p. 401.
(2) Biogr. univ. — Masseville, t. 3, p. 331. — Daniel, p. 628 et suiv.
(3) M. Estancelin, Recherches, p. 341.
(4) Id., p. 7, 8 et p. 136, 137, 141, 143. — Nouvelle Minerve, 1835, p. 329.   (5) Moréri.
(6) Langlois, sur Saint-Wandrille, p. 162.
(7) Hénault, t. 1, p. 272.

peu de temps avant de rencontrer le méchant roi de de Navarre, avait fait arrêter son armée à Pont-de-l'Arche, avait exhorté tous les chefs et tous les soldats à prier Dieu, leur assurant que lui seul donne la victoire à ceux qui combattent même pour le pays [1]. Les enfants portaient fièrement les haches, les épées [2], dont s'étaient servis leurs pères.

Charles V, qui n'avait que vingt-sept ans quand il monta sur le trône [3], mais qui avait déjà de l'expérience, et qui, bien différent de son père, avait grandi avec les événements, tout en ordonnant la punition de Pierre de Sacqueville [4], rebelle, fait prisonnier à Cocherel, mais, après un procès suivi dans toutes les formes, s'occupait de réparer les fautes du traité de Brétigny. Une refonte générale des monnaies, une amélioration du personnel dans les finances, des encouragements positifs à l'agriculture, avaient ses premiers soins. Puis, peu à peu, et d'accord avec son cher seigneur de Valmont, il diminuait le nombre des *grandes compagnies* [5]. Quoiqu'il fût loin de pardonner au roi de Navarre ses excès, qu'il sût combien on devait peu compter sur sa parole, et que Louis II de Bourbon voulût l'anéantir [6]; certain de gagner beaucoup de ses partisans, le roi consentait à faire sa paix avec lui [7].

S'occupant de l'administration de la justice, il voulait, entre autres choses, quand il était à Rhoëm, sa ville chérie, soigner le personnel de l'échiquier. Les

An 1566

---

(1) Masseville, t. 3, p. 318. (2) Id., p. 322.
(3) Anquetil, t. 3, p. 251.
(4) Masseville, t. 3, p. 321. (5) Anquetil.
(6) Dict. hist. v° Louis II.
(7) Masseville, t. 3, p. 334. — Hénault, t. 1, p. 220.

noms de plusieurs sages présidents de cette époque nous sont conservés [1].

An 1367 Tout en ordonnant à Auberon la quatrième enceinte de Paris, et en défendant mieux et avec de bons remparts quelques villes, comme Louviers [2], il pensait à éloigner le théâtre de la guerre. Il envoyait Du Guesclin avec le reste des grandes compagnies vers l'Espagne [3], où le seigneur de Valmont acquerrait le titre de connétable de Castille [4]. Le roi avait besoin d'argent, à l'occasion du baptême du Dauphin Charles, il va accorder une grande quantité d'armoiries, moyennant finances [5]; c'est à cette occasion que le maire de la ville de Rhoëm a eu un agneau avec un guidon à trois ondes [6].

Si l'on a de l'inquiétude en apprenant la captivité nouvelle de Du Guesclin [7], bientôt on apprend sa délivrance [8], car ses vainqueurs ne voulaient pas de rançon, lui, il en voulait donner une; or, ces querelles de générosité sont bientôt terminées.

An 1369 Le roi voulant recouvrer tout ce que la faiblesse de Jean avait abandonné, et par le juste droit de la guerre, se fiant en son Du Guesclin, va penser à déclarer ouvertement ses intentions aux Anglais [9]. La Guienne formera appel aux états généraux assemblés en mai, sur la confiscation opérée du consentement de Jean [10]. C'est à Rhoëm que Charles se rendra pour

---

(1) Daniel, p. 611. — M. Floquet, t. 1, p. 103.

(2) M. Dibon, p. 25. (3) Anquetil, t. 3, p. 270. — Masseville, t. 3, p. 339. (4) Anquetil, t. 3, p. 274. — Masseville, t. 3, p. 340, 342.

(5) M. Granier de Cassagnac, Revue de Paris, t. 51, p. 7.

(6) Farin, t. 1, p. 253. (7) Anquetil, t. 3.

(8) C'est là la fin de l'Hist. de Guill. de Nangis, t. 2, de l'éd. de la Soc. de l'Hist. de Fr. — Biogr. univ. v° Du Guesclin.

(9) Anquetil, t. 3, p. 284.

(10) Ann. de la Soc. de l'Hist. de Fr., 1840, p. 111.

trouver le plus de sentiments de fidélité; c'est de
Rhoëm qu'il voudra surveiller les armements [1]. Pendant son séjour, il rendra là plusieurs ordonnances
essentielles [2], spécialement sur la taxe du blé [3]; il
recommandera à l'archevêque, Philippe d'Alençon [4],
la modération la plus efficace en matière de religion;
son cher seigneur de Valmont sera parrain de Louis
d'Orléans, son deuxième fils [5]. On fera disposer une
flotte dans le port d'Harfleur [6]; on tâchera d'opérer
une diversion par un soulèvement dans le pays de
Galles, soulèvement excité par les poësies d'un nouveau barde *Iold-Gooh* [7]. Une lettre au Prince Noir,
portée par un simple valet de chambre, deviendra le
signal de la guerre [8], et, de suite, on reprendra beaucoup de villes en Picardie; on entendra bientôt le
récit de la mort de Jean Chandos [9]. Il est vrai que les
Anglais vont faire quelques ravages à Harfleur ou dans
les environs; qu'ils vont faire des dégâts autour
d'Eu [10], et se répandront dans le reste du pays de
Caux; mais on n'en aura pas une longue inquiétude,
et l'on se moquera même du Navarrois, qui déclarera
ouvertement enfin se lier avec l'Angleterre [11]. Le comte
de Saint-Paul ne tardera pas à défendre et le comté
de Longueville et tous ses environs.

Les plans du sage Charles V et de Du Gueselin An 1570
étaient si bien concertés, qu'après avoir été occupés

---

(1) Anquetil, t. 3, p. 287.
(2) Isambert, Recueils de lois et ordonn. à cette année. — L. Dubois,
résumé, p. 269.   (3) Soc. des ant. de Norm, 1836, p. 501.
(4) Pommeraye, p. 521. — Servin, t. 1, p. 16.
(5) Biogr. univ.   (6) Masseville, t. 3, p. 348.
(7) Dict. hist.
(8) Anquetil, t. 3, p. 285. — Masseville, t. 3, p. 346.
(9) Masseville, t. 3, p. 349.   (10) M. Lebœuf.
(11) Anquetil, p. 291.

en Bretagne [1], les Anglais étaient défaits sur mer par les Castillans [2]; que le sire de Valmont les battait en Gascogne [3], en Guienne et en Poitou [4], et qu'il revenait en Normandie contre celui qui tenait encore, et qu'on nommait Kanolle [5]. Là, aidé du sire de Blainville, de son fidèle Mauny, il purgeait tout le pays de Caux, et parmi ses compagnons il n'avait à regretter que le sire de Beuzeville [6].

Ne fallait-il pas que la victoire fût bien décisive, pour que le roi de Navarre demandât d'être reçu à Vernon par le roi [7]. Enchanté de Du Guesclin, Charles priait Moreau de Fiesmes, honoré de l'épée de connétable, en 1356, de la lui remettre pour son comte de Valmont, et le vieux guerrier donnait sa démision tout exprès [8]; on sait que Du Guesclin hésitait à commander à tant de noblesse [9]. Les Normands n'avaient-ils pas mérité toutes les faveurs? Le roi nommait chancelier de France [10] Guillaume de Dormans, qui n'était que chancelier de Normandie, et employait ses talents aux états généraux. Le premier conseiller, choisi pour la conduite des affaires, était Louis Thézard, également d'une maison de Normandie [11]; on avait voulu que le comte de Tancarville fût un des parrains du Dauphin [12].

Pour récompenser les habitants du Tréport du rôle qu'ils avaient joué contre les Anglais, la couronne aidait à la reconstruction de leur église, dont nous

---

(1) Anquetil, t. 3, p. 295. (2) Id., p. 296.
(3) Masseville, t. 3, p. 349. (4) Biogr. univ.
(5) Masseville, p. 350. (6) Froissard.
(7) Anquetil, t. 3, p. 299.
(8) Dict. hist. — Hénault, t. 1, p. 224. — Biogr. univ.
(9) Daniel, p. 671. (10) Moréri, v° chanceliers.
(11) Lelaboureur, Hist. de Charles VI. (12) Id.

voyons encore aujourd'hui l'architecture originale¹. Si le Captal de Buch se mettait d'accord avec le roi de Navarre, qui s'irritait de n'avoir plus d'importance, pour trahir, malgré la magnanimité dont on avait usé envers lui, il mourait de honte et d'impatience dans sa prison, et l'on faisait démolir Cambremont près Acquigny, ce refuge perpétuel de ses partisans. _{An 1374}

Du Guesclin reprenait tous les châteaux que des Anglais et des Navarrois tenaient encore ². Enfin, tandis que pour servir de défense plus que de prison, on faisait construire à Paris cette bastille de Saint-Antoine, dont la dimension et l'épaisseur pouvaient répondre à l'artillerie ³, on passait, à Pontorson, une revue de la noblesse, pour la féliciter de ses sentiments fidèles. Mathieu de Boisguillaume, les sires de Saint-Paër et de Gauville, J. de Pinterville, Robert de Bouville, ne manquaient pas de s'y rendre ⁴.

Ce n'était plus assez pour les Français d'avoir purgé les environs de Paris, presque toute la Normandie, toute la Picardie, tout le Languedoc; d'avoir enlevé aux Anglais tout ce qu'ils possédaient au delà de la Garonne ⁵, grâce à Henri de Castille, l'allié fidèle de la France, Yvain, amiral français attaquait l'Angleterre et descendait à Guernesey ⁶. On voulait même détruire en entier Jersey et Guernesey ⁷; la politique peut conseiller ces actes, l'humanité jamais. _{An 1372}

Si Charles V rendait une ordonnance qui anoblissait les bourgeois de Paris, aussitôt, sur cet exemple, les notables des autres villes prenaient des

---

(1) Duplessis, t. 1, p. 16. (2) Masseville, t. 3, p. 352.
(3) Daniel, p. 667, dit que c'était sous prétexte de fortifier Paris.
(4) Masseville, t. 3. (5) Id., p. 352. (6) Id.
(7) Daniel, p. 720.

armoiries [1], et, dans leur enthousiasme, n'attendaient pas des ordonnances semblables.

An 1373 La guerre devenait presque un besoin actuel, pour ce qui n'était ni agronome ni commerçant. Tandis que les cultivateurs obtenaient des foires [2], tout en riant des querelles du roi et de l'archevêque de Rhoëm [3], on voulait suivre Du Guesclin, qui allait délivrer tout à fait le Poitou, ou bien punir le duc de Bretagne, favorable aux Anglais [4], aux risques de déplaire à son pays natal. On voulait montrer les armoiries qu'on s'était données; les Cauchois Blainville, d'Estouteville, d'Esneval, de Classé, de Fontenay, de Graville, après avoir, avec le sire de Valmont, battu les Bretons, faisaient, sous ses ordres, une irruption à Jersey [5], et s'ils étaient arrêtés par la citadelle, ils rendaient aux Anglais leur guerre de ravage. Si ceux-ci, à leur tour, au nombre de quarante mille, descendaient à Calais, Du Gueclin les suivait, les épiait, les fatiguait, les épuisait [6].

Tout ne fut pas bonheur pour les riverains de la Seine : ce fleuve resta débordé pendant trois mois; quelque indemnité que le roi ordonnât d'accorder, le préjudice ne pouvait être réparé [7].

An 1374 Cependant les Cauchois l'aidaient à recouvrer tout à fait la Gascogne [8], à réprimer encore quelques

---

(1) Hénault, t. 1, p. 224. — L'ordonn. a été réduite, en 1577, aux prévôts et échevins, supprimée et rétablie. — Ménestrier, p. 718.
(2) Arch. du roy., juillet 1373; titre instituant deux foires en faveur de Arches (Arques), appelée notable ville, à Saint-Barnabé, à Saint-Vincent; le cachet du roi est parfaitement conservé.
(3) Pommeraye, p. 525.
(4) Masseville, t. 3, p 355. — Anquetil. t. 3, p. 310.
(5) Masseville, t. 3, p. 356. — Fréminville, p. 377, nie cette expédition. (6) Masseville, t. 3, p. 358 et suiv.
(7) Chron. roth. Delamarc. (8) Masseville, t. 3, p. 357.

insurrections en Bretagne [1]. Blainville et Harcourt se joignaient à Du Guesclin pour conquérir son titre de seigneur de Saint-Sauveur-le-Vicomte en basse Normandie [2], et c'est à cette occasion qu'un tableau a été peint, au milieu duquel se trouve l'écusson d'Harcourt, écusson que l'on a retrouvé en 1827 [3]. Quand le roi, fixant la majorité de son fils aîné à quatorze ans [4], disposant de l'éducation de ce fils, et y affectant le revenu de *la duché* de Normandie [5], lui donnait des conseillers, le premier était Louis Thézard, dont nous avons parlé ; le sixième, le comte de Tancarville, grand chambellan héréditaire de Normandie.

Une trêve avec l'Angleterre [6] remet enfin les choses An 1375 dans leur état naturel. Tandis que les champs ont une culture améliorée, tout l'intérieur des villes reprend une marche régulière. L'archevêque de Rhoëm, se sentant affaibli, avait voulu aller mourir à Rome, et s'était plu à désigner un successeur de son vivant ; mais le chapitre métropolitain avait protesté [7].

Continuant l'esprit chevaleresque, Charles V, apprenant la mort du Prince Noir, l'ennemi généreux de son père, ordonne un service solennel à Paris [8], et cependant Charles-le-Mauvais, l'abominable roi de Navarre, tâche de le faire périr, lui, par le poison [9].

Une de ces pensées auxquelles la Normandie a tou- An 1376

---

(1) Anquetil, t. 3, p. 316.
(2) Masseville, t. 3, p. 358.
(3) Comm. des ant. de la Seine-Infér., séance du 20 mars 1827.
(4) Hénault, t. 1, p. 224. — Anquetil, t. 3, p. 320.
(5) Ms. de la biblioth. de de Thou.
(6) Anquetil, t. 3, p. 318.
(7) Gilbert, p. 157. — Pommeraye, p. 529, 530, 531. — Servin, p. 16.
(8) Masseville, t. 3, p. 358. — Anquetil, t. 3, p. 324.
(9) Masseville, t. 3, p. 360. — Anquetil, t. 3, p. 321.

jours applaudi, et que le roi concevait en la parcourant, c'était d'équiper une véritable flotte [1]. Non-seulement on pense au matériel, mais on exhorte les riverains de l'Océan à devenir des marins ; Charles V venait encore à Rhoëm pour cela [2], et ses prévisions étaient tellement bien calculées, qu'au moment du décès de ce brave et loyal Prince Noir, regretté même des Normands [3], qu'au moment du décès d'Édouard III, de ce roi qui avait apporté tant de désastres dans la France, la guerre se reportait en Angleterre. Richard II, qui à l'âge de douze ans, était chargé de rênes si difficiles à tenir, malgré la misérable coopération du roi de Navarre, ne pouvait empêcher l'amiral français, Jean de Vienne, de faire une descente, et de rendre de terribles représailles [4]. On continuait

An 1378 de punir ce roi de Navarre, en confisquant celles de ses terres qui lui avaient été rendues ; on démantelait son château d'Acquigny [5] ; on riait de la promesse qu'il faisait aux Anglais de rester *bon* et *loyal* Anglais [6] ; il n'y avait plus enfin que Cherbourg qui tînt pour lui [7].

Lorsqu'une revue se passait, à cette époque c'était presque un conseil de guerre. A Pont-Audemer, Jean le Trefflier, capitaine de Rhoëm [8], le sire de Bérengeville, Pierre d'Yvetot, Robert d'Esneval, Guy d'Houdetot [9], prennent part à cette résolution, par laquelle on décide qu'il faut prendre Cherbourg. Du Guesclin promet presque de livrer cette place dans un temps

(1) L. Dubois, p. 270. (2) Id.
(3) Hénault, t. 1, p. 277. (4) Masseville, t. 3, p. 359.
(5) Essai sur le comté d'Évreux.
(6) Froissard. — Masseville, t. 3, p. 360.
(7) Id., p. 361, 362. (8) Gabriel Dumoulin, p. 487.
(9) Masseville, t. 3, p. 402.

donné¹. Quel sera l'étonnement, quand on saura, qu'après de véritables actes d'énergie du connétable, du sénéchal d'Eu, de Robert d'Esneval, le seigneur de Valmont est prisonnier encore une fois ², et quelle somme énorme il faut pour le délivrer ! An 1379

On dirait qu'à partir de ce moment, Charles V se fiera un peu moins en la prudence du connétable, et que celui-ci a trouvé qu'on l'a laissé quelques jours de trop au pouvoir des Anglais; toujours est-il qu'une certaine froideur exista entre Du Guesclin et son roi; c'est la seule tache de leur vie. On assure que le comte de Longueville a renvoyé au roi son épée de connétable ³; mais quand le roi a positivement déclaré qu'il lui faut la Bretagne ⁴, quand Bertrand Du Guesclin, avec Olivier son frère, qui lui succède dans le comté de Longueville, vient offrir de nouveau son zèle ⁵, le roi replace toute sa confiance dans les deux frères.

Ce singulier étendard, porté par le Cauchois Mallet, qui a la forme d'un gonfanon, autour d'un bâton aiguisé au bout, et nommé l'oriflamme ⁶, est déployé. La Bretagne est réunie à la France. Il fallait compléter le royaume par le Languedoc ⁷; mais que n'a-t-on retardé cette revendication ! c'est dans cette guerre que Bertrand devait périr, et sa mort devait hâter celle de Charles-le-Sage. Ce bon roi, qui, vainqueur partout excepté devant Cherbourg ⁸, n'allait plus songer qu'aux choses pacifiques; ce roi qui se plaisait à convoquer régulièrement les états généraux ⁹, An 1380

(1) Froissard. — Soc. des ant. de Norm., 1824, p. 205.
(2) Masseville, t. 3, p. 365.   (3) Biogr. univ.
(4) Anquetil, t. 3, p. 347.   (5) Id., p. 355.
(6) Le P. Anselme, t. 8, p. 212.   (7) Froissard. — Juvénal des Ursins.
— Monstrelet.   (8) Cron. de 1581, folio 165 verso.
(9) Soc. de l'Hist. de Fr., 1840, p. 111.

qui a confirmé, par lettres datées de Vincennes, la charte aux Normands [1], qui a fondé une cour des comptes [2], qui a étudié les statuts des corporations [3], qui a envoyé des cloches à la ville d'Aumale [4], qui, au lieu de la Bibliothèque du roi Jean, composée de quarante manuscrits, en avait, à grands frais acheté neuf cents [5]; qui lisait les traductions sérieuses d'Oresme, son ancien précepteur [6]; qui lisait même le *Songe du Vergier*, de Charles de Louviers et les poésies de Villon [7]; qui encourageait le commerce [8], spécialement le commerce de draps de Rhoëm, et admirait le *Notre-Dame-de-Bon-Voyage*, vaisseau de cent cinquante tonneaux, partant en septembre pour la Côte-d'Or [9]; ce bon roi apprend que Du Guesclin est mort, le 13 juillet, à soixante-six ans, devant Château-Neuf [10]. A partir de ce moment, il dépérit de jour en jour; il n'accepte plus ces distractions que nous venons de noter; il n'éprouve pas de consolation même, dans l'acte qu'il projette, de faire inhumer Du Guesclin à Saint-Denis, près des rois de France [11]; il décède deux mois après, le 16 septembre [12]; et s'il a eu assez de constance pour

(1) V. le Recueil de 1789.
(2) Oursel, p. 153. — Servin, t. 2, p. 43. — Masseville, t. 4, notes.
(3) Collection du Louvre. (4) Noël, t. 1, p. 45.
(5) Hénault, t. 1, p. 229. — Anquetil, t. 3, p. 365.
(6) Anquetil, t. 3, p. 364.
(7) Dict. hist. v° Charles. — Hénault, t. 1, p. 223.
(8) L. Thiessé, p. 260. — M. Laquerrière, t. 2, p. 80.
(9) Bellefonds. — Estancelin, Recherches, p. 12.
(10) Anquetil, t. 3, p. 356. — Hénault, t. 1, p. 278. — Chron. du reliq. de Saint-Denis, en latin, de 1380 à 1422, publiée pour la première fois en 1842. — Bulletin de la Soc. de l'Hist. de Fr., 1842, p. 340. — Daniel, p. 721 et suiv. — Fréminville. — Biogr. univ.
(11) Anquetil, t. 1, p. 357. — Biogr. univ. — Deserres, t. 1, p. 141.
(12) Hénault, t. 1, p. 221, rapporte la prédiction de cette mort, faite par Th. Pisan, suivant la coutume du temps.

amasser de grands trésors [1], assez de ferveur dans sa reconnaissance pour léguer son cœur à sa chère ville de Rhoëm [2], assez d'énergie pour délivrer la France, il n'a pas assez de force vitale pour survivre à son Du Guesclin.

Ce règne est une leçon pour tout ce qui peut réfléchir, gouvernants et gouvernés. On comprend que, quand le roi a de grandes qualités, guerrières et politiques, avec de la bonne foi comme Charles V, la constitution du pays, telle qu'elle était alors, n'empêche pas ses succès; mais aussi, que quand il a de la faiblesse, des préjugés ou de l'entêtement, comme le roi Jean, il peut ruiner le pays en quelques mois. Le règne suivant va fournir un exemple qui confirme cette pensée.

Dès le mois d'octobre, la population éprouve des sujets de mécontentement. On veut établir certaines taxes spéciales à quelques villes, comme Paris, Rhoëm et Amiens. Le long des rives de la Seine, on crie, on demande l'exécution de la charte aux Normands, qu'on n'avait pas même besoin de citer sous Charles V: il faut bien la confirmer; les oncles du jeune roi renoncent, mais par calcul encore, à une mauvaise intention [3]. Qui ne sait pendant combien d'années la France a été la proie de ces tuteurs de Charles VI [4]! Si la nomination de Clisson au poste de connétable [5]

---

(1) Anquetil, t. 3.
(2) Servin, t. 1, p. 328. — Gilbert, p. 114. — Masseville, t. 3, p. 368. — Je ne vois pas cette diposition dans son test. auth.
(3) Hist. de Charles VI, par Lelaboureur, 2 vol. in-fol., 1665. — Rec. de pièces impr. en 1789. — Daniel, p. 729.
(4) Juvénal des Ursins. — Rob. Gaguin, liv. 9, fol. lxi, verso. — H. Duval, Hist. de Charles VI. — Anquetil, t. 3, p. 366. — Daniel, p. 732.
(5) Anquetil, t. 3, p. 456.

a eu l'approbation de tous, aussitôt l'accord pour la régence du duc d'Anjou, et un plan bizarre de gouvernement, en créant des impôts nouveaux, a fait naître des résistances auxquelles on ne songeait pas sous le règne précédent. Quand on eut appris la manière hardie dont le trésor royal avait été volé par le frère même de Charles V [1], on regarda comme un devoir de n'avoir pas la faiblesse de le remplir; et si, à Paris, les troubles commençaient par les clameurs d'un *vendeur d'habits* [2], dans les provinces il y avait une espèce d'accord entre toutes les classes; mais on allait trop loin : on voulait, comme dans tous les temps où la multitude délibère, la liberté absolue, l'abolition de tous les impôts; c'était avec bien de la peine que quelques rares députés, envoyés à un emblème d'états généraux, se rabattaient à la seule abolition des impôts créés depuis Philippe-le-Bel [3].

An 1381   Aussi, à Rhoëm, une folie analogue aux folies de Paris, indiquait le peu de solidité de la constitution du pays. Le peuple proclame roi, sur la place du marché, la personne d'un bourgeois qui n'y songeait guère, d'un marchand de drap, nommé Simon ou Jean, et surnommé Legras [4]. L'ivresse, les injures, les criailleries, les vexations, étaient les compagnes de ces désordres. Les religieux de Saint-Ouen étaient maltraités et leur abbaye pillée [5]. Les Juifs, les fermiers du fisc, les receveurs étaient même massacrés [6].

(1) Anquetil, t. 3, p. 368. (2) Id., p. 372. (3) Id., p. 375. — Soc. de l'Hist. de Fr., 1840, p. 111. — Daniel, 1723, p. 749.

(4) R. Gaguin, l. 9, fol. lxiv, verso. — Le religieux de Saint-Denis. — M. Chéruel, p. 13. — Pièces justificatives, p. 4. — L. Thiessé, p. 260. — Mademoiselle de Lussan, p. 150. — Masseville, t. 4. — Daniel, p. 750.

(5) Daniel. loc. cit.

(6) Châteaubriand, Études hist., t. 4, p. 190. — Hist. de Charles VI.

On supprimait le maire, ou pour mieux dire, ce n'est que le nom que l'on changeait, car on prenait un autre chef pour la ville, mais on aimait mieux le nom de bailli [1]. Ce n'est pas tout : cette révolte que l'on nomme la *Harelle de Rhoëm* [2], avait son cérémonial : deux cents compagnons de métier qui avaient proclamé le nouveau roi, lui dressaient un trône. Aux pieds de ce trône, comme de raison, ils mettaient en lambeaux tous les titres, et ils voulaient l'élever encore davantage en le logeant sur les débris du vieux palais, parce que c'était une prison [3], et qu'il n'en fallait plus. Le vieux Charles de Montmorency, l'un des parrains du Dauphin, de son lit de mort, voyait cet excès [4].

Le duc d'Anjou enfin, qui à de la mauvaise foi joignait de la résolution, et qui d'ailleurs avait les trésors, trouvait le moyen d'arrêter les désordres de Paris et ceux des provinces, au moyen de troupes bien soldées; il occupait les hommes de guerre les plus difficiles, sous le connétable, en Bretagne; et tout en évitant les Anglais, il pacifiait ce pays [5], mais en le privant de plusieurs de ses franchises municipales [6]. Il occupait d'autres chefs d'un projet de guerre vers Naples. Il excitait un schisme; il se liait avec celui des papes qui avait le plus de force. Il laissait les querelles de l'université de Paris et du prévôt, comme un jeu à la curiosité publique; il tâchait d'entretenir les troubles en Angleterre, pour la distraire de ses vues, en des circonstances ana-

---

(1) M. Chéruel, t. 1, p. 10.
(2) M. Floquet, Hist. du parlement, t. 1, p. 208. — Masseville, t. 4 p. 3. (3) Hist. de Charles VI. — Daniel, loc. cit.
(4) Désormeaux, Hist. de la maison de Montmorency.
(5) V. le traité dans Daniel, p. 742.
(6) Acad. de Rouen, 1844, p. 106.

logues[1]. Il était victorieux des révoltes de la Flandre, ayant bien soin d'y employer le comte d'Eu, le comte d'Harcourt, le comte de Longueville et Mauny[2].

An 1382 Quant à Rhoëm, après l'avoir laissé jouir quelque peu de son ivresse, après avoir commis son archevêque pour traiter d'une suspension d'armes avec les Anglais[3], il lui envoyait Jean de Vienne, homme résolu, vieux marin[4], qui connaissait parfaitement la localité et les plus riches habitants de la ville, avec Jean Patourel et Jean de Noviant. Ils se rendaient à cette tour même du vieux palais qui avait été menacée. Là, les plus notables de la ville étaient mandés; on leur déclarait que le roi allait venir[5], et qu'ils eussent à craindre, s'il y avait en sa présence le moindre mouvement, et les citoyens gardaient eux-mêmes leur ville.

Le roi vient, ou pour mieux dire, ses oncles l'amènent. Ils sont escortés d'une foule de gentilshommes. Si quelques révoltés veulent fermer l'entrée ou la porte de Martainville, les oncles du roi font raser cette porte[6]. Une cloche avait aidé à rassembler la population, on la fait descendre[7]. Les maisons sont pendant trois jours fouillées, pour en extraire les armes; on enlève plus de trois cents hommes que l'on répand dans divers cachots; on ne leur fait espérer la liberté qu'au moyen de ce qu'ils se feront cautionner par mille personnes riches. La mairie qui

---

(1) Daniel, p. 750, 751. — Anquetil, t. 3, p. 378.
(2) Masseville, t. 4. (3) Pommeraye, p. 532.
(4) Masseville, t. 4. (5) V. M. Chéruel qui donne l'Hist. de la commune de Rouen, depuis 1250 jusqu'à 1382.
(6) M. Richard, Revue 1843, cite un acte du 29 octobre 1394, qui mentionne cette porte.
(7) Hist. de Charles VI. — M. Chéruel, p. 12.

avait été trop faible est supprimée[1] ; enfin, les fourches de Bihorel[2] ont montré pendant longtemps les corps de plusieurs suppliciés. Pour empêcher le retour des désordres, on crée un maréchal de Normandie, en la personne du sire Jean de La Ferté-Fresnel; un lieutenant du maréchal, en la personne du sire de Roüville; un capitaine général, en celle du comte d'Harcourt, avec un lieutenant, le sire de Blainville[3]. Après le départ du roi, Jean de Vienne se livrait à un combat qu'il préférait de beaucoup; il tombait sur les vaisseaux anglais qui, attentifs à nos troubles, venaient déjà sur les côtes de Normandie, et parmi ses prisonniers, on comptait le chef de la maison des Spencers[4], déjà célèbre. Peut-être est-ce à Jean de Vienne qu'est due la pensée que l'on fit si bien d'exécuter : nous voulons parler de celle qui consistait à mettre sous le séquestre les biens du vieux roi de Navarre, de ce Charles II, de ce comte d'Évreux, dont on a parlé trop de fois depuis vingt années, qui s'était fait Anglais, et qui devait bientôt mourir en Angleterre d'une manière extraordinaire[5]. Il faut aussi le féliciter, s'il a joint à cette pensée sévère, celle de confier le séquestre à son fils, sauf à supprimer ensuite une royauté que la couronne de France avait eu tort de permettre.

Cette victoire n'est pas le bon ordre; c'est le succès du vice et du despotisme sur une résistance dont le

An 1385

---

(1) M. Chéruel, p. 138. (2) Flambeau astronomique, 1740, p. 242.
(3) Hist. de Charles VI, par mademoiselle de Lussan, p. 162 et 269.— Juvénal des Ursins. — Servin, p. 332.
(4) Hist. de Charles VI. — Masseville, t. 4, p. 5.
(5) Dict. hist. v° Charles XXV.—Procès ms. du roi de Navarre cité par Daniel, p. 697. — Variantes sur son décès, Daniel, p. 783. — Anquetil, t. 3, p. 435.

principe était fondé, et dont les conséquences avaient été folles. Quand on va voir ensuite, en la même année où Paris est témoin du supplice des Desmarets [1], des lettres de pardon accordées à la ville de Rhoëm [2], mais aussi une résolution de ne plus convoquer les états généraux, résolution qui sera exécutée pendant tant d'années [3], on pensera que le germe des troubles existe. L'échiquier a beau, à cause des bonnes qualités de ses membres, rendre de sages décisions, défendre aux juges de tenir taverne (ce qui prouve les usages d'alors); il a beau défendre d'emprisonner, si l'on n'est pris *à présent meffaict* [4], et régler sagement le droit de scel de chacun des officiers *de la duché* [5], tout cela ne tient pas lieu des assemblées générales, où des délégués bien choisis venaient, sous Charles V, exprimer les besoins de toutes les localités, et soutenir le droit de toutes les provinces du royaume.

On flatte, il est vrai, la ville de Rhoëm, en convoquant un concile dans ses murs [6]; mais en même temps, on rétablit tous les impôts, et même on les aggrave, sans entendre les délégués de la nation; la révolte encore une fois est assoupie et non éteinte.

An 1584. Une année entière se passe dans ce silence; la mort seule du duc d'Anjou [7] laisse échapper une lueur historique.

An 1585. En 1385, le mariage du roi avec Isabeau de Bavière [8], que l'on croyait devoir être sage; ce mariage

---

(1) Anquetil, t. 3, p. 401 et suiv. (2) Servin, t. 1, p. 332.
(3) Hist. de Charles VI, par mademoiselle de Lussan.
(4) M. Floquet, t. 1, p. 114, 117.
(5) Coustumier, in-fol. add. p. ou f° xxvi. (6) Anquetil, t. 3, p. 413.
(7) Id., p. 419. (8) Daniel, 1713, p. 719. — Anquetil, t. 3, p. 421. — Dict. hist. v° Isabeau.

célébré quand le roi avait seize ans, donnait quelques distractions. On suivait volontiers des yeux ce prince, auquel on n'en voulait pas personnellement, quand, pour aller à Amiens chercher sa belle fiancée, il séjournait à Eu, chez le vieux Jean d'Artois [1]. Les Cauchoises étaient flattées de voir la reine adopter la forme de leurs bonnets bizarres, mais vraiment élégants [2]; comme aussi leurs maris étaient flattés de voir le Cauchois d'Houdetot, bailli de la capitale de Normandie [3]; mais tout cela n'empêchait pas un désordre véritable, et bientôt les vices d'Isabeau seront d'autres sources de maux [4].

La gloire aurait pu distraire; mais Jean de Vienne même trouvait quelques obstacles, quand il venait organiser contre l'Angleterre une navie ou flotte de quinze cents vaisseaux [5]. Il avait beau faire décider que des Anglais pris seraient réclamés comme varech [6], il fallait le droit de requérir les mariniers sous peine de la hart, pour en avoir un nombre suffisant [7]. Le sire d'Esneval et quelques autres se sont bien distingués dans cette expédition, mais elle a eu peu de résultats [8]. Puis, quand on voyait que les sévérités, suite de la harelle de 1381, n'étaient pas encore épuisées; que les prétendus auteurs étaient cités devant l'échiquier [9], on crut qu'il ne s'agissait encore que de cautions nouvelles, que de frais nouveaux, que d'amendes nouvelles; quand, en octobre, la reine accoucha

An 1386

---

(1) Hist. d'Eu, par M. Lebœuf. (2) Lausté et Gastinne, cost. des femmes de Caux, 1 vol. in-8. — A. Hugo, Fr. Pitt., t. 3.
(3) Béziers, p. 65. (4) Daniel, loc. cit.
(5) Hist. de Charles VI. — Châteaubriand, t. 4, p. 192. — Villaret. — Anquetil, t. 3, p. 427. — Lesguillez, p. 52.
(6) M. Floquet, t. 1, p. 214. (7) Id., p. 217.
(8) Masseville, t. 4, p. 9. (9) M. Floquet, Parlement, t. 1, p. 209.

d'un fils, on eut beau le faire baptiser en la maison royale de Beauté, par l'archevêque de Rhoëm, les habitants du Roumois, du Vexin et du pays de Caux, furent insensibles à la naissance, comme ils le furent à la mort qui arriva au bout de quelques jours[1].

An 1587   On comptait à la majorité du roi, duquel on espérait mieux que de ses tristes tuteurs, retrouver un peu de repos véritable; on entendait encore un ecclésiastique faire des sermons insupportables sur la conception de la vierge Marie, et cela occasionnait quelque tumulte, mais cela n'allait pas plus loin[2]. On lisait bien une chronique de Du Guesclin, qui se publiait[3], mais cela ne laissait que des regrets, et du bon connétable, et du roi.

An 1588   Cette majorité de Charles VI, tant attendue[4], la présence de Guillaume de Vienne, parent de Jean de Vienne, sur le siége archiépiscopal de Rhoëm[5], quelques combats maritimes livrés par celui-ci, à l'aide du maréchal de Blainville, du sire de Rouville, de Henri de Mauny, du comte d'Eu[6], des secours portés aux Génois[7], les noms des ministres qui étaient désignés pour gouverner avec le connétable, laissaient espérer qu'on retrouverait la dignité nationale. Tout cela se borna à quelques règlements émanés du trône, sur le parlement de Paris, sur la police de Paris, sur le beffroi des villes, et spécialement sur *le gros horloge*[8]; sur l'éloignement des lépreux de chaque ville

An 1589 du royaume. A quelques fêtes désordonnées, lors du

---

(1) Hist. de Charles VI, par mademoiselle de Lussan.
(2) Chron. incl. Delamarc. (3) Masseville, t. 4.
(4) Anquetil, 3, p. 445. (5) Pommeraye, p. 533, 535. — Chron. des archev. — Servin, p. 16. — Gilbert.
(6) Masseville, t. 4, p. 16. (7) Masseville, p. 18, 19.
(8) Laquerrière, Revue. — Servin, t. 2, p. 93. — Farin, t. 1, p. 286.

couronnement de la reine, qui eut lieu encore par les mains de Guillaume de Vienne [1], on racontait bien que le roi, dans une de ces féries était monté en croupe derrière un de ses sujets [2]; cela faisait rire quelques plaisants, mais la partie sérieuse de la nation attendait toujours d'autres preuves de bienveillance et de sagesse que cela. Une autre cérémonie, un service solennel en l'honneur et en mémoire de Du Guesclin [3], ne faisait que rappeler dans le pays de Caux de justes regrets. La trêve même avec l'Angleterre n'occasionnait pas la joie ordinaire, parce qu'on savait qu'elle n'était due qu'à la pensée qu'avait le roi d'essayer encore d'une croisade [4].

Voyez si, à la moindre occasion, le tumulte ne surgit pas : au mois de janvier, quand Guillaume de Tancarville, premier chambellan du roi, connétable, chambellan héréditaire de Normandie, épouse la baronne d'Étrepagny [5], on fait une espèce d'émeute; on veut décrocher la cloche Rembol [6], on ne veut pas du beffroi; l'échiquier a beau prendre une importance réelle, et recevoir deux cent quatorze avocats à serment [7]; il a beau se subdiviser en un échiquier des comptes [8], une ordonnance royale a beau charger encore l'échiquier de faire un style de procédure [9], on prend l'occasion de demander une correction de la Coutume [10], et les droits du temps de Charles V. Les avocats qui plaidaient devant l'échiquier, demandaient aussi, mais dans leurs relations paisibles

An 1590

---

(1) Anquetil, t. 3, p. 453. (2) Id., p. 454.
(3) Id., p. 456. (4) Id., p. 466. (5) P. de Fenin (1418).
(6) Farin, t. 1, p. 286.
(7) M. Floquet, Parlement, t. 1, p. 59. (8) Id., p. 237.
(9) Id., p. 112. (10) Soc. des ant. de Norm., 1836, p. 508.

avec les magistrats, la correction de ce droit coutumier, qui laissait tant d'incertitudes dans la pratique.

An 1591 Charles VI comprit enfin que cela pouvait d'une part satisfaire des esprits éclairés, être présenté comme une preuve de sollicitude, et d'autre part avoir des résultats politiques assez heureux; il signe des lettres adressées à l'échiquier de Normandie, pour réformer et diriger la Coutume[1]. On convoque des avocats *solennels* pour éclairer de leur expérience. On avait demandé la faculté d'élire les échevins : une charte du 6 avril accorde ce droit[2]. On apprend qu'un noble a battu un paysan; mais on apprend en même temps que ce noble sera pendu[3]. Enfin on laisse entrevoir que les états pourront redevenir périodiques.

A partir de là, le calme renaît. Lors des obsèques du respectable Jean de Mauquenchy, sire de Blainville[4], ayant le titre de maréchal, dont nous avons cité plusieurs faits d'armes, la foule est silencieuse et pleine de respect. On apprend avec joie qu'une mission importante est donnée à Simon Duboc, abbé de Jumiéges[5], envoyé vers les antipapes Grégoire XII et Benoît XIII; ce Rouennais, déjà connu par son savoir, son éloquence et le mérite d'avoir enrichi de manuscrits rares la bibliothèque de son abbaye[6], gagnera une mitre pour les abbés de Jumiéges, ses successeurs. On remarque avec satisfaction que la couronne, qui désirait jouir du comté de Longueville, jadis offert à Bertrand Du Guesclin, le rachète, à beaux deniers

---

(1) Coustumier de Norm., in-12.
(2) M. Chéruel, p. 145. — Farin, t. 1, p. 257.
(3) M. Floquet, t. 1, p. 174. (4) Hénault.
(5) Soc. des ant. de Norm., 1826, p. lxxxviij. — M. Deshayes, p. 87.
(6) Id., p. 88, 89.

comptants, d'Olivier Du Guesclin, son frère, qui consent à le vendre [1]. L'espoir renaît; on compte sur l'énergie et l'évidente bonne foi de Charles VI.

Les magistrats répondent constamment à ses vues. An 1392 Un homme puissant, gendre du seigneur de Quevilly, commet un parricide; il est puni comme le plus obscur des bourgeois [2]. On est satisfait que le seigneur d'Yvetot, qui voulait conserver son titre inutile de *roi*, mais à qui on voulait l'enlever, le conserve par arrêt de l'échiquier [3]. Lorsque la peste fait quelques ravages dans le pays de Caux, cela n'est pas une cause de tumulte [4]; il semble même qu'une très-grande bienveillance anime désormais le roi Charles VI pour la Normandie; que, quand il donne à An 1395 la cathédrale de Rhoëm une somme pour son aigle ou lutrin [5], quand il encourage le Cauchois Robinet de Braquemont à reconnaître une partie des côtes d'Afrique [6], il veuille prendre pour les Normands l'affection qu'avait son père; aussi, lors de la rentrée de l'archevêque, au mois de septembre, c'étaient des fêtes dont le détail devient précieux [7]. Lorsqu'on apprenait le choix de Bertrand de Matignon, pour commander l'armée navale [8], on y applaudissait. Les seigneurs cauchois, spécialement Henri d'Espinay, fils de Robert [9], étaient de nouveau tout disposés à se distinguer dans la guerre de Bretagne; d'Estouteville comptait y rester si longtemps qu'il créait des

---

(1) Moréri, v° Longueville. — Toussaint-Duplessis.
(2) M. Floquet, t. 1, p. 175.
(3) Architecture de la voûte du palais de Rouen, Note communiquée par M. Barabé. — Peyronnet, Hist. des Francs.
(4) Deshayes, p. 89.   (5) Gilbert, p. 21.
(6) Estancelin, p. 17.   (7) Mém. de l'acad. de Rouen, 1838, p. 244.
(8) Inscript. de Thorigny.   (9) Lainé, p. 12.

mandataires¹ pour gérer ses grands biens. Aussi, quelle fut l'émotion des Cauchois, comme des habitants du Vexin, quand on leur raconta la triste cause de la folie du roi, née de l'apparition d'un homme qui lui parut un fantôme, dans l'antique forêt du Mans²! Beaucoup de personnes durent croire la raison de Charles tout à fait perdue; l'on se voyait retomber sous les malheurs de la fatale régence des oncles. Pour croire que Guillaume Martel, chevalier de Normandie, qui était si aimé du roi, et auquel on devait une partie de ses bonnes dispositions pour le pays, avait été forcé de l'arrêter lui-même, de sa main, et de l'enchaîner³, il fallait penser en même temps que le roi était devenu furieux, et que sa maladie était incurable; pouvait-on espérer qu'un pèlerinage au mont Saint-Michel⁴ le guérirait? la disgrâce de Clisson, l'office de connétable donné au comte d'Eu⁵, ne faisaient pas changer ces pensées. L'aventure des sauvages masqués, conduits par le roi dans un bal⁶, racontée de tant de manières, ne faisait que troubler les esprits.

An 1594 Les excès de la cour de Charles VI pouvaient-ils manquer d'amener de nouveaux désordres? le schisme qui régnait encore dans l'Église⁷, excitait-il à l'obéissance? l'ordonnance de bannissement des Juifs, non exécutée, avait-elle quelque chose de régulier⁸? des cérémonies en l'honneur de saint Romain, en souve-

---

(1) V. Archives du roy. ce mandat sur parchemin.
(2) Anquetil, t. 3, p. 474; t. 4, p. 1. — Hénault.
(3) Masseville, t. 4, p. 20. — Froissard.
(4) Masseville, t. 3, p. 21.
(5) Anquetil, t. 4, p. 9.   (6) Id., p. 11.
(7) Dict. hist. v° Wiclef. — Anquetil, t. 4, p. 14.   (8) Id., p. 23.

nance du prétendu miracle de la Gargouille[1], pouvaient-elles distraire suffisamment?

Il est vrai que l'Angleterre, qui avait aussi ses inquiétudes, laissait Charles VI assez tranquille; qu'au moyen du mariage de Richard avec la fille de l'infortuné roi de France[2], celui-ci recouvrait une lueur de raison, et le pays quelque calme; que Guillaume de Melun, comte de Tancarville, grand sénéchal, prenait possession de Cherbourg[3]; qu'on reprenait de suite, en Normandie, l'espoir d'un droit mieux réglé et d'un commerce moins interrompu. Aussi, les habitudes de paix revenaient immédiatement, c'est-à-dire que le commerce et les lettres mélangeaient leurs produits. De cette époque date l'établissement de salines nouvelles, sur la rive droite de la basse Seine[4], comme la publication des Œuvres de P. d'Ailly, l'ami de Gerson, et l'apparition d'autres théologiens distingués. La plume de Froissard allait se reposer : Monstrelet apprêtait la sienne[5]; les beaux-arts, comme de raison, tout en sacrifiant d'abord à la mode, finissaient par lui donner une impulsion originale. De cette époque datent les dressoirs, les vaisseliers, les armoires ou coffres élevés, pour mettre les *armes*[6], l'importation des belles couleurs flamandes, les éclatantes peintures sur verre, la mode des cartes, employées comme distraction lors de la maladie du roi[7]. Si le besoin de combattre attirait le comte d'Eu

An 1395

An 1396

---

(1) M. Floquet, sur le privilége de Saint-Romain, t. 1, p. 11.
(2) Masseville, t. 4, p. 21. — Anquetil, t. 4, p. 24.
(3) Masseville, p. 21. — Hist. du Cotentin.
(4) Soc. d'Émul. de Rouen, 15 décembre 1812. — Journal la Législature du 1er janvier 1843. (5) Buchon, sur Monstrelet, 1826, in-8.
(6) M. Pluquet, sur Bayeux, p. 267.
(7) On dit que les cartes ont été inventées par Gringonnar, exprès pour

et sa suite vers la Judée, les autres seigneurs voulaient enfin jouir du repos.

An 1397 L'échiquier, tout en recherchant les bases d'un Coutumier nouveau, rendait une justice sévère, et dont le bailli de Caen lui-même éprouvait toute la portée[1] ; il faisait faire des amendes honorables[2], ce qui est un hommage rendu à l'opinion publique.

An 1598 Les environs de Paris étaient-ils atteints d'une sorte de contagion, qui faisaient fuir les habitants mêmes jusqu'aux portes de Rhoëm[3], cette ville, qui plusieurs fois avait été victime d'un semblable fléau, en était assez exempte pour que le roi s'y fît transporter en août, et déclarât devant sa cour, qui l'avait suivi,

An 1599 que c'était à Rhoëm qu'il recouvrait toute sa santé[4] ; qu'il ne retournerait à Paris qu'après la contagion[5]. Rhoëm profitait, et de la présence de la cour, et du malheur même de la capitale, pour procurer, par le commerce, les choses de nécessité comme les choses de luxe. Le négoce rothomagien et le négoce cauchois n'étaient pas troublés par la jalousie an-

An 1400 glaise qui, à son tour, avait à s'occuper de troubles intérieurs, et de la triste position du fils du Prince Noir[6]. La noblesse normande, qui n'avait plus qu'à entretenir ses armes et embellir ses châteaux, tenait un état prospère et brillant ; Jehan d'Estouteville devenait acquéreur de l'immense fief de Ba-

---

Charles VI. — Rive et Jacob croient que l'invention est antérieure. — V. l'abbé de Longuerue. — Le Dict. hist. v° Gringonnar. — Legendre en attribue l'invention aux Lydiens. — V. Trévoux, v° Cartes. — V. l'Art de tirer les cartes, impr. en 1823 et les nombreux aut. qu'il cite.

(1) Soc. des ant. de Norm., 1834, p. 459.
(2) M. Floquet, t. 1, p. 172.
(3) Id., p. 219.
(4) Pasquier. (5) Hist. de Charles VI, par mademoiselle de Lussan, p. 353. (6) Anquetil, t. 4, p. 40.

peaume[1]. On peut s'imaginer combien le pays de Caux était flatté, quand une demoiselle de la maison d'Esneval épousait Gauvin de Dreux, descendant directement du roi Louis VI[2]; quelles joyeuses danses se faisaient sous le chêne d'Allouville, qui avait alors cinq cents ans[3]! L'échiquier gourmandait bien un peu les vicomtes de leur négligence et de leur défaut d'assiduité; mais les fêtes et les nuits de joie en étaient les causes, et légitimaient les amendes curieuses qu'on infligeait[4].

Voyez si l'état de paix n'inspire pas à toutes les époques les mêmes besoins, les mêmes habitudes : tandis que le commerce faisait, par ordonnance, corriger les *pilleries*, sur mer, pilleries qui étaient le résultat de la position hostile de toutes les puissances depuis tant d'années[5], les savants pensaient à faire faire quelques progrès à la langue française, qui participait et du celte, et du grec, et du latin, et du norvégien ou normand, et du saxon, et de l'ibérien. On s'accoutumait à ce qu'une manière de ponctuer, d'accentuer, amenât une prononciation telle que la langue nationale pût devenir un modèle à son tour[6]. La forme de l'écriture se fixait à ce point[7], que ces caractères nets, fins, corrects, que nous appelons aujourd'hui du *gothique*, copiés sur *A. Kempis*, sont restés en usage pendant deux siècles; enfin, ces

---

(1) Recueil impr. chez Daoût.
(2) Moréri. — Ducange. — Sainte Marthe. — Jean Pillet, Traité des vidames. — Hist. de la maison d'Esneval, à la Bibl. de Rouen.
(3) Notice sur le chêne d'Allouville, par Marquis, 1822.
(4) M. Floquet, Parlement, t. 1, p. 169.
(5) M. Estancelin, Recherches, p. 74.
(6) Soc. des ant. de Normandie, 1837, p. 8, 9, 71.
(7) V. diverses chartes à Rouen, extraites de l'abbaye de Jumiéges et les archives de l'échiquier.

chiffres arabes qui apportent une telle économie dans l'écriture, et une si grande facilité dans le calcul, sont devenus à la mode à cette époque, et n'ont jamais été remplacés par un signe plus simple ni plus clair [1]. C'est dans cette langue fixée, qu'Alain Chartier, de Bayeux, ou sous son nom Berry, premier héraut du roi [2], écrivait les délicieuses pages [3] qui se lisent encore aujourd'hui avec plaisir par les érudits.

An 1401

Le commerce de draps, et dès lors aussi l'emploi des laines cauchoises, avait une telle importance, qu'il fallait des statuts sur la communauté des drapiers forains [4]. Le commerce maritime prenait un tel accroissement, que Jean de Bethencourt, baron de Saint-Martin, seigneur de Granville en Caux, ayant armé plusieurs bâtiments, étant parti de Grainville-la-Teinturière, et ayant occupé les Canaries, au nombre desquelles est l'île de Fer, devenait *roi* de ces îles, sauf hommage au roi de Castille [5], et jouissait du titre jusqu'à sa mort, arrivée vingt-trois ans après l'établissement. Charles VI qui se faisait si facilement surnommer le *Bien-Aimé* [6], dans la crainte que sa maladie ne revînt, créait une régence composée de la reine, des princes du sang, du connétable, du chancelier et des ministres alors en exercice [7]; on trouvait cet acte d'une véritable prévoyance et d'une réelle philosophie.

An 1402

---

(1) Mabillon, De re diplom. sœc. XIV, XV.
(2) Masseville, t. 4, p. 430.   (3) M. Pluquet, p. 414.
(4) Savary, Dict. comm. p. 103.
(5) L'Abrégé chron. de Delamarc place le fait en 1405; — Masseville, t. 4, p. 22, place le fait en 1401; — l'Acad. celt., t. 4, p. 219, en mai 1402, ainsi que le Dict. hist. v° Bethencourt. — Duplessis, t. 1, p. 191. — Bontier et Leverrier, in-8, Paris, 1630.
(6) Anquetil, t. 4, p. 50.   (7) Id., p. 51.

La philosophie encore venait au secours de la lé- An 1403
gislation : on blâmait certains baillis, comme celui
de Louviers, qui abusait de la question ¹.

Que ne restait-on, pour le calme, le bonheur et An 1404
l'instruction des peuples, dans cette position! On se
serait bien passé même de ces expéditions qui, sous
les ordres de Savoisy, rapportaient un assez riche
butin ². Mais nous allons prononcer le nom d'*Orléans* et celui de *Bourgogne*, c'est-à-dire que de l'intérieur même nous allons voir naître, et des troubles
nouveaux dans le royaume, et des troubles nouveaux
dans la raison du prince; cela, parce que le duc
d'Orléans va prendre un ascendant trop prononcé
sur l'esprit de la reine ³.

Si dans chaque ville du pays de Caux, comme dans An 1405
chaque autre ville de Normandie, on agrandissait les
enceintes; si Rhoëm voyait rebâtir sa porte Beauvoisine ⁴, et achever celle de la Vicomté ⁵; si un concile provincial se tenait ouvertement pour la réforme
des mœurs ecclésiastiques ⁶, tous faits qui sont des
emblèmes de tranquillité, on ne sentait pas moins
que des maisons trop puissantes la voulaient troubler.
Quand un homme qui désirait entrer au service du
duc d'Orléans, pour devenir archevêque de Rhoëm à
la place de Louis d'Harcourt, allié du roi Charles VI⁷,
le disait ouvertement; quand on établissait des jugements par commissions ⁸; quand le bailli de Rhoëm

---

(1) M. Floquet, Hist. du parlement, t. 1, p. 121.
(2) Masseville, t. 4, p. 31.   (3) Id., p. 28. — Anquetil, t. 4, p. 56.
(4) Servin, t. 1, p. 3. — Lesguillez, p. 39.
(5) Farin, t. 1, p. 501.   (6) Soc. des ant. de Norm., 1834, p. 234. —
Farin, t. 1, p. 26.
(7) Pommeraye, p. 540. — Gilbert, p. 157. — Servin, p. 16. — Mém. de
Charles VII, ms. de la Bibl. de Lyon.   (8) M. Floquet, p. 33.

était insulté dans la cathédrale, et frappé par les chanoines et les enfants de chœur [1], c'étaient des choses de parti. Quand l'amant très-indiscret de la dame de Cany, de la mère de Dunois, le duc d'Orléans, montrait parmi les portraits de ses maîtresses celui de la princesse de Bourgogne, des seigneurs qui avaient toujours l'épée au poing cherchaient à faire germer la vengeance dans le cœur du mari [2]; enfin, quand ce duc d'Orléans avait voulu en vain se rendre maître de Rhoëm par un coup de main [3]; puis, pour ses vanteries et ses indiscrétions était assassiné, et quand celui qui lui portait le premier coup était Raoul d'Octonville, gentilhomme normand [4], tout ce qui savait se battre prenait parti, en Normandie comme ailleurs, pour ou contre le fils de la victime. Le sire de Bacqueville, le comte d'Eu, le sire d'Hugueville, le sire de Villequier, étaient pour Orléans; Alain Blanchard, Guy le Bouteiller, le seigneur de Pacy, le seigneur de Saint-Hilaire, étaient bourguignons [5]. Que la puissance vînt au duc de Bourgogne pendant le jeune âge du duc d'Orléans [6], et qu'on en profitât pour faire une prétendue réconciliation [7] entre les chefs, les partisans n'en étaient pas mieux entre eux. La preuve se déduit facilement de la création d'un guet de nuit [8], de l'assemblée de tant de seigneurs à Amiens [9], de l'opposition que mettait le duc de Bourgogne à ce que la cour rentrât à Paris [10].

An 1408 Le commerce pourtant s'occupait encore peu des

---

(1) M. Floquet. (2) Anquetil, t. 4, p. 67.
(3) Masseville, t. 4, p. 30. (4) Dict. hist. v° Octonville. — Anquetil, t. 4, p. 68 (5) Masseville, t. 4, p. 380.
(6) Anquetil, t. 4, p. 80. (7) Masseville, t. 4, p. 66.
(8) Richard, sur les fortif. (9) Pierre de Fenin, p. 6.
(10) Anquetil, t. 4, p. 85.

partis et des partisans; on était enchanté de voir un Normand, Robert de Braquemont, amiral en Espagne [1]. Certains priviléges de certains marchands disparaissaient [2]; l'emploi des vitraux peints devenait tel, que c'était une matière certaine de spéculation [3]. Les beaux-arts, si amis du commerce, embellissaient toutes les habitations, et la musique harmonieuse était introduite dans les fêtes de l'Église [4]. Le roi voulait installer lui-même l'archevêque de Rhoëm [5]. Les riches abbés de Saint-Michel, de Fécamp, de Jumiéges, de Saint-Wandrille, de Sainte-Catherine, en venant visiter leurs hôtels [6], apprenaient aussi à introduire la musique dans leurs couvents. Puis, quand les hostilités devinrent telles entre les Bourguignons et les Armagnacs ou Orléanais, qu'il y eut nécessité que chaque parti eût une armée, et que la sentinelle ennemie, l'Angleterre eut donné le signal d'une invasion à tous les intérêts opposés à la France, le commerce cessa [7]. Les marins d'Harfleur firent des expéditions contre les Anglais, tandis que ceux-ci en faisaient contre la Normandie [8].

An 1409
An 1410

Le clergé, par ordonnance royale, fut forcé de contribuer aux frais de la défense des villes [9]. Pendant que le duc de Bourgogne était tout à fait maître de Paris [10], il fallait que Rhoëm, déclos entre les portes Martainville et Saint-Hilaire, et qui était assez dans le

An 1411

---

(1) Masseville, t. 4, p. 382.
(2) M. Chéruel, p. 172. — Arch. municip. de Rouen, registre U, fol. 38.
(3) Laquerrière, t. 2, p. 88.   (4) Duplessis.
(5) Pommeraye, p. 544.   (6) M. Chéruel, Rouen, sur la domin. angl.
(7) M. Estancelin, p. 15.   (8) Le religieux de Saint-Denis. — Masseville, t. 4, p. 34.   (9) M. Chéruel, notes, p. 7, donne la date du 6 février à cette ordonn.
(10) M. de Barante, Hist. des ducs de Bourgogne.—Anquetil, t. 4, p. 99 à 101.

sens de Paris, pensât à se défendre [1] contre le comte d'Alençon qui était pour Orléans [2]. Pendant que le duc de Bourgogne faisait rendre une ordonnance, signée de la main de l'infortuné Charles VI, qui enjoignait à tous les Français portant les armes de lui obéir [3], les seigneurs cauchois et les cultivateurs allaient défendre Dieppe contre une invasion anglaise [4]. Personne ne se doutait alors qu'à Domremy naissait un enfant qui devait finir ses jours à Rhoëm, mais, après avoir sauvé sa patrie.

An 1412

Une espérance naissait bien au fond de l'âme de ceux qui étaient partisans du duc de Bourgogne, et qui étaient en majeure partie des bourgeois [5]; c'est que, comme il demandait à Charles VI la convocation à Paris d'une assemblée générale ou d'états [6], il pourrait surgir encore une occasion d'exposer le droit des provinces et de réconcilier d'abord les députés, puis les partisans armés eux-mêmes; mais la réconciliation n'était pas encore assez nécessitée par la présence de l'ennemi commun. Lors de l'assemblée qui eut lieu le 30 janvier 1413, à l'hôtel Saint-Paul, et pendant les six jours accordés par le roi, disait-on, pour délibérer sur les subsides, les députés de Rhoëm eurent beau exposer la misère du peuple [7], en l'absence des partisans du duc d'Orléans, qui craignaient quelque piège nouveau, les violences, les proscriptions, les ordonnances *cabochiennes* furent le résultat de cette triste assemblée [8]. Tandis que les Anglais descendaient au

An 1413

---

(1) M. Chéruel, pièces justific.
(2) Masseville, t. 4, p. 35. — (3) Anquetil, t. 4, p. 111.
(4) M. Vitet, t. 1. — Juvénal des Ursins. — Masseville, t. 4, p. 36, 40.
(5) M. Chéruel, notes, p. 32.
(6) Ann. de l'Hist. de Fr., 1840, p. 113. — Anquetil, t. 4, p. 122.
(7) M. de Barante, t. 4, p. 34. — (8) Anquetil, t. 4, p. 132 et suiv.

Tréport et brûlaient encore une fois l'église [1], qu'ils attaquaient la ville d'Eu [2], et se répandaient autour d'elle, parce qu'elle se défendait bien [3], tout se réduisait à une ordonnance fort longue, à la vérité, en deux cent cinquante-huit articles, laquelle était transmise par le grand sénéchal, Louis d'Estouteville [4], et portait [5] : sur le domaine, sur les monnaies, sur les aides, les trésoriers des guerres, la chambre des comptes, la *court* de parlement, la justice, la chancellerie, les *eaues* et *forests*, les gens d'armes ; mais tout cela ne donnait pas la force de l'unité au gouvernement et l'espérance de la cessation des troubles dans la Normandie.

L'année 1414 opère la fermentation de tant de germes de discorde, et donne à l'Angleterre le temps de bien mesurer Harfleur qui est la clef de la France de son côté [6], de se disposer, d'être prête. La mort de Philippe d'Harcourt, Normand, garde de l'oriflamme, et son remplacement par Guillaume Martel, sire de Bacqueville [7], cause seulement une émotion parmi la noblesse. La présence du roi à Rhoëm, l'empressement qu'il montre à présenter son fils à la population [8], excite bien un peu d'enthousiasme parmi quelques-uns ; on est content qu'il écrive au clergé de payer, comme tout autre corps, la contribution [9] ; mais quand on entend dire que Henri V redemande

An 1407

An 1408

---

(1) Duplessis, Descript. de la haute Normandie. — L. Dubois, p. 273.
(2) Masseville, t. 4, p. 40. (3) D. Lebœuf.
(4) Toustain de Richeb.
(5) Ann. de la Soc. de l'Hist. de Fr., 1840, p. 114.
(6) Examen du Mém. de M. Ch. Dupin sur les ports de refuge, par M. Estancelin, p. 12. — La Cron. de 1581 nommait Harfleur le *Chef de Caux*, v. fol. 166.
(7) Masseville, p. 41. — Essai hist. sur le comté d'Évreux.
(8) M. de Barante. (9) M. Chéruel.

l'exécution du traité de Brétigny et par suite la couronne de France, ou au moins la Normandie [1]; quand il y a urgence d'envoyer dans Harfleur le sire d'Estouteville, le sire de Hacqueville, le sire de Blainville [2], le sire de Braquemont, le sire de Baucourt avec cent chevaliers [3]; d'envoyer à Caudebec Jean Boucicault et le sire d'Albret [4]; que la promesse du duc de Bourgogne, de donner cinq cents hommes d'armes et trois cents hommes de trait [5], sous la conduite du comte de Charolais, son fils, est jugée insuffisante, on commence à désespérer. Une véritable urgence de penser à la défense de Rhoëm se manifeste; Charles VI ordonne bien à Jean, duc d'Alençon, d'être capitaine général de Normandie; à Tancarville, d'être capitaine de Rhoëm [6], mais pendant ce temps les Anglais dévastent sur tous les points. C'était avec six mille hommes d'armes et vingt-quatre mille archers qu'ils étaient venus vers Harfleur [7]; qu'ils essuyaient les sorties de la garnison et les surmontaient, et pour toute capitulation, le 22 septembre [8], voulant peupler la ville en entier d'Anglais, faisaient cette triste condition : que chaque habitant se retirerait, et toutefois ne pourrait sortir qu'avec un habit et cinq sous, puis se dirigerait vers Calais.

Qu'était devenue cette force qu'on avait voulu des-

---

(1) Cron. 1581, fol. 166. — Anquetil, p. 161, 162. — Hume, t. 3, p. 334. — Rymer, t. 9, p. 137.

(2) Masseville, t. 4. (3) Hume, t. 3, p. 334. — Ms. sur Charles VII, Bibl. de Lyon. (4) Ms. sur Charles VII.

(5) M. de Barante, t. 4, p. 231. (6) M. Chéruel, pièces justific.

(7) Anquetil, t. 4, p. 162, 164. — Masseville, t. 4, p. 44, dit avec plus de cinquante mille hommes. — Chron. rothom. Delamarc. — Dict. hist. v° Henri V, Hist. d'Angl. — Pleuvri, p. 308.

(8) Masseville, t. 4, p. 46. — Estancelin, Examen du Mém. Dupin, p. 12.

tiner à une autre croisade? On laissait passer l'armée anglaise entre Dieppe et Longueville, entre le Tréport et Eu, le long de Cayeux et Blangy; on laissait ravager tous les riches greniers; ce n'est que bien tard qu'une armée française, à la tête de laquelle étaient le duc d'Orléans, les ducs de Bourbon et d'Alençon, le comte d'Eu, le comte de Vendôme, le maréchal Boucicault[1], pressait enfin les envahisseurs le long de la Somme. On espérait peut-être les retrouver encore comme à Crécy, et, cette fois, s'y prendre mieux; malheureusement le nom d'Azincourt[2] rappelle tout à fait le nom de *Crécy*. Un auteur a remarqué que le même plan, les mêmes fautes, ont amené les mêmes résultats : le désordre était venu d'abord des blessures des chevaux, puis de l'empressement à se battre, puis d'une disposition pleine de sangfroid de la part des Anglais, qui, vers la fin de la bataille ont culbuté le corps principal des Français; voilà pour plus de vingt années le pays de Caux envahi! Il ne reste, pour soulager l'imagination, au milieu de tant de maux, qu'à rappeler des actes d'héroïsme : c'est Robert Desneval qui meurt avec son fils aîné[3]; c'est le fait de dix-huit Français qui, ayant fait serment de vaincre ou mourir, ayant tué le frère du roi d'Angleterre, ayant touché au casque de celui-ci, ayant avec eux le duc d'Alençon,

---

(1) Cron. de 1581.

(2) Hume. — Rymer. — Du Tillet. — Hénault, t. 1, p. 240. — Monstrelet, ch. 147. — Juvénal des Ursins. — Cron. de 1581, fol. 167, 168. — Masseville, t. 4. — Essai sur le comté d'Évreux. — Voltaire, Essai sur les Mœurs. — Dubois, Résumé, p. 273. — Servin, p. 339. — Ms. Pasquier. — M. Chéruel, pièces justific. — Anquetil, t. 4, p. 164. — Saint-Remy, ch. 62. — Lelaboureur, l. 35.

(3) Béziers, p. 72.

mais ayant vu ce brave abattu par le roi anglais, se sont fait immoler sur le cadavre de leur chef[1].

Ce fut encore à Rhoëm que Charles VI sut les tristes résultats de la bataille d'Azincourt, donnée le 25 octobre [2]. On apprit que huit mille hommes avaient succombé, que quinze cents étaient prisonniers; que parmi les braves perdus pour le pays étaient le porte-oriflamme Guillaume Martel, seigneur de Clères[3], les sires de Bacqueville[4], Bethencourt, Blainville, Cany, Tancarville, Folleville, Fontaine, de Launay, d'Offranville, de Roncherolles, de Thibouville, de Villers, le maréchal d'Eu; que parmi les blessés étaient le comte d'Eu, le comte d'Harcourt; que parmi ceux qui s'étaient distingués encore étaient Jean de Bailleul, le sire de Beauvoir, Geoffroy Deshayes, le seigneur de la Neuville[5]. Les conséquences de la bataille étaient d'abord la perte de beaucoup de braves, dont le comte Charolais faisait reporter avec piété les cadavres dans leurs châteaux[6]; mais ensuite tout le pays était menacé pour longtemps; ses habitants fuyaient par milliers[7]. Guillaume de Crosmenil, chargé de défendre le port de Tancarville, l'avait livré à la première réquisition[8]; le duc de Bourgogne ne s'était pas rendu à son poste, de façon à se trouver à Azincourt. En quittant Rhoëm, après deux mois, Charles VI ne concevait un plan, ni

---

(1) Masseville, t. 4, p. 47, 48, 49. — Anquetil, t. 4. — M. Chéruel.
(2) La Cron. de 1581 dit 22 octobre. — Servin, t. 1, p. 339. — L. Dubois, p. 273. — M. Chéruel et presque tous les autres auteurs disent le 25.
(3) V. titre du 13 mars 1418, ci-après cité. — Revue de Paris, juin 1833, p. 23, art. de M. Granier de Cassagnac.
(4) M. Pasquier. — Hume, t. 3, p. 339.
(5) Courcelle, p. 7. — Masseville, t. 4, p. 52.
(6) Cron. de 1581, fol. 167 verso. (7) D'Argentré. — Masseville, t. 4, p. 62. (8) M. Chéruel, notes, p. 13.

pour combattre les Anglais, ni pour punir le parti de Bourgogne, ni pour employer à sa volonté celui d'Orléans ¹. Il pouvait bien imaginer avoir quelque repos, parce que Henri V était retourné en Angleterre ; mais il ne savait pas que celui-ci n'avait repassé le détroit que pour chercher du renfort. La garnison anglaise d'Harfleur, sous les ordres de Dorcester, n'en continuait pas moins de ravager la rive droite de la Seine ², de piller, en perdant du monde, Cany, Vieuville et Valmont ³ ; elle repoussait diverses attaques d'Armagnac, devenu connétable et surintendant des finances ⁴. Si, après avoir investi Rhoëm pendant trente jours, le duc de Clarence était repoussé avec perte ⁵, et presque reconduit aux pieds des murs d'Harfleur, le bâtard de Bourbon, le sire de Montenay, le sire de Villequier et autres étaient défaits avec une grande perte d'hommes aussi ⁶. Le traité du duc de Bourgogne avec les Anglais, traité ⁷ par lequel le duc se disait directement vassal de leur roi, amenait un tel revirement dans les opinions que le gouverneur de Rhoëm et plusieurs autres de ses partisans étaient massacrés ⁸. Pendant que le duc de Bedford, au mois d'août, venait ravitailler Harfleur ⁹, le Dauphin qui se tenait en vue de Rhoëm, sur la côte Sainte-Catherine ¹⁰, repoussait bien un

An 1416

(1) Anquetil, t. 4, p. 169.
(2) Masseville, t. 4, p. 56.
(3) Cron. de 1581, fol. 167 verso.
(4) Anquetil, t. 4, p. 172.
(5) Cron. de 1581, fol. 166. — L. Dubois, p. 273.
(6) Mém. de Charles VII, ms. de la Bibl. de Lyon. — Cron. de 1581, fol. 168. (7) Anquetil, t. 4, p. 180.
(8) Chron. roth. — M. de Barante. — Masseville, t. 4. — Cron. 1581, fol. 169. (9) Cron. 1581, fol. 168 verso.
(10) Id., fol. 168, 169.

parti anglais[1] ; mais tout était sans plan, sans harmonie.

An 1417   Si, en janvier 1417, la reine de France qui prenait la régence, dans la circonstance prévue par son triste époux, s'appuyant volontiers sur le duc de Bourgogne[2], confiait au capitaine et au bailli de Rhoëm le gouvernement de la ville, et voulait augmenter ainsi leur zèle; si elle créait amiral Robinet de Braquemont, ce Cauchois dont nous avons mentionné les expéditions[3], elle n'avait pas plus qu'eux le pouvoir d'empêcher les excès des partis et des émeutes[4]. Raoul de Gaucourt, le bailli, n'en était pas moins assassiné le 23 juillet[5]; son lieutenant Léger n'en était pas moins jeté dans la Seine[6]. La nomination de Jean de Harcourt au grade de capitaine du fort Sainte-Catherine[7], où il était secondé par Carbonel[8], n'empêchait pas la ruine de tous les environs de la ville. La descente de seize mille quatre cents gendarmes anglais, en août, à Touques avec Henri V, n'en pressait pas moins les plus riches habitants du pays de Caux de se retirer dans la capitale de Normandie pour sauver leurs personnes et le reste de leurs trésors[9]. Si Crasmenil, Lafayette de Gaules, après avoir mis Falaise en état, venaient aussi s'inscrire parmi les défenseurs de Rhoëm[10], si des chanoines prenaient les armes, si toutes les collines

---

(1) L. Dubois, p. 273.   (2) Anquetil, t. 4, p. 186.
(3) M. Estancelin, p. 17.   (4) M. Chéruel, notes, p. 26.
(5) Juvénal des Ursins.   (6) Monstrelet. — M. Chéruel, p. 27.
(7) P. de Fenin. — Cron. 1581, fol. 170.
(8) V. titre du 13 mars 1418.
(9) M. de Barante, t. 4, p. 387. — M. Floquet, Parlement, t. 1, p. 218. — M. Chéruel, notes, p. 13 à 17. — M. de Caumont, Bulletin monumental, t. 6, p. 47.
(10) Masseville, t. 4, p. 63, 64.

qui environnent Rhoëm étaient fortifiées, si Martainville était défendu par son vivier, si Saint-Sever était réduit à l'état de désert, si plusieurs tours et plusieurs portes crénelées [1] étaient, avec l'habitude des citoyens de la ville, la garantie d'un long siége pour Rhoëm, quelle devait être la position générale du pays environnant !

Aussi quelle tristesse ne devait pas être jointe à la résolution d'une cité qui, au moment où Henri V arrivait sous ses murs, renfermait une population de quatre cent mille hommes [2] ! Lorsque ce conquérant venait s'établir à la Chartreuse [3], lorsqu'il s'emparait du château de Thuringe, au delà du fort de Sainte-Catherine [4], douze mille hommes périssaient dans les fossés [5]. La ville va rester sept mois assiégée, et pour quels résultats ? obtenir des secours, elle en demandera vainement au duc de Bourgogne et à la reine [6] ; elle empêchera longtemps Henri V de faire son pont de bois, et d'établir des chaînes en travers sur la rivière ; mais elle arrivera à ce degré de misère, que ce qui avait coûté une livre en coûtera quarante, qu'on perdra trente mille hommes et qu'on mangera des chevaux, des chats, des rats, du cuir [7] ; pourtant on refusera des vivres de Henri V [8]. Quoique les portes soient surveillées, savoir la porte de Caux par

An 1418

---

(1) Masseville, t. 4, p. 63, 64. — M. Chéruel.
(2) Monstrelet. — M. Chéruel. (3) Masseville, t. 4, p. 70.
(4) Lesguillez, p. 28. — A. Hugo. — Farin, t. 1, p. 459. — M. de Barante. — Cron. 1581, fol. 170 verso. — Anquetil, t. 4, p. 205. — Rapin Thoiras, p. 168. — Monstrelet, p. 301, 303. — Saint-Foix, t. 3, p. 295. — Journal du siége. — Journal de l'expéd. par M. de Caumont. v. Soc. des ant. de Norm., t. 12, p. 300 à 307.
(5) P. de Fenin, p. 100 et suiv. (6) Cron. de 1581, fol. 172 verso.
(7) Mém. de Charles VII, ms. à la Bibl. de Lyon.—Cron. 1581, fol. 173. — P. de Fenin. (8) Chéruel.

le duc de Clarence, celle du château par Exeter, celle de Martainville par Salisbury, celle de Saint-Sever par Kent[1], la ville fera bonne contenance. Malgré tout ce qu'elle entendra raconter des villes de basse Normandie, et des cruautés exercées envers les habitants de Louviers[2], elle voudra imiter Caudebec, cette petite ville qui a tenu six mois[3], et Château-Gaillard qui a mérité d'être appelé imprenable[4]. Par une résolution désespérée, on voudra tout brûler[5] ! On arrivera après tant de temps à ce résultat épouvantable : au 10 septembre 1418, la trahison de Guy le Bouteiller[6] amènera une capitulation ! Il ne suffira

An 1419 pas à la ville de payer trois cent mille écus d'or, il faudra encore livrer Jean de Livet, le grand-vicaire; Jean Jourdan, maître de l'artillerie; Alain Blanchard, le maître des arbalétriers[7] ; et Guy le Bouteiller, lui, aura les fiefs du Plessis, de Conches, du Bois-Guillaume ; il sera si abhorré, que quand il ira demander en mariage la dame de la Roche-Guyon, elle préférera l'exil, elle dont le mari est mort à Azincourt, plutôt que de jurer fidélité au roi d'Angleterre[8].

Il est vrai qu'après la capitulation, après la remise

---

(1) Masseville, t. 4, p. 72.   (2) M. Dibon, p. 26.
(3) Cron. 1581. — M. Chéruel, p. 57.
(4) Cron. 1581, fol. 174 verso.
(5) Archeologia, poëme angl. XXII. — Masseville, t. 4, p. 73 et suiv.
(6) P. de Fenin. — M. Chéruel, notes, p. 37, mentionne une pièce qui corrige les dates de MM. de Barante, Sismondi, Liquet.
(7) P. de Fenin. — Cron. 1581, fol. 173 verso. — Rymer, p. 82. — Monstrelet. — Juvénal des Ursins. — Chron. inclyt. Delamarc. — M. de Barante, Hist. des ducs de Bourgogne, t. 4, p. 354. — Servin, t. 1, p. 344. — M Rœderer, Louis XII, t. 1, p. 72. — M. Chéruel, notes, p. 22. — M. Floquet, Parlement, t. 1, p. 220. — Mém. ms. sur Charles VII. — Saint-Foix. — Hénault, t. 1, p. 299. — Tragéd. de Dupias. — Thiessé, p. 268. — Les éphém. univ., t. 13, donnent la date du 19 janvier.
(8) Masseville, t. 4, p. 80.

des clefs, après l'entrée d'Exeter par la porte Beauvoisine et la remise des armes, après quelques mois de possession, Henri veut faire le roi de France; il gracie le grand-vicaire et l'officier d'artillerie moyennant de l'argent [1]; le 13 mars 1419, il fait un acte devant les tabellions, acte dont nous avons la copie sous les yeux [2], et par lequel il achète à beaux deniers comptants, un emplacement pour *évader*, disait-il, à l'effusion du sang chrétien, édifier un palais près de la tour *Mal s'y frotte;* il fait estimer par experts le prix de tout ce qui est édifice, loyers et rentes; il stipule les garanties, comme tout autre acquéreur. Il rend hommage de sa victoire à Dieu, en l'église Notre-Dame [3]. Le 1er avril il crée un maire en la personne de Jacques Poignant [4]; il reçoit les hommages des nobles du duché; il rend des ordonnances pour que la mesure d'Arques et l'aune de Rhoëm soient conformes aux mesures de Paris. Il reste là jusqu'à la Chandeleur. Aux jours de fête, le roi porte la robe de duc de Normandie. Il fait réparer le pont Mathilde [5]; il agrée Nicolas Leroux pour successeur de l'abbé de Jumiéges, Simon Duboc; il fait construire un palais immense; il donne le comté de Longueville à Gaston de Foix, qui lui rend aveu comme à son redouté seigneur [6], et qui déclare avoir droit de *motaige* sur les hommes par tout le royaume pour l'entretien de son château; il donne des terres à d'autres seigneurs

---

(1) Juvénal des Ursins. — Polyd. Virgile. — Masseville, t. 4.
(2) Arch. du notariat de Rouen. — Copie de cet acte a été communiquée à la Soc. de l'Hist. de Fr. en 1837; elle porte la date du 13 mars 1418; Pâques était au 27 mars.
(3) Cron. 1581.
(4) Brequigny, t. 5.   (5) M. Chéruel.
(6) V. pièces ms. 1 vol. in-fol. à la Biblioth. de Dieppe.

moyennant hommage de bouche et de main [1]; il remet une partie de la somme imposée, et ne reçoit que cent trente-trois mille écus [2]; il crée des charges [3]; il fait frapper monnaie [4]; il rétablit la barbacane [5]; il exige des baillis une éducation sérieuse [6]; enfin, il fait comme un sage roi, et la capitale de la Normandie ayant à savoir qui doit être obéi, ou du roi, ou de la reine, ou du duc d'Orléans, ou du duc de Bourgogne, ou de Henri, obéit au plus fort et, il faut bien le dire, au plus sage.

Rhoëm subjugué, ignorant même le rapprochement opéré entre le roi et le duc de Bourgogne, par Pierre Giac, le chancelier [7], entraîne encore une fois toutes les places du pays de Caux : vingt-sept villes se rendent [8]. De Rhoëm partent des forces qui vont soumettre le Château-Gaillard [9], en septembre, après seize mois de siége; puis la forteresse d'Arques [10], le pays Chartrain, Meulan, Poissy, Saint-Germain-en-Laye, Mantes, Gisors, enfin toute la Normandie, moins le mont Saint-Michel [11]. A Rhoëm viendront les ambassadeurs devant traiter du mariage de Henri V, qui, pour devenir héritier de la couronne [12], demandait la belle Catherine, fille du roi de France, mais avec toute la Normandie, un million d'écus d'or, et de beaux livres [13]; c'est de là que Henri V partira et

---

(1) V. Charte du 7 octob. 1419. — Cron. 1581, fol. 174 verso, 175 verso.
(2) M. Chéruel, note 55. (3) Bréquigny.
(4) M. de Barante, t. 4, p 397. (5) Laquerrière, t. 2, p. 62.
(6) Béziers. (7) Les descendants de P. Giac existent encore.
(8) Mém. de Rouen, 18 juin 1838. — L. Dubois, p. 274.
(9) Masseville, t. 4. — Monstrelet. — Cron. 1581, fol. 174 verso. — M. Deville. (10) Notice sur Arques, 1845.
(11) Cron. 1581, fol. 175 verso. — P. de Fenin. — Sur la date du siége du mont Saint-Michel, v. Masseville, t. 4, p. 287. (12) L. Dubois, p. 276.
(13) Masseville, t. 4, p. 80. — P. de Fenin. — Monstrelet.

se rendra à Troyes, résidence de la cour de France [1], pour avoir une entrevue avec Charles VI; c'est de là qu'enfin, plus tard, il partira pour devenir gendre de celui-ci, à des conditions plus acceptables, mais toujours en déshéritant le Dauphin [2]. L'occupation de Dieppe, de Gournay et autres places par le duc de Bourgogne [3] n'était que provisoire, et Henri V, quand même le duc de Bourgogne n'eût pas été tué le 10 septembre à Montereau [4], eût certes fait bientôt disparaître ces tristes et secondaires rivalités des Bourguignons et des Armagnacs.

Entrant dans les petits détails, le nouveau maître agrée la nomination de Guillaume de Forchal, comme abbé de Saint-Wandrille [5].

Quand le roi de France fait offrir au roi d'Angleterre le titre de régent [6], celui-ci n'équivoque pas sur les termes, pourvu qu'il reste dans sa Normandie, et qu'il y ait, comme du temps de Guillaume, des relations quotidiennes avec l'Angleterre, par le commerce des deux pays. Il se hâte de faire construire, sur les fonds acquis, l'immense château du Vieux Palais dont nous avons vu encore la tour principale [7]. Le duc de Clarence est nommé gouverneur définitif de Rhoëm [8], et Guillaume de Gamaches, bailli [9]. L'excédant des troupes est envoyé pour reprendre possession de Dieppe et le garder [10]. Les aides et ga-

An 1420

---

(1) Anquetil, t. 4, p. 211. — M. Chéruel, p. 80.
(2) Masseville, t. 4, p. 87. — Cron. de 1581, folio 176.
(3) Masseville, t. 4, p. 65 et suiv.
(4) Masseville, t. 4.
(5) Langlois, p. 152.
(6) Soc. de l'Hist. de Fr. ann. 1840, p. 114.
(7) Servin, t. 1, p. 345. — Farin, t. 1, p. 121. — Masseville, t. 4, p. 382.
(8) Masseville. — De Fenin. — Cron. 1581, fol. 178. — L. Thiessé, p. 269. (9) P. de Fenin, p. 419. (10) L. Vitet.

belles sont établies [1]; la tenue des états à Paris [2] ne peut causer aucune inquiétude à Henri; il se rend même dans la capitale et y est accueilli par des fêtes; c'est là qu'il décide la refonte des monnaies [3], et qu'il arrête que d'un côté sera le coin de France, de l'autre celui de Normandie, avec ces mots : *Henrico Dei gratiâ rex Angliæ, hæres Franciæ.* Il se montre partout avec sa jeune épouse; sa confiance est payée par des applaudissements. Il tient aussi des états en Normandie, pour faire décider que chaque personne qui a vingt livres de revenu doit porter un marc d'argent à la monnaie, pour compléter l'impôt convenu [4].

On pourrait demander pourquoi nous n'avons pas noté comme une division de cet ouvrage l'époque de la puissance des Anglais; mais des esprits vraiment historiques ne regarderont sans doute, comme nous, l'état de conquête non consolidé par le temps, que comme une faiblesse de Charles VI, un malheur, une transition, et non pas un gouvernement véritablement nouveau. La Normandie était sous le joug, et n'avait pas choisi son souverain; elle ne savait trop à quel parti elle devait demander sa délivrance; elle était vaincue et non conquise.

An 1421 — Henri V, à vrai dire, pouvait se regarder comme tranquille pour quelque temps. Le plaisir qu'il avait à conduire sa belle épouse en Angleterre [5], n'excluait pas la précaution qu'il devait prendre d'amener des

---

(1) M. de Barante.
(2) Monstrelet. — Ann. de la Soc. de l'Hist. de Fr. — Anquetil, t. 4.
(3) Cron. de 1581, fol. 177 verso. — Anquetil, p. 223.
(4) Chron. de Norm. — Chron. ms. de Henri V, cités par M. Chéruel, p. 80.
(5) Anquetil, t. 4, p. 225. — Chron. de Norm. — Chron. ms. Henri V. — M. Chéruel.

troupes nouvelles [1] ; s'il ne demandait pas d'autres subsides, il forçait tous les intérêts à seconder sa possession ; mais quand, en juin, il apprit que le duc de Clarence, forcé de se rendre en Anjou pour réprimer une sédition, avait été tué ; que plus de deux mille Anglais avaient éprouvé le sort de leur chef [2] ; il se hâta de repasser en France, de nommer le comte de Salisbury gouverneur de Normandie, à la place du duc de Clarence [3] ; de nommer Richard de Widevil, grand sénéchal [4] ; de veiller de son château du Vieux-Palais, sur le comte d'Eu et le duc d'Orléans ; de diviser les corporations religieuses [5], de prescrire la nomination du cardinal Jean de la Roche-Taillade ou Taillée, son confident, à l'archevêché de Rhoëm, à la place de Louis d'Harcourt décédé loin de son diocèse, dans le Poitou [6]. Il croyait prudent de recommander aux membres de l'échiquier de tenir peu de séances [7]. Pour montrer qu'il voulait agir en maître absolu, il délivrait An 1422 des lettres patentes où se nommant, non plus régent, mais bien *Roi de France* [8], il terminait le différend existant entre l'abbaye de Saint-Ouen de Rhoëm et le prieuré de Beaumont-en-Auge, au sujet du patronage d'une chapelle. Il statuait en juge, sur ce qu'il qualifiait du nom d'abus [9].

Cependant les habitants de Rhoëm et du pays de Caux entendaient parler de Pothon, de la Hire, de

---

(1) Masseville, t. 4, p. 89, 90.
(2) Masseville, t. 4, p. 91. — Alain Chartier. — Mém. de Charles VII, ms. (3) Masseville, t. 4, p. 92.
(4) Toustain de Richebourg.
(5) Deshayes, p. 92, 93. — Laquerrière.
(6) M. Chéruel, p. 188. — Pommeraye, p. 545, 547. — Chron. des archev. — Servin, t. 1, p. 16. (7) M. Chéruel, notes, p. 83.
(8) Mém. de la Soc. de l'Hist. de Fr., t. 7, p. 236.
(9) M. Chéruel, notes, p. 90.

Xaintrailles, de Chabannes[1]; tout à coup, on raconte la mort de Henri V, arrivée le dernier jour d'août, à Vincennes : il était âgé seulement de trente-six ans[2]. Tout en accueillant ses restes que l'on rapportait à Rhoëm, tout en assistant au service en l'église Notre-Dame[3], on pensait à son successeur; mais on pensait aussi à ceux qui se battaient pour la patrie. La pompe qu'on employait pour la translation du corps de Henri V en Angleterre, et le spectacle de cinq cents chevaliers en armure noire, ayant le jeune roi d'Écosse en tête, et accompagnant ses restes à travers la Normandie, jusqu'à Westminster[4], distrayait, sans trop les attacher, les habitants de Rhoëm. La mort de Charles VI, arrivée le 22 octobre[5], laissait même entrevoir de meilleures chances de gouvernement. Si l'on racontait que, père de douze enfants, il ne laissait pas de quoi suffire à son inhumation[6], on comprenait qu'il faisait naître dans les cœurs l'espoir de la vengeance. Si Charles VII, son successeur, roi à vingt ans, était réduit à se faire sacrer dans une chapelle[7], en Auvergne, tandis que d'autres Français proclamaient le jeune Henri VI, né Anglais, les hommes qui avaient de la fidélité et une grande expérience entrevoyaient le moment où l'on pourrait être délivré des Anglais. L'assemblée des États à Bourges[8], assemblée où le

---

(1) Anquetil, p. 226, 227, 250.
(2) Berry, héraut d'armes, Hist. de Charles VII. — Masseville, t. 4. — Villaret. — Millot. — Voltaire, Essai sur les Mœurs.
(3) Cron. de 1581, fol. 179 verso. (4) Id. — M. Gaillard.
(5) La Cron. de 1581 donne la date du 6 septembre. — Masseville, t. 4. — Soc. de l'Hist. de Fr. 1843, p. 184. — Anquetil, t. 4, p. 229.
(6) Anquetil, p. 229, 230. (7) Id., p. 234.
(8) Savaron, Chron. des états généraux de 1422 à 1615, in-8. — M. Thierry, séance des classes de l'Institut, 2 mai 1846. — Ann. de la Soc. de l'Hist. de Fr. 1840.

tiers-état avait un bon rôle, leur donnait une lueur
d'espérance. Ce fut bien autre chose, quand on apprit
la sublime défense du Mont Saint-Michel par cent dix-
neuf gentilshommes dont l'histoire conserve encore
aujourd'hui les noms [1] et les armoiries, parmi lesquels An 1425
étaient plusieurs Cauchois : d'Estouteville, Duhomme,
de Bailleul [2]. Malgré quelques titres de noblesse,
accordés par Henri VI [3], et la vigueur de Bedford, qui
était régent pour la France et la Normandie [4]; malgré
la tenue de maint échiquier, et même d'un qui a duré
plus de trente jours, comme pour reprendre les anciens usages [5]; malgré des dons considérables faits à
quelques Normands [6]; malgré la confiance montrée
aux habitants de Rhoëm, en leur accordant de garder
leur ville [7]; malgré l'encouragement donné à l'arche- An 1424
vêque, à qui l'on faisait faire des réparations par un
officier civil [8], la faveur accordée à certains ecclésiastiques en permettant l'établissement de bibliothèques [9],
sauf l'hommage d'un oison bridé [10], le titre de cardinal procuré à l'archevêque [11]; malgré la frayeur
qu'inspirait Talbot, l'honneur de la nation anglaise [12],
on concevait l'espérance que Charles VII, bannissant
les intrigues de sa cour, se délivrant de l'empire

(1) Soc. des ant. de Norm. 1824, p. cviij. — Gabriel Dumoulin, p. 51.
— Soc. des ant. de Norm. 1835, p. 533. — Masseville, t. 4, p. 387, 145.
(2) Ces armoiries et ces noms sont conservés avec soin au château de
Rambures. (3) Farin, t. 1, p. 130.
(4) Cron. 1581, fol. 179 verso.
(5) M. Floquet, p. 221, 222. — M. Canel, in-8. — V. le sceau de cet
échiquier au Musée de Rouen.
(6) P. de Fenin, p. 281.
(7) M. Chéruel, notes, p. 132 et suiv.
(8) Pommeraye, p. 547. (9) Langlois, Cathédr., p. 148.
(10) A. Pottier, Revue rétrospective. — M. Chéruel, p. 9, 201. — Trévoux, v° Oison. (11) Pommeraye, p. 549.
(12) Villaret, t. 14, p. 271.

d'une maîtresse [1], sortirait de son inaction. La nomination d'un connétable, en la personne de Richemond, semblait un moyen de concentrer et de fortifier le commandement militaire [2]. La confiance du roi de France en Tanneguy-Duchâtel, déjà bien connu, semblait d'un bon gouvernement [3]. Une année entière se passait dans l'attente, dans une obéissance calculée; la conduite du duc de Bretagne, qui opérait une grande diversion dans les forces anglaises [4], était

An 1426 de bon augure; la mort du Cauchois Mauny, en basse Normandie, pour son roi Charles VII, était d'un bon exemple [5]; la défense d'Orléans [6] faisait réfléchir. On trouvait trop fidèle à son serment le Cauchois de Senne, qui relevait l'étendard anglais [7]; dans les contestations qui avaient lieu devant l'échiquier, et dont nous avons les procès-verbaux en latin [8], on affectait

An 1427 la modération. On était loin de croire perpétuelle l'institution de nouveaux échevins [9], de nouveaux conseillers [10], dont le dévouement bien entendu était garanti par le gouverneur anglais. On voyait bien, dans un procès entre Louis d'Estouteville et Gaucourt, un exemple des ruses du gouvernement britannique [11]; on se taisait toutefois; mais déjà la réputation de Dunois, le bâtard d'Orléans [12], commençait à pénétrer dans le pays de Caux, et même à travers les murs de

(1) Villaret, t. 14, p. 314.   (2) Id., t. 14, p. 329.
(3) Anquetil, p. 250.   (4) Rymer, t. 4, p. 120.
(5) Masseville, t. 4, p. 141 et suiv.   (6) Id.
(7) Cron. de 1581, fol. 180 verso.
(8) Farin, t. 1, p. 150. — V. suite du Grand Coustumier, p. xxvij. — M. Floquet, t. 1, p. 223.   (9) M. Chéruel, p. 147.
(10) Id., notes, p. 106, 115.
(11) Mém. de la Soc. de l'Hist. de Fr. 1835, p. 259.
(12) Villaret, t. 14, p. 340. — Anquetil, t. 4, p. 260. — A. Duchesne, Ant. des villes et châteaux, t. 1, p. 270.

Rhoëm. On avait l'air de donner beaucoup d'impor- _{An 1428}
tance à un procès suscité à cause du royaume d'Yve-
tot, et à une enquête ordonnée en conséquence [1];
en réalité, on assistait avec une réflexion bien plus
profonde au supplice de Pierre de Clenville [2]. On se
faisait rendre compte de la délibération des états tenus
à Chinon, qui accordait quatre cent mille livres à
Charles VII [3] pour soutenir la guerre.

Mais ce fut un zèle, un élan qu'on ne pouvait plus
dissimuler, quand on sut qu'une jeune fille, sobre et
chaste, d'une petite taille, à la parole douce, aux
formes robustes [4], aux cheveux noirs pendants sur les
épaules [5], que l'on désignait sous le nom de berge-
rette [6], née en 1412, dont le père, assez pauvre, était,
disait-on, Jacques Taré, laboureur [7], que l'on nommait partout la *Pucelle* [8], nourrie dans l'horreur du
nom anglais, parlait de la guerre comme chevaliers
et écuyers. Elle avait, à ce qu'on assurait, des
extases, pendant lesquelles elle recevait les inspirations de saint Michel, de sainte Catherine; elle s'était
présentée d'abord à Baudricourt, gouverneur de Domremy; si elle avait été envoyée par lui, en ricanant,
sous la garde d'un gentilhomme nommé Ville-Ro-
bert [9]; si le roi Charles VII avait refusé deux jours de
la recevoir [10], on assurait qu'enfin ayant fait vérifier

---

(1) Peyronnet, Hist. des Francs, p. 190. — Duplessis, t. 1.
(2) M. Chéruel, notes, p. 92. (3) Soc. de l'Hist. de Fr. année 1840.
(4) Hall, fol. 107. — Grafton, p. 534.
(5) Mém. de Charles VII, ms. à la Bibl. de Lyon, in-4. — J. Hordal,
Ponti-Mussi, 1612. — Hordal était parent de Jeanne d'Arc. — De Luchet,
Dissert. sur Jeanne d'Arc, 1776.
(6) Paupercula bergeretta. Dép. de Gaucourt au procès de révision.
(7) Nagerel, 1580, fol. 1.
(8) Dép. de Garivel et de Ricarville lors du procès de révision.
(9) Nagerel. (10) Dép. de Dunois au procès de révision.

son état virginal par la mère de la reine elle-même, elle avait demandé des armes ; qu'on avait fait pour elle une cuirasse et des brassards, même une armure complète, fors l'épée ; qu'elle s'était présentée de nouveau au roi, armée, en février 1429 ; qu'elle lui avait tenu un discours qui avait excité un enthousiasme général à la cour [1] ; qu'elle avait été interrogée par des magistrats à Poitiers [2] ; qu'on lui avait ensuite donné des pages, un intendant, un chapelain ; qu'elle avait pris pour arme offensive l'épée de Sainte-Catherine de Fierbois ; qu'on l'avait enfin mise à la tête de six mille guerriers.

On sut bientôt que le 29 avril elle s'était présentée devant Orléans, où Dunois, ce fils d'une belle Cauchoise, venait de recevoir un grave échec [3]. On affirmait que là elle avait été blessée au pied et à la gorge, et même contrainte de se retirer ; mais qu'elle avait ensuite repris son étendard, et avait crié aux Français, en culbutant les Anglais : *Tout est vôtre* [4] ; ce qui avait été suivi d'une victoire, d'une entrée triomphale dans Orléans, et qu'elle avait à ses côtés le Cauchois de Graville, Dunois et La Hire [5]. Ce n'est pas tout ; elle avait fait lever le siége par ces troupes aguerries, le 8 mai, en leur tuant des milliers d'hommes [6].

(1) Lenglet-Dufresnoy, Hist. de Jeanne d'Arc, 1755, in-12. — Th. Basin, Chron. inéd. — T. 4, du procès de Jeanne d'Arc, publié par la Soc. de l'Hist. de Fr. 1847. — Villaret, t. 14, p. 358 et suiv. — Daniel. — Alain Chartier. — Toustain de Richebourg, Mém. sur Jeanne d'Arc, 1766. — Dép. de Dunois, procès de révision, t. 3, p. 3. — Anquetil, t. 4, p. 271 à 309. — Rob. Gaguin, l. 10, fol. lxxix.
(2) Hist. du procès, t. 3, p. 391.
(3) Dupuy. — Acad. des inscript., t. 43.
(4) Moréri, v° Charles VII. — Hist. du siége d'Orléans, Attaque du boulevard des Tourelles. (5) Procès, t. 4, p. 43.
(6) Hume, t. 3, p. 385 et suiv. — Le P. d'Orléans, t. 2, p. 428. —

Pendant toute la fin de mai, pendant tout le mois de juin, quelle devait être l'attente de la Normandie! La nouvelle que le roi légitime venait d'être sacré à Reims, le 8 juillet, arriva enfin; en se félicitant que le duc de Bourbon, lors de cette cérémonie, eût représenté le duc de Normandie, on apprenait, avec émotion, que ce jour-là encore Jeanne d'Arc avait adressé une lettre, signée d'une simple croix, au duc de Bourgogne, pour qu'il fit sa paix avec son roi [1].

La concorde fut l'effet de cette recommandation pieuse. C'était avec un vif intérêt qu'on apprenait que Jeanne voulait venir par la Normandie; mais bientôt on éprouva quelque douleur, quand on apprit que La Trémouille l'avait détournée de ce projet [2]. Puis l'enthousiasme revenait, quand on entendait raconter que Jeanne avait été blessée à Gergeau sur la Loire, et avait roulé au pied des murailles; que le connétable de Richemond avait fait une pointe vers le Château-Gaillard [3]; qu'à la fin de septembre, le

---

Jacques de Bergame. — Polydore Virgile. — Belleforest. — Pasquier. — Villaret, t. 14, p. 379 à 394. — Soc. de l'Hist. de Fr. Juillet 1835, décembre 1845. — Masseville, t. 4, p. 151 et suiv., et p. 389. — Monstrelet, t. 1, p. 42 et suiv. — Jean Hordal, *Heroïnæ nob. Joan. d'Arc.* — Claude de Marolles, Disc. in-8, 1759. — Hénault, t. 1, p. 306. — Mém. de Charles VII à la Biblioth. de Lyon. — Lenglet-Dufresnoy, 1753. — Mém. Michaud et Poujoulat. — Léon Tripault, in-8, 1621. — L'abbé de Choisy. Chaussard. — Ladvocat, v° Jeanne d'Arc. — Hist. de Jeanne d'Arc, par Quicherat. — L. Dubois, résumé, p. 178. — Moréri, v° Arc. — Soc. de l'Hist. de Fr., Bulletin du 10 juin 1844, p. 46. — Æneas Sylvius. — Note curieuse de la neuvième édit. du Dict. hist. — Div. Antoninus Florentinus. — Paulus Jovius. — Arnoldus Pontac.

(1) Masseville, t. 4 p. 150. — Monstrelet. — D'autres auteurs fixent la date au 17 juillet. — Anquetil. — Le Mémorial de Rouen affirme que la lettre est aux archives de Lille.

(2) Hist. du procès, t. 4, p. 48 et 235.

(3) Villaret, t. 14 et t. 15. — D'Orléans, t. 2, p. 430. — Anquetil, p. 281. — Hume, t. 2, p. 393.

roi ayant voulu prendre Paris, la Pucelle avait été encore blessée à la cuisse d'un coup d'arbalète, près de la porte Saint-Honoré [1], elle qui, suivant une expression contemporaine, était plus redoutée des Anglais que *nul chief* [2]; que c'était sous ses yeux qu'on avait effectué la prise de Beauvais, Sens, Melun, Aumale, Andely.

Déjà cette lettre de Jeanne d'Arc dont nous avons parlé a produit son effet : le duc de Bourgogne revient à Charles VII; le duc de Bedford, privé de cet allié, se renferme dans Rhoëm [3]; mais le pays de Caux est particulièrement sensible à cette autre nouvelle si triste, que Jeanne d'Arc, après avoir porté la guerre entre la Loire et l'Allier [4], est revenue par Paris; que quand elle venait d'être anoblie [5], en décembre, quand déjà on formait des projets sur Rhoëm [6], elle a été prise par Lionnel, bâtard de Vendôme, le 24 mai 1430 [7], et vendue aux Anglais dix mille livres avec une pension de trois cents livres. On était dans une juste anxiété sur le point de savoir où elle serait menée; le roi et toute la France avaient à se reprocher de n'avoir pas fait assez d'efforts pour traiter de sa rançon [8]. Ce fut bien autre chose, quand on sut qu'un *Te Deum* avait été chanté à Paris par les Anglais. On demandait avec avidité chaque jour, et

An 1430

---

(1) A. Hugo, Fr. Pitt. 1835. — M. Chéruel, p. 139. — Hordal. — P. de Fenin, p. 102. — Anquetil, p. 293 296. — Pasquier, p. 235. — Masseville, t. 4, p. 171. — Lenglet-Dufresnoy. — L'abbé de Choisi.
(2) Monstrelet. (3) Procès de Jeanne d'Arc, p. 25. — M. de Barante. — M. Chéruel, p. 192. (4) M. Chéruel.
(5) Villaret, p. 470 et aut. cités. — Pasquier. — Hordal. — Reg. de la cour des aides. — Masseville. — Anquetil.
(6) Brequigny, sur la conquête de la Norm. — Acad. des inscript.
(7) Hume, t. 3, p. 400, dit que c'est par des Bourguignons.
(8) De Laverdy.

malgré la vigilance du nouveau bailli Raoul Bouteiller, quelle marche on faisait suivre à l'irréprochable et infortunée guerrière, qui restait armée, même la nuit [1]. On suivait ses pas de Compiègne à Abbeville, d'Abbeville au Crotoy, où les dames cherchaient à la consoler [2]. La reprise de certaines places dans le Soissonnais, les essais de Xaintrailles et Boussac sur la Normandie [3], le soulèvement tenté dans Paris [4], la visite que le roi anglais faisait à Rhoëm, le 17 juillet [5], n'étaient plus que des distractions. Tout le pays de Caux dut apprendre, avec l'espérance de délivrer Jeanne, qu'on allait l'amener dans les cachots d'Eu [6], quand tout à coup on sait qu'elle a été conduite à Rhoëm par un détachement de troupes anglaises, et enfermée dans une tour [7]; que Pierre Cauchon, évêque de Beauvais, la réclame en l'absence de l'archevêque de Rhoëm [8], pour la juger; peut-il y avoir deux sentiments, quand on sait qu'elle était attachée par les pieds, les mains et le cou [9]? ne devait-on pas espérer de la délivrer pendant l'instruction de ce procès infâme, lors duquel on voulait juger

(1) Hume, p. 401 et note. — M. Chéruel, p. 140.
(2) Villaret, t. 15. — M. Chéruel, p. 87. — Soc. de l'Hist. de Fr. 1835, p. 457. (3) Villaret, t. 15, p. 35.
(4) Anquetil, p. 294.
(5) Hist. de la cathédr. de Rouen, in-4, p. 650.
(6) M. Vatout, Hist. du château d'Eu, 1839.
(7) Chron. roth. — L. Thiessé, p. 371. — Servin, t. 1, p. 35. — Villaret, p. 46. — M. Chéruel. — Arch. municip. — Reg. des délibérat. 1781. — La tour où a été conduite Jeanne d'Arc a été détruite en 1780.
(8) Pommeraye, p. 554. — A. Hugo, Fr. Pitt. 1835. — M. Chéruel, p. 139. — Hordal. — P. de Fenin. — Anquetil, p. 293. — Pasquier, p. 535. — Villaret, t. 15, p. 16, 80. — Lenglet-Dufresnoy. — L'abbé de Choisi. — Procès, t. 4, p. 272, 339.
(9) M. Chéruel, notes tirées d'un ms., t. 3, p. 344, 372. — Deshayes, p. 95, dit qu'elle a été enfermée au château de Beauvais.

Jeanne comme *sorcière* et *devineresse* [1]? L'insurrection de Louviers qui s'était livré à La Hire [2], la tentative d'Ambroise Loré [3], ne pouvaient-elles pas avoir des imitateurs? La translation de l'archevêque de Rhoëm à Besançon, la conduite du chapitre métropolitain, l'hésitation du nouvel archevêque à venir dans sa métropole, n'indiquaient-elles pas une certaine frayeur chez les Anglais [4]?

An 1431 Le mandat donné par le roi anglais à l'évêque de Beauvais, de juger la Pucelle, se réservant tout son droit si elle n'était condamnée [5], paraissait absurde. Aussi chaque jour de ce procès, qui a duré depuis le 9 janvier 1431 jusqu'au 24 mai de la même année [6], est l'objet de la curiosité cauchoise. On sait que l'instruction a lieu d'abord dans la maison du conseil, près du fort, puis sur la place publique même; on apprend la nomination de notaires, de scribes; la convocation d'abbés, de licenciés, de docteurs, dont beaucoup refusaient d'être juges [7]; on répète les réponses fines, pleines de sens, et parfois plaisantes de l'accusée [8], l'embarras du vicaire de l'inquisiteur, l'adjonction de nouveaux juges, le changement de prison, l'obéissance de Jeanne à se dépouiller de ses habits d'homme, dès qu'elle croirait déplaire en cela à Dieu [9] et obtenir de retourner à la maison de sa

---

(1) Pont, t. 4, p. 254, 264. (2) Dibon. — Monstrelet. — Ms. de la Bibl. de Lyon. — Masseville, t. 4, p. 160. — L. Dubois, p. 278.

(3) L. Dubois, p. 278. (4) Pommeraye, p. 452. — Gilbert. — Chéruel, p. 197. — Servin, t. 1, p. 16.

(5) Nagerel, Procès de révision, p. 24.

(6) Quicherat, 4 vol. in-8, 1841, 1844, 1845, 1847. — Hénault, t. 1, p. 308. — Lesguillez, p. 72. — Biogr. univ. — Éphém. rouennaises, 1830. — M. Chéruel, p. 94. — M. A. Dumas. — Nagerel.

(7) Villaret, p. 48 et suiv. (8) V. séance du 22 février.

(9) Id. du 14 mars.

mère. Pourtant, des avis publiés [1], la visite même de sa personne, tout laissait de l'espérance, quoique l'accusée n'eût pas de défenseur [2]. Ses observations sur ses interrogatoires qu'on lui faisait relire [3], quoiqu'on ait refusé d'en constater plusieurs [4], l'avis des évêques de Coutances, de Lisieux et de Jumiéges [5], la crainte de sa mort, la menace de tortures non effectuée, tout cela pouvait faire croire qu'il ne s'agissait pas de la faire périr.

Surtout la comparution de Jeanne au cimetière de l'abbaye de Saint-Ouen, sur un échafaud [6], en face de son accusateur, son abjuration, la reprise de ses habits de femme [7], et son consentement à ce qu'on lui coupât les cheveux, paraissaient alors choses pleines d'importance, presque décisives en sa faveur. Sa première condamnation, seulement à la prison perpétuelle, laissait de l'espérance; on commençait à ridiculiser la colère des Anglais [8]; on entrevoyait le jour où sa prison serait brisée. Mais quand on sut que, sous le prétexte que la Pucelle avait repris des habits d'homme, le 28 mai [9], une assemblée nombreuse avait été réunie dans la maison de l'archevêque; quand on sut qu'il était décidé qu'elle était relapse [10], et qu'une citation nouvelle allait lui être signifiée, tout espoir fut perdu. On vit bien que ses juges se repen-

---

(1) Hist. du procès, t. 3, p. 413.
(2) Séance du 27 mars. — Monstrelet. — Pasquier. — Villaret, t. 15, p. 38 et suiv. (3) Séance du 27 mars.
(4) Procès, t. 2, p. 55. (5) Procès, t. 1, p. 361, 374.
(6) Procès, t. 1, p. 453. — M. Chéruel, p. 94.
(7) Villaret, t. 15, p. 64. — J. Hordal. — Rob. Gaguin, l. 10, f° lxxxi verso. — Anquetil, p. 300 et suiv.
(8) Anquetil, p. 302 et suiv.
(9) P. V. 453 à 459. — Debelbeuf. — Laverdy, Acad. des inscript., t. 3, de la p. 1 à la p. 554. (10) P. V., p. 459 à 466.

taient de ne l'avoir pas immolée de suite; qu'on leur avait fait comprendre la portée politique de leur sentence. Condamnée à périr sur un bûcher, ayant une mitre sur la tête, elle fut donc livrée aux flammes, le 31 mai, sur cette place où est aujourd'hui sa statue; elle avait une contenance pieuse; parmi ses dernières paroles fut cette exclamation pleine de patriotisme : *Rhoëm! Rhoëm, est-ce ici que je devais mourir* [1] *? j'ai grand' peur que tu n'aies à souffrir de ma mort!* Son dernier mot fut le nom de *Jésus* [2]. Le bourreau lui-même a versé des larmes [3]; puis les habitants ont poursuivi celui-ci des gestes les plus méprisants [4].

A partir de ce moment, il semble qu'un nuage se répande sur la ville de Rhoëm, au milieu duquel les Anglais voient les choses les plus sinistres, et les naturels du pays des lueurs d'espérance. On apprend des soulèvements dans plusieurs parties de la Normandie[5], spécialement dans le pays de Caux. La mort injuste de Jeanne produit l'effet qu'en d'autres siècles ont produit la mort de Lucrèce, la mort de Virginie; la moitié de la ville de Rhoëm surveille l'autre moitié.

---

(1) Villaret, t. 15, p. 70, 71. — M. Chéruel. — Hénault dit le 30 mai, t. 1, p. 308. — Procès, t. 3, p. 185.

(2) Procès, t. 2, p. 3, 9, 14, 19, 55; t. 4, p. 459. — V. Th. Franc., par Lavallière, t. 1, p. 236, 362; t. 2, p. 537. — D'Avrigny, trag. en cinq actes, 1819. — Soumet, tragédie en cinq actes, 1825. — Pasquier, p. 535. Il a eu quatre ans en ses mains le procès. — Ladvocat, v° Jeanne d'Arc. — Lenglet, Hist. de la Pucelle. — Dict. histor. — Le grand calendrier de Peuffier, Rouen, 1698. — Le moine de Saint-Denis.

(3) Le moine de Saint-Denis. — L. Dubois, résumé, p. 279. — Deshayes, p. 95, notes. — Soc. de l'Hist. de Fr., Bulletin, 1843, p. 186. — Hist. trag. de la Pucelle, par Fronton du Duc, en 1581. — M. de Barante. — Musée des Familles, octobre 1834. — L'inventaire de Serres fixe la date du supplice au 6 juillet, t. 1, p. 216. — V. Révision du procès, p. 3 et suiv.; t. 3, p. 53. — Exposition 1841, n° 561, par Detouche.

(4) Procès, t. 3, p. 165. (5) L. Thiessé, p. 277.

La Hire partait de Louviers pour s'emparer de Château-Gaillard; en son absence Louviers se défendait contre douze mille hommes¹. L'abbé Leroux, l'un des juges de la Pucelle, protégé par le duc de Bedford, se rendait à Jumiéges; mais il périssait au mois de juillet, aussi accablé des soulèvements de sa conscience que de la haine de tous ² ; quelque brillante épitaphe qu'on mît sur son tombeau, quelques éloges qu'on y donnât à sa bonne administration, bien qu'on le traitât de *révérend père de bonne mémoire* ³, ses odieuses épargnes, les titres qui les constataient n'avaient pas moins été éparpillés par tout ce qui l'entourait. Les abbés de Fécamp, du Bec, sentaient bien qu'ils n'étaient pas plus estimés que le fougueux évêque de Beauvais.

Les Anglais ont beau faire prêcher contre la mémoire de la Pucelle ⁴, reprendre Louviers, et y commettre des actes de barbarie ⁵; incendier presque toute la ville, brûler toute une forêt près de Jumiéges ⁶, disperser les religieux de ce monastère, donner l'évêché de Lisieux à P. Cauchon ⁷, rire d'un combat qui avait lieu entre trente Français et trente Anglais ⁸, et de la tentative du maréchal de Boussac, de Ricarville et de leurs six cents compagnons qui s'étaient établis douze jours dans le château de

An 1432

(1) M. Dibon. — Berry, p. 381.
(2) Quicherat. — Deshayes, p. 96, 97.
(3) La pierre tumulaire de N. Leroux, sur laquelle nous avons recueilli cette épitaphe, était alors chez M. Dossier, à Jumiéges, hameau de Harteauville.
(4) Quicherat. t. 1.— Sur l'hôtel de Bourgtheroulde, et la fam. Leroux, V. Acad. de Rouen, 1844, p. 240.
(5) Villaret, t. 15, p. 118. — M. Dibon, p. 93.
(6) Deshayes, p. 98. (7) Quicherat.
(8) Soc. des ant. de Norm. 1835, p. 485.

Rhoëm [1], sauf à payer de la vie cette témérité ; il est évident que l'harmonie revient entre les partis français, que l'agression qui leur est toujours favorable, recommence; que le moral se fortifie. Établir par toute la Normandie, et spécialement en Caux, des gouverneurs nouveaux dont nous avons la liste [2], est, de la part des Anglais, une marque évidente de soupçon. Ils auront beau faire couronner leur roi à Paris, et y appeler l'archevêque de Rhoëm [3], réparer des églises, fonder le beau portail de Saint-Maclou [4], établir un marché [5], l'opinion générale se soulève de plus en plus; le pays de Caux s'enrôle [6] sous les ordres de Monteraulier, qu'on appelait le père des Cauchois, et qui se fera tuer devant Harfleur [7]. Henri était si sensible à cet accord, que, sans affecter comme dans ses beaux jours, de se mettre sur la tête sa *célada*, surmontée d'un lion [8], et de porter sa hache d'armes, silencieusement il partait pour l'Angleterre [9], et là il apprenait que le maréchal de Rochefort s'emparait de

An 1435 Dieppe, de Fécamp, de Montivilliers, de Tancarville, de Lillebonne et de Harfleur [10], malgré Talbot; que plus de cent mille Anglais avaient péri entre Tancarville et Caudebec [11]; qu'il ne restait plus de fidèle aux

---

(1) Villaret, p. 104, 105.—Masseville, t. 4, p. 175. — L. Dubois, résumé, p. 280. — Chéruel, notes, p. 97, 116. — Farin place le fait en 1431, t. 1, p. 116.

(2) Journal des savants de Norm. première livr., p. 55 et suiv. — Courcelles, Généal. d'Espinay, p. 14.   (3) Pommeraye. — Anquetil.

(4) Laquerrière, ms. sur les fontaines.   (5) Farin, t. I, p. 45.

(6) Nagerel, fol. 182 recto.

(7) Rob. Gaguin, t. 10, fol. lxxxvij verso.—Masseville, t. 4, p. 177.— Nagerel, fol. 182. — Acad. 1844, p. 107.

(8) Tour de Londres, p. 9.   (9) Villaret, p. 104.— Anquetil.

(10) Villaret, t. 15, p. 119.—Masseville, t. 4, p. 178. — Pleuvri, p. 308. — Mém. Estancelin déjà cité.

(11) Masseville, t. 4, p. 178.

Anglais que ce qui était dans quelques garnisons [1].

Si Charles VII a déclaré la Seine libre pour les Parisiens et les habitants de Rhoëm [2], cela pouvait être un acte de jactance, mais qui n'était pas sans espoir. Si, d'un autre côté, les Anglais reprenaient Saint-Valery [3], ils entendaient dire qu'ils étaient chassés de plusieurs villes de la basse Normandie [4] : si la recon- *An 1434* struction de la forteresse du vieux palais [5] pouvait les rassurer sur la possession prolongée de Rhoëm, ils perdaient effectivement l'espérance de rester maîtres des deux rives de la Seine.

Pendant le long et horrible hiver de 1435 [6], et par *An 1435* l'effet de la famine qui résultait de l'abandon des champs [7], on s'occupait peu du soutien des droits politiques. Si l'on n'avait pas envoyé de députés aux états convoqués par Charles VII [8], en février, on savait qu'il y avait eu un congrès à Arras avec le duc de Bourgogne [9], et l'on y avait envoyé Christophe d'Harcourt; on reprenait, on perdait quelques forteresses; puis le maréchal de Rieux et Desmarets secouraient Dieppe, Gomerville, Valmont, Longueville, Fécamp, Honfleur, Arques et Caudebec, aidés en cela principalement par la noblesse cauchoise [10].

Si certaines confréries s'accordaient pour des œuvres de charité [11], c'était évidemment pour se

---

(1) La Chron. de Fr. — Villaret, p. 153 et suiv.
(2) M. Chéruel, p. 171. (3) L. Dubois, p. 280, 281.
(4) Mém. de Charles VII, ms. à la Biblioth. de Lyon.
(5) M. Chéruel, p. 217, dit qu'on y a employé cinq architectes.
(6) Mém. de Charles VII, ms. (7) Chron. roth.
(8) Soc. de l'Hist. de Fr., ann. 1840, p. 116.
(9) Hume, t. 3, p. 406. — Anquetil, p. 319. — Moréri, v° Charles VII.
(10) M. L. Vitet, t. 1, p. 56, 57. — L. Dubois, p. 281. — Masseville, t. 4, p. 182.
(11) Registre manuscrit des frères et sœurs de la Charité du Saint-

réunir entre compatriotes et s'entendre plus souvent. Une ordonnance sur les priviléges commerciaux était à la vérité rendue[1], mais c'était un moyen d'allécher les commerçants, plutôt qu'une récompense. Ce fut bien autre chose, au décès du duc de Bedford, arrivé le 15 décembre, quand il s'agit d'inhumer ce régent de France, et le transporter de son domicile, près de la porte Saint-Hilaire[2], à la cathédrale de Rhoëm[3]; on s'aperçut de la haine que l'on portait à sa personne, par le peu de respect que l'on montrait pour ses restes, malgré le luxe déployé[4]. On était joyeux, sans s'en cacher, de la défaite d'Arundel à Gerberoy[5], par Xaintrailles, qui avec six cents hommes en culbutait trois mille[6]; de la reprise de Graville et de Lamberville[7]. Chacun communiquait les avis par lui reçus, que Saint-Germain-sous-Préaux, Blainville, Saint-Germain-sur-Cailly, Fontaine-le-Bourg[8], cédaient aux efforts du connétable[9]! Il ne restera bientôt, dans tout le pays de Caux, que Caudebec au pouvoir des Anglais[10]; on différa un jour à le prendre, parce que c'était un dimanche! Lahire et Xaintrailles se réunissaient déjà, tantôt à Ry, tantôt au Héron ou à Croisy, pour délibérer sur la tentative à faire vers Rhoëm[11]; le 14 avril 1436, c'était un Français qui allait avoir le titre de gouverneur de

An 1436

Sacrement, dressé à Pâques 1435, sur vélin, donné à l'auteur par M. Barabé.

(1) M. Chéruel, notes. (2) M. Chéruel.
(3) Chron. roth. — Hume, t. 3, p. 409. — L. Dubois, p. 282. — Rapin Thoiras. — Villaret, p. 200, dit 14 décembre.
(4) Pommeraye, p. 555. (5) Monstrelet. — Masseville.
(6) Monstrelet. — Hume, t. 3, p. 410. (7) Masseville, p. 182.
(8) Masseville, t. 4. (9) V. l'abbé des Thuileries, sur la charge de connétable en Normandie. (10) Nagerel, fol. 184 verso. — M. Chéruel, p. 109. (11) Chron. roth. — M. Chéruel, p. 110 et suiv.

France; au lieu du duc de Bedford, c'était Louis de Luxembourg, qu'on s'empressait en même temps de faire archevêque de Rhoëm; mais il était méprisé, et quand il prenait la fuite, on criait *au renard* [1]. Talbot de Faucombridge et un Français, d'Escalles, couraient bien la campagne avec cinq mille combattants; le comte d'Arundel avait même dit qu'il ne remettrait pas son chapeau sur sa tête, qu'il n'eût détruit tous *les vilains de Caux* [2]; mais Talbot et lui, faisant une pointe vers la Somme [3], ne reprenaient aucune place.

Les ecclésiastiques abandonnaient déjà Rhoëm pour aller rejoindre leurs compatriotes qui étaient dans les places reconquises, à ce point que le roi d'Angleterre demandait les noms de ceux qui s'absentaient [4], pour se venger d'eux.

Quelque variété dans les succès a bien pu amener quelque variété dans l'espérance; sans entrer dans de trop petits détails, on a pu craindre, quand on a vu Harfleur investi [5], puis délivré par Pierre de Rieux et le comte d'Eu, Fécamp repris, on a pu, disons-nous, craindre des désastres nouveaux; mais quand on sut que Paris venait d'être envahi par Dunois [6]; que Willoughby en était expulsé, et venait vers la Normandie [7]; que Charles VII, en rentrant dans sa capitale, avait versé des larmes [8]; que le parlement y était rentré

---

(1) L'Abbé. — Pommeraye, p. 556, 557. — Gilbert, p. 157.
(2) Nagerel, fol. 185 recto. (3) Mém. de Charles VII, ms.
(4) M. Chéruel, p. 186.
(5) Dict. hist. v° Rieux. — L. Dubois, p. 282.
(6) Chron. de Fr. — Monstrelet. — Mézeray. — Villaret, p. 211. — Masseville, t. 4. — Moréri, v° Charles VII. — Hénault, t. 1, p. 311. — Sainte Marthe.
(7) Hume, p. 411. — Grafton. — Monstrelet, t. 2, p. 127.
(8) Anquetil, p. 328.

aussi; que Fécamp avait spontanément repris le parti français; que Dunois disait tout haut que c'était Rhoëm qui lui manquait; que Pothon et Xaintrailles venaient de faire une tentative à la face de Talbot; les idées se fixèrent tout à fait : l'habitude de reprendre l'ordre, comme les nouveaux règlements de Paris[1] semblaient le commander, devint un besoin pour l'esprit normand ; on ne trouvait pas mauvais que le prévôt de Paris eût une juridiction provisoire sur les malfaiteurs de tout le royaume[2].

An 1437

Talbot même, ce sage gouverneur, encore qu'il fût dans une ville entourée de onze tours[3]; qu'il fût apprécié par Xaintrailles, contre lequel il avait été autrefois échangé[4], envisageait bien la portée de ces états généraux où les Normands allaient envoyer un député par chaque vicomté[5], où Dunois, chargé de la guerre avec le maréchal de Lafayette[6], allait faire entendre sa voix électrique; il faisait venir des troupes d'Angleterre et se fortifiait de plus en plus[7]. Le décès de son jeune enfant, arrivé le 4 janvier 1438[8], lui semblait le pronostic des revers qu'il allait éprouver à son tour. Si l'un de ses lieutenants tentait un coup de main sur Lillebonne et Longueville[9], il n'espérait plus les conserver. Quelque soin qu'il prît de se mettre bien dans l'esprit des ecclésiastiques, en favorisant l'établis-

An 1458

---

(1) Anquetil, p. 329 et suiv. — Isambert, Recueil des lois et ordonn. année 1437 et suiv., p. 852 et suiv.

(2) V. ordonn. publiée au Châtelet, Isambert, p. 861 et suiv.

(3) Golnitz, Itin. Belg. Gall. 1655. (4) D'Orléans, t. 2, p. 431.

(5) Monstrelet. — Soc. des ant. de Norm. 1836, p. 487.

(6) Rec. des états généraux, t. 9, p. 134. — Soc. des ant. de Norm. 1836, p. 480. — Isambert, p. 862. — Dom Lenoir, sur les états de Norm. Delafoy, const. du duché de Norm., p. 257.

(7) Lesguillez, p. 22. — Servin, t. 1, p. 10.

(8) Farin, t. 3, p. 7. (9) Masseville, t. 4, p. 185 et suiv.

sement de quelques édifices religieux[1], en flattant Alexandre de Berneval, ce maître de la maçonnerie de Saint-Ouen, sauf à lui faire rendre ensuite une stricte justice, il voyait bien la portée de tous ces actes.

Les mauvaises habitudes même de ce Dauphin[2], que l'histoire connaîtra bientôt sous le nom de Louis XI, ne lui laissaient pas l'espérance d'une division prochaine à la cour de France. La nomination simultanée, par l'Angleterre du duc de Sommerset, et par Charles VII du comte d'Eu, au titre de gouverneur de Normandie, ne devait-elle pas paraître une prédiction à cet homme expérimenté?

Nous ne savons si c'est lui qui a conseillé d'investir l'archevêque, Loys de Luxembourg, du droit d'administrer la justice[3], mais nous sommes certain que cela est devenu une des dispositions les plus funestes, soit à cause de l'éloignement des hommes civils pour cette juridiction, soit à cause de la haine de tous les partis pour ce nouveau cardinal[4]. On accueillait bien autrement la déclaration des états d'Orléans, que l'occupation anglaise n'était que *pillerie, roberie, meurtre, désolation*[5], et l'ordonnance du roi qui créait comte[6] le bâtard compagnon de Jeanne, et cette nouvelle que le nouveau comte parcourait son cher pays de Caux, avec quatre mille hommes[7]. *An 1440*

Les tristes résultats de la Praguerie, ou de cette détestable division suscitée par le Dauphin, donnaient-

---

(1) M. Chéruel, p. 210, sur la Bibl. du chap. métropol. — Soc. des ant. de Norm. Introd., p. 32, 33.   (2) Anquetil, p. 329.
(3) Pommeraye, p. 556.   (4) Id.
(5) Ann. de la Soc. de l'Hist. de Fr. 1840, p. 117.
(6) Procès de réhabilitation, t. 3, p. 2, note.
(7) Masseville, t. 4.

ils assez d'espoir à Talbot pour qu'il appelât le duc d'Yorck à Rhoëm, avec du renfort [1], pour que Harfleur et Montivilliers redevinssent anglais, la perte de Pontoise [2] et la publication des noms des Cauchois qui s'étaient distingués à ce siége [3] détruisaient bien vite ses plans; Tancarville, d'Estouteville, de Graville étaient des noms qui lui faisaient passer de mauvaises nuits. Enfin, la prise d'Évreux par le capitaine Floquet [4], privant la capitale de Normandie des provisions de la campagne des environs, tandis que des états provinciaux votaient des subsides pour des soldats de France [5], Talbot ne veut plus rester enfermé ; avec ses nouveaux renforts, il se présente devant Caudebec, l'occupe quelques instants [6] ; il ravage les campagnes environnantes [7], il pense à faire devant Dieppe un siége qui a laissé naître dans le pays l'habitude de le nommer le *César* des Anglais [8] ; mais il ne peut empêcher Dunois de s'y enfermer, et le Dauphin de venir en aide à Dunois [9]. Si ce n'est qu'après un combat sanglant qu'il lève le siége, du moins il faut bien s'y résoudre, il faut laisser le Dauphin aller offrir à l'église de la place délivrée une statue d'argent, de sa hau-

---

(1) Farin, t. 1, p. 398. — Moréri, v° Charles VII. — Hénault, t. 1, p. 312. (2) M. de Barante.
(3) Masseville, t. 4, p. 189.
(4) M. Dibon, p. 43. — Masseville, t. 4, p. 189.
(5) Soc. des ant. de Norm. 1836, p. 501.
(6) Noël, t. 3. (7) M. Vital, p. 59.
(8) C'est peut-être là ce qui a fait croire que le Romain a campé sur les hauteurs : contre cette opinion, v. Masseville, t. 4, p. 193. — Lecat, 1751, vol. de l'Acad. de Rouen, p. 333. — Acad. des inscript., t. 10. — Noël, Essai sur la Seine-Infér. p. 87, 88. — L. Dubois, p. 283. — Notes de M. A. Le Prevost, pour la Notice de M. Freret, Soc. des ant. de Norm. 1826, et qui a 100 pages : nous mettons ces autorités en présence.
(9) Villaret, p. 352. — Rob. Gaguin, fol. lxxxvi. — Anquetil, t. 14, p. 346. — Hénault, t. 1, p. 313.

teur[1], que l'on fondit plus tard comme toutes ses pareilles.

Nous venons de parler du fait d'armes de Dunois, de ce vertueux compagnon de Jeanne d'Arc; la récompense qu'il recevait était apte à créer de nouveaux partisans à Charles VII. Ce roi, qui le nommait tout haut le *Restaurateur de la Patrie* [2], lui donnait le comté de Longueville, que nous avons vu donné par Guillaume-le-Conquérant à l'un de ses compagnons, donné à Du Guesclin, et revenu à la couronne en 1391. Ainsi Jean, comte de Dunois, fils naturel de Louis de France, et de la dame Cany [3], allait employer toute son ardeur à défendre et maintenir son domaine, c'est-à-dire à être le protecteur des Cauchois, et il allait être la tige de la maison d'Orléans-Longueville, qui a eu tant d'historiens [4], qui a fourni des gouverneurs à la Normandie entière, des gouverneurs de Picardie, et dont nous aurons souvent occasion de parler.

Les persécuteurs de Jeanne commençaient déjà tellement à trembler, que l'archevêque, Loys de Luxembourg, l'ami de Jean Cauchon, le parent de celui qui l'avait vendue [5], quittait son siége et s'en allait mourir à Ély, en Angleterre [6]. Talbot était forcé de rentrer

---

(1) Masseville, t. 4, p. 194. (2) Ladvocat.

(3) Moréry, v° Orléans.

(4) V. Hist. généal. et chron. de la maison royale de Fr., par Anselme et Dufourny, 1726, t. 1, p. 213, t. 2, p. 532, t. 5, p. 530 et suiv. — Brantôme, t. 1, p. 520, t. 6, p. 173. — Moréry, v° Longueville. — Masseville, t. 4, p. 202. — Menestrier, édit. 1770, p. 46, 222, 223. — Lelong, t. 3, numéro 35246. — Sainte-Marthe, Hist. gén. de Fr. — Dupuy, Droits du roi. — Neustria Pia. — T. Duplessis. — Houard, v° Longueville. — Moréri, v° Orléans, v° Orange. — Expilly, v° Longueville. — Madame de Sévigné, lettre 110e. — Mém. de la duch. de Nemours, 1738. — Blancheton, Vues pitt. des anc. châteaux, p. 92.

(5) J. Hordal.

(6) Pommeraye, p. 559. — Gilbert, p. 157. — Servin, t. 1, p. 17.

pas à pas dans sa ville-citadelle de Rhoëm : il fortifiait surtout le vieux palais [1]; il opérait même une seconde enceinte [2]. C'était pour tâcher de se rendre le clergé favorable, qu'au lieu de faire comme par le passé, il laissait élire par les chanoines [3], le 4 décembre 1443, un archevêque; mais qui choisissaient-ils ? un homme d'un caractère ferme, qui devait être un jour le rapporteur du procès de révision de Jeanne [4], qui déjà parlait hautement de la sanctifier [5].

An 1444   Dunois allait trouver Charles VII en Poitou, pour combiner une agression commune, quand le roi, le chargeant du rôle d'ambassadeur en Angleterre, acceptait par lui, le 18 mai, cette trève[6], prolongée pendant vingt-deux mois, qui lui semblait un acte de désespoir pour les envahisseurs, et qu'il signait à Tours [7]. Le but principal, de la part du roi de France, était la délivrance de Rhoëm, comme le refus définitif de cette délivrance devait être la reprise de la guerre [8]; le but des Anglais, au contraire, était de gagner du temps, de ramener des soldats de leurs autres possessions, d'opérer une diversion vers d'autres frontières de France. Talbot croyait si bien voir, dans le temps qui allait s'écouler, un moyen d'amortir la haine et la colère occasionnée par le trépas de Jeanne d'Arc, qu'il invitait la reine d'Angleterre à venir à Rhoëm, et en

---

(1) Villaret, p. 352. — Farin, t. 1, p. 124. — Lesguillez, p. 37.
(2) Farin, t. 1.
(3) Pommeraye, t. 1, p. 159. — Registres du chapitre. — Dadré et la Chron. des arch. placent le fait en 1444. — Dachery.
(4) Sur le procès de réhabilitation, v. le t. 3, publié par la Soc. de l'hist. de Fr, en 1845. (5) Alain Chartier. — Hist. du procès de Jeanne d'Arc. — Pommeraye, p. 561.
(6) Hume, t. 3, p. 417. — Villaret, t. 15, p. 353 et suiv.
(7) Anquetil, t. 4, p. 317 et suiv. — Masseville, t. 4. — Hénault, t. 1, p. 313. (8) M. Chéruel.

effet, elle y était reçue dans la cathédrale; s'il n'y eut pas beaucoup de sincérité dans sa réception, il y eut au moins un grand cérémonial [1].

Talbot employait une grande partie des fonds dont il pouvait disposer, à embellir et à doter de choses utiles la ville de Rhoëm [2]. Ses efforts pour conclure des mariages entre les familles des deux nations sont constatés [3]. Mais les divisions qui existaient à la cour d'Angleterre détruisaient bientôt ses espérances; il aurait voulu aussi acheter tous les exemplaires d'un livre que publiait un certain Amelgard, sur le recouvrement intégral de la Normandie, et sur la nécessité de reviser le procès de 1431 [4]. S'il faisait tenir en sa présence un échiquier, il sentait peut-être que ce devait être le dernier qu'il dirigerait. Le Pont-de-l'Arche, qui était reconquis sur le comte d'Orset [5], pouvait déposer de la vigueur des attaques nouvelles; mais ce fut surtout lorsqu'on lui dit que Jacques Cœur offrait au roi de France les sommes nécessaires à la fin de la guerre, qu'il ne se fit plus d'illusions [6]. Le titre de duc et de lieutenant général *ès marches et pays de Caux*, donné par le roi à Dunois, le 17 mai 1448, ne paraissaient pas au grave Talbot de vains titres, parce que cela venait à la suite de la capitulation de Fé-

An 1445

An 1446

An 1447

An 1448

---

(1) Hist. de la Cath., in-4, p. 650.

(2) Farin, t. 1, p. 24, 289. — Laquerrière, Fontaines, p. 7. — Dict. des comètes, v° Rouen. — Chron. des arch. — M. Chéruel, p. 206.

(3) Le P. d'Orléans, t. 2, p. 451.

(4) Procès-verbaux de la Soc. de l'hist. de Fr., 1842.

(5) Dibon, p. 61. — Math. de Coussy. — Masseville place à tort le fait en 1449.

(6) Rœderer. Hist. de Louis XII, t. 1, p. 74. — Anquetil, t. 4, p. 359. — Laquerrière, t. 2, p. 181. — Hist. de Jacques Cœur, 1840. — Monstrelet, t. 3. — Belleforest, l. 5. — Lathaumassière Berry, p. 84. — Bonamy, procès de Jacques Cœur. — Acad. des inscript., t. 20.

An 1449 camp[1] ; et, en effet, Charles VII allait bientôt faire de Louviers son quartier général pour attaquer ou cerner la capitale de la haute Normandie[2] ; il sut aussi que cet Amelgard, dont les productions l'avaient tourmenté, n'était autre que Thomas Bazin, né à Caudebec, créé évêque de Lisieux en 1447, et qui était en relations quotidiennes avec Charles VII[3].

Juin, juillet, août sont des mois critiques pour les possesseurs de Rhoëm, quand ils apprennent qu'autour de Charles sont : le roi de Sicile, le duc de Bretagne, le comte d'Eu, le duc d'Alençon, et ce bâtard qui porte : d'Orléans à la traverse de sable[4] ; qu'il leur arrive tous les jours du renfort, tandis que les assiégés n'en peuvent plus recevoir.

Quand Dunois, soutenu par le seigneur de Blainville[5], a soumis Pont-Audemer en septembre; quand le roi est allé avec Dunois à Jumiéges[6], au château d'Arques qui s'est rendu[7], ce n'est pas une raison pour que Rhoëm soit secourue; quand Neufchâtel s'est rendu à la suite d'un assaut[8], Talbot sent bien qu'on va l'assaillir à son tour. Sa police lui révèle que plusieurs centaines de bourgeois sont disposés à mettre la garnison entre deux feux[9] ; enfin, quand le roi de

---

(1) Nagerel, fol. 189, 190. — Anselme, t. 1, p. 215. — Villaret, t. 15, p. 455. — Invent. de Godefroy et Dupuy, 1615. — Bonamy. — Acad. des inscript., t. 30.

(2) M. Dibon, p. 69. — Berry, Hist. de Charles VII.

(3) M. de Barante. Procès-verbaux de la Soc. de l'hist. de Fr., 1842, p. 247. (4) Villaret, t. 15. — Ménestrier, 1770, p. 46, 222, 223. — Le P. Anselme, t. 5.

(5) Nagerel, fol. 190. — Journ. de l'Inst. hist., 1835, p. 195. — Soc. des ant. de Norm, t. 12, p. 131.

(6) Masseville, t. 4, p. 233. — M. Deshayes, p. 98.

(7) Notice sur le château d'Arques, p. 8. (8) Nagerel, fol. 192.

(9) Robert-Blondel. — Procès, t. 4, p. 347. — Nagerel, fol. 194. — Rœderer, p. 76.

France apprend, par ses correspondants, que l'endroit le plus faible de la place est vers le faubourg Saint-Hilaire; que le duc de Longueville part du Neufbourg; que les comtes d'Eu et de Saint-Paul partent d'Arques; que le sénéchal de Poitou et le bailli d'Évreux sont entre les Chartreux et la ville [1]; que tout le clergé de Rhoëm lui est favorable [2]; il pousse jusqu'à Pont-de-l'Arche [3], et manœuvre le long de la Seine. Dunois, dès qu'il est arrivé, monte sur les hauteurs, et tandis qu'on a ordonné une fausse attaque du côté des Chartreux, il se dispose à engager une véritable action vers l'endroit insurgé; mais il est tout étonné d'entrer dans le fort Sainte-Catherine; il n'a pas le temps d'y mettre une garde, qu'il descend vers la porte Martainville. Déjà des habitants commencent à huer les Anglais; l'archevêque, à la tête de plusieurs ecclésiastiques, de fonctionnaires et d'habitants, va faire entendre au duc de Sommerset que leur rôle ne peut durer davantage, quand le roi de France est là, à leur porte [4]; Talbot est forcé de s'isoler avec quelques guerriers, de quitter la majeure partie des remparts, de se renfermer dans la grande citadelle connue depuis sous le nom de Vieux-Palais. Pendant que Pierre de Brézé, et de Mauny, avec deux cents lances et cent archers, prennent possession de deux tours, huit cents bourgeois armés sortent, vont vers Saint-Hilaire, et demandent le roi pour lui offrir les clefs; l'un d'eux stipule, en peu de mots, les intérêts d'habitants qui ont tant souffert, et Charles s'empresse de promettre,

---

(1) Nagerel, fol. 194. (2) Villaret, t. 14, p. 460. — Pommeraye. — Masseville, t. 4, p. 234.
(3) M. Chéruel. — Revue rétrospective.
(4) Gaguin, fol. lxxxix.

avec l'oubli des trente années qui viennent de s'écouler, le maintien des anciens priviléges de la ville, comme le respect de la coutume. Le duc de Longueville occupe militairement, sous les yeux de Talbot, la capitale de Normandie [1]. Il n'y a presque pas de sang versé; le reste va se faire entre Dunois et la forteresse qui reste au pouvoir des Anglais. Talbot, qui apprend que le roi de France veut être sévère envers la garnison, se propose comme otage, et abandonne son artillerie; Sommerset verse comptant cinquante mille écus, et promet l'évacuation immédiate de ce qui pouvait encore lui rester en Caux [2], c'est-à-dire de Montivilliers. Il n'y a plus que des choses de forme, puis des fêtes.

Charles VII part de cette côte sous laquelle, de nos jours, passe un chemin de fer; il fait une entrée solennelle, escorté de l'archevêque de Rhoëm et suivi des otages que lui a livrés Sommerset. A la vue du prince armé de sa cuirasse, de ses brassards, de ses cuissards, ayant un chapeau de velours vermeil, monté sur un cheval couvert de velours, ayant près de lui son chancelier vêtu d'écarlate et suivi du roi de Sicile, et de tant de braves parmi lesquels étaient Dunois, Xaintrailles et Fonteville, le cri de *Noël* est répété des milliers de fois [3]; des embrassements sont donnés entre parents qui ne se sont pas vus depuis tant d'années; des tables sont dressées dans les rues; le roi va rendre grâces à Dieu, et faire des chevaliers. N'était-ce

---

(1) Nagerel. — Masseville, t. 4. — M. de Barante. — Servin, t. 1, p. 362. — Farin, t. 1, p. 472. — M. Chéruel, p. 139. — Monstrelet, t. 3, p. 22. — L. Dubois. — Thiessé. — Rœderer, p. 76.

(2) Villaret, t. 14, p. 463. — Nagerel, fol. 197.

(3) Rob. Gaguin, l. 10. —.Hist. de la cathéd., 1686, p. 650. — Masseville. — Monstrelet. — Villaret, l. 15. — Farin, t. 1, p. 399.

pas un spectacle attendrissant? même après quatre cents ans, qui n'est encore sensible à ce tableau!

On sait quelles ont été toutes les conséquences de la capitulation : la réduction d'Harfleur le 1ᵉʳ janvier 1450, et celle des deux forts qui étaient à l'endroit où est le Havre[1], la tenue solennelle des séances de l'échiquier, la construction de navires, la reprise des habitudes commerciales. Tandis qu'Agnès Sorel va séjourner avec le roi à Jumiéges, et accueillir les moines de son sourire le plus gracieux[2], Dunois enfin vient prendre possession de son manoir de Longueville, et raconter tous les soirs à ceux qui l'entourent les exploits prodigieux de Jeanne, ses conversations spirituelles, ses mots inspirés.

An 1450

Le commencement de l'année 1450 a encore été notable pour cette partie de la France par la mort d'Agnès Sorel, au Mesnil-jouxte-Jumiéges, arrivée le 14 février[3]; on conçoit que l'impression a été vive, moins parce qu'elle était la maîtresse du roi, ou bien parce qu'elle léguait son cœur à l'abbaye de Jumiéges, que parce qu'elle avait été l'objet de la jalousie du futur Louis XI, et que celui-ci se hâtait de revenir à son père, dès qu'il apprenait l'événement.

Charles, digne de ses succès, s'occupe de rendre beaucoup d'ordonnances qui satisfont la politique et la raison[4]. Mais celles qui sont le plus vivement ac-

---

(1) Anquetil, t. 4, p. 361. — Ephém. univ., p. 24. — M. Deshayes, p. 98. — Villaret, t. 15, p. 472.

(2) M. Deshayes, p. 98.

(3) Dict. hist., v° Soreau. — Deshayes, de la p. 99 à 107. — Millot, t. 2, p. 260. — Rob. Gaguin, l. 10. Anquetil, t. 4. — Masseville, t. 4. — Riboud, éloge d'Agnès Sorel. — Plusieurs biographes fixent par erreur le décès au 9 : T. Duplessis, Nagerel, L. Dubois.

(4) Brochure sur les états 1789. — Ann. de la Soc. de l'histoire de France, 1840.

cueillies le long des rives de la Seine sont : 1° celle qui, sur la demande de la famille de Jeanne d'Arc, ordonne la révision du procès [1], 2° celle qui refuse au Dauphin le gouvernement de la Normandie [2].

On conçoit que quelques années seront employées uniquement à réparer des désastres : tandis que Dunois, le comte d'Eu, d'Estouteville, de Blainville, Robert d'Étampes, vont rejoindre les autres Français en basse Normandie [3], en Guienne, notre histoire redevient presque municipale. Les architectes qui continuent la cathédrale de Rhoëm donnent des plans pour les châteaux nouveaux qu'il faut construire. De cette époque datent ces maisons à crêtes ou à dentelles dont nous voyons que l'on reprend aujourd'hui les dessins [4]. Alors on a vu Gillet de Bolbec rendre son nom remarquable seulement pour avoir fait de belles couvertures de livres, spécialement pour avoir relié un Aristote [5] ; et le fils du seigneur d'Estouteville, en allant présider le clergé de France à Bourges [6], pouvait porter l'un des nouveaux produits de l'industrie cauchoise.

An 1451

An 1452

An 1454 Enfin, la nouvelle que le pape a nommé des commissaires pour la révision du procès de Jeanne d'Arc [7], parmi lesquels est Richard de Longueil, ancien archidiacre d'Eu, et les révélations de cette instruction

---

(1) Hist. du procès, t. 2. — Hordal. — A. Hugo. — Pr.-verb. de la Soc. de l'Hist. de Fr., 1842, p. 247. — Servin, t. 1, p. 355. — Juvénal des Ursins.

(2) Anquetil, t. 4, p. 365. (3) Monstrelet. — Moréri, v° Étampes.

(4) Laquerrière, t. 2, p. 75. — Id., Essai sur les épis, crêtes, etc., 1845. — M. Chéruel. — Farin, t. 1, p. 477. — Lesguillez, p. 44.

(5) Richard, Bibl. des éch., p. 26.

(6) Anquetil, t. 4, p. 373.

(7) Dict. hist. v° Juvénal des Ursins. — Servin, t. 1, p. 455. — Dict. hist. v° Longueil.

pendant laquelle plus de cent témoins sont entendus, occupent tous les esprits. Ceux qui avaient déposé, qui avaient jugé autrefois, étaient troublés à leur tour ; le Dauphin recommanda une grande sévérité [1]. Le 7 juillet 1456, le procès est annulé pour cause de *corruption* [2] ; on ordonne qu'une croix sera élevée à cet endroit où le corps de Jeanne a été réduit en cendres, et, à la même époque, une comète très-lumineuse se montrant, il semble à beaucoup d'esprits que c'est pour éclairer ce triomphe de la pureté.

Ans 1455 1456

Comme si maintenant tous ces hommes d'armes étaient fâchés de n'avoir plus d'occupation, le duc d'Alençon conspirait ; il fallait que le duc de Longueville avec de Brézé accomplissent la mission délicate de l'arrêter [3] ; la pensée venait de faire une descente en Angleterre, pour donner de nouvelles occasions d'honneur, de courage. En effet, quatre mille hommes sont confiés au grand sénéchal de Brézé, pour se réunir à Honfleur, faire une invasion, et user de représailles, mais du moins avec humanité, envers les récents possesseurs de la Normandie [4]. Des marins normands déposent cette armée vers Sandwich. La ville est prise ; un butin considérable est fait. Comme s'il s'agissait seulement d'exciter à une expédition plus importante, on rentre avec ces dépouilles. On a bien suivi l'ordre de ne pas user de barbarie.

An 1457

Puis, c'est un repos nouveau, pendant lequel l'histoire note la confirmation de la charte normande par

An 1458

---

(1) Villaret, p. 311. — Lettres inéd. de Louis XI, impr. à Abbeville, 1837. (2) Procès, t. 2 et 3 — Hénault, t. 1, p. 319. — Masseville, t. 4. — Lesguillez, p. 72.

(3) Villaret. — Dict. hist. v° Brézé. — Masseville.

(4) Masseville, t. 4, p. 245 et suiv. — Villaret, p. 182. — Anquetil, p. 385, 386. — Béziers.

lettres royales[r], la modération des impôts, les vingt-cinq mille étudiants de l'université[2], l'élection du comté d'Eu en première pairie laïque[3], à cause de la constance du comte d'Eu, dit la charte, le titre de gouverneur d'Arques donné au seigneur d'Espinay[4], l'ambassade de l'archevêque de Rhoëm en Italie[5].

An 1459 Une révolution survenue en Angleterre[6], qui a le nom historique de *rose rouge* et *rose blanche*, pourrait bien donner lieu à renouveler une expédition comme celle du grand sénéchal ; mais le froid survenu entre le duc de Bourgogne et le roi, la défiance que celui-ci conçoit surtout envers le Dauphin[7], rendent Charles circonspect, craintif même. L'immense découverte de
An 1460 Guttemberg, Faust et Schœffer, qui part de Mayence[8], qui se répand en quelques mois, le porte à réfléchir, et c'est quand ces pensées, trop fortes pour Charles VII, occupent tous les esprits, que le 22 juillet 1461[9], ce père de quatorze enfants, se laisse mourir de faim, entrevoyant pour recueillir sa couronne un prince si différent de lui sous tous les rapports.

Quel est l'historien, le peintre, le poëte, qui n'a du plaisir à trouver l'occasion de définir le caractère le plus bizarre qui ait occupé un trône ? Pourquoi Louis XI a-t-il été le sujet de tant de dissertations, de

(1) Brochure de 1789 déjà citée.
(2) Millot, t. 2, p. 263. — Villaret, p. 241.
(3) M. Estancelin, p. 6. — Coquelin, Histoire du Tréport.
(4) Courcelles, p. 13. (5) Villaret, t. 16, p. 256.
(6) Id. — Hume, t. 3, p. 457. — Hénault, t. 1, p. 320.
(7) Commines. — Masseville. — Voltaire, Essai sur les mœurs, t. 2, p. 459.
(8) Jean de Zuiren, Dissert. sur l'origine de l'imprim. 1661. — Recherches, par Ed. Frère, Rouen, 1829, in-8. — Millot, t. 2, p. 262.
(9) Daniel. — Masseville. — Sainte Marthe. — Mézeray. — Millot, t. 2, p. 257, 258. — Châteaubriand. — Hénault. — Anquetil, p. 400. — Villaret ne voit pas la preuve qu'il soit mort de faim.

tant de tragédies, de romans, de vaudevilles? C'est qu'il est plein d'originalité; c'est que courageux un jour de combat, ce roi est craintif dans son palais; que, profondément dissimulé, il sait récompenser la franchise; qu'il est tantôt généreux, tantôt d'une avarice étroite; libertin et exigeant; laborieux, parce qu'il ne pouvait dormir; ricanant du mal d'autrui, puis se confessant d'avoir ricané.

Qu'un conseiller d'État devait avoir de mal auprès d'un prince habile, *âpre* et *véhément,* suivant l'expression de Gaguin; ami de l'ordre et donnant de mauvais exemples, injuste et parlant sans cesse de droit; dur envers la féodalité et esclave de son barbier; vaniteux une minute avant de se cacher; aimant, suivant l'expression de Masseville, à dire des polissonneries et n'en permettant pas; qui avait voulu un grand cérémonial à son sacre, et, à l'occasion du joyeux avénement, tenant à créer une charge de boucher [1]; cruel assez souvent par lâcheté; intelligent, mais de façon à refuser l'éducation à son fils; fin politique, et, suivant l'expression de l'abbé Millot, dupe du pape [2]; sordide, quoique aimant les arts; exigeant une bonne tenue, et malpropre, si ce n'est quand il était malade (alors il lui fallait du satin cramoisi); ayant des saints à son chapeau, et allant peu à l'église; prêchant l'économie, et donnant soixante mille écus par an à Coictier, et cinq cent mille à la châsse de saint Martin de Tours [3]; amateur de la chasse, et en revenant toujours triste.

Le pays de Caux, le Vexin, le Roumois, ont eu bien-

---

(1) Isambert, p. 383.   (2) T. 2, p. 267.
(3) Masseville, t. 4; p. 332 et suiv.

tôt l'occasion d'apprécier ses hautes idées de législation et sa mesquinerie dans la pratique, d'applaudir aux mots de liberté et d'indépendance qu'il prononçait la veille du jour où il s'appuyait sur le bras du bourreau.

Le lieutenant général de Caux, le duc de Longueville, le connaissait de vieille date; ils étaient ensemble au siége de Dieppe; le duc savait le peu d'estime qu'avait le roi pour la chevalerie[1]; aussi, quand Dunois revenait de conduire à Saint-Denis la pompe funèbre qui avait escorté les restes de Charles VII[2], et quand il disait à ses amis de se pourvoir[3], que pour lui il se retirait dans son château, c'était moins par goût pour la solitude, que par la certitude qu'il déplaisait au nouveau roi.

Chaque jour on se demandait des nouvelles de la cour. L'abolition de la pragmatique sanction devait amener des remontrances inutiles[4]. La confirmation de la charte aux Normands n'avait pas de difficulté[5], pas plus que la réduction du guet[6], et un meilleur mode d'impôts[7]; on espérait beaucoup de la demande d'avoir un échiquier régulier, et des règles fixes de compétence accordée aux *états*[8]; mais quand on sut

An 1462 que le roi voulait la destruction de beaucoup de châteaux[9], qu'il suffisait d'avoir eu la confiance de Charles VII pour lui déplaire[10], que pour perdre de Brézé, il lui confiait la mission dangereuse de conduire, seu-

---

(1) Voltaire, Essai sur les mœurs, p. 482 et suiv.

(2) Le P. Anselme, t. 1, p. 215. (3) Anquetil, p. 401.

(4) M. Pastoret. (5) V. lettres datées de Tours, recueil de pièces, 1789. — L. Thiessé, p. 242. (6) Richard.

(7) Masseville, t. 4. (8) M. Isambert, l. 11, p. 424. — M. Floquet, t. 1, p. 241, 243. (9) Dict. hist., v° Charles VII.

(10) Villaret, t. 16, p. 401. — Anquetil, t. 4.

lement avec deux mille hommes, Marguerite d'Anjou en Angleterre[1]; quand les seigneurs apprirent le mépris du roi pour leurs priviléges, en matière de chasse, et que le bailli Cousinot était arrêté[2], on commença à frémir, et lors du sacre on s'aperçut bien de la défiance des seigneurs normands, par leur absence : excepté le duc de Longueville, le comte d'Eu, qui s'y rendaient à regret, puis quelques pairs ecclésiastiques, encore parce qu'ils voulaient obtenir la construction d'un palais archiépiscopal[3], tous s'en abstenaient.

Louis XI cependant était curieux de venir dans la ville de Rhoëm ; il devait s'y rendre au commencement d'août 1462 ; chacun comptait examiner sa figure dramatique, sa tournure pleine d'originalité; on se disposait à répéter les maximes, les ordres, les mots du roi ; mais il y vint *à petit bruit*, dit Farin[4], et comme Marguerite, épouse de Henri VI, roi d'Angleterre, était arrivée quelques jours avant lui, mais avec un grand cérémonial, sous prétexte de se rendre vers son père[5], mais peut-être pour savoir où en était la *ligue du bien public*, le roi de France en profitait pour traiter avec cette habile princesse, de la remise de Calais[6]; et ce ne pouvait être sans intérêt qu'on apprenait un tel résultat. On sut bientôt aussi qu'il s'était occupé de beaucoup de mesures de police que les chroniques donnent avec détail[7]; mais qu'il avait

An 1462

---

(1) Masseville, p. 257. — Villaret.
(2) Villaret, t. 16, p. 412.
(3) Hist. nat., v° Rouen.
(4) T. 1, p. 400. — L. Dubois, p. 291. — Hist. de la cath., p. 651.
(5) Villaret, p. 454. — Farin, t. 1, p. 400.
(6) Hénault, t. 1, p. 322.
(7) M. Floquet, t. 1, p. 59. — Biogr. univ., v° Brézé. — Collection du Louvre, t. 15, p. 536, 548. — Constumier impr. en 1483.

causé, en le destituant d'une partie de ses emplois, l'irritation du seigneur de Longueville[1].

An 1463   Aujourd'hui, on lui rend la justice qu'il avait le désir d'arrêter les abus du régime féodal[2]; la question sera de savoir s'il s'y prenait avec habileté; de même qu'on examine s'il devait faire brûler une femme, parce qu'elle prétendait être Jeanne d'Arc[3]. On loue l'institution de la charge de procureur général[4]; mais on cherche si, dans l'intention du roi, cela devait être aussi sagement utile qu'on l'a vu depuis. Ce que l'on note, c'est que lors d'un autre voyage fait par Louis XI à Eu, puis au Tréport, le nouveau procureur général, Guillaume de Cerisay, a été témoin de la donation faite du château d'Eu au comte de Saint-Pol[5], le comte d'Eu ne laissant pas d'héritier[6]. Ce sera à Dieppe que

An 1464 le roi signera son traité avec la Bohême[7], ainsi que les lettres ridicules, même en ce temps, qui exemptaient Chenu, seigneur d'Yvetot, et ses successeurs, de toute espèce d'impôts, sur la seule souvenance du privilége que nous avons rapporté à la date de 534, à la condition qu'on ne le nommerait plus roi, tout en disant qu'il a fait informer sur le droit par le bailli de Caux, et que ce n'est que depuis la descente des Anglais que le droit a été méconnu[8]. On éprouve d'autres sentiments quand on entend parler de l'établissement de la poste aux chevaux et aux

---

(1) Anselme, t. 1, p. 216 et suiv.
(2) M. Michelet, p. 166.
(3) Gaz. des tribunaux, décembre 1841, p. 319.
(4) M. Floquet, t. 1, p. 245.
(5) M. Vatout, p. 2.
(6) Moréri. (7) Corps dipl., p. 315. — Isambert, p. 493.
(8) Collect. du Louvre, t. 16, p. 271. — Isambert, p. 99. — Ducange, Glossaire, édit. 1766, t. 3, v° Rex, copie l'ord. en entier.

lettres, sous le nom de *coureurs* et porteurs de dépêches du roi[1].

Nous avons parlé de la ligue du *bien public;* les Cauchois, comme toute la France, en vont éprouver les effets; ils verront Dunois figurer des premiers parmi les mécontents, avec Bazin, tombé aussi en disgrâce[2], puis ils riront encore des termes de cette amnistie que Louis XI accorde, en disant qu'il veut imiter Jésus-Christ, de qui il tient sa couronne[3]; mais ils ne pourront s'empêcher d'applaudir aux actes de courage donnés à la bataille de Montlhéry le 16 juillet 1465, et lors de laquelle a été tué leur sénéchal de Brézé, qui attirait tous les coups ennemis, parce qu'il portait la cotte d'armes du roi. Ils ont vu avec reconnaissance la statue équestre élevée à ce brave. Ce monument existe entier et nous montre avec exactitude l'armure du temps[4].

Est-ce une faiblesse, est-ce une excessive ruse que la donation de la Normandie, faite le 5 octobre à Charles, frère du roi[5]? Voilà toujours quel en est le résultat : lorsque le nouveau duc se fait proclamer, avec un grand cérémonial[6], il s'aperçoit bien qu'il ne plaît pas. Le roi vient à Rhoëm, mais ne plaît pas davantage[7], escorté qu'il est par le bourreau. S'il re-

(1) Collect. de la Bibl. du conseil d'État de 1403 à 1472. — Isambert, p. 487.   (2) L. Dubois, Hist. de Lisieux, p. 240, 488.
(3) Collect. du Louvre, t. 16, p. 307. — Reg. du Parl. de Paris. — Anquetil, t. 4, p. 436. — Pastoret. — Hénault, t. 1, p. 324.
(4) Eglise Notre-Dame de Rouen. — Villaret, t. 17, p. 91. — Anquetil, t. 4, p. 442. — Commines, p. 31. — Hénault, t. 1, p. 325. — Masseville, t. 4. — Lettres inédites de Louis XI.
(5) M. Floquet, t. 1, p. 248. — M. Michelet, p. 169. — Millot, t. 2, p. 270, 271.
(6) Commines, p. 80. — Farin, t. 1, p. 401. — Monstrelet, t. 3, p. 120, 145, 150. — L. Dubois, p. 290.
(7) Commines, p. 75, 82. — Villaret, p. 167. — Anquetil, t. 4, p. 464.

An 1466 prend le duché et veut former une armée, aidé de Dunois[1], s'il veut plaire par la nomination du comte de Saint-Pol, seigneur d'Eu, au grade de gouverneur de la Normandie[2], la confiscation des biens de Bazin[3], l'expropriation du fief de Morville pour en doter son conseiller Picard[4], le supplice de plusieurs seigneurs, font bientôt naître des factions que ne calme point son cher Ballue par l'intervention des cages de fer[5]. Personne n'est dupe de ses intentions quand il parle d'unir Dunois avec Agnès de Savoie, sœur de la reine de France, et de lui donner le titre de chef des commissaires et réformateur du bien public[6]. On préférerait beaucoup voir le roi s'occuper des moyens d'arrêter la contagion qui enlève en août et en septembre quarante mille personnes[7].

An 1467 Sous le moindre prétexte, Louis XI revenait à Rhoëm : Warwick lui est envoyé ; il va au-devant de lui jusqu'à la Bouille[8], en grand cérémonial. Alors il veut qu'on oublie tout ; il ne parle que d'encouragements à donner au commerce ; on anoblit le Dieppois Ango[9], qui bientôt tient état de prince. Comme An 1468 il semble qu'on soit rassuré par l'état des commerçants, au nombre desquels Yvetot compte Laurent Lecouteulx, le roi ne parle plus de revenir vers la basse Seine. Il parlera bien aux états de Tours, qu'il a soin de présider, de la question de savoir si la Nor-

---

(1) Soc. des ant. de Norm., t. 12, p. 133.
(2) Masseville, t. 4, p. 268. (3) Servin, t. 2, p. 232.
(4) Renseignements donnés par M. de Martainville.
(5) Villaret, t. 17, p. 70. — Biogr. univ., v° Ballue. — Inv. de Serres, t. 2, p. 254. (6) Villaret, p. 204.
(7) Anquetil, t. 4, p. 469.
(8) Rapin Thoiras. — Masseville, p. 278. — Villaret, p. 238.
(9) Rec. du Louvre. — Isambert, p. 547 et suiv., 553 et suiv. — Hénault. t. 1, p. 328. — Ann. de la Soc. de l'Hist. de Fr., 1840, p. 110.

mandie sera indépendante ; mais on se doute bien de la réponse et du peu de succès que pourraient avoir les délégués, Dunois, Tancarville, d'Estouteville et le comte d'Eu[1]. Il est certes de meilleure foi quand il fait prononcer l'inamovibilité des offices de magistrature, la divisibilité des monnaies; quand il crée l'ordre de Saint-Michel à la place d'autres ordres héréditaires[2]; quand il entretient, autant qu'il est en lui, les factions de la *rose rouge* et de la *rose blanche* en Angleterre[3]. Son rôle est bien naturel lorsqu'il accueille Warwick, Clarence, le prince de Galles, la reine elle-même, qui viennent en Normandie[4]. Il voit avec plaisir à la cour que tient cette princesse, à Rhoëm, la comtesse de Lillebonne[5], fille du comte d'Harcourt; il veille sur la révolution anglaise, jusqu'à ce que Henri VI, sorti de prison, remonte sur son trône[6]. Il sait qu'il va éteindre l'aristocratie en multipliant les fiefs, et de là sa pensée toute personnelle d'accorder la noblesse à tout possesseur de biens de cette nature, après trois générations, c'est-à-dire qu'il a anobli huit cents familles, bien entendu moyennant rétribution[7]; il sait le goût que reprenait le peuple pour l'élection, et il appelle aux états six *notables* personnes de chaque bailliage[8].

An 1470

Mais le roi devient furieux quand il apprend que le duc de Bourgogne, malgré la revue passée à Caude-

Ans 1471 1472

---

(1) Rec. Isambert, à la date du 21 octobre 1467.
(2) Fauchet, Orig. des chevaleries et arm. — Hénault, t. 1, p. 328.
(3) Anquetil, t. 5, p. 38.
(4) Hume, t. 3, p. 497.
(5) Hénault, t. 1, p. 405. (6) Villaret, p. 446.
(7) Toustain de Richeb.', t. 2, p. 269, cite cette Charte; elle est relatée en l'édit du 26 mars 1555 que nous avons retrouvé en ms. aux archives de la Cour royale de Rouen, sect. de la cour des aides.
(8) Soc. des ant. de Norm., t. 10, p. 480, notes.

bec par Antoine d'Aubusson, bailli de Caux [1], se portant vers la Normandie, incendie Neufchâtel [2], pille Longueville, et brûle dix-sept villages autour de Clères [3]; qu'il entre dans la ville d'Eu, et arrive aux portes de Rhoëm. Il apprend, il est vrai, que Guillaume Lavallée, sénéchal de Normandie, Jean de Torcy, sire de Blainville, Robert d'Estouteville, ont forcé ce triste partisan à se porter vers la Somme [4], et il y envoie des troupes; puis, pour calmer les habitants de Rhoëm, il leur accorde aussitôt une foule d'immunités [5]; il n'en est pas moins vrai que sa prudence habituelle a été là en défaut.

Ans 1473 1474

Un fait curieux, plein d'intérêt, va briller au milieu de ces circonstances : Le Rouennais, Pierre Maufer, exerce l'imprimerie à Padoue et se dispose à rapporter dans sa patrie un art récent et magique [6]; on répand déjà des cartes de géographie multipliées par ce procédé [7].

An 1475

Pour faire autant de bien à la ville d'Eu et aux environs, que la pointe d'un partisan avait pu causer de dommage, le roi aide à faire établir ce canal qui reçoit les eaux de la mer au Tréport et les conduit à Eu [8]; mais sur le moindre soupçon que le comte d'Eu

---

(1) De Courcelles, p. 9. (2) Noël, t. 1, p. 55.
(3) Masseville, t. 4, p. 299.
(4) Commines, p. 228. — César Marette, p. 20. — Anquetil, t. 5, p. 46. — Chron. roth. — Garnier, p. 16. — Masseville, t. 4, p. 297. — Servin, t. 2, p. 18. — M. L. Dubois, p. 292.
(5) Arch. de la voûte du palais, 18 juillet 1477. — M. Laquerrière, t. 2, p. 246. — Servin, t. 1, p. 8, 18. — M. Floquet, Privilége Saint-Romain, t. 1, p. 178. — Jean de Serres, p. 284. — Soc. des ant. de Picardie, t. 5, p. 233.
(6) Mém. de la soc. d'émul., 1828. — Masseville, t. 4, p. 417.
(7) Renseignements donnés par M. Leclerc à la soc. de l'hist. de Fr. le 4 mai 1846.
(8) Dom. Luc d'Achery. — Guibert. — Coquelin, p. 18.

n'est pas défavorable aux Anglais, il fait brûler le château le 18 juillet par le maréchal de Rouhaut Gamaches, sauf à réparer tout cela ensuite par des priviléges [1], sauf encore à payer aux Anglais soixante-douze mille écus, à laisser, par une bizarrerie sans nom, le roi anglais se nommer *roi de France*, pourvu que lui il s'appelle *roi des Français* [2], et qu'il ait le plaisir, en retournant à Paris, de faire trancher la tête de Loys de Luxembourg, gouverneur de Rhoëm [3]. Une seule chose peut nous distraire de ces cruautés, c'est de nous souvenir que celui qui a remplacé Loys de Luxembourg dans ses fonctions, est ce prince connu depuis sous le nom de Louis XII [4].

Va-t-on profiter des postes, de la presse, qui a pour appui à son berceau une ordonnance de Louis XI [5] ? Comment concilier ces soutiens de la liberté et le projet qu'a eu Louis XI d'établir un poids et une mesure pour toute la France [6], avec une ordonnance qui *An 1476* exige que Rhoëm et autres villes fassent le commerce à Arras [7] ? avec le caractère d'un prince qui, après *An 1477* avoir ordonné le supplice d'un père, a donné cet ordre emprunté à Caligula, que le sang retombât sur sur les enfants [8].

---

(1) M. Blancheton, Vues pittoresques des anc. châteaux de Fr. — M. Lebeuf, p. 14, 17. — Coquelin dit que toute la ville a été brûlée.

(2) Anquetil, t. 5, p. 90. — Masseville, t. 4, p. 300 et suiv.

(3) Anquetil, t. 5, p. 104. — Masseville. — L. Dubois, p. 291.

(4) Servin, t. 2, p. 19.

(5) Lettres du 21 avril 1475, coll. du Louvre. — Broch. de M. Frère, 17 pages in-8, 1829. — Lacaille, hist. de l'impr. — Acad. de Rouen, 1838, p. 24. — Buïr, Lettres sur l'orig. de l'impr. 1761. — Revue de Rouen, décembre 1836. — Isambert, p. 710.

(6) M. Dupin, Disc. de rentrée, 1845, p. 29.

(7) M. de Barante, t. 11, p. 248.

(8) Garnier, p. 340. — Dupuy, vol. 646, Bibl. roy. — Isambert, p. 777. — Dict. hist.

Tout le reste des édits, des traités, des guerres dans lesquelles se sont distingués entre autres Jean de Dreux, vidame d'Esneval, sire de Pavilly et le sire d'Estouteville [1]; des entreprises maritimes et des combats de mer lors desquels a brillé Coulon [2]; des bizarreries et des cruautés de Louis XI; tout le reste,

An 1479 à 1482 disons-nous, est assez connu, assez publié, assez amplifié même pour que nous abrégions; mais pouvons-nous ne pas insister sur cette mission donnée au Cauchois Duquesne, d'exercer dix mille Français et six mille Suisses; de les exercer à Pont-de-l'Arche dans un camp à la romaine, et d'avoir pour cela sous ses ordres le bailli de Rhoëm et Philippe de Crèvecœur [3]; sur l'élection au titre d'archevêque, par la volonté de l'homme du Plessis-lez-Tours, du Cauchois Robert de Croismare [4]; même sur cette ordonnance en vingt articles, qui permettait au barbier du roi mourant d'avoir des lieutenants dans tout le royaume [5].

An 1483 Quand on a appris le décès de Louis XI, arrivé à la date du 30 août, avec toutes les circonstances de ses frayeurs, de ses prières, du repentir de ce roi *chrétien,* qui a fait exécuter quatre mille de ses sujets [6], il semble qu'on respire un autre air. Il n'avait pas eu d'enfants de Marguerite d'Écosse; il avait eu trois fils et trois filles de Charlotte de Savoie, sans compter trois enfants naturels. Charles VIII, qui était appelé au trône, avait treize ans. Avec l'éducation négligée

(1) Hist. de Rouen, chez Amyot, 1710, 3 vol. in-12.
(2) Garnier, p. 433, 435.
(3) Hénault, p. 336. — L'Encyclopédie moderne, v° Armée, art. du général Lamarque. (4) Pommeraye, p. 578.
(5) Isambert, p. 100.
(6) Rollin. — Dict. hist. v° Louis XI.

exprès qu'il avait reçue, avec sa tournure assez bizarre[1], il était difficile de prévoir quelle direction, quelle impulsion du moins il allait donner au gouvernement, quand il aurait atteint quatorze ans, cette majorité nominale ; aussi ce n'est que lors de la convocation des états généraux à Tours qu'on put entrevoir quelle serait la position extérieure, quelle serait l'administration intérieure de la France. La confirmation des priviléges de la *hanse* teutonique dont Rhoëm faisait partie[2], la nomination du duc d'Orléans au poste de lieutenant général, le choix d'un connétable, auquel concouraient Dunois et d'Estouteville[3], les peines même que l'on permettait d'infliger à Coitier et à Olivier-le-Daim[4] ; tous ces préliminaires donnaient des espérances auxquelles la presse s'empressait de concourir en multipliant ce *coustumier de Normendie* que Guillaume *Gaullemier* imprimait pour *Robinet Macé,* libraire de l'université de Caen[5], et lors de laquelle impression, par parenthèse, on commençait à écrire *Roven*, au lieu de Rhoëm.

Roven qui envoyait quatre députés aux états généraux de Tours, et le pays de Caux qui en avait trois, s'intéressaient, comme on pense, à cette mesure. Chacun encourageait Jean Masselin, l'official de l'archevêque, qui avait promis d'en rédiger le récit ou

An 1484

---

(1) Commines, l. 8.— Brantôme, t. 6, p. 2.— Roscoe, Vie de Léon X, t. 1, p. 151. — Guichardin, Hist. d'Italie, l. 1.

(2) Rœderer, Louis XII.— Ancillon.— Moréri, v° Anséatique. — Trévoux, v° Hanse.— Ordonn. de Charles VIII, cote 11, fol. 52.— Gohory, Hist. de Charles VIII.— Paul Jove.

(3) Isambert, Charles VIII, p. 6.

(4) Anquetil, t. 5, p. 218.

(5) V. Catalogue Delassize, p. 369.— V. ce Coustumier à la Bibl. de Rouen, avec la charte du roi Philippe, datée de Lillebonne.— L'auteur en possède un exemplaire.

journal [1]. Avec quelle joie n'apprenait-on pas que le jeune roi voulait associer les états au gouvernement; que le fils de Dunois, conduit par Maulevrier, avait eu une place d'honneur [2]; qu'on allait tout reviser : clergé, noblesse, tiers-état, justice. Le renvoi de la garde suisse était applaudi [3]; on aimait l'expression de *mère commune* donnée à la police. Ce fut la *nation* de Normandie qui ouvrit l'avis de laisser la personne du roi aux mains de ceux qui l'avaient si bien dirigé [4]. Si l'on redemandait l'échiquier régulier, comme du temps de Charles VII, on recommandait le choix des présidents et conseillers parmi ceux qui connaissaient les coutumes et usages du pays [5].

Quand le conseil du roi avait négligé une partie de ses promesses, Jean Masselin avait été élu pour porter la parole au nom des six *nations;* elles demandaient ce que l'on nomme aujourd'hui un *budget*. Si on leur en donnait un très-inexact, du moins on en donnait un. Si l'on voulait parfois abuser des précédents de Louis XI, il était ouvertement permis de louer les bonnes années de Charles VI, après l'expulsion des Anglais. Masselin était toujours nommé par acclamation pour présider et répondre au chancelier [6]. Un duc, à la vérité, faisant allusion aux paroles de Masselin, dit : *Quand les vilains ne sont opprimés, il faut qu'ils oppriment* [7]; mais la réponse fut : *Vous imposez la Normandie comme étant le quart du royaume, elle en*

---

(1) Ms. de Dupuy, Biblioth. du roi, numéro 321. — Moniteur du 13 décembre 1835. — Ann. de la Soc. de l'Hist. de Fr. 1840, p. 118. — M. Michelet. — Bernier, 1 vol. in-4, Didot.
(2) Récit de Masselin.
(3) Discours du chancelier.
(4) Isambert, p. 26 et suiv.
(5) Id., p. 57. (6) Id., p. 78. (7) Id., p. 79.

est le huitième. On répondait à des épigrammes par des chiffres, et c'est une bonne manière.

Enfin, les états ayant conclu par six articles, le jeune roi avoua personnellement les paroles dignes que le chancelier prononça lors de la clôture.

On conçoit les éloges que reçut Masselin à son retour en Normandie. Ce fut sans doute, grâce à son crédit, que Louis Mallet, seigneur de Graville, en Caux, celui dont la famille était si ancienne, et qui était supérieur à tous ses aïeux [1], fut nommé amiral et gouverneur d'Honfleur [2], au décès de l'amiral de Bourbon. La justice devint une chose d'usage, et non plus de caprice comme sous le règne précédent. Le baron d'Esneval [3] et le baron de Clères, au lieu de se battre en duel, venaient exposer leurs droits devant l'échiquier [4].

Une flotte anglaise était signalée des côtes de Normandie; on se portait en foule et en armes sur le rivage, et elle allait échouer en Bretagne [5].

Quelle joie quand le jeune roi de France vint le 27 avril 1485 présider l'échiquier [6], et déclarer la confirmation de la charte normande, des priviléges rouennais, spécialement de celui de saint Romain [7]. On publiait une chronique normande dont sans doute un

---

(1) Masseville, t. 4, p. 421.
(2) Id., t. 5. — L. Dubois, résumé, p. 293.
(3) Généal. d'Esneval, in-4, 1689.
(4) Chron. roth. (5) Masseville, t. 5.
(6) Farin, t. 1, p. 181. — L'hist. de la cathédr., p. 650, donne la date du 14 avril. — Servin, t. 2, p. 30, dit que c'est Louis XI qui a présidé cette séance. — Rec. de pièces imp. en 1789. — L. Thiessé, p. 242, 288.
(7) Rec. de pièces de 1789; à cette époque, la pièce était aux archives. — M. Floquet, t. 1, p. 12. — C'est par erreur que M. Thierry dit que Louis XI a permis en 1445 une levée de troupes en Normandie.(3e vol., p. 376).

exemplaire lui était offert[1]. Si l'un des prétendants au trône d'Angleterre venait demander une flotte au nouveau roi de France, il l'obtenait de suite, montée par quatre mille Normands, et des plus *méchants*, suivant l'expression du temps[2]; elle quittait Harfleur, et décidait contre le farouche Richard les événements longtemps variables[3]. On se réjouissait de voir Charles aimer des exercices chevaleresques[4] si différents de ceux de son père, tout en publiant des lettres sur la police des gens de guerre[5].

An 1486 Aussi la généralité du pays de Caux était contre le fils de Dunois, quand il avait l'ingratitude de se faire l'âme d'une conspiration[6]; au contraire, elle applaudissait aux arts pacifiques qui se développaient. Le perfectionnement du Puy-de-la-Conception[7] par Daré, lieutenant du bailli de Roven, lequel unissait les exercices d'une piété sans bigoterie à la littérature, était, à l'imitation des usages antiques, le prélude des académies. On récompensait sur un théâtre les meilleures pièces de vers, et la jeunesse s'accoutumait tellement à ces solennités, qu'une église a fini par être trop petite pour contenir les curieux. La fondation de cet hôtel du Bourgtheroulde, où depuis ont été appliqués de si beaux bas-reliefs[8], tendait à embellir cette place qui se nomme place de la Pucelle.

(1) Cette chronique a été découverte en 1827; *v.* Soc. de l'Hist. de Fr., 1843, p. 132 et suiv.
(2) Polydore. — Masseville, t. 4, p. 350.
(3) Hume, t. 3, p. 567, 569. (4) Anquetil, t. 5, p. 238.
(5) Premier registre du Châtelet, fol. 290. — Isambert, p. 152. — Reg. de l'échiquier, 20 avril 1485. — M. Floquet, t. 3, p. 190.
(6) Anquetil, t. 4, p. 250 et suiv.
(7) V. t. 2, an 1070.
(8) M. Laquerrière, t. 1, p. 175, et t. 2, p. 212 et suiv.

Des aumônes élevaient ce monument nommé la tour de beurre [1].

Il y avait bien quelques esprits qui entrevoyaient dans la dureté qu'avait eue Louis XI pour les grands seigneurs, quelque chose de plus utile pour l'avenir que la nouvelle *montre* que dressait le lieutenant du bailli de Roven des nobles et noblement tenants [2], *montre* ou liste si curieuse à consulter aujourd'hui, et où sont tant de noms cauchois; on n'était pas généralement enchanté de l'édit qui distinguait les classes qui pouvaient porter des chapeaux d'or ou de soie [3]; mais enfin les mœurs du temps étaient parfois plus favorables encore aux pensées de Charles VIII qu'à celles de son père.

Quand le jeune monarque négligeant les soulève- An 1487 ments que Louis d'Orléans facilitait, d'accord avec Commines et George d'Amboise, vers la Bretagne [4], croyait, peut-être par inspiration, que le meilleur moyen d'éteindre les mécontements était la gloire, sa voix retentissait bien vite dans les châteaux, dans les tourelles, dans les manoirs de Caux. Le temps qu'il passait à Roven et aux environs lui formait une armée [5]; c'était avec elle qu'il allait en basse Normandie, et y restait une partie de l'hiver; qu'il occupait les places fortes de Bretagne, sauf à revenir à Roven en novembre, et, dans un séjour de trois semaines, régler, avec les états, divers points décisifs; il défend entre autres choses à tous ses sujets, excepté les riverains de la mer, de porter des armes, hors le cas de

---

(1) Deudemarre, 1629, p. 183.   (2) Farin, t. 1, p. 133 et suiv.
(3) Fontanon, t. 1, p. 980. — Isambert, p. 155.
(4) Guichardin.— Taillepied. — Anquetil, t. 5, p. 260.
(5) Masseville, t. 4, p. 353.

légitime défense. Signées à Sainte-Catherine-du-Mont, dans cette forteresse qui domine Roven, publiées en français à la sénéchaussée, en latin à l'échiquier, ces chartes sont aussi la preuve légale, pour ainsi dire, du passage de la langue latine à la langue française dans l'usage officiel [1].

An 1489 Bientôt la prise de Louis d'Orléans, de Commines [2], la rentrée des enfants de Dunois à leur domicile, remettent tout dans l'état normal ; le roi n'attendait que le repentir des coupables pour pardonner. C'était pour jouir d'un spectacle de calme que le roi de Pologne, Casimir, venait visiter les bords de la Seine ; et quand il mourait à Fécamp [3], les Cauchois rendaient à sa tombe des honneurs analogues à ceux qu'ils avaient rendus au brave capitaine Jacques d'Estouteville, dont la vie avait été si glorieuse [4].

An 1490 Des ordonnances sur le commerce indiquaient cette fois sa liberté. En exemptant les marins de Roven, Caudebec, Montivilliers, de certaines redevances [5], on les encourageait. Louis de Brézé, baron de Mauny [6], en annonçant le mariage du roi avec Anne de Breta-
An 1491 gne [7], faisait espérer qu'il y avait désormais des chances pour que la paix ne fût plus troublée ; avec d'autant plus de raisons que l'on stipulait qu'en cas de veuvage, sans enfants, Anne épouserait le roi de France [8]. On apprenait chez les Cauchois, comme

---

(1) V. la suite du grand Coustumier, in-fol., à la p. 32 du recueil, 1539.
— Soc. des ant. de Norm., 1836, p. 508. — Isambert, p. 170 et suiv.
— M. Floquet, Parl., t. 1, p. 134.
(2) Hénault, t. 1, p. 344. — D'Argentré, Hist. de Bretagne. — Hume
t. 4, p. 47. (3) Chron. roth.
(4) Langlois, Saint-Wandrille, p. 166.
(5) Soc. des ant. de Norm., t. 12, p. 137.
(6) Toustain, t. 2, p. 345. (7) Hénault, t. 1, p. 345.
(8) Masseville. — Anquetil, t. 5, p. 302.

dans le reste de la France, avec attendrissement, que le roi, faisant sortir le duc d'Orléans de prison, le mettait coucher dans sa chambre, puis lui confiait même le gouvernement du duché de Normandie[1]; aussi la tenue des états à Roven était empreinte de concorde et d'harmonie. Le gouverneur de Normandie y venait avec son lieutenant, George d'Amboise[2], aussi gracié; il était accueilli avec joie par les représentants des trois états. Il était manifeste que ces états allaient devenir une chose régulière, et rendraient des décisions respectées. Les noms des sieurs de Maromme, d'Esneval, de maître Estienne Tuvache, de Guillaume Auber, de Robert de Bapeaume, de Jacques Duhamel, de Jacques Deschamps, de Guillaume Ango, allaient être distingués; mais c'était surtout Jean Masselin qui inspirait une confiance universelle[3]. Autres emblèmes de paix: l'archevêque Robert de Croixmare donnait un orgue à la cathédrale de Roven[4]; on construisait pour l'assemblée des commerçants qui parlaient de leurs affaires à l'issue de la guerre, l'immense salle commune de la ville, appelée depuis salle des procureurs, et qui coûtait quatre-vingt-huit mille neuf cents livres[5]; le poëte Alexis publiait les Quinze Joies du mariage[6]. Une tragédie, An 1492 jouée aux Dominicains, quoique le sujet fût ascétique, présageait une extension de la littérature. Le

---

(1) Anquetil, t. 5, p. 297. — Masseville, p. 366.
(2) Farin, t. 1, p. 141. — Mém. de la Soc. des ant. de Norm. 1837, 1838, 1839, p. 276, 277, 278, 309, 310, 321.
(3) Farin, t. 1, p. 319 à 323.
(4) Gilbert, p. 91. — Pommeraye, p. 579.
(5) Masseville, t. 4, notes, p. 422. — M. Floquet, Hist. du Parl., Avant-propos. — M. Laquerrière, Revue, p. 215.
(6) Dict. hist. v° Alexis.

célèbre Plantin était un des élèves[1] de l'imprimerie rouennaise.

Si le roi, excité à tort par quelques Italiens et par quelques seigneurs[2], dissuadé en vain par l'amiral de Gràville et d'autres sages[3], rêvait le rôle de Charlemagne, le titre de roi des Grecs et des Turcs[4], et, tout en négligeant les frontières de l'Allemagne, prétendait avoir droit au royaume de Naples, et demandait une armée sans avoir de quoi la solder, il ne tardait pas à voir dans ses rangs, à côté du jeune Piquet ou Bayard, âgé de dix-huit ans[5], et de Guillaume de Louviers, le nouveau duc de Normandie, François, comte de Dunois, seigneur de Longueville, le seigneur de Torcy, Guillaume de Bonneval, et Gilles, baronnet, qui portait l'enseigne des gentilshommes[6]. On n'entendait parler que des exercices et des tournois par lesquels on se préparait à la guerre dans les villes de la France méridionale. Mais les idées allaient avoir un bien autre développement, quand on apprenait à la fin de l'année qu'un Génois, fils d'un cardeur de laine[7], d'abord traité de visionnaire, dans l'igno-

---

(1) Dict. hist. (2) Guichardin. — Masseville, p. 365, 366. — Brantôme, t. 6, p. 4. (3) Orloff, t. 1, p. 407. — Hénault, t. 1, p. 347.

(4) Anquetil, t. 5, p. 319. — Orloff, t. 1, p. 408. — Voltaire, Essai sur les mœurs, p. 558.

(5) V. Guyard de Berville. — Pasquier, Rech. de la Fr., un long art. sur Bayard. — Très-joyeuse hist. du bon chevalier. — Expilly, Hist. du chev. Bayard, in-12. — Brantôme, t. 6. — Gestes de Bayard, coll. Cimber. — Lacretelle. — Gaillard, Préf. de l'Hist. de Charlemagne. — M. Michelet.

(6) A. Delavigne. — Masseville, p. 367.

(7) Le Neptune des Indes, 2 vol. grand in-folio, par Mannevillette, 1780; Jean de Laït, Hist. des Indes, Elz., in-fol.; Guthrie, abr., p. 946. — Millot, Hist. de Fr., t. 2, p. 323. — Barbaroux, Résumé de l'Hist. d'Amérique, p. 18. — Malte-Brun, t. 1, p. 499. — Hispania, *sive de reg. Hisp. regnis et opibus*, Elz. 1629. — Trévoux, v° Amérique. — Maffée, Hist. des Indes. — Crasset, Jésuite Dieppois, Hist. du japon. — Jean

rance complète où l'on était que le continent antipode avait été touché dans le x° siècle [1], venait avec trois vaisseaux, sinon de découvrir, au moins de vérifier cette quatrième partie du monde; que ce pays pouvait avoir plus de deux mille lieues de long et plusieurs centaines de lieues de large; que ce Génois était vice-roi de ce nouveau monde, et allait repartir avec une nouvelle flotte. On comprend quel effet devait produire une pareille nouvelle dans un pays qui a pour principales limites un fleuve et l'Océan ! Tous les ports déjà formés allaient prendre un développement nouveau, et, à l'embouchure de la Seine, sur une portion de terrain évidemment délaissée par la mer, depuis que Grâville avait cessé d'être un port, à cet endroit où l'on voyait seulement deux tours, reprises par Charles VII sur les Anglais ; où une simple chapelle dédiée à Notre-Dame-de-Grâce [2] semblait un lieu de prières pour les Cauchois qui rentraient dans la Seine ; où le comte de Warwick s'était embarqué sous la conduite du bâtard de Bourbon pour aller délivrer Henri VI; où Charles VIII avait fait embarquer le secours accordé au comte de Richemont : à cet endroit, disons-nous, on devait

---

de Lezi, Hist. de l'Amérique. — Robertson, Hist. de l'Amérique. — Guill Copier, Hist. du voyage des Indes. — Rœderer, Hist. de Louis XII, t. 1, p. 67. — Maclot, associé de l'Acad. de Rouen, Mappemonde géogr. et hist. — Le Voyage pitt. dans l'ancienne France, affirme qu'un navigateur Dieppois, Cousin, avait découvert le fleuve des Amazones en 1487 et était revenu au bout d'un an. — La Nouvelle Minerve 1835 parle d'une société formée à Dieppe pour rechercher une terre nouvelle, p. 320.

(1) V. à cet égard le Mém. de M. Rafn, in-8, 1844, off. à la Soc. de l'Hist. de Fr., bulletin 1845 ; p. 6.

(2) Mém. sur le port du Havre, chez Fame, 1753, in-12, par Bléville. — Pleuvri, Hist. ant. et Descript. de la ville et du port du Hàvre, 1769, in-12, deuxième édit. — Toustain de Richebourg, t. 2, p. 293. — Maire, in-fol., 1834. — Laquerrière, t. 2, p. 77.

établir des maisons, des rues, et créer une ville qui aujourd'hui est un des plus beaux ports du monde. Mais il ne faut pas anticiper sur les événements.

L'Angleterre avait bien l'intention, au commencement de novembre, de conquérir une partie de la France, tandis que le roi de ce pays entrait dans Florence, même dans Rome [1]. L'habileté du ministre d'Amboise, employée par la reine régente qui connaissait le prix du temps, satisfaisait les agresseurs avec un peu d'argent [2], et employait tout le reste de l'année et la suivante à préparer une forte défense, en même temps qu'elle réparait et fondait beaucoup d'édifices [3]. On avait le temps, quand une partie des troupes était revenue d'Italie, d'entendre les guerriers qui racontaient comme quoi Naples avait été prise, comme quoi on avait dégagé le gouverneur de Normandie bloqué dans Novarre, et comme quoi le Cauchois d'Espinay, archevêque de Lyon, s'était trouvé, en habits ecclésiastiques, à la bataille de Fornoue [4]. Puis, si l'on entend dire qu'une ligue, à la tête de laquelle est le pape, s'est formée en Italie; que le roi de vingt-trois ans a besoin de recrues; que, dans un combat, des ennemis ont touché la bride du cheval du roi, une armée se forme spontanément. Une flotte même, au milieu de laquelle est la grande caraque (*caracca grossissima ditta la Normanda*), malgré les galères de Venise et un vaisseau génois, aura bientôt fait lever le siége de Livourne [5].

---

(1) Anquetil, t. 5. — Hénault, p. 348.
(2) Hume, t. 4, p. 59. — Masseville. (3) Pommeraye.
(4) Moréri, v° Espinay. — Dict. histor. — Masseville, t. 4, p. 370. — Additions, p. 425. — Guichardin. — André Delavigne. — Anquetil, t. 5, p. 342. — Commines, p. 640.
(5) Preuves de l'Hist. de Charles VIII, p. 683. — Isambert, p. 265. —

L'abandon de la conquête de Naples, de ce pays An 1496
qui changeait de roi tous les six mois, mais pour soutenir une guerre contre l'Espagne, donnera lieu à manifester, à propager des mécontentements[1]. Le débordement des rivières[2] conseillera des dépenses d'une autre nature que celles de la guerre; l'importation de ce mal qu'en Italie on nommait le mal français, qu'en France on nommait *le mal napolitain*, et que la postérité a appelé plus régulièrement *le mal américain*[3], An 1497 dont la contagion était si effrayante que le prévôt de Paris menaçait de jeter à la rivière ceux qui, atteints, ne retourneraient pas dans leur pays natal; cette importation, disons-nous, troublera bien des familles; les exactions de plusieurs praticiens[4] occasionneront des plaintes de tous les jours. Le découragement va naître de ces diverses circonstances quand, ainsi que cela a eu lieu à d'autres époques, une seule personne va changer l'avenir. Le décès à Amboise, le 7 avril An 1498 1498, d'un roi qui à vingt-sept ans en avait régné quinze[5], va mettre sur la scène cette personne : celui qui allait devenir roi, était le sage gouverneur de Normandie. Son premier ministre allait être l'archevêque de Rouen.

Qui ne se souvient du règne de Louis XII, de ce roi *roturier*, comme l'appelait Mornac, de ce roi *père du peuple*, ainsi qu'il a été nommé dans une assemblée

---

Commines, t. 2, p. 461, 476, 483. — Guichardin. — Masseville, t. 4, p. 373. — Anquetil, t. 5, p. 349 à 358.

(1) Anquetil. (2) Chron. roth. — Farin, t. 1, p. 506.
(3) Ménage, Orig. franç., éd. 1650, p. 654. — Fauchet, Orig. des arm. — Orloff, t. 1, p. 411. — Trévoux, t. 7, p. 737. — Isambert, p. 213.
(4) Ordonn. de l'échiquier ou coustumier, impr. en 1539, p. 33.
(5) Voltaire, Essai sur les M., p. 555. — Commines. — Anquetil, t. 5, p. 369.

législative, et ne serait-ce pas inutile de donner de plus amples détails [1] !

La déclaration de nullité de mariage avec la fille de Louis XI, lui peut être reprochée, si ce n'est par la politique qui conseillait le mariage avec Anne de Bretagne [2]. La paix avec le Danemark et la Suède [3], avec l'Espagne [4], avec les Vénitiens [5], avec la Savoie [6]; la régularité dans le service militaire, les mœurs chevaleresques, l'économie dans les finances, l'établissement des corps judiciaires dans un meilleur ordre, la régularité dans le vote de l'impôt et même des autres lois, ce sont des choses que tout le monde loue. Il ne faut même plus s'occuper de ces œuvres que l'imprimerie a multipliées; aussi ne ferons-nous, pour ainsi dire, pendant ce règne, que relever quelques points distincts du reste de l'histoire.

Sans nous arrêter à signaler ceux des seigneurs normands qui assistaient au sacre du roi [7], à noter les distinctions nouvelles reçues par George d'Amboise [8], pas plus qu'au mariage du fils du roi d'Yvetot avec Marion Courault [9], nous signalerons ces états généraux de la province tenus par l'archevêque, lors des-

---

(1) Rœderer, Louis XII et François Ier, ou Mém. pour servir à une Hist. de leur règne. 2 vol. in-8, 1825. — Hénault, t. 1, p. 352. — Brantôme, t. 6, p. 78. — Varillas. — Duclos. — Voltaire, Essai sur les mœurs, t. 3. — Claude Seyssel, Hist. de Louis XII, Père du Peuple, 1615, in-4. — Anquetil, t. 5, p. 372. — Gohory, Acad. des inscript.

(2) Millot, t. 2, p. 326, 327. — Brantôme, t. 7, p. 6.

(3) Corps diplomatique. — Isambert, p. 296.

(4) Corps diplom. (5) Id. — Isambert, p. 388.

(6) Isambert, p. 400.

(7) Commines, p. 745. (8) Servin, t. 2, p. 21. — Farin, t. 1, p. 6. — Gilbert, p. 157. — Pommeraye.

(9) Le contrat de mariage est du 20 novembre, devant Robert Ygoult et Jacques Houël, tabellions; il est aux archives de la voûte.

quels on a demandé que l'échiquier fût perpétuel[1]. De là est né l'édit de Moutil-sous-Bois, contenant six pages in-8°[2], discuté par les gens des trois états, sous la présidence de l'archevêque de Roven, qui crée quatre présidents et vingt-huit conseillers, et fait naître l'usage d'appeler du nom de *Parlement* cette cour qui a cru de son devoir de garder encore quelque temps le nom d'*Échiquier*; il divise son ressort en sept bailliages, dont l'un est le bailliage de Caux. Il confirme l'inamovibilité des magistrats; enfin, il fixe les jours où les Cauchois doivent paraître, comme il désigne les nobles, les ecclésiastiques cauchois qui ont droit d'assistance.

Des monuments se disposent aussi en même temps, mais c'est surtout cette belle salle où siége aujourd'hui le jury[3]. Les architectes du cardinal d'Amboise, Jean Joconde en tête, Androuet du Cerceau, Pauponce, Juste de Tours, ne quittaient ces travaux majeurs que pour s'occuper de ce monument de Gaillon[4], que nous venons récemment de voir démolir, transporter pierre à pierre et réédifier à Paris au milieu du palais des Beaux-Arts. C'est à ces architectes qu'on doit l'importation de l'ardoise, qui a remplacé la tuile dans

---

(1) Pommeraye. — Soc. des ant. de Norm. 1836, p. 508.
(2) V. à la suite du vieux coustumier l'enregistrement en l'échiquier de cette ordonnance en 257 art., fol 36 et suiv., le 22 décemb. 1507. — Fontanon, t. 1, p. 115. — Joly, t. 1, p. 396. — Isambert, p. 389. — V. les limites du Parlem., André Duchesne, ant. et rech. des villes, t. 2, p. 353 à 384. — Henrion de Pansey, p. 379. — Mém. de la Chambre des comptes. — Farin, t. 1, p. 198. — Servin, t. 2, p. 38. — Calendrier 1740. — Thiessé, p. 290. — M. Floquet, t. 1, p. 46 à 51, et 331, 334, 434. — L. Dubois, p. 294.
(3) A. Hugo, Fr. pitt. — M. Laquerrière, t. 2, p. 4; le même, Essai sur les épis, in-8, 1846, p. 9.
(4) M. Laquerrière, t. 2, p. 16. — A. Lenoir, Académie celtique, t. 4, p. 16.

presque toute la Normandie[1]. Ce n'était pas assez de continuer ce qui concerne la justice et les arts, d'Amboise favorisait cette activité du commerce que les découvertes d'Améric Vespuce devaient apporter dans tous nos ports. Un Cauchois commençait à comprendre qu'en partant de l'embouchure de la Seine pour se rendre à Gibraltar, en faisant le tour de la Méditerranée et de la mer Noire, en sortant près de Gibraltar et en longeant la côte d'Afrique, en doublant cette pointe qui depuis a été appelée le cap de Bonne-Espérance, en remontant vers la mer Rouge, en longeant l'Arabie et les Indes, en longeant l'Amérique septentrionale, puis l'Amérique méridionale, en doublant cet autre promontoire qui s'appelle aujourd'hui le cap Horn, en remontant vers les Antilles, en passant devant le Groënland, la Russie, la Norwége, le Danemark, la Picardie, le pays de Caux, il pouvait rentrer par Harfleur, c'est-à-dire avoir fait le tour de la terre[2].

Parmi ceux qui recevaient la confiance de Louis XII, était le seigneur de Grâville, homme habile et sincère[3]. Si vingt-cinq mille étudiants étaient d'abord contraires au roi[4], et si Gaguin même se plaignait de lui[5], ce n'étaient pas des Normands; si au contraire, on applaudissait aux règlements sur les troupes, sur la police, sur les honoraires des magistrats[6], c'était en Normandie. D'Amboise pensait de préférence à son Rouen, et aux villes situées sur les bords de l'Océan.

An 1499

An 1500

---

(1) Laquerrière, épis, etc., p. 73.
(2) Hénault. — Mosaïque de l'Ouest, 1845, p. 51. — Rœderer, sur Louis XII, t. 1, p. 67.
(3) Anquetil, t. 5, p. 374 et suiv. (4) Id., p. 383.
(5) Dict. hist. v° Gaguin.
(6) Anquetil, t. 5, p. 390.

On encourageait ces belles peintures sur verre, devenues si abondantes [1]; on encourageait Martin-Morin, l'imprimeur [2], qui publiait un missel in-fol. et un *manipulus curatorum*. On encourageait surtout les commencements de cette ville du Havre [3], qu'on attribue vainement à François Ier, et qu'à cause de cela on a nommée *Franciade*; il ordonnait à Myresse de faire la jetée du Tréport [4].

Favorisant, encourageant, dégrevant l'agriculture, le ministre ne pensait point à établir de droits sur le blé noir ou sarrasin, qui est devenu en France d'un grand usage, et qu'on ne faisait alors que d'introduire [5]. La cour de France s'amusait à prendre ces chaussures de bois ou *sabots* dont l'invention toute récente [6] allait être tellement appréciée, que depuis ce temps nos campagnes n'en ont pas abandonné l'usage.

Pendant la guerre du Milanais, qui devait être suivie de la conquête de Naples, lors de laquelle Louis de la Trémoille commandait tant de braves, et le frère de l'archevêque de Roven devenait gouverneur de cette partie de l'Italie [7]; lors de laquelle un bon nombre de Cauchois allait, sous la conduite du duc de Longueville et de Louis de Hédouville, pour imiter les d'Aubigny, les Gaston de Foix, et

---

(1) Bulletin de la Soc. de l'Hist. de Fr. 1835, p. 313.
(2) Soc. d'émul. 1828, p. 186, note.
(3) Duplessis, Descript. géog. et hist. de la haute Norm., t. 1. — Faire ici le rapprochement des ouvrages suivants : 1° Mém. sur le port et la navigation du Havre, 1753, in-12, p. 6; — 2° Hist. de Pleuvri, 1769, in-12; — 3° de Bourgueville; — 4° Taillepied; — 5° Fr. pitt., t. 3, p. 131; — 6° Traité des ports et côtes de Fr. de Dunkerque au Havre, par Duruflé.
(4) Coquelin, p. 19. (5) M. Pluquet, p. 360. (6) Id., p. 271.
(7) Hénault, t. 1, p. 356. — Brantôme. — Rœderer, t. 1, p. 17, 21. Sim. de Sismondi. — Millot. — Anquetil, t. 5, p. 418, 431, 448.

le chevalier Bayard [1], dont un de ses compagnons d'armes disait : *Quel dommage que Dieu ne l'ait pas fait naître roi* [2]! pendant cette guerre, disons-nous, on jouissait d'un véritable calme sur les bords de la Seine. On faisait en échiquier des ordonnances sur les mesures d'expropriation que l'on appelait des décrets [3], et les baillifs de Rouen, de *Caux*, de Gisors, d'Évreux, n'avaient aucune peine à les exécuter. On rappelait à l'ordre des franciscains et des dominicains. On disposait à l'embouchure de la Seine un vaisseau qui devait se rendre dans la mer des Indes. Binot Paulmier, de Gonneville, qui allait découvrir l'Australie, recrutait des compagnons [4]. Quand le cardinal-ministre, Georges d'Amboise, faisait son entrée à Rouen comme légat du pape [5], accompagné de deux autres cardinaux, quand il allait visiter cette tour-clocher de Saint-Laurent, qui venait d'être achevée [6], on exécutait un cérémonial dont Farin se plaît à rapporter les détails, et que nous omettons volontiers ; mais ce que nous ne pouvons omettre, c'est que ce fut alors que fut donnée, fondue, montée, et mise en mouvement dans la tour de Beurre, cette cloche monumentale, œuvre de Jean-le-Mâchon de Chartres [7], lequel mourut de joie en

An 1501

---

(1) Trailhé, Histoire de Louis XII, publiée en 1755. — Rœderer, t. 1, p. 24.

(2) De Berville, Hist. du chevalier Bayard, p. 80.

(3) Le grand Coustumier, in-fol., édit. 1539.

(4) M. Estancelin, p. 41, 168 à 185. — Soc. des ant. de Norm., 1824, p. c, rapport de M. de Caumont. — Docum. de M. Pinel sur le Havre.

(5) Farin, t. 1, p. 401.

(6) Servin, t. 1, p. 9.

(7) Gilbert, p. 45. — Masseville, t. 6, p. 512, 513. — Pommeraye, p. 587. — Farin, t. 2, p. 6. V. sur le premier moulé de cette cloche, le

l'entendant sonner; cette cloche qui pesait trente-six An 1502
mille livres, et qui avait un battant de quatre mille
livres, cette cloche qui ne pouvait être mise en mouvement que par seize hommes, cette cloche que nous
avons vu casser, dont on a conservé le périmètre qui
était de trente pieds, et dont le marteau est regardé
par les Cauchois, quand ils viennent à Rouen, à la
porte d'un maréchal à Déville. Un monument est
pourtant encore resté en souvenance de celui-ci,
c'est la pierre sépulcrale du pauvre fondeur, qui a
été inhumé au bas de la nef de la cathédrale [1]. La
cloche a été fondue pour faire des sous, le tombeau
du fondeur a été respecté.

Les sages mesures du ministre étaient dérangées
par de mauvaises nouvelles d'Italie, par la brouille
survenue entre les Espagnols et les Français, par la
jalousie des Vénitiens [2], par le détail de la perfidie
des Borgia [3], par la prise de d'Aubigny [4], par la mort An 1503
du duc de Nemours, qui a entraîné la perte de Na-
ples, par la nouvelle que le comte de Longueville a
été forcé de battre en retraite, par un débordement
de la Seine de plusieurs jours [5], et par la chute de
trois arches du pont de pierre de Rouen, chute qui
allait intercepter ces communications de tous les instants si utiles au commerce des deux rives [6].

Une maladie fort grave du roi [7] jetait encore dans Ans 1504
ce trouble inquiétant du passage d'un règne à l'autre: 1505

jour où elle a été fondue, les inscript., etc. — Hist. de la cathéd., in-4,
p. 49, 50, 51.

(1) Farin, t. 2, p. 8. (2) Hénault, t. 1, p. 357.
(3) Anquetil, t. 5, p. 437. (4) Id., p. 458, 460.
(5) Farin, t. 1, p. 506.
(6) Oursel, p. 198. — Chron. roth. — Farin, t. 1, p. 503. — Lesguillez,
p. 58. — Laquerrière, ms. des fontaines. (7) Anquetil, t. 6, p. 3.

puis on se réjouissait quand on apprenait la guérison du roi [1], son projet de repasser les Alpes pour réduire les Génois [2], l'admission du châtelain d'Espinay parmi les cent gentilshommes de sa maison [3], la récompense accordée au Cauchois François II d'Orléans, de Longueville, cousin du roi, en joignant à sa seigneurie celle d'Auffay, à charge seulement de réversion à la couronne, à défaut d'héritiers mâles, et ce, à cause de sa belle conduite en Italie [4]. Le dépit qu'avait le pape Jules II, en même temps qu'il fondait sa magnifique basilique de Saint-Pierre de Rome, de ne pas faire prévaloir sa puissante autorité dans la nomination du simple abbé de Saint-Wandrille en Caux, bien qu'il fît imprimer à Rouen le marytologe romain [5] et qu'il fût soutenu par quelques seigneurs abusant de leur autorité [6], était un sujet de dérision. Quand on sut que Louis XII venait de créer plusieurs parlements [7], qu'il défendait d'avoir égard aux lettres de cachet [8], qu'il permettait la promulgation des constitutions anglaises [9], qu'il allait, environné de toute sa cour, ouvrir les états à Tours [10], tout ce qui avait un peu d'aisance se rendait dans cette ville.

An 1506

Lorsque les Cauchois rapportaient la certitude que

---

(1) Anquetil, t. 6, p. 3 et suiv.
(2) Hénault, t. 1, p. 359. (3) Courcelle, p. 11.
(4) Moréri. — Le P. Anselme, t. 5, p. 500, 553. — Pasquier donne la date de 1510. — T. Duplessis, celle de 1505.
(5) V. Martyrol. Rothomag., 1670, ap. Viret.
(6) Langlois, p. 153. (7) Isambert, p. 422 et suiv.
(8) Ordonn. 22 décembre 1507.
(8) Le Coq de Villeray, ms. 1767, à la bibliothèque de Rouen.
(10) C'est le sujet d'un des beaux tableaux de Versailles, v. le livret. — Rec. des états généraux, t. 10, p. 183. — Isambert, p. 447 à 452. — Anquetil, t. 6, p. 30.

le pays de Caux était libre de garder ses coutumes [1], que l'on juge des applaudissements donnés. Des expéditions lointaines vont annoncer la confiance dans la durée de la paix; l'excellente rade de Fécamp est appréciée [2]. Jean Ducis, d'Honfleur, ayant pour pilote Gamart de Roven, n'a pas plus tôt abordé à Terre-Neuve [3] qu'une foule de ses compatriotes désire l'imiter. Le Canada, vers lequel une colonie de Rouennais allait s'établir cent ans plus tard, donnait déjà de ces peaux de castor qui allaient faire tort à l'industrie de Caudebec [4]; Ango, le père, fondait un établissement à Terre-Neuve [5].

L'entrée solennelle de Louis XII à Roven [6] est suivie de la publication de plusieurs règlements, et le bon roi pose les premières pierres de la nouvelle église de Saint-Denis de Roven [7], du nouveau château d'Eu [8], d'une église de la Madeleine à Roven [9], de l'église de Valmont en Caux [10].

An 1508

Qu'on juge avec quelle curiosité d'une autre nature on accueillait des habitants de Terre Neuve, de ce pays dont on ne supposait pas l'existence quelque temps auparavant [11]. Leur vue était au moins aussi recherchée que celle du cadavre de ce chevalier de

An 1509

---

(1) Une ordonn. du 28 mai 1506 statuait sur la rédaction et public. de plusieurs coutumes, et c'est à la suite que fut imprimé le *Livre Coustumier* gothique in-fol. Cela ne regarde pas la coutume de Norm. écrite et réputée immuable, v. Archives de Rouen, 1789. — Isambert, p. 457 et suiv.

(2) Fr. pitt., t. 3, p. 132.   (3) M. Estancelin, p. 42, 122.

(4) Trévoux, v° Canada. — Crozat, p. 78.

(5) La Nouvelle Minerve, 1835.

(6) L'Hist. de la cath. dit 28 septembre. — Farin, id. — Servin dit 24 octobre. — V. Arch. de l'hôtel de ville. — Cahiers de 1789.

(7) Servin, t. 1, p. 17.   (8) M. Estancelin, p. 3.

(9) M. Laquerrière, ms. des fontaines.

(10) Langlois, sur Saint-Wandrille, p. 163.   (11) Chron. Roth.

Valmont, retrouvé en creusant les fossés de Cauchoise, quoique ses jambes fussent doubles de celles d'un homme de bonne taille, et que son crâne contînt un boisseau de blé [1] !

Si le roi était appelé en Italie à montrer son courage contre la république de Venise [2] et les troupes de Jules II [3], de ce pape que Bayard a failli faire prisonnier de sa main [4], son souvenir ne quittait pas sa chère Normandie ; il ordonnait la construction d'un véritable port à Dieppe [5].

Quand on pense aux bienfaits de Georges d'Amboise envers la France, comment ne pas signaler avec tristesse que, trop tôt, il a payé la dette commune. Quand la nouvelle de son décès, à Lyon [6], parvint en Normandie, ce fut un deuil universel. Les contemporains ont élevé un mausolée que les années, que les partis, que tous les excès ont respecté, et qui se voit encore au moment où nous écrivons ; le récit des funérailles tient cinq pages dans Farin. Il était évident pour tous que Georges d'Amboise pouvait prétendre à la tiare [7].

Le respect pour la mémoire du cardinal se prouvait de toutes manières : il haïssait les blasphémateurs, on enregistrait sans difficulté une ordonnance de Louis XII contre ces délinquants [8] ; il aimait son neveu, qui était garde des sceaux de la chancellerie,

---

(1) Farin, t. 1, p. 27. — M. Lesguillez, p. 43.
(2) *Donati Jannotii de rep. Venet.*, 1631, Elz., p. 263.
(3) Anquetil, t. 6, p. 57.
(4) Hénault, t. 1, p. 363. (5) Duplessis.
(6) Farin, t. 2, p. 41. — Guichardin. — Taillepied. — Gilbert, Hist. de la cath. — Servin, t. 1, p. 17. — Pommeraye, p. 597, 602.
(7) Rœderer, Hist. de François Ier, t. 2, p. 361. — Pommeraye, p. 596 et suiv. (8) Vieux Coustumier.

c'était lui que le chapitre élisait pour lui succéder dans l'archevêché [1]; le roi, après le décès du cardinal, déclarait qu'il voulait être son premier ministre [2]; les Normands étaient enchantés de cette résolution, qui leur semblait un éloge pour leur prélat; le clergé répondait à l'appel qui était fait pour un concile national à Tours [3], concile lors duquel on posait les premières bases des limites des droits du pape. Lorsque Louis XII tâchait d'obtenir la révision et l'approbation des coutumes du royaume, on savait bien qu'il ne s'agissait pas de la coutume de Normandie, qui déjà portait le nom de *sage coutume* [4]. Lorsque des députés du clergé de divers diocèses protestaient contre les résultats de l'assemblée de Tours, on se gardait bien de pareilles mesures en Normandie [5].

Comme si le grand froid qui régnait en 1511, froid tel que l'échiquier rendait un arrêt valable à la taverne [6], avait paralysé toutes les plumes, nous manquons de documents pour cette année. *An 1511*

On ne craignait pas d'augmenter le nombre des députés aux états : par chaque bailliage, on demandait un homme d'église, un noble et cinq autres de l'état commun [7]; on voulait qu'ils fussent contribuables, on ne disait rien quant à l'âge. On ne craignait pas de permettre le droit de grâce à d'autres qu'au roi lui-même, en maintenant par lettres le pri- *An 1512*

---

(1) Pommeraye, p. 608. — Chron. des arch. — V° Calendrier, 1740. — Servin. (2) Anquetil, t. 6, p. 70.
(3) Id., p. 80, et suiv. — Isambert, p. 604. — Garnier, t. 21, p. 277. — Fontanon, t. 4, 1244.
(4) Isambert, p. 609.
(5) Dom. Morice, t. 3, p. 896. — Isambert, p. 612.
(6) M. Floquet, t. 1, p. 115.
(7) Soc. des ant. de Norm., t. 10, 1836, p. 480, note au bas de la page.

vilége de la Fierte¹ ; et, de leur côté, les bourgeois n'avaient plus d'inquiétude de ne pas toujours fermer leurs maisons, car c'est de ce moment que les boutiques ont été ouvertes². Le soir, à la fin de la journée, on se réunissait dans les rues, devant les portes, et l'on s'entretenait, ou des habitants de Quillebeuf, punis pour avoir résisté à un arrêt de l'échiquier³, ou des menaces de Henri VIII qui avait parlé d'une descente; mais en même temps de la possibilité, pour lui répondre, de faire une descente en Angleterre, ou enfin de la belle Diane, fille de Jean de Poitiers, comte de Saint-Vallier, qui allait épouser Louis de Brézé, grand sénéchal de Normandie⁴.

An 1513 D'autres sujets d'entretien, pleins d'intérêt, naissaient de cette bataille de Ravenne, où le duc de Longueville, qui commandait l'armée française, venait d'être pris par les Anglais, avec Bayard, avec d'Imbercourt, bataille que les vainqueurs, par épigramme même contre Bayard, nommèrent la *journée des éperons*⁵. De curieuses lettres patentes sur l'état de libraire, lettres par lesquelles on exemptait les livres du droit de paye, vu leur *divine invention*⁶, font de Louis XII le père des lettres⁷.

An 1514 Puis quelle tristesse allait succéder quand on apprenait que la sage reine Anne de Bretagne décédait

---

(1) M. Floquet, Priv. de Saint-Romain, t. 1, p. 15.
(2) M. Laquerrière, t. 2, p. 42.
(3) M. Floquet, Hist. du Parlem., t. 1, p. 421.
(4) Dict. hist. v° Brézé. — Saint-Foix, p. 1, p. 257.
(5) Hist. du bon chevalier, et Hume, t. 4, p. 164. — Anquetil, t. 6, p. 110. Nichols. — Millot, t. 2, p. 342, disent en 1514.
(6) V. à la suite du Vieux Coustumier, in-fol. — Isambert, p. 643. — Rebuffe, t. 4, tit. 52. — Fontanon, t. 4 ; p. 421.
(7) Rœderer, t. 2, p. 3.

le 9 janvier 1514 [1]; que le royaume était mis en interdit par le pape [2]; que les Français abandonnaient l'Italie [3]; quand un incendie détruisait une pyramide et une partie des combles de la cathédrale [4], à ce point qu'il fallait un concile provincial, tenu par l'archevêque Georges d'Amboise, deuxième du nom, pour obtenir les moyens de la réparer; mais surtout quand on apprenait que le père du peuple, que le roi qui avait diminué les impôts d'un tiers et qui avait donné tant de bons exemples [5], décédait aussi le premier jour de l'an 1515 [6], six semaines après avoir épousé la jeune sœur du roi d'Angleterre, ou souscrit, pour mieux dire, un gage de paix générale, qui avait été négocié par le duc de Longueville [7].

An 1515

Ce changement de règne va amener en effet des événements tout différents, et que deux auteurs, Millot et Rœderer, ont bien signalés [8]. Pendant trente-deux ans, François Ier a certainement fait quelques actions brillantes et pleines de valeur personnelle, comme ont fait tant d'autres rois de France; mais, pour établir

---

(1) Prud'homme, t. 20, p. 105. — Brantôme. — Hénault, t. 1, p. 365. — Anquetil, t. 6, p. 104. — Voltaire. (2) Hénault, t. 1, p. 364.
(3) Anquetil, t. 6, p. 95 et suiv. — Hume.
(4) L. Langlois, p. 151. — Chron. des archev. — Servin, t. 2, p. 42. — Farin, t. 1, p. 510. — Gilbert, p. 24.
(5) Anquetil, t. 6, p. 122 et suiv.
(6) Hénault, t. 1, p. 353. Anquetil, t. 6, p. 118. — Millot, t. 2, p. 344. — Par erreur, M. Isambert date l'avénement de François Ier de 1514. — Hume fixe le décès au 15 janvier.
(7) Hénault, t. 1, p. 365. — Nichols.
(8) V. Du Bellay. — De Thou. — Hume. — Gaillard, Hist. de Franç. Ier en 3 vol. in-12. — Mézeray. — Brantôme. — Pleuvri, p. 59. — Voltaire, Essai sur les mœurs. — Hénault, t. 1, p. 369 et suiv. — Anquetil, t. 6, p. 127 et suiv. — Fénelon, Dial. des morts. — Garnier. — W. Roscoe, Hist. de Léon X. — Daniel. — Robertson. — M. Lacretelle. — Mais surtout : Rœderer, Louis XII et Fr. Ier, t. 2, et Millot, Hist. de Fr., t. 2, p 350 et suiv.

de suite un parallèle avec son prédécesseur, il faudra décider s'il a laissé le royaume dans l'état où il l'aura reçu, et surtout, en ce qui nous occupe, quelle différence de position il y aura dans les contrées voisines de l'Océan.

Il est certain que Francois Ier a augmenté, embelli le Havre; mais nous avons vu que ce n'est pas lui qui le premier a eu la pensée d'en faire un port.

Il est certain que d'abord il s'est bien posé avec Henri VIII, avec Charles-Quint[1], puis, que les guerres qu'il a eues avec eux ont mis la France à deux doigts de sa perte; que loin d'être le père de la littérature, il a signé des lettres patentes pour supprimer l'imprimerie[2], sauf à modifier ces lettres plus tard[3]; il a forcé Marot et Robert Estienne de s'expatrier[4]! En acceptant les conseils de Duprat sur la vente des offices de judicature[5], il occasionnait, chez les hommes de loi, des habitudes qui devenaient la ruine des justiciables. En supprimant les élections dans chaque diocèse, et rendant les annates à la cour de Rome, il indisposait les hommes sages du clergé et se laissait tromper par Léon X[6]. En employant l'intrigue et l'argent pour devenir empereur d'Autriche[7], il oubliait le bonheur de ses sujets et occasionnait des guerres ruineuses. Il affectait d'usurper le droit d'imposer, le droit d'emprunter, celui d'aliéner. Les fêtes n'étaient qu'une occasion de dépenses inutiles, suivies de

---

(1) Léonard, t. 2, p. 125. — Anquetil, t. 6, p. 127. — Isambert, p. 31 et 153. — Recueil des traités, t. 2. — Robertson, t. 2, p. 53.

(2) Rœderer, t. 2, p. 182. (3) Dulaure, t. 3, p. 26, 27.

(4) Rœderer, t. 2, p. 187, 189. (5) Millot, t. 2, p. 351.

(6) Id., p. 353, 354. — Rœderer, t. 2, p. 31. — Brantôme.

(7) Millot, t. 2, p. 356. — Rœderer, t. 2, p. 111. — Robertson, t. 2, p. 68.

guerres à toutes les extrémités du royaume¹, de la perte du Milanais et des sarcasmes du pape, surtout à l'occasion de cette lutte ignoble au Camp du Drap d'or, où François Ier avait donné un croc en jambe à Charles-Quint². C'est l'injustice de François Ier envers plusieurs guerriers français qui a inspiré à Charles-Quint la pensée de s'emparer de Marseille³; ce sont ses mauvais traitements envers les parlements qui ont fait naître de leur part des résistances prolongées⁴. On allait jusqu'à dire que c'étaient des folies amoureuses qui étaient cause des guerres nouvelles au delà des Alpes, de l'imprudente bataille de Pavie, de la prise du roi. Une capitulation qui seule a donné la pensée de consulter les états généraux⁵, que sans cela François eût méprisés, les désordres de la cour de Rome, de nouvelles pensées d'inquisition, encouragées par le roi de France, faisaient naître les excès de Luther, les insultes de Charles-Quint⁶. Une certaine politique est devenue l'objet de guerres nouvelles, d'une nouvelle secte suscitée par Calvin. La mort du roi a été hâtée par son libertinage⁷, qui avait aussi abrégé les jours de la reine. L'encouragement aux beaux-arts n'était pas une compensation contre l'augmentation des tailles et des impôts⁸.

Il faut dire en peu de mots quelle a été la position

---

(1) Millot, t. 2, p. 358, 359. — Robertson, t. 2, p. 107. — Nichols. — Moniteur, 10 octob. 1846. (2) Robertson, t. 2, p. 107.

(3) Millot, t. 2, p. 366. — Rœderer, t. 2, p. 157.

(4) Rœderer, t. 2, p. 12, 13. (5) Millot, t. 2, p. 370 et suiv.

(6) Id., p. 380 et suiv. — Rœderer, t. 2, p. 4.

(7) Brantôme, sur madame Claude de France, t. 1, édit. de La Haye, 1740, p. 32, 321. — Millot, t. 2, p. 398 et suiv. — Rœderer, t. 2, p. 9, 16, 32.

(8) Millot, t. 2, p. 400. — Rœderer, t. 2, p. 101. — Cayet, Hist. de la guerre sous Henri IV, t. 1, p. 248.

des Cauchois et même de presque toute la Normandie, pendant ce règne.

La publication du style de procédure[1] semblait une suite du respect pour les ordonnances de Louis XII, et un commencement d'exécution de celle de François I*r*. On se déclarait *illustré* et *décoré* du titre de Parlement, et l'on publiait un vrai code de procédure en neuf pages in-fol. Le parlement, qui réprimait l'insolence de certains moines de Jumiéges, rebelles contre leur abbé[2], se faisait un devoir de punir les mauvaises mœurs. On était encore assez satisfait d'une ordonnance sur le logement militaire[3], qui autorisait en Normandie à ne donner aux gens de guerre que bière ou *citre ;* d'une ordonnance qui conservait à Roven le droit de battre monnaie[4]; mais de suite, la création des offices de magistrature[5] eut ses mauvais effets comme ailleurs. La guerre d'Italie, vers laquelle huit mille Normands[6] se dirigeaient, était blâmée par tous les autres. Il fallait trouver de l'argent pour payer les sept cent mille écus promis aux Suisses. Le concordat n'était pas plus loué par le clergé, par le nouveau parlement, qu'il ne l'eût été par l'ancien échiquier, et pas plus que le traité bizarre du 13 août avec Charles-Quint[7]. La mort de Louis d'Orléans, duc de Longueville, faisait passer le duché à un jeune guerrier, Claude d'Orléans, qui devait se faire tuer aussi avec ses compagnons à la bataille de

An 1516

---

(1) Vieux Coustumier, in-fol., p. 51, 52 et suiv. — Soc. de l'Hist. de Fr., Annuaire de 1839, p. 155.
(2) Deshayes, Hist. de l'abb. de Jumiéges, p. 116.
(3) Traité de la police, l. 1, tit. 13, ch. 3.
(4) Rég. de la Cour des comptes, cote G, fol. 31.
(5) Anquetil, t. 6, p. 130.   (6) Id., p. 134. — Mézerai.
(7) Millot. — Isambert, p. 75. — Mém. du clergé, t. 10.

Pavie[1]. La mort de Jacques de Dreux, baron d'Esneval, sire de Pavilly, avait lieu sous les mêmes auspices. N'est-il pas triste de voir ce Jacques de Dreux, vidame de Normandie, le chef de cette longue famille[2] qui s'est alliée à des personnes du sang royal, qui a compté parmi ses membres plusieurs ambassadeurs, un chancelier de France, des premiers présidents, trois baillis de Caux, six vidames de Normandie, un intendant général de la marine, plusieurs chevaliers de Malte, des capitaines de régiments; de voir, disons-nous, Jacques de Dreux sacrifier sa vie sans avoir une plus juste cause de dévouement, un sujet plus réel d'enthousiasme!

Mais ce qui faisait naître enfin bien des dégoûts, c'est quand François Ier, après avoir séjourné à Roven plusieurs jours, en août[3], après avoir félicité l'architecte qui lui montrait le plan de la fontaine de Lisieux, c'est-à-dire un Parnasse avec les costumes de la cour de France[4]; après avoir été encore reçu dans la sompteuse salle du parlement avec pompe et empressement, nommait au parlement des conseillers italiens et faisait habituellement choix, sauf quelques exceptions, d'hommes peu instruits[5]; seulement il les croyait dévoués à lui.

On ne devait plus compter, comme du temps du cardinal d'Amboise, sur des secours afin de réparer le

An 1518

---

(1) Moréri, v° Longueville. — V. Orléans, 21.

(2) L'auteur a eu sous les yeux la généalogie authentique de la maison d'Esneval, et il a recueilli, au bas des portraits de famille, la plupart de ses renseignements.

(3) Chron. roth. — Farin, t. 1, p. 405. — L'Hist. de la cathéd., p. 651.

(4) Magasin pittoresque. — Farin.

(5) V. un détail fort curieux, en plusieurs pages, dans le t. 1 de M. Floquet, p. 450 et suiv.

pont de Mathilde ; le corps municipal, à la réquisition de Toustain Frontebosc, en prenait la charge[1].

Pour l'enregistrement d'une bulle, il fallait que le roi donnât le 25 octobre des lettres patentes avec menaces pour ainsi dire [2].

An 1519 — La construction d'une tour au Tréport[3] indiquait des craintes d'une attaque de la part des Anglais, et même quelques descentes le long de la côte. Le titre de ville à ce port, qui recevait alors plus de bâtiments An 1520 qu'il n'en reçoit aujourd'hui, excitait les habitants à une défense mieux réglée.

An 1521 — Une épidémie et la famine qui survenaient, n'étaient pas de nature à calmer les mécontentements[4], pas plus que le pillage de certaines églises par les prétendus réformés[5], pas plus que la nouvelle du dégoût du pape pour la France[6], pas plus que l'entrée en France de Charles-Quint par la Flandre, bien que le roi y allât et le forçât à se retirer[7]. Ce dernier événement n'en donnait pas moins lieu à une révocation des survivances d'office pour en tirer finances, à une révocation de domaines aliénés, tout en se réservant d'en aliéner d'autres[8], pour en tirer finances encore.

An 1522 — Qu'il y avait de différence entre le roi auquel il fallait obéir, et celui dont l'abbé de Saint-Étienne faisait ouvrir alors la tombe à Caen, dont on trouvait

---

(1) Essai sur l'Hist. de Norm., t. 2, p. 113, note.
(2) Isambert, Rec, p. 156.
(3) Duplessis, t. 1, p. 13. — Coquelin, Hist. du Tréport, ms., p. 19. — Guibert dans Luc d'Achery.
(4) Servin, t. 2, p. 39.— Chron. roth.
(5) Hume, ch. 30, p. 218. — A. Hugo, Fr. Pitt.
(6) Robertson, t. 2, p. 199.
(7) Anquetil, t. 6, p. 158. — Prud'homme, tables chron., p. 105. — Robertson, Hist. de Charles-Quint, t. 2, p. 196 à 205.
(8) Isambert, Lois, p. 189, 193, 197.

les restes, et qu'on replaçait dans son cercueil [1] ; de ce Guillaume auquel la postérité a conservé le nom de *conquérant*. Au lieu de craindre une invasion de l'Angleterre, comme François Ier ne le dissimulait pas [2] (déjà même Surrey ravageait nos côtes [3]), le duc de Normandie avait fait de l'Angleterre une de ses provinces. Cette réflexion était naturelle.

Si le gouvernement de la reine-mère, en l'absence du roi [4], laissait espérer quelque soulagement ; si elle tâchait de favoriser les lettres, le commerce, la navigation, les arts même ; si l'on découvrait à Saint-Wandrille, par exemple, ce lavabo monumental, évidemment commencé sous Louis XII [5], et que nous admirons encore ; si l'on élevait la porte Cauchoise, dont nous avons vu les restes [6] ; si l'on se disposait à faire à Rouen cette voûte aujourd'hui si curieuse, près de la grosse horloge [7] ; si des hommes de goût revenaient aux proportions antiques [8] ; si le descendant d'Ango ornait son manoir de Varengéville [9] ; si l'on réimprimait le *Gesta Romanorum* [10] ; si des navires sortaient de Dieppe et rentraient avec des cargaisons [11] ; si l'on construisait des bâtiments dans le port du Havre [12], on ne tardait pas à apprendre la conduite de Charles-Quint en Italie, la défection du connétable de Bour-

An 1523

---

(1) Bourgueville, édit. 1588. — Ducarel. — M. Depping, t. 1, p. 175. — Dumoulin. — Dumesnil, p. 84.
(2) Anquetil, t. 6, p. 162, 171. (3) Robertson, t. 2, 215.
(4) Robertson, t. 2, p. 282. — Isambert, p. 210.
(5) Langlois, Saint-Wandrille, p. 93. (6) Hist. de Rouen, de Dusouilley, t. 1, p. 26.
(7) Farin, t. 1, p. 285. — Servin, t. 2, p. 92.
(8) Laquerrière, t. 2, introd., p. 4.
(9) Voyage Pittoresque dans l'ancienne France.
(10) Magasin pitt., juillet 1846. (11) M. Estancelin.
(12) Mém. sur le Havre, impr. en 1753.

bon, et, malgré la conduite chevaleresque du roi, l'invasion de la France de plusieurs côtés [1].

An 1525. La mort de Bayard [2], l'abandon de l'Italie, étaient loin de donner du courage aux masses. La fuite du beau-frère du roi, la prise de celui-ci le 24 février 1525, lorsque Claude de Longueville et François de Silly se faisaient tuer en combattant près de lui, causaient bien d'autres désordres. On l'emmenait en Espagne, cela voulait dire qu'on ne le rendrait pas sans de rudes conditions [3].

Si les luttes de la reine de Navarre, pendant la captivité de son frère [4], sont pleines d'intérêt; si Charles-Quint, en refusant d'admettre immédiatement François Ier en sa présence [5], irritait contre lui beaucoup de Français; si l'on ordonnait à la jeunesse rouennaise de s'enrôler pour chasser les brigands qui infestaient la province [6], le parlement rétablissait un peu l'ordre; si pour trouver cette jeunesse, on avait même fait une montre générale de plusieurs milliers d'hommes capables de porter les armes [7], que l'on avait conduite sur les bruyères Saint-Julien, ce n'étaient pas là des marques de tranquillité, ni d'une grande affection pour le roi. Le traité de paix de Henri VIII avec la France était tout entier dans l'intérêt de l'Angleterre [8]. L'édit secret, daté de Madrid pour faire couronner le Dauphin, et le traité de paix

---

(1) Anquetil, t. 6, p. 177 et suiv. — Hume, t. 4, p. 238.
(2) Robertson, t. 2, p. 286. — Brantôme. — Dict. hist.
(3) Chron. roth. — Hume, t. 4, p. 247. — Anquetil, t. 6, p. 200 à 205. — Robertson, t. 2, p. 320 et les auteurs qu'il cite.
(4) V. l'édit. de la Soc. de l'Hist. de Fr. 1842, 1 vol. in-8. — Robertson, t. 2, p. 347. (5) Anquetil, t. 6, p. 208.
(6) Chron. roth. (7) Farin, t. 1, p. 386, 387.
(8) Robertson, p. 347.

même, tel qu'il était signé ¹ après la visite de Char- _{An 1526}
les-Quint dans la prison de François, était loin de satisfaire. De toutes parts on trouvait que le traité de Madrid était trop humiliant ². Une assemblée des notables à Cognac déclarait que le roi n'avait pas pu démembrer le royaume ; elle le déclarait tout en offrant des millions pour sa délivrance ; s'il est vrai que la noblesse ait offert la dîme de ses biens pour la rançon ³, c'était un grand sacrifice après tant d'armements. Ajoutez à cela que vingt-huit bâtiments périssaient dans le port du Havre, à la suite d'une tempête ⁴, fait désastreux dont une procession a longtemps rappelé le souvenir.

Qu'on juge maintenant si l'on faisait attention à certains faits notés par quelques historiens : l'indignité d'un homme qui levait la fierté, la rédaction du livre des fontaines ⁵, la publication d'Artemidorus ⁶, le panégyrique du président Pillot ⁷, la publication des blasons anatomiques du corps féminin par le chanoine Chapuis ⁸, l'impression de la *magna charta* et autres livres par le Normand Richard Pinson, en Angleterre ⁹. Un livre intéressait pourtant beaucoup de personnes, c'était celui de Jacques de Béthencourt, médecin de Roven, sur les maux vénériens ¹⁰. Qu'on se peigne la tristesse de ce bon Jean Parmentier, Cauchois, lequel, avec son frère Raoul, ayant

(1) M. Isambert, p. 237, 247. — Hume, t. 4, p. 262.
(2) Anquetil, t. 6, p. 214 et suiv. à 230. — Robertson, t. 2, p. 349.
(3) Toustain, t. 2, p. 273.
(4) Mém. 1753, p 9. — Pleuvri, p. 32, 33.
(5) Mém. à l'Acad. de Rouen, 1834, p. 170. — A. Hugo. — Notice de M. Laquerrière. (6) Biblioth. Leber.
(7) Biblioth. de M. de Blosseville. (8) Dict. hist.
(9) Id., v° Pinson. (10) Dict. hist.

découvert l'archipel indien [1], revenait dans sa patrie, à Dieppe, et la voyait toute préoccupée de la conduite de son roi. Il donnait à ses compatriotes une *moralité* [2] qu'il avait faite pendant son voyage, pour la faire représenter au Puy-de-la-Conception, et ne pensait qu'à repartir.

An 1527 — Le roi, délivré, aura bien la pensée de reprendre la guerre en Italie [3], et de convoquer enfin sérieusement les états ; mais il voudra exiger de ces mandataires plus que force [4]. Il ne sera pas plus loué que les échevins de Roven qui baillaient à fieffe à M. de Bellegarde une porte de la ville qu'il étoupait [5], suivant leur expression railleuse. Le lit de justice du 24 juillet, où le duc de Bourgogne ira siéger comme grand chambellan, avec le grand sénéchal Louis de Brézé, quoique dirigé par Duprat, n'aura aucun résultat, et le procès-verbal finira par ces mots : *rien n'a été fait* [6]. Le lit de justice de décembre, où étaient les mêmes représentants choisis par le roi, et de plus l'archevêque, avec un conseiller de Roven, quand il y en avait soixante-dix-huit de Paris, donnait au roi une occasion de calomnier Louis XII, en disant qu'il lui avait laissé l'administration en mauvais état, et annulait le traité de Madrid [7], mais ne donnait pas les fonds nécessaires pour payer. Voyons maintenant comment était traité le parlement de Normandie : Le roi en voulait *espartir* les conseillers en autres contrées [8] ; la colère du chancelier Poyet dégénérait en iniquités, dont nous avons le détail.

---

(1) M. Estancelin, p. 45.   (2) Lavallière, t. 1, p. 92.
(3) Robertson, t. 3, p. 3.   (4) Anquetil, t. 6, p. 230 à 238.
(5) Farin, t. 1, p. 28.   (6) Isambert, Recueil, p. 274 et suiv.
(7) Id., p. 287 et suiv.   (8) M. Floquet, t. 1, p. 522.

Un fait seul donnait de l'espérance; c'était un armistice conclu avec Henri VIII[1], grâce à l'habileté du premier président du parlement de Normandie[2], de ce magistrat qui avait été employé pour traiter de la délivrance du roi de France[3]; et qui mourait peu de temps après avoir signé la paix. Mais François Ier avait pris l'obligation de rentrer de nouveau en Italie, et si le commerce, si la navigation, reprenaient espérance dans le pays de Caux, les autres parties de la France n'éprouvaient pas la même satisfaction.

Pendant que Charles-Quint et François Ier s'envoyaient des cartels, que le roi de France même avait quelques succès et bloquait Naples[4], Charles du Bec, vice-amiral, augmentait le port du Havre[5]. On accordait une foule de faveurs à ceux qui y venaient demeurer; Louis de Longueville, comte de Dunois, soignait ses biens en Caux[6]; on créait des foires et des marchés; mais il fallait que les bourgeois gardassent leur ville, et l'obligation a été onéreuse très-longtemps[7]. L'on apprenait bientôt que les Français abandonnaient Naples encore[8].

Des expéditions maritimes s'improvisaient, pour ainsi dire : Les Dieppois, sous la conduite de Parmentier, se dirigeaient vers Sumatra[9]; une carte de ces contrées allait être mise ensuite sous les yeux des négociants et des curieux. Qu'un journal de ce temps était intéressant, et que nous devons remercier les soins obligeants qui l'ont retrouvé et publié! Nous

An 1529

---

(1) Isambert, p. 274. — Hume, t. 4, p. 276.
(2) Chron. roth. (3) Dict. hist., v° Selve.
(4) Anquetil, t. 6, p. 240. (5) Pleuvri, p. 33, 34.
(6) Ms. à la biblioth. de Dieppe.
(7) Pleuvri, p. 38. (8) Robertson, t. 3, p. 20 et suiv.
(9) M. Estancelin, p. 187, 241.

avons les noms des Cauchois qui sont morts en route, et le plus triste décès à recueillir est celui de Jean Parmentier lui-même. Ses compagnons le pleuraient en abordant au quai de Dieppe, le 15 janvier 1530.

An 1530

Le malheureux traité conclu enfin avec Charles-Quint, le 5 août [1], semblait devoir amener quelques espérances. Faciles comme toujours dans l'oubli des maux, les Cauchois pensaient presque tous à confier quelques-uns de leurs intérêts à des expéditions lointaines. Un de leurs enfants, grand archidiacre de Roven, à vingt-deux ans, devenait évêque de Clermont [2]; un autre devenait protonotaire apostolique [3] à la cour de Rome. Les moines de Jumiéges commençaient leur cloître immense, construction qui devait continuer pendant sept années et rester debout plus de deux siècles [4].

Les gens d'armes rentrant sur leur territoire, un règlement sur leur résidence, leur logement, leurs congés, intéressait surtout nos contrées, comme étant pratiqué chaque jour [5].

Si les Cauchois entendaient parler de l'indifférence du roi pour Éléonore de Portugal, cette jeune épouse qui lui avait ramené ses fils [6], ils éprouvaient le même sentiment pour leur roi ; on s'en cachait peu. Les vices et l'égoïsme étaient punis par le sarcasme et la désobéissance. Si le roi faisait venir à Roven son triste Duprat [7], grand chancelier de France, archevêque de Sens, évêque d'Albi, cardinal, abbé de Saint-Benoît, les rieurs disaient en parlant de toutes ses

An 1531

---

(1) Robertson, t. 3, p. 35. — M. Isambert, p. 316.
(2) Dict. hist. (3) Soc. des ant. de Norm. 1835, p. 533.
(4) Deshayes, p. 117. (5) Fontanon, t. 3, p. 89. — Isambert, p. 346.
(6) Anquetil, t. 6, p. 247. (7) Farin, t. 1, p. 406.

fonctions : *Sat prata bibere*. Et les jeux de mots sont tellement à la mode en temps de misère, que quand on parlait d'un nouvel impôt sur le sel [1], après l'entrée du Dauphin [2], puis de défenses de vendre le blé ailleurs qu'au marché public [3], on disait : *Cela ne rend pas l'année joyeuse d'avoir une joyeuse entrée.*

La suivante s'annonçait-elle sous de meilleurs auspices? On espérait beaucoup d'une entrevue entre les rois d'Angleterre et de France à Boulogne [4], de la réunion définitive de la Bretagne à la couronne [5]; mais c'était à Rouen que le roi avait signé, le 3 février, une ordonnance portant que tous les deniers des domaines, tailles, subsides, seraient portés au Louvre [6], et l'on voyait là moins une chose d'ordre que d'accaparement. On trouvait trop sévère la peine de mort appliquée, seulement sur l'avis du conseil, à tous les cas de faux [7]; on s'indignait, en général, contre une ordonnance qui défendait aux roturiers de chasser la grosse bête et le gibier [8]. On déplorait la construction d'un immense vaisseau, fait par défi avec le roi d'Angleterre, nommé *la Grande Française*, destiné contre les Turcs ou contre Charles-Quint [9], vaisseau qu'on ne pouvait parvenir à faire sortir du Havre [10], après des frais immenses, et qu'on était réduit à dépecer. Un incendie nouveau

An 1532

An 1533

---

(1) Arch. de la Cour des comptes. — Isambert, p. 354.
(2) M. Floquet, t. 1, p. 187 à 192.
(3) Fontanon, t. 1, p. 956. — Guénois, t. 4, p. 3.
(4) Anquetil, t. 6, p. 254 et suiv.
(5) Id., p. 253. — Isambert. (6) Isambert, p. 356. — Mém. de la ch. des comptes, t. 2, Biblioth. royale.
(7) Isambert, p. 357. — Fontanon, t. 1, p. 670.
(8) Isambert, p. 380. — Fontanon, t. 2, p. 278.
(9) Robertson, t. 3.
(10) Fournier, hydrogr., l. 1. — Bourgueville. — Pleuvri, p. 42.

à l'hôtel de ville de Roven causait un dommage difficile à réparer¹; deux arches du pont de pierre tombaient encore², faute de soins; enfin on joignait aux malheurs les mauvaises idées, on inventait le supplice de la roue, qui devait consister, suivant l'expression même de l'édit, en ce que les bras seraient brisés en deux endroits, avec les reins, jambes et cuisses, et l'on devait demeurer vivant tant et si longtemps qu'il plairait au Seigneur³!

C'est, sans doute, pour faire croire que, dès que les conseillers du roi ne s'acharnent pas à lui faire jouer un rôle de sévérité, de dureté, il a d'autres pensées, qu'il vient à Roven. Son ordonnance sur le prix et cours des monnaies étrangères et nationales⁴ paraît opportune. Son bibliothécaire, doyen de l'église de Roven, assurait en cette ville que le roi venait de dire, comme Louis XII, qu'il ne fallait pas avoir égard à ses lettres de cachet⁵. L'établissement de *légions* provinciales, après la destruction des lansquenets à Pavie⁶, n'était pas mal pris. La revue que le roi passait de la légion de Normandie au mois de mai, attirait beaucoup de curieux; le seigneur de Jacqueville, un des capitaines, allait être à la tête de mille hommes. On allait louer cela comme les mesures exigées par le parlement pour secourir les pauvres⁷. Chandelier et Jumeau, poëtes rouennais, et

---

(1) Farin, t. 1, p. 510. — Langlois, p. 152.
(2) Farin, t. 1, p. 503. (3) Fontanon, t. 1, p. 661.
(4) Isambert, p. 378. (5) Claude Chapuis, Doyen, Catalogue Delassize, p. 187. — Recueil du curé de Saint-Godard.
(6) M. Michelet, p. 204. — Isambert, p. 390. — L'auteur doit une grande partie des documents sur la partie militaire depuis cette époque à l'obligeance du colonel *Brahaut*, chef de la section historique au dépôt de la guerre.
(7) Chron. roth.

Grignon, poëte dieppois, commençaient à acquérir de la célébrité[1], en même temps qu'on faisait venir d'Alençon Guillaume Le Rouillé, qui avait publié son commentaire de la coutume[2]. Les architectes avaient quelque loisir de faire remarquer leur goût; ils donnaient de curieux dessins aux serruriers[3]; l'église de Saint-Nicolas de Roven, terminée[4], était visitée à cause de son architecture; Ango faisait construire à Dieppe cette chapelle, dont on admire encore aujourd'hui les détails[5]; il recevait le roi chez lui; ses revenus étaient suffisants sans doute; on sait qu'il avait pris à ferme les biens du duché de Longueville, des abbayes de Saint-Wandrille et de Fécamp, ceux de la vicomté de Dieppe, indépendamment des monopoles à lui accordés[6]. On était satisfait de voir la terre d'Estouteville, une des plus belles du pays, érigée en duché[7]. Tandis que les rois d'Angleterre et d'Espagne voyaient les tristes effets du schisme occasionné par les calvinistes, tandis qu'on entendait dire que Thomas Morus périssait sur l'échafaud[8], le roi de France semblait presque joyeux de voir devant lui, sur les bruyères Saint-Julien de Roven, une montre de six mille hommes, conduite par six capitaines: les sieurs de Bacqueville, Lasalle, Cantelou, Saint-Aubin, Salenettes et Trassy[9]. Il n'oubliait pas les fortifications[10]; il avait soin de féliciter, d'encourager les palinods qui faisaient entendre leurs

An 1535

---

(1) Chron. roth. — Dict. hist. (2) Dict. hist.
(3) Laquerrière, t. 2. p. 94. (4) Servin, t. 1, p. 9.
(5) V. le tombeau d'Ango dans l'église dédiée à saint Jacques et sainte Catherine. (6) Nouvelle Minerve, 1835, p. 350.
(7) Langlois, sur saint Wandrille, p. 165.
(8) Anquetil, t. 4, p. 263, 269. — Hume, p. 346, 347, 348. — Herbert, p. 393. (9) Farin, t. 1, p. 387. (10) Id., t. 1, p. 26, 27.

concerts[1], et le poëte rouennais Chapuis[2]. Les savants faisaient venir par les marins de Dieppe les œuvres de Polydore Virgile, qui se publiaient[3]; le roi se rendant à Eu, y était reçu d'une manière curieuse[4].

An 1536 Mais ce repos pouvait-il être long? et n'avait-on pas toujours présentes les ordonnances pour le supplice de la roue? Ne pouvait-on pas croire que le parlement de Normandie allait s'occuper, comme le parlement de Paris, de ceux à qui il allait être permis de laisser pousser la barbe[5]? C'était bien autre chose quand on apprenait que Charles-Quint, aidé d'Antoine de Leve[6], manifestait des prétentions sur la Provence, et la promettait même à ses capitaines[7]; que, de son côté, François Ier faisait aussi dévaster la Provence comme pays ennemi, et prenait le Cauchois de Bonneval pour exécuter ses ordres[8]. Si l'on savait bon gré à Jacques V, roi d'Écosse, de venir au secours de la France; si, quand il arrivait de Dieppe à Rouen, il était accueilli avec enthousiasme[9]; si les personnes sensées étaient satisfaites de lire un édit contre les homicides, les blasphémateurs, les ivrognes même[10], on savait mauvais gré au gouvernement de créer un inquisiteur de la foi[11], quand le protestantisme gagnait en Angleterre, et quand les monastères y étaient supprimés; puis[12], quand le pays de Caux était menacé par les Flamands, on voyait

---

(1) M. Ballin. (2) Servin, t. 2, p. 256.
(3) Biogr. univ. v° Polydore. (4) M. Lebœuf.
(5) Isambert, p. 491. (6) Brantôme.
(7) Robertson, t. 3, p. 142. — Anquetil, t. 6, p. 280, 285.
(8) Anquetil, t. 6, p. 287. (9) Pommeraye. — Farin, t. 1, p. 407. — Anquetil, t. 6, p. 302. (10) Isambert, p. 527.
(11) Id., p. 503. (12) Hume, t. 4, p. 32.

bien alors que le Havre n'était pas craint comme place forte [1], et que tout était mal réparé du côté de la Picardie.

L'affection qu'on avait pour Jacques V, semblait s'augmenter de la défaveur qu'éprouvait le gouvernement de François I*r*. C'est peut-être à cette occurrence que l'on doit qu'après la mort de la fille aînée du roi, qui était fiancée à ce roi d'Écosse [2], celui-ci a épousé la belle et sage Marie de Lorraine, la veuve du duc Louis de Longueville [3], qui a donné naissance à Marie Stuart, et a séjourné longtemps dans le pays.

Autre chose. Voici Charles-Quint lui-même sur les limites du pays de Caux ! Il ravage la Picardie [4]; bien qu'il ait été repoussé par d'Auberville, baron de Caux [5], était-ce là un état tranquille ? On avait beau l'ajourner à la cour des pairs [6], on avait beau trouver plaisir à augmenter les prérogatives du connétable de Montmorency [7], encore une fois, était-ce un état tranquille ? Une famine affreuse était une conséquence facile à prévoir. Les moines de Jumiéges donnent bien leurs provisions de réserve, mais on pille leurs fermes [8]; encore, quand ils ont nommé pour abbé François de Fontenai, ont-ils eu à disputer avec le roi, qui, lui, nommait le fils de Lucrèce Borgia [9]! La santé publique était négligée au point qu'il fallait enfin désigner un endroit pour les pestiférés [10]. *An 1537*

Le pape Paul III crut qu'il était de son devoir, sous *An 1538*

---

(1) Pleuvri. (2) Isambert, p. 530. — Pleuvri.
(3) Id. — V. l'information de Louis de Longueville, ms. à la biblioth. de Dieppe. — Brantôme. — M. Vatout, p. 353.
(4) Anquetil, p. 306. — Hénault, p. 389. (5) Béziers.
(6) Hénault, p. 389.
(7) Isambert, p. 542. — Hénault, p. 388. (8) Deshayes, p. 118.
(9) Id., p. 119. (10) Lesguillez, p. 110.

tous les rapports, de travailler à la paix : une trêve de dix ans, avec Charles-Quint, fut signée après une entrevue à Aigues-Mortes[1]; on croit que cela va être l'occasion de remettre de l'ordre dans toutes les parties de l'administration; l'archevêque de Rouen du moins en profite, on reprend de grands travaux à la cathédrale[2]. C'est alors que Nicolas Quesnel, imaginier, place une statue de la Vierge, en plomb, à l'extrémité du comble[3]. Un Normand, Matthieu de Longuerue, évêque de Soissons, devient garde des sceaux en novembre; mais bientôt il est remplacé par Poyet, qui devra être condamné pour concussions et malversations[4].

Au 1539   Il y avait nécessité, pour ne pas être reconnu, quand on voulait se réunir, de se masquer ; un édit était rendu contre ces déguisements[5]. Comme ressource financière, on créait la loterie, que les sages gouvernements suppriment toujours[6]. Au lieu d'avoir recours à une loi, au lieu de rechercher ce qu'un auteur patient publiait alors en un volume in-folio, le droit ou *la glose ordinaire et familière*[7], on créait un grand conseil dont les attributions définies en trente-neuf articles n'étaient autre chose que la volonté absolue du prince[8], sous une forme et une apparence de bonne procédure. La confiscation au profit du roi des biens des condamnés pour crime

---

(1) Robertson, t. 3, p. 168 et suiv. — Anquetil, p. 309.
(2) Gilbert, p. 24. (3) Id.
(4) Isambert, v. 1514, p. 1 ; v. 1538, p. 547.
(5) Isambert, p. 557. (6) Id., p. 560.— Lois de 1830.
(7) Le Grand Coustumier du pays et duché, à l'équipolent de la glose ordinaire et familiaire, par Guillaume Le Rouillé d'Alençon, impr. à Rouen, par Nicolas Leroux, pour trois libraires de Paris, Rouen et Caen.
(8) Isambert, p. 575. — Fontanon, t. 2, p. 349.

de lèse-majesté [1], faisait craindre à tout ce qui avait de la fortune d'être ruiné sous le moindre prétexte; l'amiral de Brion en faisait l'essai, Poyet était envers lui juge et partie [2]. On ne pouvait même pas plaisanter sur le passage de Charles-Quint à travers la France, pour se rendre dans les Pays-Bas, passage qui coûtait des millions; un seul individu avait ce droit, c'était le fou du roi [3].

Pour avoir résisté à diverses parties d'une ordonnance, lesquelles abolissaient le vrai droit de la défense, le parlement de Roven encourait la disgrâce du chancelier Poyet, et le roi, ayant reçu le conseil de sévir en personne, venait à Roven, accompagné de la reine et de toute sa cour, logeait à Saint-Ouen, laissait blâmer par Poyet, avec détail, le parlement, et sauf à faire rendre la justice par commissaires, prononçait l'interdiction [4]; il restait pour cela six semaines dans la capitale de la Normandie [5]. Une histoire ridicule et qui prouve le peu de respect pour les décisions du chancelier, a été recueillie : un conseiller, Antoine Postel, avait été interdit à cause des inimitiés de Poyet; on lui avait fait son procès encore par commissaires; il feignait une maladie; ses amis, se prêtant à ses vues, avaient fait croire à son décès; on faisait une fausse inhumation avec toutes les cérémonies à l'église de Saint-Laurent, et c'était une bûche de son poids que l'on portait en terre; le conseiller fuyait en Belgique, sauf, après la condamnation de Poyet lui-même, à se faire réintégrer dans ses fonctions et à

An 1540

---

(1) Isambert, p. 590. (2) Servin, t. 2, p. 40.
(3) Hénault, t. 1, p. 391. — Anquetil, t. 6, p. 315.
(4) M. Floquet, t. 1, p. 524 à 535. — T. 2, p. 1, à 11. — Servin, t. 2, p. 39. (5) Farin, t. 1, p. 193.

revenir juger[1]. Les chasses que le roi faisait à Vatteville pouvaient le distraire un peu du mécontentement général[2], mais il sentait bien le ridicule de sa position. Des lettres patentes émanées de lui, qui autorisaient un certain Goberval à vider toutes les prisons de Normandie, pour peupler divers pays transmarins, étaient d'un arbitraire dont le ridicule devait frapper son esprit; il y avait parmi les détenus des hommes dont la peine allait expirer, d'autres qui étaient enfermés pour de légers délits[3]. Prenait-on mieux l'admission de cet institut, créé par Paul III et si connu depuis sous le nom de Jésuites, dont la règle principale était un vœu d'obéissance absolue au pontife romain?[4] Si l'on croyait à leur modestie en les voyant d'abord, suivant l'expression d'André Duchesne, logés *petitement et coyement*, en une chambre, au collége des Lombards, on pressentait combien ils devaient s'agrandir. La corporation de dix élèves en effet, grâce à Lainez, successeur de Loyola, devait avoir pris bientôt une telle importance que Lainez refuserait la pourpre[5].

Dans cette triste position, les ordonnances même qui étaient rationnelles ne se pouvaient facilement exécuter : l'uniformité des poids et mesures[6] était

---

(1) Farin, t. 1, p. 193, 194.
(2) Bourgueville.
(3) Journ. de Norm., 17 décembre 1785.
(4) Moréri. — Dict. hist. — De Thou, t. 5, liv. 37. — Lacretelle, Guerres de religion, t. 2, p. 23. — Pascal, Lettres prov. — Maffei, Vie de saint Ignace. — Orlandin. — Hospinien, — La France, journ. relig. — Crétineau-Joly, 1545. — Arnould, Hist., types, mœurs des Jésuites, 1845. — A. Duchesne, Ant. des villes, p. 129. — Robertson, t. 3, p. 207 à 229. — De Monclar. — D'Alembert. — La Chalotais. — Linguet, Hist. imp. des jés. — Prud'hommes, t. 20, p. 223. — Lacoudrette, 4 vol. in-12. — Ch. des députés, mai 1845.
(5) Dict. hist. — Maffeïus, De vita et morib. Ignat. Loyolæ, 1586.
(6) Isambert, p. 672.

vaincue par une routine obstinée, l'ordonnance avait beau dire qu'il fallait que l'*aulne fust à Roven comme à Angers et à Carcassonne*, on ne pouvait obtenir ce résultat; d'autres dispositions sur l'administration de la justice, sur l'état civil, sur les délits forestiers, avaient la faveur d'être enregistrées [1], mais parce que le parlement en avait fourni le premier modèle. La protection royale, tantôt enlevée, tantôt accordée à l'archevêque [2], devenait bientôt un sujet de sarcasme quand on apprenait que l'inquisition avait son chef-lieu en France, en Normandie, à Évreux, dans le couvent des frères prêcheurs [3] ! An 1541

Combien il y avait d'heureuses dispositions cependant chez tous les Français! quand la duchesse d'Étampes eut fait poursuivre le triste Poyet [4]; quand, au lieu de laisser le pouvoir civil aux mains d'un archevêque, même sage, on eut créé le dauphin gouverneur de Normandie; quand on eut divisé la France en seize recettes générales [5]; quand l'Italien Bellarmato parlait d'aligner les rues du Havre [6]; quand on instituait la cour des aides pour remplacer la cour des comptes qu'on avait regrettée [7]; quand, en même temps qu'on réparait les désastres d'une explosion de poudre [8], Robert Bequet élevait cette aiguille de la cathédrale que nous avons vu remplacer par la pyramide en fonte; si l'on parlait d'une nouvelle insulte de Charles-Quint, laissant assassiner deux ambassa- Ans 1542 1543

---

(1) Isambert, de 707 à 721.
(2) Pommeraye, p. 606. — Gilbert, p. 157. (3) Essai sur le comté d'Évreux.
(4) Hénault, t. 1, p. 392. — Anquetil, t. 6, p. 328.
(5) Soc. de l'Hist. de Fr., an 1840. — Isambert. (6) Pleuvri.
(7) Servin, t. 2, p. 43. — Soc. de l'Hist. de Fr. 1839, p. 509.
(8) Langlois, p. 152. — Chron. roth. — Farin, t. 1, p. 510.

deurs de France [1], et de la nécessité de soutenir une nouvelle guerre contre Henri VIII, à cause de sa jalousie pour nos rapports avec l'Écosse, on se levait, on s'enrôlait, c'était la légion de Normandie qui, sous les ordres du duc d'Oléans, s'emparait de Luxembourg [2]; on aidait à faire la flotte la plus imposante qui eût été vue encore sur l'Océan; le Normand d'Annebaut était fier d'en être l'amiral, le Normand de la Maillerayé, d'en être le vice-amiral [3]; on ne s'informait plus si les côtes de l'Océan allaient être ou non le théâtre de la guerre; la menace du roi d'Angleterre de descendre dans le pays de Caux [4], si François Ier quittait la France, n'était regardée que comme une jactance qui ne devait pas être suivie d'un effet sérieux; même lorsque les troupes anglaises descendaient à Saint-Valery, avec leur roi qui se disait *roi de France* [5], on riait. Mais on sut que François Ier s'occupait surtout de la haine de la dame d'Étampes contre Diane de Poitiers; qu'il ne voyait dans la guerre qu'une occasion de demander de grands subsides; qu'il s'occupait peu si Charles-Quint annonçait sa marche sur Paris [6]; puis, quand déjà beaucoup de Parisiens envoyaient leurs femmes à Rouen, on sut qu'il souscrivait avec Charles un traité honteux, au moyen d'une somme payable en huit années [7]; on regarda cela comme une ignominie.

An 1545

Les habitants de Rouen voyaient leur ville entourée

---

(1) Hénault, t. 1, p. 392. — De Thou, de 1543 à 1607.
(2) M. Brabaut. (3) Hénault, t. 1, p. 393. — Hume, t. 5, p. 16. — Pleuvri, p. 53. — Anquetil place à tort le fait en 1545.
(4) Robertson, t. 3, p. 388. — Anquetil, t. 6, p. 342, 345.
(5) Hume, t. 5, p. 24, 28, 29..
(6) Anquetil, t. 6, p. 352.
(7) Hume, t. 5, p. 39. — Roberson. — Anquetil, t. 6, p. 338 et suiv.

de gibets. Quand le courage national n'était plus invoqué, alors que tout se réduisait à payer pour avoir du repos, quelles pensées patriotiques pouvaient naître ! Un de nos compatriotes, M. Laquerrière, a parfaitement peint cette époque, lorsqu'il a dit : « Tout « se confondait, les chants d'adoration et les cris du « combat, les tendres refrains des gais troubadours « et les longs gémissements des malheureux livrés à « d'atroces supplices [1]. »

Avant la fin de ce pitoyable règne, les querelles vont abâtardir ce qui pouvait rester de courage militaire ou civil. Ce concile de Trente, qui doit durer dix-huit années, va commencer ses séances [2]. La presse, au lieu de reproduire les œuvres de Conrad Gessner, le Pline de l'Allemagne, ou bien de Copernic, savants contemporains [3], va s'occuper de religion, non pas en publiant des ouvrages pieux ou sérieux, mais en répandant des ballades et des rondeaux [4], ou les serments exagérés de Jean Cottin, de Pierre Legeai, d'Augustin Marlorat [5] ; on regardait presque comme courageux Despautère, qui imprimait à Rouen les rudiments de la langue [6].

Si François Ier n'eût pas senti que sa volonté seule ne suffisait pas pour toucher tout l'argent dont il avait besoin, ses nouveaux conseillers, sans doute, n'auraient pas obtenu de lui non plus qu'on tînt des états en Normandie ; mais enfin on en a tenu. La salle qui porte encore le nom de salle des états a été admirablement décorée ; la cloche de Georges d'Amboise a

---

(1) Acad. de Rouen, 1834, p. 173, 174.
(2) Prud'homme, t. 20, p. 207. (3) Dict. hist.
(4) M. Ballin, Pallinods, p. 13. (5) Servin, t. 2, p. 49.
(6) Rudimenta Despauterii, Roth., in-8. Catal. Delassize, p. 144.

sonné; il en avait coûté des sommes dont nous avons le détail pour torches, bougies, et autres choses prises chez l'*apothicaire des états* [1]. Les députés ont voulu signaler des abus, émettre des vœux; ils prétendaient limiter la dépense, au moins pour chaque année; c'était une prétention ridiculisée [2]. Le seigneur de Surville, créé chancelier après Poyet [3], ne pouvait obtenir du roi rien d'analogue. On créait bien une fonction nouvelle, celle de lieutenant-général, et il y en avait un pour la Normandie [4], mais c'était une occasion d'accorder des faveurs royales.

An 1546 — Une année de repos apparent qui permettait, de repasser les tristes effets des ordonnances rendues pendant tout le règne, ordonnances qui avaient augmenté les tailles de plusieurs millions [5], de réfléchir sur la difıculté que l'on aurait à acquitter les impôts, et de narrer les dissensions curieuses qui surgissaient entre certains religieux de l'abbaye de Jumiéges [6], était bientôt troublée par une ordonnance faite sans consulter les états, et défendant, sous peine de mort, de porter armes et harnais de guerre, si ce n'est pour se rendre en garnison [7]; et injonction aux armuriers eux-mêmes de porter leurs marchandises aux hôtels de ville. Que l'on juge si c'est là une confiance dans l'état de la nation! On sait bien que les hommes de guerre, précisément ceux qui avaient vu la licence des chefs, troublaient les campagnes et les couvents; que l'abbé Bayard, de Saint-Wandrille, avait beaucoup à souffrir de calvinistes ar-

---

(1) Soc. des ant. de Norm. 1836, p. 493. (2) Id., p. 501.
(3) Collect. Isambert, p. 1, du volume de François Ier.
(4) Isambert, p. 892. (5) Deshayes, p. 121. (6) Id.
(7) Isambert, p. 910 et suiv. — Fontanon, t. 1, p. 645.

més[1] ; mais la source de tous ces désordres, où l'aller chercher, si ce n'est dans le gouvernement lui-même ?

On va bien en avoir la preuve lorsqu'au décès du despote Henri VIII succédait le décès du despote François Ier, le dernier jour de mars 1547 [2]. Avec le personnel du gouvernement va changer son moral ; un historien a cru que si les contemporains ont eu à souffrir, la postérité doit quelque reconnaissance à François Ier [3], à cause des tableaux et des statues qui ont décoré le pays; mais le règne de Louis XII, mais le règne de Henri II, en ont importé davantage, et qu'ils ont été loin d'occasionner autant de dépravations, de malheurs, de supplices, de désordres, d'iniquités, que le règne de celui qui ne savait pas faire grâce [4] ! même suivant l'avis d'un historien qui pourtant l'a, dans son indulgence, comparé à Henri IV [5].

Henri II, dans un règne de douze années, eut une conduite différente de celle de son père, et les Cauchois l'éprouvèrent plus que toutes les autres fractions des Français [6]. Le seul nom de ses favoris indique ses intentions : ce sont Anne de Montmorency, Claude d'Annebaut, Pierre Séguier, Claude de l'Aubespine, Olivier de Louville, François de Guise ; et s'il eut tant de courage que le connétable lui ait dit un jour, après que l'arrière-ban était levé : *Puisque vous vous battez comme cela, il nous faut une forge*

An 1547

---

(1) Langlois, sur Saint-Wandrille, p. 154.
(2) Robertson. — Biog. diverses. (3) Anquetil, t. 1, p. 372 et suiv.
(4) Lacretelle, Guerres de religion, t. 1, introd., p. liij.
(5) Id., p. xxij.
(6) V. l'abbé Lambert, Hist. de Henri II, 1755, 2 vol. in-12. — Mém. de Vieilleville. — François de Beaucaire. — Mézeray. — Varillas. —

neuve pour forger des rois tous les jours [1]. Le reproche mérité fut d'aimer trop la guerre, sans pourtant aimer le despotisme, qui en est assez souvent inséparable.

Voici les effets de ce règne : On applaudissait au nouvel ordre de finances [2]; beaucoup de nobles assistaient au duel de La Chateigneraie [3], mais n'emportaient pas le goût de ce spectacle; on ne trouvait certes pas mauvais que le roi voulût passer pour un grand orateur, qu'en même temps il fût sensible à la gloire des artistes. Si un homme était condamné pour s'être nommé le messie [4], on n'entendait pas dire que la volonté royale fût pour rien dans cette décision. On était d'abord irrité contre les lettres-patentes qui défendaient l'usage de draps et toiles d'or et d'argent [5], et bientôt on les attribuait à la rareté du numéraire.

An 1548 L'entretien des vaisseaux de l'État [6] semblait un bon emploi des fonds; l'envoi de troupes pour chercher Marie Stuart [7], la création de la duché-pairie d'Aumale [8], flattaient l'amour-propre. La défense du port d'armes sans permission [9] était regardée comme provoquée par l'abus de la poudre et des arquebuses.

An 1549 Qui aurait osé se plaindre de voir des distinctions ac-

---

Brantôme, t. 7, p. 1 et suiv. — De Thou. — Dupleix. — Le P. Anselme. — Millot, t. 2, p. 409. — Hénault, p. 400 et suiv. — Sismondi. — Voltaire, Essai sur les mœurs. — Robertson, t. 4, p. 60 et suiv. — Ord. des Valois, Angoulême, de 1546 à 1559 : Isambert. — M. Lacretelle, Guerres de relig., t. 1, de la p. 1 à la p. 311. — Tavannes. — Mademoiselle de Lussan, Ann. de Henri II, 1749, 2 vol. in-12. — Pleuvri, Mém. sur le Havre.

(1) Isambert. (2) Anquetil, t. 6, p. 395.
(3) Lacretelle, t. 1, p. 18. — Brantôme. (4) Chron. roth.
(5) Anquetil, p. 382.
(6) Fontanon, t. 4, p. 663.
(7) Hume, t. 5, p. 113. (8) Duchesne, Ant. des villes, t. 3, p. 480.
(9) Fontanon, t. 1, p. 645.

cordées au Cauchois d'Espinay, pour sa belle conduite près de Coligny, à l'expédition de Boulogne [1] ! de voir la flotte faire une descente à Jersey, pour déterminer la paix [2] ? de voir le duc de Longueville rapporter du lit de justice tenu le 2 juillet, où il siégeait comme grand chambellan, le discours du chancelier Olivier disant *que la république est heureuse quand le prince est obéi, et lui-même obéit à la loi* [3].

Celui qui allait succéder à l'archevêque Georges d'Amboise, deuxième du nom, le frère d'Antoine de Bourbon et son filleul, de plus, élève d'Hennuyer, était admis au conseil, et déjà, suivant l'usage, on rapportait ses bons mots [4]. Mais la défaveur d'Olivier donnait quelque défiance [5] ; quand le roi se disposait à venir à Rouen, à chasser aussi à Vatteville, on lui apprêtait des conseils sous toutes les formes [6]. Ces fêtes qui présentaient les cinquante-sept rois prédécesseurs de Henri II, ce Parnasse vivant, n'étaient que des moyens ingénieux de donner des éloges mêlés d'avertissements [7] ; entre autres choses, on demandait pourquoi ne pas supprimer tant de gibets, de potences, d'échafauds [8], établis sous le règne précédent. On applaudissait aux lettres-patentes qui accordaient à un Italien le privilége de fabriquer des

An 1550

(1) Hume, t. 5, p. 141. — Lacretelle, t. 1, p. 73.
(2) De Thou. — Hume, p. 141.
(3) Isambert, p. 100. — Ms. de la bibl. de la Cour de cassation.
(4) Servin. — Gilbert. — Pommeraye, p. 610.
(5) Hist. de la chancellerie, t. 1, p. 112.
(6) Dictionn. hist., v° Jacobin, v° Ambroise VII, v° Grâville. — Sur l'entrée du roi, v° le ms. acheté à Anvers par M. Pottier pour la bibl. de Rouen. — Farin, t. 1, p. 442.
(7) M. Laquerrière. — Farin, t. 1, p. 408. — M. Floquet, t. 2, p. 150 et suiv. (8) Farin, t. 1, p. 431. — M. Floquet, t. 2, p. 170. — Journ. de Rouen, 3 août 1837. — M. Lacretelle, t. 1, p. 81.

glaces de Venise [1] ; à l'ordonnance enjoignant de planter des mûriers [2], à celle qui demandait, à titre d'impôt, mais d'une manière générale, ving-cinq livres par clocher [3]. On obtenait la création, dans tous les tribunaux, d'un juge criminel [4]. La victoire même donnait, suivant son usage, de meilleures intentions à tous : entendre dire que Charles-Quint s'est sauvé presque nu d'Inspruck [5], est un sujet de joie générale ; les Cauchois sont fiers de répéter que Waleran d'Espinay, fils de Robert, et père du brave François d'Espinay [6], était à Toul, à Verdun et à Metz [7]. Pas un ne se refuse à se rendre dans cette dernière place, quand on dit que Charles-Quint menace de la reprendre [8] ; tous sont enchantés de revoir ce beau François de Guise, qu'ils ont vu à leurs fêtes, mais, cette fois, la tête couverte de fer, la poitrine couverte de fer, les bras et les jambes couverts de fer. S'il garde les clefs des portes pour empêcher les sorties, on sourit à cette défense [9] ; s'il prohibe les duels, on ne se bat plus [10], tant on a de plaisir à obéir aux ordres d'un brave. Charles-Quint, suivant le récit qu'on en fait à la dame d'Espinay, née de Surville, dont le mari est là avec mille hommes d'armes, est venu avec cent vingt pièces de canon, et a été forcé de lever le siége. Le courage, l'humanité, la discipline du duc de Guise retentissent dans chaque manoir. On apprend que Henri II, en personne, a offert la bataille au rival

An 1552

---

(1) Isambert, p. 184. (2) Id., p. 208.
(3) Millot, p. 411. — Anquetil, t. 6, p. 403. (4) Anquetil, p. 432.
(5) Robertson, t. 4, p. 162. (6) Courcelles, p. 22. 23.
(7) Moréri, v° Epinay. — Hénault, p. 406. — Robertson, t. 4, p. 191. — Anquetil, p. 433.
(8) De Thou, p. 397. Millot, p. 411. — Robertson, p. 194.
(9) Robertson, p. 196. (10) Anquetil, p. 445.

perpétuel de la France, près de Térouane, et que Charles-Quint l'a évitée [1]. Il faut avouer que de nouvelles intrigues de cour vont donner des années semblables au règne précédent.

Qui ne déplorait l'ordre de démolir, reconstruire et démolir encore une fois la citadelle de Sainte-Catherine près Roven [2]? se rendait-on compte que cela n'était dû qu'à la rivalité des Guises et des Montmorency [3]? L'absence de tout commerce allait être de nouveau le produit des divisions civiles [4]. Quelque intérêt que l'on prît à l'armement que faisait au Havre l'amiral d'Annebaut, au départ de Villegagnon pour aller vers cet endroit où depuis a été fondé Rio-Janeiro [5], on blâmait l'imprudence qui laissait le vaisseau amiral, armé de cent pièces de canon, brûler sur rade, au moment du séjour du roi, événement tout à fait analogue à ce qui avait eu lieu du temps de son père [6].

An 1553

Si l'on félicitait le pouvoir d'avoir défendu de changer de nom, ou, à cause de la manie du temps, de se déclarer noble, on prenait moins bien la disposition qui réglait les costumes de toutes les professions [7]. Si l'on était enchanté de voir enfin Poyet condamné [8], cela ne donnait pas l'espoir d'obtenir la réparation du mal par lui fait. Puis la disparition de la scène politique d'un seul personnage changeait toutes les idées: on attribuait à la retraite de Charles-Quint, dans

An 1555

---

(1) Anquetil, p. 453. (2) Duplessis, t. 2.
(3) Anquetil, t. 6, p. 462.
(4) Acad. de Rouen, 1844, p. 120. — Robertson, p. 239, 244.
(5) M. Estancelin, p. 88. — Chron. roth. — Pleuvri.
(6) Mémoires, p. 11 et suiv. — Pleuvri, p. 59 et suiv.
(7) Supp. à la collect. d'Isambert, an 1790. — Noël. — Arch. de la Cour roy. de Rouen. (8) Isambert, p. 888.

son couvent, les succès que nos marins obtenaient vers les Pays-Bas, ou sur la Méditerranée[1]. D'Espineville, d'Harfleur, qui avait pour son compte recruté des marins sur toute la côte du pays de Caux, avait armé six brigantins et dix-neuf vaisseaux ; il avait soutenu un combat contre cent vingt-deux bâtiments hollandais ou flamands, richement chargés ; il était vainqueur après une action de huit heures ; mais il avait péri à la fin, et ses compagnons ramenaient sur la flotte capturée son cadavre avec ceux de ses lieutenants qui avaient été frappés. On célébrait de solennelles funérailles, avant de partager un énorme butin[2].

Le Brésil vient d'être découvert ; voici Villegagnon, déjà cité, qui va fonder sur ces belles plages un *petit Dieppe* et un *petit Paris*[3]. Le vrai sens de la doctrine chrétienne s'explique, s'entend, s'interprète dans ces colonies ; en même temps, l'opinion publique dicte à l'université cette défense aux jésuites d'enseigner publiquement[4], comme elle demande et obtient la juridiction consulaire dont on respecte aujourd'hui la création[5].

An 1556

Il est vrai de dire que de nouveaux malheurs viendront précisément de l'exil de ces jésuites que François Ier avait introduits. Les troubles connus sous le nom de guerres de religion, et qui ont des historiens à part[6], amèneront des incidents trop forts pour le caractère de Henri II ; ils donneront à l'Italie la pensée

An 1557

---

(1) Hume, t. 5, p. 253. — Millot, p. 414. — Hénault place le fait en 1556. — Robertson, t. 4, p. 285.
(2) Pleuvri. — De Thou. — Mosaïque de l'Ouest, 1845, p. 256.
(3) Anquetil, t. 6, p. 476. (4) Id., p. 482.
(5) Jourdan, v. de 1774 à 1776, p. 196.
(6) M. Lacretelle, 3 vol. in-8, et les aut. qu'il cite.

de se révolter, tandis que l'Angleterre redeviendra l'ennemie de la France[1]. En d'autres circonstances, on n'eût pas fait attention si c'était le neveu de Diane de Poitiers qui levait la fierte[2], mais cela devenait une juste occasion de blâme dont s'emparaient les ennemis politiques. Quand le duc de Longueville, couvert de son armure, avait été fait prisonnier, le 10 août, à la bataille de Saint-Quentin, avec Montmorency lui-même; quand dans cette bataille avaient péri quatre mille hommes dont trois cents seigneurs, quand toute l'artillerie avait été prise, moins deux pièces de canon[3], quand Valeran d'Espinay, commandant à quatorze enseignes, était tué à l'entreprise du château de Guastalla, à la tête de ses huit cents hommes d'armes[4], il était évident que sans François de Guise, rappelé d'Italie, sans la création des *régiments* et spécialement de celui de Normandie[5], c'en était fait de Henri II[6]. Pour amener de nouveaux préliminaires de paix, il fallait encore François de Guise et ses vieux compagnons, et la reprise de Calais, en huit jours, au fort de l'hiver, contre Wentworth, après une dépossession de deux cent dix années[7]. Le pouvoir de François de Guise ramène au gouvernement tout ce qui aime la concorde et le bon emploi du temps.

An 1558

Une pensée salutaire est adoptée par Henri II; il reçoit, il suit le conseil d'assembler les états généraux,

---

(1) M. L. Vitet, Dieppe, 1er vol.
(2) M. Floquet, Priv. de Saint-Romain, t. 2, p. 270.
(3) Courcelles, p. 22.   (4) M. Brabaut.
(5) Hénault, t. 1, p. 412.
(6) De Thou, t. 3.
(7) Garnier. — Lacretelle, p. 173. — Hénault, p. 412. — Robertson, t. 4, p. 330. — Herrera. — Hume, t. 5. — Coquelin. — Millot, p. 418.

de tenir un lit de justice [1]. Cette fois, les états se composaient d'archevêques, d'évêques, de sénéchaux, de baillis, de maires, d'échevins, de présidents de parlements, de gens du roi; on dirait que l'ouvrage du Rouennais Nicolas Gruchy sur les comices romains [2], avait pour but de préparer les esprits à un acte de cette portée; mais l'esprit du roi est faussé encore. Comme la cour ne voulait qu'établir un impôt sous le nom d'*emprunt*, la participation des états au pouvoir était bien vite ridiculisée [3]. On ne s'occupait pas du besoin principal de l'État, c'est-à-dire de calmer les esprits en fait de religion; on voulait dominer et non pas éclairer les consciences; l'affermissement de l'inquisition en est la preuve [4]. Lorsque, le 26 août, le parlement de Roven se faisait applaudir en rendant aux enfants d'un condamné les biens de leur père, il flétrissait l'intention du pouvoir qui gouvernait et qui demandait la confiscation sous le nom de *sang damné* [5]. Quand le public riait à la farce de Henri de Barreau, intitulée : *les hommes qui font saler leurs femmes à cause qu'elles sont trop douces* [6], il savait bien de quelles princesses il s'agissait.

An 1559   Enfin, la paix avec l'Angleterre et même avec Philippe, successeur de Charles-Quint [7] laisse la faculté de faire un plan nouveau, de raffermir le pouvoir, de prêcher la tolérance, de disposer des armes pour le

---

(1) Hénault. — Anquetil, t. 7, p. 25 et suiv. — Millot. — Voltaire, Essai sur les mœurs. (2) Nic. Gruchy, de Comit. rom., libri III, in-folio. — Note du catalogue Delassize, p. 391.

(3) Anquetil, t. 7, p. 30, 32.

(4) M. Lacretelle, t. 1, p. 275.

(5) Acad. de Rouen, précis de 1840, p. 192 et suiv., art. de M. Floquet. (6) La Vallière, Théâtre-Français, t. 1, p. 143.

(7) Hume, t. 5, p. 303. — Isambert, p. 515.

cas de guerre, de faire de bons choix dans la magistrature, d'empêcher l'imprimerie de faire du mal, de la mettre à portée de faire du bien, de favoriser le commerce qui, chaque jour, apprenait une découverte nouvelle en Amérique, tout en répandant de l'argent et de l'or sur le continent; la tranquillité pouvait permettre de protéger les sciences et les arts; au lieu de cela, le roi a le tort de prendre part aux querelles religieuses [1]. Il laissait brûler à Roven, sans penser au droit de grâce, Cottin, ministre protestant, et deux de ses disciples, condamnés par arrêt du parlement [2]. Henri lui-même, assure-t-on, veillait à l'arrestation d'un homme qui ne partageait pas ses doctrines [3]. Puis des églises de Normandie envoyaient des députés à un synode calviniste, s'occupant fort peu de la colère furieuse dans laquelle entrait le roi [4]. Le bon sens des paysans, auxquels on racontait cette colère, leur suggérait qu'ils devaient en avoir une bien autre, eux qui voyaient la France endettée; mais était-ce une réflexion calme qui passait par les têtes, quand on entendait dire que Henri avait ordonné au maréchal de la Vieuville de pendre trente bourgeois de Roven, encore pour dissidences religieuses [5]! Il fallait, pour que les pensées changeassent, que l'on sût qu'un coup de lance donné par Montgommery, dans un tournoi, avait blessé le chef de l'État, puis, onze jours après, avait causé sa mort [6].

Le rôle du successeur va être très-difficile; l'ascen-

---

(1) Anquetil, t. 7, p. 46. — Lacretelle, t. 1.
(2) Servin, t. 2, p. 49.   (3) Id., p. 50.
(4) Hist. de Dubourg. — Anquetil, t. 7, p. 54, 56.
(5) Hénault, t. 1, p. 401. — Biogr. univ., v° Henri II. — Anquetil, t. 7, p. 59. — Lacretelle, t. 1, p. 306.
(6) Hénault. — Anquetil. — Lacretelle.

dant de la reine-mère est prononcé; les partis ont respectivement des motifs d'accusation ; du moins la puissance de la maîtresse du feu roi est annulée ; suivant l'expression de de Thou, elle est chassée de la cour [1].

François II régnait [2], il n'était pas âgé de plus de seize ans, il avait quatre frères et cinq sœurs; de plus il y avait à la cour trois enfants naturels de son père; pouvait-il dominer les rivalités des Guise et des Montmorency? pouvait-il surveiller le parti d'Antoine de Bourbon [3]? avait-il même le don de suivre de sages conseils? Telles étaient les questions que se faisaient beaucoup de Cauchois. En de telles circonstances, presque tous restaient dans leurs châteaux, dans leurs donjons, dans leurs masures, dans leurs presbytères; ils commençaient à connaître cette singulière distraction apportée par Jean Nicot (lequel aujourd'hui a sa statue), et qui vaut au budget une recette de cent dix millions, distraction qui consiste à sucer par un bout une feuille de tabac roulée qui brûle par l'autre [4]. En Normandie, comme dans toute la France, on s'accoutumait à prononcer le nom de la capitale normande comme nous le faisons aujourd'hui; on écrivait *Rouen*, on prononçait de même.

L'attachement du roi pour sa jeune épouse, son

---

(1) T. 3, p. 575.
(2) Davila. — Mézeray. — Brantôme. — Anquetil, t. 7. — Le Laboureur. — Un drame du président Hénault, intitulé François II, 1747. — Laplace. — Mém. de Condé. — Mém. de Nevers. — Varillas. — Châlons. — Simplicien.
(3) Millot, t. 3, p. 6.
(4) Cette plante, importée de la Floride, s'est appelée *Nicotiana petun*. V. de Pradel, Hist. du tabac. — Labat, Voyage en Amérique. — Victor Pallu. — Scrivarius. — Soc. de l'Hist. de Fr., Bull. 1846, p. 354. — Encyclop. moderne, v° Tabac. — Journ. des Débats.

sang-froid et le choix de sages conseillers, parmi lesquels on comptait le duc de Longueville[1], étaient bientôt d'heureux auspices pour le nouveau règne. Profiter de l'accident arrivé à Henri II, pour abolir les tournois[2]; confier l'administration de la justice au chancelier qui avait pris pour devise ces belles paroles rédigées en style de la loi des XII Tables : *Salus populi suprema lex esto*[3]; appeler dans ses conseils François de Guise que les Cauchois estimaient à si juste titre, et ne pas en éloigner Montmorency, paraissaient des précédents pleins de maturité. Bientôt exiger que les tribunaux présentassent des candidats au choix du roi[4], diminuer le nombre des procureurs[5], permettre aux Suédois de faire le commerce en France[6], étaient des mesures applaudies. Si le prédécesseur de l'Hospital avait encore fait dire à Coligny d'armer trois vaisseaux au Havre pour porter en Amérique le *pur évangile*[7], s'il avait ordonné qu'on rasât les maisons où se faisaient des conventicules[8], s'il avait fait rendre un édit ordonnant la peine de mort contre les auteurs d'assemblées pour motifs de religion[9]; s'il avait provoqué le martyre d'Anne Dubourg, les décisions de la chambre ardente, composée de délateurs intéressés[10]; si le premier président du parlement de Rouen, l'ami d'Antoine de Bourbon, avait rédigé un testament par lequel il privait ses enfants de son héritage, en cas qu'ils chan-

---

(1) Hénault, t. 1, p. 417. (2) Ménestrier, p. 617.
(3) V. la gravure de Demarcenay, numéro 24, de l'OEuvre.
(4) Hénault, t. 1, p. 418. (5) Fontanon, t. 1, p. 75. — Joly, t. 1, p. 173. (6) Rec. des Traités, t. 2, p. 300. (7) Mém. sur le Havre, p. 15.
(8) Fontanon, p. 259. (9) Rebuffe, l. 5, tit. 14, ch. 9.
(10) Millot, t. 3, p. 7. — Hénault, p. 420. — M. Lacretelle, t. 1, p. 335, 339. — Anquetil, t. 7, p. 72.

geassent de religion, instituant alors le roi pour son légataire universel[1]; toutes ces pensées se changeaient, tous ces ordres se révoquaient lorsque Michel de l'Hospital succédait à Olivier[2]. C'était lui qui faisait rendre ces ordonnances en matière civile, dont une partie est retracée dans nos codes[3]; c'était Michel de l'Hospital qui voulait assembler des notables, faire dresser des cahiers par les provinces, les laisser choisir leurs députés[4]. On juge si cela plaisait aux riverains de la basse Seine, eux qui avec satisfaction, voyaient, quand ils venaient à Rouen, un monument s'élever à Jeanne d'Arc, et comptaient sur le bon sens de leurs représentants comme sur la bonne intention du ministre. Puis l'événement arrivé le 5 décembre[5] paralyse tout, car Catherine de Médicis est régente, et Charles IX est roi. Le lecteur comprend que dans un ouvrage de la nature du nôtre, on ne se livre pas aux déclamations qu'inspire un pareil règne, et d'ailleurs il est tellement tracé et avec de tels caractères dans la mémoire des Français, qu'il est inutile de le reproduire.

Après l'abolition des états, une fausse protection accordée aux protestants[6], les assemblées de la forêt de Rouvray, et l'abandon que les moines de Jumièges faisaient de leur abbaye; après ce mot: *Que le*

---

(1) Moréri, v° Mesmes. (2) Hist. de la Chancellerie, t. 1, p. 133. — Millot, p. 10. — De Thou, t. 3. — OEuvres de l'Hospital, par Dufey.
(3) Fontanon. — Le baron Dupin, de l'adm. munic. — Néron, t. 1.
(4) Soc. de l'Hist. de Fr., bulletin 1835, p. 423. — Isambert, p. 52. — Floquet, t. 2, p. 310, 317.
(5) Anquetil. — Brantôme. — Brûlart. — Pasquier. — Beauvais Nangis. — Davila. — Delaplace. — Laplanche. — Mathieu. — De Thou. — Soc. de l'Hist. de Fr., Bulletin, décemb. 1845, p. 180.
(6) V., sur les édits en matière de religion, un ouvrage rare, impr. en 1599, intitulé Rec. des Édits de pacification.

peuple n'avait pas à se mêler de l'administration [1], cet autre mot : *Que les manants ne devaient pas user de dorures* [2] ; après la jussion au parlement sur les jésuites, si favorable à ceux-ci [3], enfin après le massacre de Vassy, tout espoir s'évanouissait.

Si l'on ne peut s'empêcher de montrer ce tableau qui représente, le 15 avril à minuit, la place de Rouen, dont cinq cents hommes s'emparent, l'expulsion de Jean d'Estouteville du château, l'occupation de la citadelle du vieux palais, l'emploi de statues de saints pour réparer les murailles, les églises pillées par les protestants, dont le centre était à Orléans, la violation du cercueil de saint Romain, la destruction du monastère de Sainte-Catherine, l'institution du conseil des Douze, la fusion des cloches pour faire des canons, une construction nouvelle par Morvilliers sur la côte Sainte-Catherine ; si l'on ne peut s'empêcher de noter le ravage des champs de Caux, la retraite du parlement à Louviers, tandis que la reine d'Angleterre fait débarquer six mille hommes sur le continent, la résistance du Tréport aux calvinistes, l'occupation par ces derniers, militairement pendant quatre mois, de Dieppe, Montivilliers, Caudebec, Lillebonne, Harfleur, la ruine de l'église de Saint-Georges, et l'arrivée de Catherine de Médicis, en août, sous les murs de Rouen, avec Jacques Amyot ; qui ne se hâte, pour donner une leçon aux peuples, de dire qu'Antoine de Bourbon, ce catholique de fraîche date, si prompt à faire pendre, dit Brantôme, assistait à

An 1562

_____

(1) Ann. de la Soc. de l'Hist. de Fr., 1840, p. 121.
(2) Laquerrière, épis et crêtes, p. 42.
(3) Bibl. de la Cour de cass., t. 17. — Isambert, p. 98.

un assaut qui a duré quinze jours entiers; que blessé, il est allé mourir aux Andelys ; que beaucoup de Rouennais ont péri en combattant, que la ville a été prise après deux mois de siége, et que ceux qui avaient voulu montrer de la sagesse en matière de politique religieuse, après avoir été victimes des excès des protestants, devenaient victimes de la brutalité des catholiques [1], sauf à entendre dire que François de Guise a été assassiné dans les bras du baron de Clères, et qu'en mourant il a conseillé l'harmonie [2] comme Michel de l'Hospital ne cessait de la prêcher.

On juge combien devait être sincère la solennité de l'entrée de Charles IX [3], quel accueil devait recevoir l'amiral Châtillon quand il parcourait la Normandie avec quatre mille chevaux [4], quelle unanimité existait dans Dieppe lorsque cette ville se rendait au roi [5]. Entendre dire qu'on cherchait des ministres protestants pour les mettre à mort, était-ce une raison pour la ville d'être bien joyeuse lors de l'entrée du baron de Clères [6]. Bourdillon devait-il bien se féliciter de

---

(1) Sur les détails de l'occupation de Rouen et autres villes, par les protestants, et sur le siége. V. Nagerel. — Farin, t. 1, p. 485. — Servin, t. 2. — M. Floquet, Hist. du Parlem. — Millot, t. 3, p. 26. — Hénault, p. 429. — Hume, t. 5. — De Serres, invent., 2 vol. in-fol., 1660, p. 478 et suiv. — L. Thiessé, p. 300, 301. — Pommeraye. — M. Lacretelle, t. 2, p. 95, 99. — Brantôme, t. 8. — Deville, sur Saint-Georges. — Chouet, Rec. 1599. — Lebœuf, Hist. du Tréport. — Pleuvri. — Dict. hist., v° Catherine V, v° François de Civille. — M. L. Vitet. — Forbes, t. 2. — Dumesnil, p. 85. — Anselme. — Tallemant des Réaux. — Robert Estienne. — Montaigne, Essai, t. 1, ch. 23. — Castelnau. — Mém. de Condé. — M. Depping. — Mém. de Fr. de la Noue. — Missen. — Moréri. — Gilbert. — Ladvocat. — Saint-Foix.

(2) Millot, t. 3, p. 28. — De Thou, t. 4. (3) De Thou, t. 4.

(4) De Serres, p. 478.

(5) Dict. Géogr. de Th. Corneille, v° Dieppe. — De Thou, t. 4, p. 439.

(6) De Thou, p. 434. (7) Lebœuf.

recevoir devant le Havre son bâton de maréchal [1]? La peste qui ravageait ces belles contrées n'était-elle pas une circonstance bien apte à faire accueillir Anne de Montmorency et les troupes royales [2]? L'entrée dans le Havre le 29 juillet faisait-elle oublier les malheurs de famille, aussitôt qu'elle permettait au négoce de reprendre ses habitudes? Tout était-il oublié parce que Charles IX séjournait un peu à Jumiéges [3], et là déclarait qu'il allait visiter Yvetot, Ouville, Bacqueville, Fécamp, Clères [4]? La majorité du roi, déclarée au parlement de Rouen [5], allait-elle tout calmer?

La reine-mère, il est vrai, avait bien eu l'art de défendre de *mettre la ville en superflue dépense* [6]; mais on avait exposé des devises pleines de tristesse. L'échafaud, sur le vieux marché, était emblématiquement couvert de feuillages; on regardait comme une triste flatterie *le théâtre de Nicolas Filleul*, dédié à la reine [7]; la majorité n'était autre chose que le gouvernement de Catherine, sous le nom de Charles IX. Fixons les yeux sur trois personnages qui ont assisté à la cérémonie : l'un sera roi sous le nom de Henri III, le second s'appellera Henri IV, le troisième est le duc de Longueville [8]; tous trois rendent justice à la bonne

---

(1) Dict. hist.

(2) M. L. Vitet. — Hume, t. 5. — Désormeaux, Hist. de la maison de Montmorency. — Pleuvri, p. 90. — Lacretelle. — De Serres donne pour date de l'entrée, le 18 juillet 1569.

(3) Deshayes, p. 125. (4) Nagerel, 1581. — Pleuvri, p. 95.

(5) De Thou, p. 548. — Farin, t. 1, p. 411. — Pleuvri, Mém., p. 108. — M. Floquet. — Hénault, t. 1, p. 431. — Thiessé, p. 301. — Isambert, p. 147.

(6) Nagerel. — Registre de l'hôtel de ville, du 4 août 1563. — M. Floquet, t. 2, p. 551. — *Discours Merveilleux* de la vie et déportements de la reine; Cologne, 166, en 150 pages.

(7) In-4, rare. (8) Nagerel.

foi de l'Hospital, et ne peuvent pas plus que lui prévoir les conséquences de cet acte solennel; mais ce qui démontre combien les hommes devraient s'abstenir des dissensions civiles, c'est que, si peu de temps après l'affreux siége de Rouen, presque immédiatement après les paroles du bon et sage chancelier de l'Hospital, on parlait de paix avec l'Angleterre [1]; un armement partait sous les ordres du père Delavigne pour les côtes de Guinée [2]; Ribaut retournait vers la Floride; l'industrie consistant à faire des bas au métier, devenait une ressource pour les indigents qui voulaient travailler [3]. A peu près au même moment où

An 1564 Catherine de Médicis commençait le palais des Tuileries, on commençait, pour Charles de Mouy, bailli de Caux [4], ce château de la Meilleraye, que tous les mariniers qui arrivent des autres parties du monde vers la Seine, regardent avec charme et saluent; on pensait à des mesures et des poids uniformes [5]; on obtenait cette ordonnance solennelle pour faire commencer l'année au 1ᵉʳ janvier [6]; on réparait les églises [7]. Il fallait encore que ce fût la cour qui fît défendre d'imprimer un seul livre sans la permission du roi [8]; qui fît interdire la religion réformée dans les lieux de résidence royale [9]; qui fît défendre aux ecclésiasti-

---

(1) Millot, t. 3, p. 30. — Hénault, p. 432.
(2) Ms. de la biblioth. de M. Louis Quesnel.
(3) Journ. de Normandie, du 31 mai 1788. (4) Soc. des ant. de Normandie, 1836, p. 412, Mém. de M. Fallue. — M. L. Vitet place le fait en 1567. (5) Musée de Rouen, v. le boisseau de Jumiéges.
(6) Ordonn. de Roussillon. — Hénault, p. 433. — Ducange. — L'Art de vérifier les dates. — De Wailly, Éléments de paléographie. — Ballin, Palinods, p. 12. — Langlois, Saint-Wandrille, p. 19. — Ann. de la Soc. de l'Hist. de Fr. pour 1843, p. 96 à 100.
(7) Servin, t. 1, p. 9.
(8) Ordonn. de Mantes, 10 septembre. — Fontanon, t. 4, p. 375.
(9) Ordonn. du 24 juin.

ques de couper leurs bois sans la permission du roi[1]; qui empêchât de demander satisfaction du meurtre de Ribaut, écorché vif en Amérique, comme sectaire, par les soldats de Philippe II[2]; qui parlât d'imiter l'inquisition pratiquée dans les Pays-Bas[3].

Aussi voilà quelques pensées de rébellion qui germent : on fait avertir les prétendus *fidèles* pendant la nuit au son du cor[4]; on fait des assemblées ou prê- *An 1565* ches à Roumare, à Pavilly[5]. La noblesse aussi manifestait une grande irritation quand on déclarait que, *faute d'hoirs mâles*, certains domaines devaient être réunis à la couronne[6]. Toutes les classes rougissaient qu'il fût défendu de s'assembler dans une *An 1566* ville, sans appeler un sénéchal[7]. Qu'était-ce ensuite quand on entendait parler de la dissimulation du jeune roi, de ses blasphèmes ; tandis qu'une ordonnance portait confiscation des biens de ceux qui, une fois, juraient le nom de Dieu[8]. Ses soupçons, ses dettes[9], ses débauches, son projet d'envoyer des jésuites à Rouen pour fonder un collége[10], tous ses désirs étaient transmis au peuple, et, en même temps, tout en reconnaissant le talent des disciples de Loyola, on en avait peur.

Si toute la législation eût été rendue sur le principe *An 1567* de la recherche des usuriers, de la déclaration que les biens *vains* et *vagues* appartiennent aux communes, de la punition des agresseurs catholiques de Rouen et de Dieppe, dernières inspirations de l'Hos-

---

(1) Ordonn. du 26 novembre.　(2) Millot, t. 3, p. 34.
(3) Hénault, p. 435.　(4) M. Floquet, t. 3, p. 26.
(5) Id., p. 23.　(6) Registres du Châtelet de Paris.
(7) Descorbiac, p. 20.　(8) Rebuffe, tit. 81, ch. 12.
(9) Lacretelle, t. 2, p. 139.
(10) Servin, t. 2, p. 63. — Pommeraye.

pital¹, on eût calmé les craintes générales; mais le pacte contre les protestants, ou contrat de Poissy, la création de nobles moyennant finance, l'arrivée de six mille Suisses, l'arrestation de Condé et de Coligny, l'exclusion des protestants des offices de judicature², causèrent une émeute; la grand'chambre du parlement fut envahie; les troubles religieux reparurent³. Les protestants avaient retrouvé des armes; ils ont manqué, à ce qu'on assure, de s'emparer de la personne du roi⁴. Est-ce à nous de raconter les tristes journées de Saint-Denis, de Jarnac⁵, où François d'Espinay figurait à contre-cœur; ces déplorables procès qui ont conduit les Cauchois Catteville et Lignebœuf de l'audience à l'échafaud⁶? de dire comment on s'est rallié au fils de Jeanne d'Albret et d'Antoine de Bourbon, comment on a eu le secours de la reine d'Angleterre? Non certes; mais c'est à nous d'insister sur la mort de Dumesnil, de ce premier président du parlement de Rouen, décédé non par suite de la crainte, mais par suite de la douleur que lui causaient les troubles⁷; de même que c'est à nous de déplorer la reprise de quarante villes par les huguenots⁸!

An 1568

An 1570 Le mariage de Charles IX avec Élisabeth d'Autriche, fille de Maximilien II⁹, aurait été encore, à une autre époque, un sujet de joie et de fêtes; plus on

---

(1) Lacretelle, t. 2, p. 203. (2) Fontanon, p. 292.
(3) Id., t. 1, p. 677. — Isambert, p. 220. — Mém. de Sully, 6 vol. in-8. — Millot, t. 3, p. 36. — M. Floquet, t. 3, p. 36. — De Thou, t. 5, liv. 42. — Chollet, 1599, p. 72.
(4) Hénault, t. 1, p. 435.
(5) De Thou, t. 5. — Le Laboureur. — Hume, t. 5. — Lacretelle.
(6) De Thou, t. 5. (7) Dict. hist. v° Dumesnil. — Sully, t. 1, p. 3. — De Thou, t. 5. (8) Lacretelle, t. 2, p. 181. — Lanoue. — Tavannes.
(9) Hénault, t. 1, p. 425.

voyait le roi acquérir de puissance, plus ceux qui avaient pris pour chef un Bourbon contre un Valois, avaient de défiance et d'inquiétude. A une autre époque encore, l'édit de pacification, daté de Saint-Germain-en-Laye, lequel ordonnait l'oubli des querelles, et permettait le libre exercice de la religion réformée, excepté à la cour et à deux lieues de circonférence ; lequel ordonnait la restitution des biens confisqués [1], cet édit aurait calmé bien des esprits; il ne donnait que des soupçons. Sully, dans le livre duquel, au milieu des passions d'un partisan, d'un religionnaire, on trouve tant de faits utiles, nous révèle bien quel était l'état des choses à cet égard [2]. Le sang français était versé par des Français dans le Poitou, le Béarn, la Guienne [3]; il allait encore ruisseler bientôt en Normandie.

Le fils de Jeanne d'Albret, facile à duper, consentait à épouser un peu plus tard la sœur de Charles IX; mais il n'avait pas vu qu'en la lui offrant celui-ci n'avait joué qu'un rôle ou un *rôlet*, suivant son expression [4]. Coligny lui-même, avec toute sa prudence, toute son expérience, acceptait un commandement, par suite des ruses de Charles IX [5]; on répandait de ces médailles à l'effigie du roi, qui tendaient à populariser sa figure assez régulière. La monnaie de Rouen frappait des centaines de jetons de cette espèce [6];

---

(1) Chouet, 1599, p. 85 à 111. — Fontanon, t. 4, p. 300.
(2) Mém. de Sully, t. 1, p. 6. — M. L. Vitet, Dieppe, p. 199.
(3) Hume, t. 5, chap. 41. — Mém. de la Ligue. — De Thou. — Millot, t. 3, p. 40. — Péréfixe. — Journ. de l'Estoile. — Davila, l. 4. — Mém. de Neveu. — D'Aubigné.
(4) Hénault, t. 1, p. 442. — Millot, t. 3, p. 41.
(5) Mém. de Sully. — Hume, t. 5, p. 52.
(6) V. Collect. des monnaies de Rouen.

mais on ne répandait pas toutes les paroles artificieuses du jeune roi. Henri de Guise, devenu comte d'Eu par son mariage avec Catherine de Clèves, croyait indiquer une longue durée de la paix, en commandant le plan du château d'Eu, tel qu'on le voit aujourd'hui [1]; mais son espoir était-il fondé sur la tolérance? Les empoisonnements cessaient-ils à Lyon, à Toulouse, à Paris, à Rouen [2]? Lignerolles n'était-il pas assassiné [3]? Châtillon n'était-il pas empoisonné après une visite affectée du roi [4]? Gruchy de Saint-Wandrille était-il puni pour avoir effrontément volé son abbaye [5]? Si l'on suivait le conseil d'encourager l'agriculture, était-ce une juste faveur de donner aux cultivateurs trois ans pour payer leurs dettes envers les autres citoyens [6]? N'était-il pas ridicule de lever, en Normandie seulement, un impôt pour payer les députés des trois états, dont on annulait complétement le rôle [7], soit en ne les assemblant pas, soit en leur disant de s'en rapporter à la *science certaine* du roi ou de sa mère?

Que n'a-t-on pu effacer du livre de l'histoire la triste année 1572! Quand l'édit d'Amboise semble avoir pour but de régler la police, la navigation, l'agriculture; quand la reine d'Angleterre se fait enseigner la langue française par un Normand [8], comme pour goûter d'une manière pacifique les relations des deux peuples; quand on vient de rédiger l'acte de mariage entre Henri de Navarre et la sœur de Char-

(1) M. Estancelin, p. 7.
(2) Lacretelle, t. 2, p. 286.
(3) Lacretelle, p. 300. (4) Id., p. 296.
(5) Langlois, p. 85. (6) Fontanon, t. 2, p. 1190.
(7) Soc. des ant. de Norm., t. 10, p. 448. — Delafoy, p. 257.
(8) Dict. hist., v° Le Chevalier.

les IX, qui pouvait s'attendre, même quand on savait le dégoût des nouveaux mariés l'un pour l'autre[1], à ce que Coligny, sortant d'une audience du roi, serait blessé de deux balles? Qu'après une sensibilité apparente, qu'après l'ordre donné de poursuivre l'assassin, dans un conseil nocturne tenu aux Tuileries, le roi *consentirait au massacre des huguenots*, sur la proposition de sa mère, il est vrai, mais en ajoutant : *s'il n'en reste pas un seul !* et en ayant pour témoin de cette épouvantable adhésion celui qui devait régner sous le nom de Henri III[2]. Quel Cauchois, dans son château, dans sa chaumière, ne frissonnait pas, quand on lui disait qu'à un coup de tocsin, sonné à Saint-Germain, Coligny avait été assassiné par Besme; que, pour le reconnaître, un Guise lui avait essuyé le visage couvert de sang; que Catherine avait reçu sa tête; qu'on avait pendu ce cadavre par les pieds[3]; que plus de quatre mille cinq cents huguenots avaient été égorgés dans Paris[4]; que c'est par hasard si Duplessy-Mornay et Sully se sont sauvés[5]; qu'un orfèvre se vantait d'avoir tué quatre cents hommes pour sa part[6]. S'il ne leur était pas prouvé que Charles IX eût tiré lui-même d'une fenêtre du Louvre, avec une carabine, sur des sujets qui venaient se réfugier là[7], il est certain qu'en voyant le

---

(1) Lacretelle, t. 2, p. 321. — Anquetil, Hist. de la Ligue. — Isambert, p. 255. — Mém. d'État.
(2) Millot, p. 44. — Varillas, Hist. de Charles IX, t. 2, p. 339. — Dufaur de Pibrac. — Lacretelle, p. 333. (3) Dict. hist., v° Charles IX.
(4) Mém. de Sully, t. 1, p. 48. — Pluquet. — Dict. hist. — Davila, l. 5. — Hume, t. 6, p. 71 à 76. — Hénault, t. 1, p. 443. — Péréfixe. — D'Aubigné. — Lacretelle, p. 337.
(5) Mém. de Sully. — D'Aubigné. (6) Millot, t. 3, p. 45.
(7) M. Lacretelle cite plusieurs hist. qui l'affirment; Millot le croit aussi. — Sully dit : *on le rapporte*, t. 1, p. 58.

cadavre de Coligny, il a trouvé qu'il *sentait bon;* qu'il faisait un jeu de mots, en disant à Condé : *messe, mort* ou *bastille;* que des savants, des artistes, ont fait égorger leurs rivaux [1].

Sans l'humanité de Matignon, en basse Normandie [2], la prudence de Tanneguy-le-Veneur à Rouen [3], celle de Sigogne à Dieppe [4], les massacres eussent été dans la proportion de ceux de Paris. Pourtant il y a eu encore quatre fatales journées à Rouen; le nom de Laurent de Maromme a été trop connu [5]. Ce n'a été que trop tard qu'on a su l'entretien d'Ambroise Paré avec le roi; entretien qui a fait enfin arrêter les meurtres dans la capitale [6]; quel jeune Français, lisant Millot, Bossuet et Sully, ne prendra pas la guerre civile en horreur, en réfléchissant que cent mille Français [7] ont été tués par des Français aidés de Suisses; que l'on continuait d'assassiner, même quand la cour avait daigné ordonner la cessation des massacres [8] !

Que font à la postérité ce lit de justice, tenu le 16 août, dans lequel on a flétri la mémoire de Coligny; cette déclaration du 25, par laquelle le roi se reconnaît auteur de l'ordre donné le jour de la Saint-Barthélemi; cette folie qui consistait à exempter le clergé des contributions? Elle relève d'une bien

---

(1) Sully. (2) Isambert, p. 256.

(3) De Thou, t. 6. — d'Aubigné. — Sully, t. 1, p. 59. — Dict. hist. — L. Thiessé, p. 303. — L. Dubois, p. 299.

(4) M. Floquet, t. 3, p. 134.

(5) Soc. de l'Hist. de Fr., 1843, p. 43. — M. Floquet, t. 3, p. 136.

(6) Sully, t. 1, p. 55 et suiv.

(7) Sully dit que soixante-dix mille ont été tués en huit jours — V. Millot, t. 3, p. 45 à 50 : il dit soixante mille; L. Thiessé dit cent quarante-un mille cinq cent soixante-treize. — V. Bossuet, Abr. de l'Hist. de Fr.

(8) Isambert, p. 256.

autre manière le sage discours prononcé à Dieppe par Sigogne, dans lequel la pensée dominante était que l'amour du prochain est la vraie loi de Dieu et le sens des prophètes [1].

Qui peut douter que le sage ex-chancelier n'ait succombé à sa tristesse? On était venu pour l'assassiner ; il n'avait pas fui ; ses gens l'avaient garanti. La mort de tant d'innocents et la sienne faisaient naître des partisans en faveur des calvinistes ; une autre faction même, sans donner raison aux uns ni aux autres, s'appelait la secte des *malcontents;* elle prétendait se nourrir de faits historiques plutôt que de dogmes ; elle faisait des progrès en Normandie [2]. Le duc d'Anjou, en acceptant la couronne de Pologne [3], ne fortifiait pas son frère, qui se ridiculisait en signant certains édits [4]. Le duc de Longueville, en mourant, déplorait l'avenir de son voisinage. Heureusement il est constant, il est avéré, que Charles IX n'a fait que languir depuis la Saint-Barthélemi ; l'agonie de ce triste prince [5] prouvait qu'il avait été lui-même sous un autre despotisme. Le jour de la Pentecôte où cet événement arrivait devenait une date dont chacun se souvenait dans tous les partis, quand on répétait que le sang du roi, au moment de l'agonie, sortait par tous les pores [6].

Sous toutes les formes, les gens instruits cherchaient à rapprocher les partis. Tout en semblant ne parler que de droit coutumier, le Dieppois Terrien

_____

(1) Dufaur de Pibrac, p. 260. — Cartons Fontanieu. — Lacretelle, p. 356. (2) Millot, t. 3, p. 52. — Hénault.

(3) Hénault. — Millot.

(4) Recueil de Chouet, p. 115. (5) Sully. — Lacretelle. — Dict. hist.

(6) Voltaire, Essai sur les mœurs, t. 3, p. 531. — Hénault, t. 1, p. 425.

recommandait surtout aux gens d'église de ne pas se mêler de choses séculières ; il rappelait les droits des hôpitaux ; il recommandait aux ecclésiastiques de ne pas solliciter les testaments [1] ; il les flattait quand ils avaient du talent comme Jacques Lehongre, grand vicaire de l'archevêque de Rouen, et très-célèbre prédicateur [2]. On se disposait volontiers à regarder son livre comme le résumé de toutes les lois normandes. L'Écossais Lesley, un des vicaires de notre prélat, se plaisait à publier les lois d'Écosse, sans parler de religion [3]; Demoy de la Mailleraye, qui commandait en Caux, dans l'expectative où il était des intentions du roi de Pologne, appelé au trône de France, ne faisait que recommander de ne pas contrevenir aux édits [4].

Tout le monde sait qu'il fallut que Henri III se déguisât pour sortir de Cracovie avec René de Villequier et six autres gentilshommes, pour venir dans son royaume de France [5]. Du courage personnel, mais de tristes antécédents ; de l'éloquence, mais des vices ; le désir de plaire, mais peu de penchant à faire préparer la législation pour l'utilité de deux peuples ; quelques bons mouvements, mais un entourage vicieux pour les anéantir ; un penchant vers quelques hommes de bien, mais le triste ascendant de sa mère, telle était la position d'un roi de vingt-trois ans [6], qui succédait à un roi de vingt-quatre [7]. L'empereur, les

---

(1) Comment. du droit civil tant public que privé, 1 vol. in-fol., Paris, 1574, en 728 pages, v. p. 26, 29, 34. — (2) Servin, t. 2, p. 296.

(3) Dict. hist. (4) M. Floquet, t. 3, p. 158.

(5) Harlay de Jancy. — Brantôme. — Boucher. — D'Avila. — D'Aubigné. — Journ. de l'Estoile en 5 vol. in-8. — De Thou. — Sully. — Volt., Essai sur les mœurs. — Millot. — Hume. — Garnier. — M. A. Dumas, 1829.

(6) Hénault. — Fontanon, t. 2, p. 23. — Millot dit vingt-quatre ans.

(7) Voltaire, Essai sur les mœurs, t. 3, p. 531.

Vénitiens, lui conseillaient la tolérance[1], mais il avait eu du penchant à porter un froc, et le pape avait encore trop d'empire sur lui. Avant son arrivée, sa mère avait eu soin d'aigrir de nouveau les protestants en chargeant Vialard, président de Rouen, de faire le procès à Montgommery, en obtenant qu'on lui arrachât les yeux, et d'être là quand on avait tranché la tête du condamné[2]. Elle avait, autant qu'il était en elle, paralysé d'avance les bonnes inspirations du grand aumônier Amyot. La confirmation de la régence en ses mains, créait le règne des favoris[3] jeunes, libertins, qui devaient flatter leur maître en portant le froc. Aussi l'on verra peu de Cauchois, peu de Normands même à la cour nouvelle.

L'année 1575 est en effet très-pâle pour leurs intérêts ; la vaine tentative de rendre leurs poids et mesures uniformes, la défense à tous de vendre son fonds pendant une année[4], l'appel au conseil privé de tous les procès du clergé[5], les excitait à plaisanter, et qui ne sait l'effet des lois ridiculisées? On avait encore ri dans les châteaux, quand on racontait que la couronne, le jour du sacre, avait roulé deux fois de dessus la tête du monarque[6]. On avait ri, disons-nous, presque autant que lorsqu'on assurait que le roi majeur et la reine mineure s'amusaient beaucoup à dérober des petits chiens[7] ; puis on le trouvait trop semblable à Charles IX, quand on affirmait qu'il avait pris du plaisir à voir écarteler un homme[8]. Il y avait

An 1575

---

(1) Sully, t. 1, p. 68. (2) Journ. de l'Estoile. — De Thou. — Davila. — Lacretelle, t. 2, p. 401, t. 3, p. 10, 11.
(3) Hénault, t. 1, p. 448. (4) Fontanon, t. 4, p. 306.
(5) Isambert, p. 273 à 276.
(6) Journ. de l'Estoile, p. xij.
(7) Id., p. xiij. (8) Id.

un seul prince dont on demandait avec âme des renseignements, tout en lisant le soir le travail de Bodin sur la république [1], c'était Henri de Navarre.

An 1576. En effet, le 3 février 1576, ce prince passait la Seine à Poissy, après certaines feintes; il se rendait en basse Normandie, et, aux environs d'Alençon [2], recrutait des partisans ou un noyau d'armée. Il allait bien mieux à son tempérament de se battre, de dire des bons mots, et de soigner des blessures, que de jouer un drame perpétuel à la cour de Catherine, et le nouveau prince de Condé n'entendait pas plus tôt parler des projets du Béarnais qu'il le rejoignait.

On assure alors aux Normands riverains de la Seine, que Catherine a tout à coup changé de rôle ou de masque; que, dans l'abbaye de Beaulieu, grâce à elle, le roi s'est déclaré contre les massacres de la Saint-Barthélemi, contre la condamnation de Coligny, de Montgommery et de tant d'autres [3]; que leurs héritiers reprendront les anciens titres et les anciens droits; qu'on va même donner des garanties aux protestants, tout en envoyant des sommes énormes à une puissance étrangère [4]; que les parlements vont être mi-partis de protestants et de catholiques; qu'on va annuler la supériorité de ceux-ci [5]. Il y a bien plus : une ordonnance en soixante-trois articles est un vrai traité en ce sens [6]; elle défend aux procureurs généraux de faire mention des choses passées; aux sujets de s'injurier; on permet la religion

---

(1) Catalogue de Delassize, p. 95.
(2) Hénault, t. 1, p. 452 — M. Lacretelle, p. 49 et suiv.
(3) M. Lacretelle, t. 3, p. 55 et suiv. (4) Voltaire, t. 3, p. 537.
(5) Millot, t. 3, p. 64.
(6) Fontanon, t. 4, p. 307. — Recueil des traités de paix, t. 2, p. 357.
— Isambert, p. 280 à 302.

prétendue réformée partout, excepté publiquement à Paris et aux environs. En de telles circonstances, qui ne comprend pas que les chauds catholiques sont à leur tour irrités ou effrayés? que ceux mêmes qui sont peu zélés ont leurs craintes. Telle est l'origine naturelle, raisonnée et immédiate de la Ligue [1]. Les préparatifs, les correspondances, les listes, appartiennent à des histoires moins succinctes; nous devons dire cependant une chose, c'est qu'on a attribué la pensée de la Ligue au cardinal de Guise [2], qui certainement était mort avant même que la cause en fût née, et que tous les partisans de cette résistance ont choisi pour chef le fameux Henri, dit le Balafré; c'est que, indépendamment de ce qu'il était un Guise, il était le plus agile, le plus habitué au commandement; nous devons dire encore que c'est en Picardie que fut tenue la première assemblée de princes, prélats et gentilshommes; qu'en Normandie a eu lieu la deuxième [3]. (Nous avons le serment ou confédération de la noblesse catholique [4].) Il est vrai encore que le roi d'Espagne a commencé par protéger la Ligue, puis le pape [5] a abondé dans ce sens, et dans le commencement les Ligueurs étaient fidèles à Henri III, sauf

---

(1) Sur la Ligue, *v.* d'abord Trévoux, v° Ligue : il définit celle de 1576 à 1593, la Ligue par excellence. — Mém. sur la Ligue, 1 vol. in 4, 1768. — Hist. de la Ligue, par Maimbourg, 2 vol. in-12. — Voltaire, Essai sur les mœurs, t. 3, p. 537. — Chouet, p. 135. — Millot, t. 3, p. 66. — Mém. de Sully, t. 1, p. 146 à 148. — Mém. de Nevers, t. 1. — Mém. d'état de Villeroy, t. 2. — De Thou, l. 63. — Davila. — D'Aubigné, t. 2. — Le Novennaire de Cayet, t. 1. — Moréri, v° Ligue. — Hénault, t. 1, p. 455. — Lacretelle, t. 3, p. 57.

(2) Millot, t. 3, p. 66. — Moréri, v° Ligue. — Lacretelle, t. 3, p. 59.

(3) Sully, t. 1, p. 146 et la note.

(4) Biblioth. du roi, ms. numéro 8832.

(5) Voltaire, p. 538.

à maintenir un *chef* ou *une sentinelle de l'Union*[1].

L'archevêque de Rouen était ligueur[2], et nous ne pensons pas qu'il ait eu de suite la pensée d'être roi à cette occasion. Le changement des articles dont le formulaire était composé eut lieu sur la proposition du seigneur d'Humières, puis sur celle du seigneur de La Trémouille[3], et non sur celle de Charles de Bourbon. Mais en juin il se rendait à l'abbaye de Jumiéges, et promettait d'anéantir les prêches[4]. Quand le roi et la reine se rendaient au Havre, avec la reine-mère, en juillet[5], ils n'avaient aucune raison de soupçonner le cardinal; ils faisaient un voyage d'agrément. La seule chose sérieuse était de faire prolonger les jetées de de cette ville, et d'augmenter les fortifications. Ils allaient ensuite à Dieppe; mais là, ce dont ils s'occupaient surtout, était d'acheter des singes, des guenons, des perroquets[6], récemment importés d'Amérique.

Après leur départ de Normandie pour Paris, le cardinal, archevêque de Rouen, malgré l'ordonnance royale, chassait, suivant ce qu'il avait dit à Jumiéges, les protestants de leur prêche, situé rue Saint-Hilaire, avec un cérémonial curieux[7]; et comme messieurs de ville prévoyaient encore une guerre sérieuse, ils fortifiaient le bastion de Martainville[8].

Tout le reste de l'année était employé par le roi, ou pour mieux dire par Catherine, à préparer, à calculer, à dominer les états convoqués à Blois. Pour

---

(1) M. Floquet, t. 3, p. 163. (2) Id., p. 164.

(3) Moréri, v° Ligue. (4) M. Floquet, t. 3, p. 165. — L. Thiessé, résumé, p. 308. — L. Dubois, résumé, p. 302.

(5) Mém. sur le Havre. — Pleuvri, p. 115.

(6) Journ. de l'Estoile, p. 17. (7) Id. — M. Floquet, t. 3, p. 165; t. 4, p. 79. (8) Farin, t. 1, p. 26.

plaire à la cour de Rome, elle faisait signer des lettres-patentes en faveur des Capucins [1], et le cardinal de Bourbon en faisait venir de suite dans la capitale de la Normandie. Les deux premiers introduits étaient Pierre Deschamps et Flamand, prédicateurs qui avaient de la célébrité et qui logeaient au palais archiépiscopal en attendant que le couvent fût fini [2]; provisoirement ils quêtaient. On absorbait l'attention, et par suite on faisait fermenter tous les esprits, par la convocation aux états généraux, datée du 6 août 1576. On disait dans le préambule que le but était de mettre fin aux troubles, et de rétablir justice, police et discipline, en assemblant pour le 15 novembre à Blois, *les plus notables personnages de chaque province, pour rétablir les choses en bon état;* on disait que chacun devait établir ses plaintes et doléances. Comme à l'ordinaire, on annonçait le pouvoir de statuer sur les choses d'un intérêt vraiment senti par tous [3]; puis, quel est le résultat de cette assemblée que le roi a présidée, ayant derrière lui deux cents gentilshommes, devant lui cent quatre archevêques, évêques et religieux, soixante-douze députés de la noblesse et cent cinquante députés du tiers-état! C'est à peu près l'éloge de Catherine, la rétractation de l'édit sur les protestants, la déclaration de guerre aux calvinistes, la déclaration que le roi sera chef de la Ligue [4]; l'autorisation de vendre

---

(1) Reg. du parlement de Paris, vol. 2, J. fol. 134.— Isambert, p. 302.

(2) Farin, t. 3, p. 386.— Servin, t. 1, p. 12.

(3) Fontanon, t. 1, p. 1007.— Recueil des états généraux, t. 13.— Isambert.

(4) De Thou.— Esprit de la Ligue.— Voltaire.— Lacretelle, t. 3, p. 69. — Hénault.— M. Floquet, t. 3, p. 169.

les biens vagues des communes ¹ ; le tout terminé par une fête, lors de laquelle le roi se déguise en femme et découvre sa gorge ².

An 1577 Lorsque, vers les premiers jours de 1577, on apporte au parlement de Normandie, aux Rouennais, aux Cauchois, les piteux résultats des premiers états de Blois, ils prévoient une anarchie judiciaire, suite de l'anarchie politique, puis la joie de l'Angleterre ³, quand elle apprendrait que Henri de Navarre serait exclu du trône, même au cas où Henri III n'aurait pas d'enfants. Aussi, presque tous les habitants des environs de Rouen et le parlement se défendaient d'abord d'adhérer à la Ligue ⁴. Le commerce se trouvait encore une fois paralysé : on était dans l'attente, tout en cherchant des auxiliaires. Tandis que Henri de Guise fondait un collége de Jésuites à Eu ⁵, les Jésuites de Rome se faisaient remarquer par leur tenue.

Un édit qui établit, à prix d'argent bien entendu, en chaque paroisse du royaume, une personne qui sera pour toujours exempte des tailles et autres impôts ⁶, semble, ou un signe ridicule de pénurie ou une parodie des mignons de la cour, ou bien encore un moyen de récompenser ces dames qui, au mois de mai, se sont mises à moitié nues, ayant les cheveux épars, au festin de Plessis-lez-Tours ⁷. Le prétendu édit de pacification annulant toute association

(1) Registres du parlem. de Norm. — Archives de la comm. de Sainte-Austreberte. (2) Journ. de l'Estoile, p. 20.
(3) Hume, t. 6, p. 82. — Journ. de l'Estoile, p. 20.
(4) M. Floquet, t. 3, p. 171 et suiv.
(5) Coquelin, p. 34.
(6) Fontanon, t. 2, p. 855.
(7) Journ. de l'Estoile, p. 20, 21.

est détesté [1]. En un mot, si ce n'est cette escarmouche de Mirande, où le roi d'Yvetot a sauvé Sully d'un péril imminent [2]; un changement dans les monnaies, ou la création de ces *écus*, suivant la division desquels on s'est habitué à compter par cent écus, mille écus, cent mille écus [3], puis l'impôt par tête qui avait la faveur publique; tout le reste était ridiculisé. Le gouvernement du roi, en voyant les choses qu'on exécutait et celles qu'on raillait, chercha enfin à plaire un peu au bon sens. On voyait avec satisfaction An 1578 le mandement pour remplacer dans les abbayes les laïcs, par ceux qui étaient blessés au service de l'état [4], comme rentrant dans les priviléges originaires; la suspension de quelques officiers de finances corrompus [5] paraissait du moins annoncer l'intention de supprimer des abus; des dispositions financières mieux combinées annonçaient de la réflexion; des recettes de dépôts et consignations [6] étaient une invention qu'on n'a fait qu'améliorer très-peu depuis; la nomination de Cheverny à l'office de garde des sceaux [7] et la création de l'ordre du Saint-Esprit, laissaient croire qu'on allait chercher le mérite, et qu'il n'en serait pas de cet ordre comme de l'ordre de Saint-Michel, qu'on appelait *le collier* à toutes bêtes [8]; le soin même pris de rédiger les statuts en quatre-vingt-quatorze articles laissait une espérance, que des mouvements en Guienne et la faiblesse du roi

---

(1) Courayer. — Chouet, p. 187. — Fontanon, p. 460. — Hénault, p. 455. — M. Floquet, t. 3, p. 175 et les registres secrets qu'il cite.
(2) M. Brahaut. (3) Journ. de l'Estoile.
(4) Fontanon, t. 4, p. 956. (5) Isambert, p. 342.
(6) Fontanon, t. 1, p. 357. — Joly, t. 2, 1631.
(7) Hist. de la chancellerie, t. 1, p. 206.
(8) Montaigne. — Millot, t. 3, p. 68.

d'élever des statues à ses mignons [1] ne retiraient pas. On réparait les châteaux, et le duc de Guise continuait celui d'Eu [2].

Les écrivains dès lors se montraient. Le Talleur livrait à l'impression son *Histoire et Cronique de Normandie* [3]; le chanoine Nagerel publiait aussi sa description qui nous sert encore [4], à laquelle nous avons tant emprunté, et qu'il dédiait au seigneur de Bourgdeny. Nous y trouvons une curieuse carte de *Normendie*, et le périmètre des fortifications de la ville de Rouen, tel qu'il était alors après tant de siéges. Pierre Brinon, conseiller au parlement de Normandie, travaillait à ses deux tragédies, *Jephté*, en sept actes, et *Baptiste*; Guersen, à une tragédie de *Panthé* [5]; l'avocat rouennais, Jacques Duhamel, à sa comédie de *Lucille* et à sa tragédie d'*Acoubar* [6]; ce n'était pas encore ce que l'on devait voir dans une quarantaine d'années, mais enfin il y avait quelque invention. L'archevêque de Rouen donnait l'exemple de cesser le cumul des titres ecclésiastiques [7]. Quand le sieur d'Yvetot, revenant de Lectoure où il avait aidé Sully d'une manière distinguée [8], racontait la manière dont Henri de Navarre se battait dans ce pays-là, on y portait intérêt tout en jouissant d'un moment de repos.

An 1579 On comptait les années; on eût volontiers compté les mois, les jours de tranquillité. On avait du plaisir à s'instruire dans les livres du Normand Turnebe,

---

(1) Hénault, t. 1; p. 456. — Journ. de l'Estoile, p. 27.
(2) M. Estancelin. (3) In-8.
(4) Descript. du pays et duché de Norm. 1581. V. aussi l'éd. de 1610.
(5) Dict. hist. (6) Dict. hist. — Lavallière, t. 1, p. 279.
(7) Langlois, p. 154.
(8) Sully, t. 1, p. 84, 85.

que la ville d'Andely était fière d'avoir produit [1]. C'était avec joie que tous les partis voyaient créer maréchal de France le bon et brave Jacques de Matignon [2], qui était venu plusieurs fois à Rouen. Les détails de cette conférence de Nérac [3], qui semblait une transaction entre la reine-mère et les chefs protestants, à la suite de laquelle le roi de Navarre remettait les places par lui prises, quoiqu'il y eût encore de la dissimulation dans la cour de France, étaient accueillis avec avidité par les deux partis. La confirmation de la charte aux Normands satisfaisait beaucoup d'esprits [4]. La permission d'exporter les laines [5] était appréciée surtout en Caux, quoiqu'il y eût un droit de douane à la sortie. Enfin, la lecture des premiers essais de Michel de Montaigne semblait conseiller la philosophie du doute.

Qui ne prenait part à la réunion d'un concile dans la cathédrale auquel un tremblement de terre sembla apporter plus de solennité [6], et qui est surtout remarquable en ce qu'il est le dernier qui ait été tenu en Normandie?

Claude Groulard, né Cauchois, l'ami des Scaliger, An 1581 des Juste-Lipse, des Casaubon, des Grotius, en achetant la terre de Saint-Aubin-le-Cauf [7], semblait

---

(1) Dict. hist. — Moréri. — De Thou. — Baillet.
(2) Hist. de Matignon, 1 vol. in-4. (3) Chouet, p. 239. — Fontanon, t. 4, p. 330. (4) Archev. de Rouen. — Rec. pour les états généraux, 1789. — L. Thiessé. — M. Floquet, t. 1, p. 100.
(5) Isambert, p. 463.
(6) De Thou, t. 6, p. 553. — Pommeraye, p. 619. — Dict. des conciles, 1758. — Conciles de Norm. à la biblioth. publique de Beauvais. — Prud'-homme, t. 20. — Pleuvri, p. 117.
(7) Not. de M. Floquet sur les statues de Groulard et de Barbe Guiffard, 1841. — Pasquier, Biogr. norm. — M. Montmerqué, Notice sur Groulard. — M. Bobée, Notice. — Moréri, v° Groulard.

indiquer des pensées de repos pour les hommes de lettres. Voilà même les histoires risibles qui commencent à se faire jour, suivant le témoignage de Tallemant [1] des Réaux ; mais aussi voilà bientôt les troubles religieux et civils qui vont renaître : un prétendu édit de pacification [2], donnant *l'ordre de quitter toutes les Ligues*, produit l'effet contraire, et devient la cause de cette intrigue que les contemporains ont nommée *la guerre des amoureux* [3]. La défense d'être banquier sans permission ne paraît qu'un abus pour obtenir de l'argent [4]. Le droit de chasse, qui n'est plus inhérent à la propriété, mais un privilége du *bon plaisir du roi* [5], paraît un abus. On cite tout haut des actes de corruption à l'égard de quelques membres du parlement de Rouen [6] ; aussi les Guises profitent du mécontentement [7]. Qui ne sait les duels des mignons de Henri de Valois contre les mignons de Henri de Guise [8] ?

An 1582

Il y a pourtant un homme qui utilise son calme, son indépendance, son érudition ; c'est encore Claude Groulard qui travaille à la réformation de la Coutume, qui fait nommer pour commissaires des conseillers, des ecclésiastiques, des personnes nobles, des notaires, et qui arrive à la conclusion d'une œuvre vraiment difficile [9], respectée pendant deux siècles, abrogée seulement par une loi [10]. Elle admet-

---

(1) T. 1, p. 54, 55. (2) Chouet, 1599, p. 269. (3) Isambert, p. 477.
(4) Guénois, p. 249. (5) Baudrillart, t. 1, p. 17. (6) Journ. de l'Estoile, p. 40, 45, 46. (7) Hénault, p. 461. (8) Lacretelle, t. 3, p. 84.
(9) Soc. des ant. de Norm. 1836, p. 508. — Servin, t. 2, p. 71. — De Thou. — Pasquier. — Journ. de l'Estoile. — L. Thiessé, p. 309. — Procès-verbaux de la rédaction, 1583, 1585. — M. Floquet, t. 3, de la p. 179 à la p. 208.
(10) Loi du 30 ventôse an XII.

tait les principes émis par Terrien, elle conservait des stipulations de la conquête, une partie des lois romaines sur la dot des femmes, une partie des importations scandinaves; elle maintenait ces usages que les Cauchois ne voulaient pas abandonner, comme le préciput de l'aîné; Jumiéges conservait son partage égal entre frères. Six cent vingt-deux articles formaient ce nouveau Code [1], que l'on assure avoir été rédigé par Guillaume Vauquelin [2].

Revenons aux tristes résultats de la politique, ou, pour parler plus correctement, du jeu de Henri III. Charles II, fils de Louis de Condé, succède à son oncle sur le trône archiépiscopal de Rouen; celui-ci traîne une assez triste vie après sa démission. Le nouveau prélat, comme Bourbon, ne pouvait s'em-

(1) Sur la réd. de la Cout. *v.* Acad. de Rouen, 1844, p. 166. — Les principaux commentateurs de la Cout. que Martin le Mégissier a impr. de suite in-4, sont : Bathelier, sieur Daviron, qui a comp. en 1587 une dissertat. qu'on a même attribuée à Groulard ; — puis ont paru Bérault, 2 vol. in-fol.; — Froland, sur toute la Cout. ms.; — Roger de la Tournerie, 1760, 1763; — le recueil des Eaues et Chasses, 1621, 4 vol. in-12; — Évrard, sur le Mariage avenant ; — Basnage, 1709, 2 vol. in-fol.; — Froland, sur le Velléïen (c'est cet auteur qui a légué sa biblioth. aux avocats du parlem. de Norm.) ; — Houard, Cout. anglo-norm. 4 vol. in-4; — id., Dict. du dr. norm. 4 vol. in-4; — Forget, Traité des criées; — Lecoq, de l'état des personnes ; — le Boucher, du Dr. des filles, 1779; — Biard, Traité du Douaire; — Norville, des Aliments des veuves, 1766; — Pesnelle et Roupnel de Chenilly, 1771, 2 vol. in-4; — Frigot, 1779, 2 vol. in-4; — Routier, 1 vol. in-4, 1748; — Gréard; — De Merville ; — Cauvet ; — Dubazey; — de La Quesnerie; — Flaust, 2 vol. in-fol. 1781; — de La Bérardière, 1782; — Lecomte, 1774; — Ducastel, 1 vol. in-12; — les Affaires de Norm., 1 vol. in-12; — la Jurid. consul. 1 vol. in-12; — le Boullenger, sur la Monnaie, 1 vol. in-12; — Richer d'Aube, sur les Principes du droit; — Oursel, 1783; — le recueil des édits enregistrés au parlement, qui forme 11 vol. in-4, et les arrêts de Rouen et Caen, 16 vol. in-8. — La Coutume mise en vers par le président de Rouville, ms. in-4, n'est pas un commentaire.

(2) V. le rapport de MM. de Caumont, de Brix et Galeron, Soc. des ant. de Norm., t. 9, p. 483, et l'opinion conforme de Froland dans le ms. qui est à la Biblioth. publ. de Rouen.

pêcher de jouer aussi un rôle à l'égard du dernier des Valois. D'abord avec Joyeuse, mignon du roi, gouverneur général de Normandie¹, il protégeait singulièrement les Jésuites, par l'acquisition du manoir du Grand Maulévrier², et cet institut, établissant six classes, grandissait bientôt d'une manière colossale; c'était aux Jésuites que l'archevêque allait devoir son chapeau de cardinal³; mais, au commence-

An 1583 ment de 1583, c'était bien autre chose : le roi avait eu un songe; il lui avait semblé que des lions, des ours, des dogues le dévoraient; pour se distraire, il avait couru dans les rues de Paris le jour de *carême prenant* avec ses mignons⁴; mais le songe le poursuivait toujours. On sait qu'il a pris le froc de pénitent; on sait qu'à la suite, des coups d'épée donnés dans les rues de Paris et un peu imités en province, indiquent l'absence de toute police générale⁵; on sait aussi que le duc d'Anjou est revenu de Flandre vaincu, quoique ses soldats aient crié : *Vive le duc et la messe* ⁶ *!*

An 1584 Pendant ce temps, le nouvel archevêque de Rouen, qui entrait en correspondance avec Henri de Navarre⁷, le tenait au courant de ce qui intéressait le clergé, la noblesse, les finances, même la police générale. Le duc de Guise le savait bien; il n'attendait qu'une occasion pour faire surgir une *Ligue* nouvelle⁸. La mort du duc d'Anjou, qui rendait Henri de Navarre le plus proche héritier du trône, bien

---

(1) Servin, t. 2, p. 102.
(2) Archives de la voûte du palais, 30 juillet 1583.
(3) Gilbert, p. 158. (4) Journ. de l'Estoile. (5) Id.
(6) Hénault, p. 462. — Millot, t. 3, p. 71.
(7) Vie milit. de Henri IV, 1 vol. in-8, p. 35 et suiv.
(8) Hénault, t. 1, p. 462.

qu'il fût toujours protestant, en fournit précisément le prétexte. Il ne pouvait pas se mettre en avant comme roi, sans s'exposer à voir, en cas de non-succès, tous ses biens confisqués ; qui va-t-il choisir ? C'est cet ancien archevêque de Rouen, le cardinal de Bourbon, cet oncle décrépit de Henri, ce vieillard à l'agonie, près duquel il place en sentinelle le jésuite Matthieu, qu'on a nommé le Courrier de la Ligue [1]. Il le nomme déjà Charles X ; il publie un manifeste en son nom, comme premier prince du sang [2], et va bientôt faire émettre une monnaie que nous retrouvons encore, portant ces mots : *Charles X, roi de France* [3]. Tout le monde sait les ordonnances émises par chacun des rois en titre, et les actions de celui qui voulait prendre la place de tous les deux. Pendant que Henri III venait à Gaillon pour interroger le prétendu Charles X, et se moquer de lui, quand il croyait mériter le titre de roi aussi bien que son neveu [4]; pendant que le duc de Guise de son côté envoyait tous les jours François de Menneville au vieux cardinal [5]; pendant que le roi rendait son édit, qui enjoignait à tous ses sujets de professer la religion catholique [6], des séditions commençaient vers le pays de Caux, et Groulard avait de la peine à les apaiser [7]. Un voyage de Henri III à Dieppe [8] peut bien donner de la distraction ; mais bientôt Henri de Guise fait entendre que le pape ne veut voir la couronne que sur une tête catholique ; il montre une bulle de Sixte-Quint qui appelle

An 1585

---

(1) Hénault, p. 463. (2) Millot, p. 73.
(3) Au revers sont trois fleurs-de-lys. — Le double tournois que nous avons sous les yeux a été trouvé à Rouen.
(4) Journ. de l'Estoile, p. 80. (5) Lacretelle, t. 3, p. 172.
(6) Fontanon, t. 4, p. 343. (7) M. Floquet, t. 3, p. 21.
(8) M. Vitet, t. 1.

Henri de Bourbon et Condé *les fils de la colère*. On pouvait bien répandre en Normandie le *Brutum fulmen*, ou la réfutation de la bulle [1], les mignons disaient qu'il fallait brûler le manifeste; Guise avait seize chefs répandus dans les seize quartiers de Paris; la guerre civile fermentait sur tous les points.

Si cet homme sage que nous avons déjà remarqué pour son zèle à maintenir les factions; si Groulard songeait à paralyser les effets de la guerre des trois Henri, il était bientôt débordé et n'avait plus une autorité suffisante [2]. Le Cauchois Charles Prunelé, baron d'Esneval, en allant remplir son rôle d'ambassadeur en Écosse [3], gémissait d'abandonner son pays. Le Havre, Montivilliers, Arques, favorables à la Ligue [4], vont être exposés aux attaques de Condé, qui parvient à lever six mille hommes dans la Normandie [5]; jusqu'au cardinal de Bourbon qui veut aussi visiter ce qu'il nomme *son pays de Caux;* c'est flanqué de soixante-dix gardes à cheval et de trente arquebusiers que ce roi vient à Jumiéges; on a même conservé ce souvenir, que c'est la garde royale qui apporta la peste à Yainville et dans d'autres paroisses [6]. Comme de raison aussi, les comtes d'Eu ne veulent plus être régis par la Coutume de Normandie [7]; puis viennent les détails du pillage, et des excès qu'amènent l'indiscipline et l'insubordination.

---

(1) Brutum fulmen, in-12, en 280 pages, qui porte Genève pour lieu d'impression, mais qu'on croit imprimé à Rome. — L'Estoile, p. 84. — Hénault, p. 464. — Lacretelle, t. 3, p. 191.

(2) Millot, t. 3, p. 78. — M. Floquet, Notice sur Groulard.

(3) Acad. de Rouen, 1845, p. 4.

(4) Notice sur Arques, p. 8. — L. Dubois, p. 303.

(5) De Thou. (6) Deshayes, Hist. de Jumiéges, p. 129.

(7) Mém. de Froland, 1722, 1729, sur la comté-pairie d'Eu.

Quoique le rendez-vous de la nouvelle Ligue fût en Lorraine; que Marseille se déclarât pour elle [1]; que ce ne fût qu'à La Rochelle, à Nîmes, à Montauban, qu'on se déclarât en république [2], on ne prenait pas moins part en Normandie aux succès variés des uns et des autres. La proposition d'un cartel faite par Henri de Bourbon à Henri de Guise [3]; les agaceries de Catherine de Médicis, en montrant au Navarrois la belle Christine de Lorraine [4]; l'effet des conseils du strict et sage Mornay; l'art avec lequel celui-ci convertissait Rosny, le vicomte de Turenne, Ségur, le comte de Soissons, Clermont, sont le sujet des conversations de tous, et font présumer que François d'Espinay ne tiendra pas longtemps [5]; mais pendant ce temps, il y a tant de misère, qu'on ne fait qu'entendre parler d'un édit inutile, qui défend à chaque ville de laisser vaguer ses pauvres [6], et de la création vaine de commissaires de police [7]; que l'on rit de la demande faite par le roi à la ville de Paris de six cent mille écus et de sept cent vingt mille au reste du royaume [8], surtout quand on présume qu'une partie sera employée pour acquitter les quatre cent mille écus promis au premier mignon d'Épernon, à l'occasion de son mariage avec la comtesse de Candale [9].

An 1587

Les émotions sont diverses, en entendant raconter le combat de Coutras livré le 20 octobre entre les partis [10]; quand on sait que quatre cents gentils-

---

(1) Houard, Dict. norm. v° Caux, p. 215.
(2) Lacretelle, t. 3, p. 175. (3) Id., p. 179, 181
(4) Millot, t. 3, p. 79. — Lacretelle, p. 201.
(5) De Courcelles.
(6) Fontanon, t. I, p. 924. (7) Delamarre, Traité de la police.
(8) Journ. de l'Estoile, p 96. (9) Id., p. 100.
(10) Voltaire, Essai sur les mœurs, p. 341.— D'Aubigné. — La Roque.

hommes catholiques et six mille soldats, tous Français, sont tués ; que Henri de Navarre a été plein de courage, et n'a perdu que quelques hommes ; que François d'Espinay a renversé le prince de Condé [1]; quand on affirme, d'un autre côté, que Henri de de Guise a battu les Allemands, qui voulaient rejoindre les huguenots, tandis que les seize s'emparaient à Paris de la bastille et de l'arsenal [2] : qu'on juge si l'on était disposé à exécuter les volontés de Henri de Valois. N'oublions pas le cardinal de Bourbon, il faisait lever la fierte par un homme auquel il portait un vif intérêt [3]. On n'a connu que plus tard tous ces mots brillants, toutes ces lettres spirituelles de Henri de Navarre [4] qui lui eussent gagné tant de de cœurs : c'est alors qu'il écrivait au Valois : *je proteste de tout ce sang dont il faudra un jour rendre compte.*

An 1588 Voici peu à peu que quelques partisans rentrent chez eux. Quand ils entendent dire que Henri III, après avoir fait d'Épernon amiral, puis gouverneur de Normandie, aspire à être canonisé [5]; quand on apprend que l'empoisonnement du prince de Condé est imputé à son épouse [6]; quand on a, dès le lendemain, la relation de cette triste scène des factions, connue sous le nom de *Barricades*, lors de laquelle des étu-

— L'Estoile. — Millot, t. 3, p. 82. — Lacretelle, t. 3. — Correspondance de Henri IV, p. 60.

(1) Courcelles, Généal. 1835.
(2) Hénault, t. 1, p. 466.
(3) Hist. du privil. de Saint-Romain, t. 1, p. 375.
(4) Vie milit. de Henri IV, p. 62.
(5) Biogr. univ. — Sully, t. 1, p. 230. — Journ. de l'Estoile, p. 105.
(6) L'Estoile. — Lacretelle. — Hénault. — Elle a été déclarée innocente en 1596.

diants, des moines, des femmes, se sont battus [1]
contre les suisses et les gardes françaises, on regarde
comme sagesse de moins se mêler de politique.
Peu de Normands se rendent aux états de Blois; on
apprend sans surprise que le roi a remis l'assemblée
du 15 août au 15 septembre [2]. Henri III a beau venir
à Rouen dans l'intervalle, sur le conseil de Tanneguy-
le-Veneur, sire de Carrouges, et rendre là son édit de
renouvellement de l'union avec les princes et seigneurs catholiques du royaume [3], union fondée sur
l'extermination des hérétiques; ses puérils amuse-
ments, son bonheur à applaudir un sonnet, son plaisir
à entendre certaines harangues, ses importunités envers le parlement [4], ôtent tout ascendant à son pouvoir. Si quelques personnes de bonne foi finissaient
par croire que Blois pourrait devenir un lieu de
concorde, on était bientôt désabusé par le triste
dénouement de ces états dont se sont emparés l'histoire, la peinture, le théâtre, le roman [5]. On répandait partout ce mot du roi qui, en voyant le corps de
Henri de Guise, pour toute réflexion politique, avait
dit : *il est plus long mort que vif.* Les Normands
remarquaient l'inutilité de cette députation qui avait
été appelée la troisième dans l'ordre, c'est-à-dire la

(1) L'Estoile. — Davila. — De Thou. — Millot. — Sully, t. 1, p. 223 et
la note. — Procès-verbal de Poulain, de 1565 à 1588. — Voltaire, p. 543.
(2) Fontanon, t. 4, p. 728. — Isambert, p. 613, 616.
(3) Hénault, t. 1, p. 463. — Lacretelle, t. 3, p. 293. — Farin, t. 1,
p. 413. — Servin, t. 3, p. 73. — Fontanon, p. 357. — Hist. des états. —
Choisi. — M. Floquet, t. 3, p. 276. — L. Dubois, p. 304.
(4) Soc. des ant. de Norm. 1836, p. 486. — Taillepied, 1610. — Hist. du
curé de Saint-Godard.
(5) Collect. des états généraux, t. 14. — Fontanon, t. 4. — Davila. —
Cheverni. — Hénault, p. 469. — Soc. de l'Hist. de Fr., ann. 1840, 1847,
p. 208. — Lelaboureur. — Raynouard, tragéd. en cinq actes. — Musée
de Versailles.

députation de Normandie [1], et chacun se souvenait que la France était endettée de quatre cent mille écus [2].

An 1589 Dans d'autres circonstances, quel effet n'eût pas produit la nouvelle du décès de Catherine [3]; mais elle arrivait au moment où des sous-chefs de divers partis étaient venus à Rouen. Cette ville avait aussi ses barricades [4] : Saint-Ouen, le Vieux-Marché, ont été des lieux de combat. Martin Hébert, curé de Saint-Patrice, a excité à secouer le joug de Henri III; le logis du sage président Groulard a été envahi; le peuple s'est emparé de l'autorité [5]; on a lu une déchéance de Henri III; Boucher a proclamé un écrit où se trouve positivement un chapitre sur la nécessité de renfermer un prince, ou *parjure* ou *inutile; dissipator, assassinus*, sont des mots créés tout exprès pour la circonstance, et que tout le monde comprenait [6]. C'est Mayenne qui rétablissait l'obéissance; il excite un certain enthousiasme, qui lui permet de prendre le titre de gouverneur de Normandie, tandis qu'à Paris, on le nomme lieutenant-général de la couronne [7], et au moyen de ce que quelques présidents sont bannis, de ce que la Sorbonne a délié les sujets du serment de fidélité [8], on rit de la translation du parlement de Normandie à Caen.

Cependant le duc de Longueville et beaucoup d'autres seigneurs cauchois apprenant que Henri III a été assassiné à Saint-Cloud, le 4 août, par un jeune

(1) Isambert, p. 624. (2) Journ. de l'Estoile, p. 112.
(3) Sully, t. 1, p. 235, 241. — Hénault, p. 470. — Mably. — Lacretelle.
(4) M. Floquet, t. 3, p. 285.
(5) Reg. de l'hôtel de ville, 7 février 1589.
(6) *De justa H. III, abdic. lib. quatuor*, en 288 p. in-8.
(7) Aut. cités par M. Floquet, t. 3, p. 310, 311. (8) Hénault, p. 471.

dominicain [1], s'empressent de saluer Henri de Bourbon, le descendant du sixième fils de saint Louis, pour leur roi; le parti de la Ligue nommait définitivement Charles X roi de France, et donnait cours à la monnaie à son effigie. Henri IV est tout étonné que Charles X va se rendre à Rouen; qu'en attendant, d'Aiguillon est gouverneur de la ville [2]. Il écrit au parlement à Caen [3], il envoie Bérengeville sur la rive gauche de la Seine [4], il tâche de détruire l'effet de l'invitation de Mayenne à tous les Français de défendre la religion catholique [5]. Dans la position des armées, des chefs, de l'industrie, il faut encore une fois que ce soit dans le pays de Caux que s'établisse le théâtre de la guerre, pour avoir son effet sur le reste de la France. Tandis que Mayenne donnait à son cher Villars le titre de gouverneur du pays de Caux [6], Henri envoie le maréchal de Biron pour attaquer Fécamp, Harfleur et Caudebec [7]. Lui-même il vient par Saint-Cloud, Meulan, Gisors; le 23 août, il est à Pont-Saint-Pierre, à Darnétal; le 4 septembre, il part de Darnétal et vient sous Dieppe [8]; le 6, il couche au Tréport, et y reçoit les vœux de cette ville qui se déclare repentante [9]. Le 8, la ville d'Eu est prise [10]. Le duc de Longueville, maintenant souverain de Neufchâtel et Walengin, promettant d'amener un

---

(1) Hénault, p. 449, 472. (2) De Thou.
(3) M. Floquet, t. 3, p. 435. (4) Sully, t. 1, p. 259. — Lacretelle, p. 340. (5) Isambert, p. 5. (6) Valdory, p. 2.
(7) Pleuvri, p. 126.
(8) Vues de Dieppe à la Biblioth. des estampes. — C'est pendant que Henri possède Dieppe que Mayenne accorde à la cathédrale de Rouen les revenus des hérétiques qui occupent la ville de Dieppe. Nous avons l'acte signé de Mayenne; il nous a été donné par M. Deville.
(9) Lebœuf. (10) V. Lettre de Henri à Corisandre, p. 144. — M. L. Dubois se trompe en disant le 5.

renfort considérable pour hâter le siége de Dieppe, arrive, mais quand son roi est entré dans la ville qui a ouvert ses portes. Le 21 septembre a lieu cet engagement, dont les détails révèlent à tout le pays de Caux l'activité, la bonne foi, la présence d'esprit, la magnanimité de celui qui veut être roi. Vingt-cinq mille hommes vont chercher Henri IV, dont toutes les forces ne sont pas réunies; il n'avait que trois mille hommes, mais dévoués; suivant l'expression de Sully, il venait se poster devant Mayenne, et gagnait la bataille d'Arques [1]. La retraite était, au besoin, assurée sur Dieppe [2]; on a du plaisir à voir Sully dire comment Henri fait ses tranchées, place ses lansquenets, ses suisses, partage ses six cents hommes de cavalerie, reste debout toute la nuit comme une sentinelle, mange dans un fossé, et le lendemain, quand son adversaire principal vient à lui, excitant tout son monde par ses bons mots, par son exemple, jette le désordre dans les rangs de Mayenne, et reste vainqueur, sauf à écrire à Crillon *de se pendre, parce qu'on a vaincu sans lui.*

An 1590 Il n'y avait donc plus d'autre prétendant réel que Henri IV, mais il n'était pas catholique; c'était toute la difficulté. La position de Paris, celle de Rouen, la présence de Villars dans cette ville, va empêcher que toute la Normandie soit conquise, et il faudra que le roi se rende même dans d'autres parties de la France.

---

(1) M. Lacretelle dit trente-deux mille, *v.* p. 354; — pour les détails, *v.* Sully, t. 1, p. 265. — Histoire de Henri IV, p. 145, 290. — Moréri, v° Arques. — D'Aubigné. — Péréfixe. — Matthieu. — Notice sur Arques, 1845. — M. Deville, in-8, 1839. — Biblioth. roy. coll. des est. vues, de 1782, 1821. — Institut hist. 1835, p. 196. — Voltaire, Essai sur les mœurs, t. 4, p. 5. — De Serres, t. 2. — Millot.

(2) M. Brahaut.

La bataille d'Ivry ne sera pas encore suffisante [1].
Le 9 mai, quand il est débarrassé de ce prétendu
Charles X, mort de la gravelle, en prison, tout n'est
pas encore fini. Le siége de Paris, de juin jusqu'en
août, est inutile. Le roi d'Espagne qui promettait des
secours, disait tout simplement : *ma ville de Paris,
ma ville de Rouen* [2]. Aussi Mayenne, tout en détrui-
sant quelques châteaux cauchois, et surtout Saint-
Aubin-le-Cauf, appartenant à Groulard [3], songeait à
doubler, pour ainsi dire, les murailles rouennaises.
L'an 1591 va être pour les vrais philanthropes d'un
souvenir bien pénible ; parce que Henri IV ne se ré-
sout pas à faire ce qu'il fera quelques mois plus tard,
on publie contre lui des écrits émanés de Rome [4] ; on
fait dresser des potences pour ses partisans [5]. La
prise de Louviers, le 15 juin [6], celle de Jumiéges, le
4 octobre ; le séjour de Crillon pendant plusieurs semaines en cette abbaye [7], ne pouvaient pas déterminer
Rouen, où Mayenne faisait un long séjour en juillet [8],
à capituler ; il faut que le 11 novembre, Henri IV
vienne placer son camp sous les murs de la capitale
de la Normandie [9]. Encore une fois, nous ne faisons
pas l'histoire de Rouen et les détails ne nous appartiennent pas ; si nous ne pouvons nous dispenser de

An 1591

---

(1) Millot. — Corresp. de Henri IV, p. 163. — Lacretelle, t. 3, p. 363.
(2) Millot, p. 126. (3) M. Montmerqué, Not. sur Groulard.
(4) Mém. sur la Ligue. Biblioth. du roi, ms. de Mesmes. — Hénault,
p. 482. (5) M. Floquet, t. 3, p. 367.
(6) Sully, t. 1, p. 332. — M. Dibon. — M. Floquet, t. 3, p. 529.
(7) Deshayes. (8) De Thou, l. 11, p. 452.
(9) M. Lacretelle date par erreur le siége de 1592. — Servin, t. 2,
p. 79. — Farin, t. 1, p. 470. — Lesguillez, p. 50. — Thiessé, p. 312. —
Saint-Simon. — Mathieu. — Sully, t. 1, p. 337. — Hume, t. 6, p. 270. —
Péréfixe. — D'Aubigné. — Raoul Lemaître, impr. en 1595. — Laquerrière, t. 2.

répéter ce que le consciencieux Millot a dit : *qu'il n'y pas d'exemple dans l'histoire d'une pareille défense* [1]; nous ne pouvons analyser les faits que de Thou recueillait des assiégeants, que Valdory recueillait des assiégés [2]. On peut bien se hâter de dire que c'est à Darnétal, quartier du roi, que celui-ci, n'ayant pas les qualités requises pour être chevalier du Saint-Esprit, étant huguenot, créait Biron grand-maître de l'ordre, sauf à Biron à achever la cérémonie dans l'église [3]; qu'il avait quarante mille hommes autour de la place; que là, il a reconnu les dettes de Henri III [4], pour se faire un certain nombre de partisans intéressés; qu'avec Villars on comptait, parmi les Cauchois, de Varneville, d'Amfreville, de Pissy, de Bénouville, d'Escalles, de Ricarville, de Franqueville, du Crotey, lieutenant du baillif de Caux, le chirurgien de Roumare, Bailleul; qu'un Despinay y a gagné son bâton de maréchal, qu'un autre de la ligne bretonne y a été tué [5]; que le cheval de Villars a été blessé; que l'armure de Henri a été mise en pièces [6]; que ce n'est qu'après les mois de janvier, de février, de mars et plus de la moitié d'avril, que le siège a été levé, par l'arrivée de secours qu'ont amenés M. de Mayenne et le légat du pape; mais nous ne pouvons insister davantage.

Cependant Neufchâtel a été pris d'assaut par le duc de Parme [7]; Henri IV a été blessé à Aumale, et a dû se faire panser au château de Groulard [8]. De

---

(1) Millot, t. 3, p. 127.
(2) Valdory, Discours du siége avec le plan et pourtraict du vieil et nouveau fort, impr. chez Richard, 1592. (3) Saint Simon.
(4) Mém. de la ch. des comptes. (5) Valdory.
(6) Servin. — Dubois, p. 308. — Valdory. — Pleuvri. — Sully.
(7) Noël, t. 1, p. 43. (8) M. Floquet.

son côté, le duc de Parme s'est dirigé vers Caudebec, y a été blessé aussi, et s'est fait soigner au château de Louvetot [1]. Si Villars, pour gagner encore mieux le titre d'amiral de France, à lui donné par Mayenne [2], voulait débusquer Crillon enfermé dans Quillebœuf, on sait que celui-ci se bornait à répondre : *Crillon est dedans* [3]; si l'on voit encore avec respect à Rouen [4] cette épée qui servait à Villars pour ce commandement, en même temps on peut réfléchir quelle était la position du pays ainsi traversé.

Le roi, qui a dispersé ses partisans dans Arques, Dieppe, Gournay, Andelys et Gisors, va bientôt établir son quartier général à Louviers [5]; il donne ordre à tous ses corps d'armée de se réunir à Pont-de-l'Arche. Il avait médité ses instructions; elles étaient claires. Le 29 avril, il s'était mis à la poursuite des Espagnols; il passait par Varicarville et Fontaine-le-Bourg; il tâchait d'empêcher la jonction des forces de Rouen et du duc de Parme; le 30, il avait gagné le combat d'Yvetot [6], où le duc de Parme a eu le bras cassé [7], sans que nous puissions savoir de quel parti était Dubellay, le roi d'Yvetot [8]; mais l'Italien n'en avait pas moins échappé à une position difficile, de telle sorte que le 18 mai, lorsque le roi, croyant le battre, s'était approché de la Seine, il l'avait traversée sur un pont de bateaux, et avait laissé Henri dans le plus grand étonnement [9], ne cherchant plus

---

(1) M. Lacretelle, t. 3, p. 430. — Dict. hist., p. 359. — M. Floquet, t. 3, p. 373, 382. (2) M. Lacretelle, p. 433. (3) Dict. hist.
(4) Musée de Rouen. (5) Sully, t. 1, p. 371. (6) De Serres. — Itinéraire, p. 294. — Sully. (7) Hénault. — Sully. (8) Nagerel.
(9) Sully, t. 1, p. 376. — De Thou. — Davila. — Mathieu Cayet. — Péréfixe. — D'Aubigné. — Mézeray. — Lacretelle, t. 3, p. 431. — Millot, t. 3, p. 130.

à revenir passer le fleuveque par le Pont-de-l'Arche.

Si l'on riait dans Rouen de la querelle de Henri et de Biron parce qu'on n'avait pas donné à celui-ci la promesse qu'il aurait le commandement de la Normandie [1], parce que certains partisans menaçaient d'abandonner Henri [2] ; la population n'en était pas plus heureuse. On avait beau raconter les déguisements du roi pour aller voir la belle d'Estrées [3], les soirées de certaine abbesse [4], on n'en désirait pas moins entendre parler de conditions qui pussent amener la fin de la discorde ; il fallait l'expédition hardie, inouïe de Bois-Rozé, que Sully nomme justement un homme de cœur et de tête, pour retremper les esprits : on se rappelle que, chassé de Fécamp, mais laissant deux hommes d'intelligence dans le fort, il y remontait le long d'un rocher de six cents pieds de haut, en précipice, et avec cinquante compagnons, d'une façon si périlleuse, qu'il faut l'assertion du grave Sully pour y croire [5]. Mais encore une fois on étudie, on cherche dans quel but et pour qui on se bat et l'on se ruine, lorsque Mayenne lui-même, entendant dire que la cour d'Espagne songe à profiter de la constance des Rouennais et des Parisiens, craint autant l'ingratitude que le ridicule. Il croit naturellement qu'une assemblée des états à Paris peut statuer sur les conditions à imposer au roi de Navarre [6]. C'est même cette pensée qui a amené les actes officiels ou stipulations des sujets envers la couronne [7]. Il est

---

(1) Sully, p. 389. (2) Itinéraire, p. 295.
(3) Sully, t. 1, p. 391. (4) Vie milit., p. 194.
(5) Sully, t. 2, p. 17 et suiv. (6) Millot, t. 3, p. 132. — Hénault, p. 486. — Isambert, p. 44. — Soc. de l'Hist. de Fr. 1842, p. 326.
(7) Procès-verbaux des états généraux de 1593, par Bernard, impr. par Didot.

avéré que Henri, en même temps que Mayenne, a compris l'urgence de la paix, et que sa tolérance en facilitait les préliminaires. Aussi, les conférences de Sully et de Villars, sur la côte Sainte-Catherine, en même temps qu'elles seraient des sujets pathétiques de tableaux, sont des leçons de politique d'un profond intérêt [1]. Pendant les cinq jours que l'ami du roi passe dans le fort Sainte-Catherine, les destinées d'une partie de la France se décident : les droits des Rouennais, des Cauchois [2], de toute la Normandie, se trouvent éclaircis; quand Sully retourne vers son roi, et rencontre à Louviers ce Bois-Rozé dont la réputation était si récente, il promet à celui-ci un grade que Henri IV aura bientôt confirmé [3]; dix jours, puis trois mois, sont des armistices convenus, et l'on reçoit enfin une lettre de ce roi lui-même qui demande que des délégués se trouvent à Nantes pour entendre sa *déclaration de catholique*. Qui ne sait comment on a préparé cette abjuration du 25 juillet [4], dont Henri IV se hâtait de faire part aux parlements? Consignons que c'est Villars qui a stipulé les intérêts du pays de Caux et de toute la Normandie, tout en pensant un peu aux siens. Comptant sur ces préliminaires, chacun achetait un de ces *caroches* nouvellement inventés [5], retournait vers son château, vers sa ferme.

C'est en ces circonstances que Villars entend dire que Mayenne quitte Paris [6]; que le roi va se faire sacrer à Chartres [7]. Il va être débordé par les événe-

An 1594

---

(1) Hénault. — Servin. — Sully, t. 2. — Vie milit. de Henri IV, p. 200.
(2) Sully, t. 2, p. 45. (3) Masseville, t. 5, p. 434. — Dibon, p. 165.
(4) Isambert, p. 71, 72, 73. — Sully, l. 5. — Hénault. — Voltaire, t. 4, p. 13. — Hume, t. 6, p. 284.
(5) M. Floquet, t. 2, p. 167. (6) Millot, t. 3, p. 137.
(7) Hénault, p. 476.

ments : la réduction de la capitale, et l'entrée immédiate du roi [1], peuvent annuler les effets de sa longue défense; il s'empresse donc, lorsque le 25 mars Sully vient à Rouen, escorté seulement de trois cents hommes, de le recevoir, de le loger dans la plus belle maison de la ville, et de faire cette conclusion dont on peut lire les détails dans Sully [2]; c'est-à-dire, en abrégé, que Sully passait une écharpe blanche au cou de Villars, au moment même où Henri se faisait accueillir dans Paris [3], gagnait ses sujets par sa tenue, ses bons mots, sa grâce. La charge d'amiral donnée à Villars, le buffet de vermeil offert à Sully, la rentrée du parlement, Groulard en tête, sont des scènes auxquelles le Havre, Dieppe, Harfleur, Montivilliers, toutes les villes de Caux, reconnaissent des emblèmes de paix [4]. Si donc on a vu encore un peu d'animosité de la part du parlement contre Villars, si l'on a entendu encore quelques prédicateurs séditieux, si quelques duels ont encore eu lieu, le crime de Jean Châtel a fait frémir et rapprocher toutes les classes, hors les jésuites, qui ont perdu beaucoup de leur ascendant. Le parlement de Paris, en les supprimant le 28 décembre, a eu beaucoup d'approbateurs [5]; chacun a compris que le calme ne pouvait renaître, que l'agriculture ne pouvait reprendre ses habitudes, le commerce sa confiance, que s'il y avait

---

(1) Fontanon, t. 4, p. 763. — Itinér. de Henri IV, p. 296. — Lacretelle, t. 3, p. 473. (2) T. 2, p. 69 et suiv.

(3) Fontanon, t. 4, p. 741. — Sully, t. 2, p. 73. — Lacretelle, t. 4, p. 17. — M. Floquet, t. 3, p. 616.

(4) Millot, t. 3. — Blanchard, Compil. chron. — Pleuvri, p. 130. — L. Dubois, p. 308.

(5) Hénault, p. 489. — Isambert, p. 91. — Dulaure, Hist. de Paris, p. 165. — Sully, l. 7. — Registres, Rouen 16 mai 1590.

concorde, liberté, et si un bon ministre traduisait en actions les premières pensées d'un bon roi : Henri et Sully sont les deux mots qui résolvent ce problème.

Les faux monnayeurs poursuivis [1], les agents de change institués [2]; le renvoi des jésuites de Rouen et du pays de Caux par suite de l'édit du 6 janvier 1595 [3]; les fêtes littéraires [4]; les laboureurs exemptés de la contrainte par corps [5]; une armée pour tenir en échec les puissances étrangères, dans laquelle figuraient ces généraux qui avaient été ennemis, indiquaient un bon génie. Villars se faisait tuer pour son roi comme il l'avait combattu [6]; ces faits étaient des signes de paix assurée; mais quelle confiance n'avaient pas les Normands en leur roi, quand c'était à Rouen qu'il voulait convoquer ces états demandés par l'opinion publique ! Henri de Longueville avait été tellement gagné par Henri de Bourbon, qu'il se faisait tuer à Dourlens [7]. Nous n'entendrons plus parler de Longueville d'ici à quelque temps, car l'héritier de ce nom ne naissait que deux jours avant le trépas de son père, le 27 avril 1595. La veuve, Catherine Gonzague, se retirait dans son château avec son enfant, qu'elle devait un jour allier aux Bourbons [8]. An 1595

Différent de Henri III, ce Henri éprouvait du charme à signer un édit d'amnistie en trente-deux articles [9], An 1596

---

(1) M. Floquet, t. 4, p. 54. (2) Savary.

(3) Jean de Serres. — Robert Garnier. — Sully, l. 7. — Millot, t. 3, p. 143. — Servin, t. 2, p. 64.

(4) M. Ballin, p. 20. — Règlements, 1597, Collect. chez Bihouet, 1747. 1768. (5) Fontanon, p. 1191.

(6) Journ. de l'Estoile. — Sully, l. 7. — Jean Deshayes, 1595, in-12. — Hénault, p. 490. — Lettre de Henri à Sully.

(7) Anselme, t. 1. — Moréri, v° D'Orléans, p. 384. — Louandre, t. 2, p. 75. — Lacretelle, t. 4, p. 69. (8) Moréri, v° D'Orléans, p. 385.

(9) Cormier, Code de Henri IV. — Millot, t. 3, p. 147. — Isamb., p. 104.

à donner à son ancien rival, Mayenne, le titre de gouverneur de l'Ile de France[1]. Les sentiments qu'il inspirait étaient bien différents aussi : sur le seul bruit qu'il était indisposé, on oubliait ses anecdotes galantes, et l'on se ralliait à lui avec entraînement. On trouvait bon que Sully établit certains impôts[2]; on trouvait juste qu'il fît rentrer le duc de Montpensier dans le devoir[3]. Aussi, même avant l'époque fixée pour l'assemblée des notables, quand le roi venait vers Rouen et disait qu'il allait visiter son pays de Caux[4], c'était moins du cérémonial, des emblèmes, de la pompe qu'il était enivré, que des applaudissements et des cris de joie qui l'escortaient[5]. Sa visite à Yvetot, à Dieppe, à Caudebec, ses souvenirs vers Arques[6], affermissaient peut-être cette voix qui allait prononcer le discours du 4 novembre à l'assemblée des notables, dans la grande salle de l'abbaye de Saint-Ouen. N'est-il pas gracieux de répéter aujourd'hui quelques-uns de ces mots articulés au milieu de tant de princes, de maréchaux de France, d'ecclésiastiques, de magistrats, d'ambassadeurs : « Je ne « vous ai point appelés comme faisaient mes prédé- « cesseurs, pour vous obliger d'approuver toutes mes « volontés ; je vous ai fait assembler pour recevoir vos « conseils, pour les suivre.... l'amour que je porte à « mes sujets, l'extrême désir que j'ai de conserver mon « État, me font trouver tout facile et tout honorable. » Qu'on juge des *vivat* qui ont éclaté, en entendant de

---

(1) Nous avons une pièce du 27 décembre 1597 où tous les titres de Mayenne sont énoncés.
(2) Isambert, p. 117. (3) Sully, t. 2, p. 229.
(4) Itinér. de Henri IV, p. 297. — Sully, p. 287.
(5) Farin; t. 1, p. 265, 437 et suiv.
(6) Sully, t. 2, p. 289.

telles paroles [1], et quel écho elles avaient dans nos campagnes! avec quel plaisir encore on apprenait qu'Élisabeth envoyait à Rouen, pour Henri, l'ordre de la jarretière [2]! c'était moins une décoration qu'un symbole de paix. Tous les matins on demandait les résolutions, les ordres, les bons mots du roi ; son compliment à Groulard : qu'il n'avait été ni hérétique, ni de la ligue [3], l'alliance avec la Hollande [4], le projet de faire une seconde ville de Rouen sur la rive gauche [5], des règlements-modèles sur l'administration de la justice, sur la profession de boulanger [6]; son invitation à fuir les querelles religieuses [7], étaient aussitôt répandus qu'émanés du roi.

Il paraît qu'à son tour, Henri IV a été si enchanté de son séjour à Rouen, qu'il a dit spontanément qu'il y reviendrait. Ce sont les récoltes cauchoises qui lui ont inspiré sans doute l'ordonnance qui défend aux gens de guerre de courir les champs [8]. Aussi, demande-t-il un régiment à la Normandie, il l'obtient en quelques jours [9] ; et en revanche, quand après avoir quitté la Picardie, à son tour théâtre de la guerre civile, il rentre à Paris, c'est un charme pour lui de repasser par le pays de Caux et Rouen [10], et d'y jouir des effets de la paix, de la réparation des châteaux, des maisons, des clôtures. Il prend plus que personne part

An 1597

---

(1) Vie milit., p. 229. — De Serres, 1660, p. 38. — Farin, t. 1, p. 413. — Sully, p. 290. — Cérémonial franc., t. 2. — Servin, t. 2, p. 89. — L. Dubois, p. 309. — Péréfixe. — M. Floquet, t. 4, p. 59 et suiv.

(2) Hénault, p. 492. — De Serres, p. 38. — Lacretelle, t. 4, p. 149.

(3) M. Floquet, Notice sur Groulard. (4) Hénault.

(5) Farin, t. 1, p. 3.

(6) Isambert, p. 120. — Rec. d'ord. locales. (7) Sully.

(8) Fontanon. — Isambert, p. 128.

(9) Sully, t. 2, p. 318. (10) Id., p. 346.

à la douleur de cette partie du pays où demeurait le grand-maître de l'artillerie, François d'Espinay Saint-Luc, surnommé le Brave, tué d'un coup de boulet le 8 septembre, à Amiens [1], mais du moins mort glorieusement en laissant un bon exemple à quatre fils dont l'aîné, Timoléon, est au même siége que lui, et que Sully doit bientôt faire son compagnon de voyage à Londres.

An 1598 — Quelques familles lisent-elles avec dépit l'ordonnance qui révoque certains affranchissements de taille, certains titres de noblesse, accordés depuis vingt ans, la majeure partie des Normands applaudit à ses dispositions; il leur semble que cet édit qui concorde précisément avec la soumission de la Bretagne, avec la paix extérieure, est un emblème de la cessation de la guerre civile [2]. L'édit de Nantes, rédigé par les présidents Jeannin et de Thou, qui admettait les calvinistes aux charges de judicature, et les dispensait de recevoir le viatique de la main du curé, non agréé par le parlement, pouvait bien paraître une arrière-pensée du roi converti ; mais à la fin, on voyait dans ces dispositions un tel gage de concorde que sa révocation plus tard est devenue une calamité [3]. Le Havre, Montivilliers, Bolbec, tournaient même en ridicule le maréchal de Bouillon et le duc de la Trémouille qui

---

(1) Moréri, v° Espinay. — Brantôme, Vie des hommes illustres. — Sully, t. 2, p. 332. — Tall. des Réaux, t. 3, p. 257. — Lainé. — Courcelles. — Millot, t. 3, p. 154. — Lacretelle, t. 4, p. 101.

(2) Isambert, p. 169. — Hénault, p. 494. — Millot, t. 3, p. 155. — Lacretelle, t. 4, p. 108. — Soc. des ant. de Norm. 1824. — Fontanon, t. 1, p. 657.

(3) Élie Benoît, Hist. de l'édit de Nantes. — M. Floquet, t. 4 et t. 6. — Chouet, p. 395. — Lacretelle, t. 4, p. 109. — Millot, t. 3, p. 156. — Sully, t. 2, p. 371. — Thomas, Éloge de Sully, 1763.

voulaient rallier les huguenots et recommencer la guerre civile [1]; on n'était plus à ce moment où Dieppe avait obtenu que le culte protestant n'eût lieu qu'au Pollet, et Rouen, qu'il ne s'exerçât qu'à Dieppedalle ou Quevilly [2]. Les états assemblés le 2 décembre ont fini par enregistrer l'édit de tolérance, sauf à en garder quelques articles secrets.

Tout ce qui était industriel pouvait bien être flatté de la défense de quelques importations; mais presque toutes les classes trouvaient mauvaise la dîme, ce reste d'un impôt nécessaire à une certaine époque, et qu'on restreignait même à la douzième gerbe ou douzième botte de chaque récolte. En réfléchissant que le roi aurait eu l'air de conserver des souvenirs de huguenot, par une suppression totale, beaucoup transigeaient. Cependant quelques hommes politiques reprenaient leurs prétextes, et c'est à l'édit qu'est due la mort tragique de Raoulin et de ses trois enfants tués au Havre le 16 mars [3]; de même que beaucoup de murmures sont nés des distinctions et des priviléges donnés à un bâtard de l'ancien roi de Navarre et de mademoiselle du Rouhet [4]. Autant on approuvait l'édit sur le desséchement des marais [5], la publication de la charte anglaise sur le commerce de l'Inde [6], la création de l'office de grand-voyer [7], les dispositions sur la pi-

An 1599

---

(1) Hénault, p. 492, *v.* la révoc. en 1685.

(2) Éloge de Samuel Bochard, Acad. de Rouen, 1839.

(3) Scaliger. — Trévoux, v° Dîme. — Baronius. — Fontanon, p. 1004. — J. à Costâ. — Hoüard, v° Dîme, p. 541. — Pleuvri. — Denisart, v° Dîme, p. 95.

(4) Saint Simon, t. 4, p. 43, 44.

(5) Fontanon, t. 2, 398. — Motifs de la loi du 16 septembre 1807.

(6) Berthevin, p. 385.

(7) Dict. de la voirie, p. 457.

raterie¹, le choix d'un chancelier de France en la personne d'un allié de la famille D'Esneval², autant on blâmait ces conférences interminables entre le prélat, frère naturel de Henri IV, et son clergé³. On était plus gai à raconter certaines anecdotes du roi qui avait échoué près de madame de Guercheville, laquelle avouait qu'elle était une *dame d'honneur* dans toute l'étendue du mot⁴ ; ou de suivre ces Chartreux qui transportaient leur demeure vers les bruyères Saint-Julien et abandonnaient la côte Sainte-Catherine⁵ ; ou de raconter encore l'histoire de certain contrat déchiré par Sully⁶ ; ou bien encore cette scène comique du poète Malherbe lequel, dinant chez l'archevêque s'était endormi, et ayant été réveillé pour aller à un sermon avait dit : « Je dors bien sans cela⁷ ».

Les dix années qui vont suivre, jusqu'au 16 mai 1610, vont être heureusement et absolument remplies par des faits pacifiques, réduits au point de vue provincial, et connus de presque tout le monde. Tandis que les vieux compagnons d'armes de Henri vont mourir dans leurs châteaux nouvellement réparés, que la magistrature régularise ses audiences, que l'administration cherche des perfectionnements, que certain titre de la coutume normande est réformé⁸, qu'un jubilé est accordé à toute la province, que les États, après avoir eu leurs séances à Caen, à Saint-Lô, à Bayeux, à Argentan, à Pont-de-l'Arche, à Pont-Audemer, se fixent pour ainsi dire à Rouen, au palais archiépiscopal⁹, que la naissance d'un fils de Henri IV

---

(1) Isambert, p. 224. (2) Moréri.—Hénault. (3) Sully. (4) Dict. hist. —Biogr. univ. (5) Farin, t. 3, p. 196 et suiv. (6) Hénault. — Lacret. (7) Dict. hist. t. 11, p. 2. (8) Froland, ms. à la Biblioth. de Rouen. (9) Mém. de la Soc. des ant. de Norm. t. 10, p. 478.

donne un sage et juste espoir; pendant ce temps, disons-nous, on goûtait le bonheur du règne d'un homme bon et clément. L'abrogation des duels [1] par un guerrier était aussi bien reçue que l'ordonnance qui voulait qu'on plantât des mûriers même en Normandie [2]. Si Henri, sollicité par Charles de Bourbon, après avoir dîné chez lui, d'accorder une coupe de la forêt du Torp, cédait à l'importunité, il ne trouvait pas mauvais que le parlement n'enregistrât point l'ordonnance, et cela se répandait tout aussitôt [3]. N'était-ce pas au bon cœur du roi qu'était due la signature, à Rouen, de l'édit de rétablissement des jésuites [4], malgré les remontrances de Sully? Quand, dans un voyage au milieu du pays de Caux, il défendait l'entourage et le cérémonial [5], quand il ordonnait que l'argent des fêtes fût donné à ceux qui avaient souffert de la guerre, pouvait-il prévoir comment les jésuites montreraient leur reconnaissance? Mais comme si c'était un emblème de cette paix due à Henri et à Sully, le plus beau génie qu'ait produit la Normandie, celui qui devait reculer les bornes de la littérature, celui qui devait presque créer le théâtre français, Pierre Corneille naissait à Rouen le 6 juin 1606. Cet enfant, dont le parrain est Cauchois [6], devait un jour produire des ouvrages traduits en trente-deux langues; une statue de bronze devait lui être élevée dans sa ville natale par des souscripteurs dont la liste forme cent pages [7].

(1) Fontanon, t. 1, p. 665. (2) Id., p. 1049, 1051.
(3) Sully. (4) Servin, t. 1, p. 27. — Mercure de France, 1611. — Isambert, p. 288. — Millot, t. 3, p. 167. — Soc. d'Émul. 1826, p. 133.
(5) Pleuvri. — Constitutionnel du 2 août 1845.
(6) Bois-Guilbert est entre Argueil et Ry, près Buchy.
(7) V. l'Él. de Corneille, par Racine. — La Biblioth. dram. de So-

Comme si chacun entrait dans les projets de Sully, si une mauvaise récolte se montrait en 1608, la prévoyance commerciale et les approvisionnements publics empêchaient la disette [1]. Les projets de Henri IV et de Sully sur une *république chrétienne* commençaient à se faire jour [2]; puis, quand on va apprendre la tristesse dont le roi est accablé depuis quelque temps, les détails du sacre de la reine [3], la faveur de quelques Italiens [4], les scandaleuses enchères de certaines places [5], on commencera à craindre que Sully n'ait plus d'empire; mais c'est une bien autre affliction quand on sait le parricide de Ravaillac [6].

An 1610

Après la première impression, c'est-à-dire celle du regret profond d'un prince aussi loyal, aussi sincère, aussi courageux, qui aimait à être comparé à François Ier [7], mais qui valait bien mieux, une pensée naîtra, c'est de chercher les complices de ce Ravaillac, point encore difficile à décider [8]! M. de Liancourt qui était dans le carrosse du roi, les Normands qui étaient à la cour, le maréchal de Fervaques envoyé à Rouen par la reine [9], n'osaient rien affirmer sur le compte de

leinne.—Sur la date de la naissance de Pierre Corneille, Acad. de Rouen, 1837.—Taschereau, 1 vol. in-8 et la bibliogr.—M. Guizot, Vie de P. Corneille.—La Vallière, Bibl. du Th.-Fr., t. 3.—L'Él. de P. Corneille, par Gaillard, 1768.—Saint Foix, t. 4, p. 52, 122.—Victorin Fabre, Él. acad.—Andrieux.—Le discours de M. Thorel Saint-Martin, couronné par la Soc. d'Émul. 1813.—La prop. de M. Duputel à l'Acad? en 1830.—La notice de M. Ballin, sur la généalogie, in-8, 1833.—Servin, t. 2. p. 112.—M. Deville, 1838.—Sur les arm. de Corneille, Acad. de Rouen, 1837, p. 140.

(1) Hénault.—Lacretelle, p. 339.
(2) Lacretelle, p. 345.—Millot, t. 2, p. 175.—Hénault, p. 504.
(3) Hénault.—Lacretelle.
(4) Dict. hist. v° Concini.
(5) M. Floquet, t. 4. (6) Hénault.—Millot.—Lacretelle.
(7) Hénault. (8) Voltaire.—Hénault.
(9) M. Floquet, t. 4, p. 284.

personne. Quand l'archevêque de Rouen revenait de sacrer à Reims, Louis XIII, âgé de neuf ans [1], et quand il avait des rapports avec le clergé dont il allait présider l'assemblée, il n'osait encore citer de complices; mais il n'apportait pas des pensées rassurantes pour le règne qui allait suivre celui de ce Henri que la postérité a surnommé *le Grand*.

Lorsque le parlement de Normandie, ordonnant la destruction des châteaux forts [2], s'attirait les épigrammes de tous les seigneurs, et renouvelait des occasions de duels; lorsqu'on cherchait à paralyser l'effet des bonnes mesures de Sully, en fondant de nouveau des établissements jésuitiques [3]; lorsqu'on avait forcé, pour ainsi dire, le ministre de Henri IV à fuir la cour [4]; lorsqu'on pressait d'une manière si déraisonnable le mariage du roi enfant [5], on avait beau faire remercier Pierre Corneille (père de celui qui sera si célèbre) d'avoir résisté à des bandes armées qui pillaient Roumare [6], adresser au commerce des invitations d'expédier des navires vers les Indes [7], encourager Montholon, publiant un plaidoyer en faveur des jésuites [8], autoriser de nouveaux couvents, il était évident qu'il y avait des causes de désordre nées de l'absence même de Sully. Et en effet, dès qu'on semble remettre à la mode ses décisions, An 1611

An 1612

An 1615

---

(1) Le P. Griffet, 3 vol. in-4. — Hénault, p. 506. — Levassor, Hist. de Louis XIII. — Bazin, Hist. de Louis XIII, 4 vol. in-8, ouvrage qui obtenu, en 1844, le deuxième prix de l'Acad. —Tallemant des Réaux, t. 2. — Ét. Pasquier. — Rivault. — Gomberville. — Le P. Caussin. — De Thou. — De Bury, 4 vol. in-12, 1768. — Louis Legendre. — Mém. de la Châtre.
(2) M. Floquet, t. 4, p. 284. (3) A. Hugo, Fr. Pitt.
(4) Hénault, p. 506, 508. (5) Id.
(6) Acad. de Rouen, 1837, p. 156.
(7) M. Laquerrière, t. 2, p. 81.
(8) Rouen, chez J. Osmont, catalogue Delassize, p. 64.

ses pensées, la confiance renaît; dès que le baron de Mauny, maréchal de France, est nommé lieutenant-général au gouvernement de Normandie, à la place de Concini [1], on a du penchant à obéir. On éprouve presque de l'enthousiasme quand on apprend que les descendants du frère de Jeanne d'Arc sont autorisés à joindre un lis à leurs armes [2]; on est enchanté de voir le parlement de Normandie blâmé pour certains faits scandaleux [3]; le mot d'états-généraux laisse concevoir des pensées de sagesse, de liberté, de confiance; puis le désenchantement ramènera la guerre civile [4]; le duc de Longueville et Henri de Condé quitteront la cour [5]. Veut-on prendre le parti de reparler d'états-généraux? Le seul but sérieux dont on voudra les occuper sera de rendre la couronne indépendante du pape. C'est avec une grande difficulté qu'on admettra une garde bourgeoise pour veiller dans les villes [6]; il faudra, pour se soustraire à une foule d'impôts arbitraires et minutieux, que la ville de Rouen paie pour un an, un million cent soixante-huit mille quatre cents et quelques francs [7]. Il faudra que ce soit l'hôtel-de-ville qui exige, pour que l'on soit conseiller au parlement, qu'on ait trente ans; que pour être président on en ait quarante, tant il y avait de légèreté dans les choix depuis quelque temps [8].

Les jésuites, on aimait à l'avouer, se faisaient re-

---

(1) Lettres de Marguerite de Valois, p. 403.
(2) Hordal, Hist. de Jeanne d'Arc. — Isambert, p. 33.
(3) M. Floquet, t. 4, p. 289. — Hist. du curé de Saint-Godard.
(4) Mém. de la Châtre. — Isambert, p. 44.   (5) Hénault, p. 512.
(6) M. Michelet. — Soc. de l'Hist. de Fr. 1840, p. 126. — Isambert, t. 5.
(7) Soc. des ant. de Norm., p. 503.
(8) M. Floquet, t. 4, p. 314.

marquer à Rouen par leur érudition, leur bonne tenue, le nombre de leurs élèves; le Dieppois André Tod traduisait, sous leur inspiration, les annales de Baronius, avec un véritable succès [1]; Raoul Lemaître publiait une description du dernier siége de Rouen [2]; Monchrétien son traité d'économie politique [3]; Bréquigny son histoire de Gênes [4]; pourtant Jean Machault, recteur des jésuites, ne pouvait s'empêcher de laisser percer l'esprit de sa compagnie : sa réfutation du livre du président de Thou comportait de telles maximes, que le volume devait être brûlé par la main du bourreau [5].

Encore une fois, l'irrégularité dans la tenue des états, en conservant, à contre-cœur, l'organisation de la garde bourgeoise, montre comment on veut exécuter les choses promises. Si l'on ne peut pas faire autrement que de nommer pour chefs de la garde cauchoise Leroux de Tilly, Duval de Bonneval, Roque de Varengéville [6], qui partageaient les sentiments de la population, on semble donner un contre-poids à ce consentement en fondant de nouveaux séminaires, de nouveaux couvents [7]. N'eût-on pas été satisfait de voir l'administration empêcher le port de Dieppe de se combler, plutôt que dépenser de l'argent à fortifier Quillebœuf? N'eût-on pas mieux fait de convoquer les états que d'arrêter Condé [8], ou l'insurrection de la maison Longueville qui ne puisait sa cause que dans le refus de cette convocation [9]? Cela est si vrai, qu'aussitôt que les états

An 1615

An 1616

---

(1) Dict. hist.   (2) Id.   (3) Id.
(4) Servin, t. 2, p. 248.   (5) Dict. hist.
(6) M. Floquet, t. 4.   (7) Servin, t. 1, p. 12; t. 2, p. 94.
(8) Hénault, p. 515.   (9) Sully, t. 6, p. 16.

sont assemblés, et que le père de Pierre Corneille peut faire des remontrances, tout est calmé encore une fois [1]. La force modérée de ce travail agissait sur le peuple et sur la cour.

An 1617   L'assemblée des notables à Rouen, présidée par Charles de Matignon [2], l'empressement à s'enrôler dans ce régiment de Normandie qu'avait levé le maréchal d'Ancre [3], sont les preuves des intentions du peuple. Cela démontrait qu'il y avait un moyen sage pour que les classes les plus faibles fissent valoir leurs droits, et soutinssent ceux du trône. Nicolas de Neuville, cet ancien ministre de Charles IX, de Henri III, de Henri IV, terminant sa carrière à Rouen, déclarait, comme par la disposition testamentaire d'un homme d'État, qu'il approuvait ces pensées nouvelles que comprenait le jeune roi [4]. Lorsque le Cauchois Guilbert publiait sa traduction des sentences de Maxime de Tyr [5], lorsque le savant Duchesne publiait ses *Historiens normands*, en les dédiant au parlement et à ses concitoyens [6], *Claro senatui populoque Rothomagensi;* que cherchaient-ils, si ce n'est d'éclairer sur les moyens de trouver quand et comment les populations sont heureuses. Cela empêchait-il les savants oratoriens de s'établir dans une modeste et tranquille demeure [7]? Cela empêchait-il la veuve du duc de Guise

(1) Soc. des ant. de Norm. 1836, p. 509. — Taschereau, Biogr. de Corneille.
(2) Pommeraye, p. 642. — Rathery, États généraux de Fr., 1 vol. in-8, couronné par l'Acad. des sciences mor. et polit. — L. Thiessé, p. 319. — Rec. des états généraux, t. 18, p. 1.
(3) M. Brahaut. (4) Reg. du parlem. de Norm. — Revue de Rouen, art. de M. Stabenrath. — Dict. hist. v° Villeroy.
(5) Catalogue Delassize.
(6) 1 vol. in-fol. v. la préface. — Dict. hist. v° Chesne (du).
(7) Laquerrière, t. 2, p. 119.

de faire élever à Eu, en l'honneur de son mari, une chapelle que Germain Pilon devait orner de ses admirables statues ¹ ? Comme si la comète qui répandait sa vive lumière ², était l'emblème d'une clarté utile, chacun cherchait à faire pénétrer l'ordre jusqu'aux plus petits détails ³; pas une personne n'osait critiquer l'ordonnance rendue à l'égard des femmes publiques ⁴. Le goût de l'harmonie devenait si général, que si, se divisant de la famille de Condé, les Longueville voulaient encore lutter avec le parlement, cette fois la population, dans son bon sens, se moquait de leur pédantisme ⁵. An 1618

An 1619

La confiance politique crée, suivant l'usage, le crédit commercial : Augustin de Bérulieu part de l'embouchure de la Seine, ayant un Duquesne avec lui, pour faire un voyage dans l'Inde ⁶. Louis XIII à Rouen ordonne la construction de ce pont de bateaux ⁷ qui n'a été détruit que de nos jours, pour être remplacé par deux ponts. Quand la politique annonce que la Navarre et le Béarn sont annexés à la France ⁸, elle va prouver aussi combien l'ascendant d'une seule personne est grave dans un état qui n'a pas de règles fixes. La nomination de Richelieu au poste de premier ministre va faire dépendre d'une volonté la paix, la gloire, la honte, la victoire, la liberté. La recommandation de la dame de Guercheville, première dame d'honneur de la reine, sera la première cause du crédit de Richelieu, au moment où Ans 1620 1621

---

(1) Hist. d'Eu. (2) Francœur, p. 181.
(3) Isambert, p. 115. (4) Delamare, t. 1, p. 493.
(5) M. Floquet, t. 4, p. 331 à 341. — Tallemant des Réaux, t. 3, p. 182. (6) M. Estancelin.
(7) Lesguillez, p. 61. — Oursel ne porte la construction qu'à 1626.
(8) Joly, p. 594.

le projet des huguenots était de faire de la France une république dont les huit cercles étaient déjà tracés [1].

L'histoire de ce ministre est connue, et nous en indiquons seulement les sources. Ce qu'on peut dire des Cauchois, c'est qu'alors ils ont perdu l'espoir des assemblées politiques; qu'ils ont peu vu de ces échafauds comme on en dressait à Paris, dans le midi de la France [2], et que si beaucoup se sont distingués au siége de Montauban, à Saint-Jean-d'Angely, à Clérac, à Montheur [3]; que si d'autres se sont voués à l'état maritime, et se sont placés sous les ordres de Thimoléon d'Espinay Saint-Luc, leur compatriote [4], qui a réuni les titres de vice-amiral et de maréchal de France, les chefs de famille se sont encore retirés dans leurs châteaux, à ce point que le désarmement des religionnaires à Dieppe, au Havre, n'a pas eu la puissance de les en faire sortir [5].

An 1622 Si on leur raconte que le régiment de Normandie s'est distingué à l'île de Ré, au siége de Montpellier [6], ils ne s'en occupent pas plus que de ce conseiller au parlement de Paris qui devient abbé de An 1625 Saint-Wandrille [7]; si les habitants de Rouen font quelques émeutes, si Longueville même fait le sévère [8], ils n'y font pas plus d'attention qu'au serment prêté

---

(1) Hénault, p. 520. — Voltaire, Siècle de Louis XIV. — Anquetil. — Lettres de Feuquières, 4 vol. in-8, 1846. — Garnier. — M. Crapelet, Notice sur Richelieu. — Aubery, Hist. de Richelieu. — Levassor. — Dejoly. — Leclerc, 5 vol. in-12, 1753. — Tableau du gouv. Cologne, 1694. — Mém. de Brienne. — Dict. hist. v° Plessis. — Isambert, p. 142.
(2) Hénault, p. 522.
(3) M. Brahaut.
(4) De Courcelles. (5) M. Floquet, t. 4, p. 389.
(6) M. Brabaut. (7) Langlois, p. 154.
(8) M. Floquet, 529.

devant la juridiction de la Table de marbre [1], par un jeune avocat qui s'appelle Pierre Corneille, ou à la représentation d'une *pièce de comédie* de ce même jeune avocat, qu'il dédie à M. de Liancourt [2]. <small>An 1624</small> <small>An 1625</small>

Cette apathie cessera bien quand on saura qu'il y a un arrêt du conseil contre les jésuites [3]; quand on croira que Richelieu sacrifie lui même à l'opinion publique; qu'autant il applaudit le régiment de Normandie qui a pris une si glorieuse part à l'expédition de la Valteline [4], autant il encourage le Cauchois Diel d'Ernambuc qui part de Dieppe pour fonder une colonie vers les Antilles [5]; autant même il est disposé à convoquer une assemblée de notables aux Tuileries [6]; puis, quand on saura que trois personnes seulement représenteront la Normandie, qu'on juge de leur désappointement, de leurs dispositions à rentrer dans l'égoïsme.

La suppression des offices de connétable et d'amiral de France [7] paraît aux nobles un excès dans la puissance de Richelieu, comme la défense de trafiquer avec l'Angleterre paraît aux commerçants une vexation. On donne le juste nom de despotisme à la défense de tout commerce avec la mer [8]. L'hérédité des offices est loin de plaire à toutes les classes [9]. On ne comprend ni la défense des monnaies étrangères [10], <small>An 1627</small>

---

(1) Rech. de M. Deville, 1840. — Rech. de M. Floquet, pour l'Acad. de Rouen. (2) Première édition de *Mélite*.

(3) Isambert, p. 148. — Delassize, Catal., p. 65.

(4) M. Brabaut. (5) M. Estancelin, p. 101.

(6) Disc. de M. Hernoux, 15 mai 1837. — Code Michaud, en quatre cent cinquante-un art. — Isambert, p. 223.

(7) Pleuvri. — Isambert, p. 198. — Estancelin, p. 76.

(8) Elle est du 9 septembre, Merc. Franç., t. 13, p. 201 ; t. 14, p. 30.

(9) Néron, t. 1, p. 761. — Descorbiac, p. 690. — Isambert, p. 349.

(10) Isambert, p. 350.

en ne conservant que les *pistoles*, ni une fonderie de canons au Havre, ou l'établissement d'une citadelle, comme pour en faire une place de guerre; mais quand on est persuadé que Richelieu n'a d'abord voulu qu'une paix honorable; que le commerce doit bientôt se rétablir avec la Grande-Bretagne [1], malgré les cours de Rome et de Madrid; qu'au besoin le cardinal sait faire l'homme de guerre, ce dont témoignent les dix compagnies de Normandie qui étaient à Pamiers, à Sainte-Affrique, à Réalmont, au siége d'Alais [2], qu'il est aussi calme un jour de combat que dans une soirée littéraire; qu'alors il promet que des états se tiendront tous les ans [3] à Rouen, un certain attachement se manifeste pour sa personne.

[An 1628]

C'est bien autre chose quand on apprend qu'il est défendu d'élever aucun monastère sans la permission du roi [4]; qu'on n'autorise les capucins, que s'ils prennent l'obligation d'aider à éteindre les incendies [5]; que Richelieu dicte le traité avec l'Espagne [6]. On applaudit la dédicace faite au roi, c'est presque dire au cardinal, du livre de Salomon de Caus sur *les raisons des forces mouvantes*, qui a précédé de peu de temps les machines à vapeur [7]; on étudie les goûts du cardinal; on porte un peu plus d'attention au jeune Corneille qui publie *Mélite* [8], quoiqu'il ait dédié sa triste pièce de *Clitandre* au duc de Longueville [9]. Il faut même dire que quand le premier ministre tombait en disgrâce et que la conspiration de la reine

[An 1630]

---

(1) Pleuvri, p. 142. — Estancelin, p. 77.
(2) M. Brahaut. (3) Magneval, p. 22.
(4) Mémorial du clergé, t. 4, p. 470. (5) Duplessis.
(6) Merc. Franç., t. 16.
(7) Biogr. des hommes utiles, art. Watt.
(8) Taschereau, p. 9. (9) Édit. 1801, t. 1, p. 161.

mère contre lui allait réussir [1], grâce aux plaisanteries du Cauchois Ricqueville, la majorité se réjouissait à la journée des Dupes, c'est-à-dire au retour du prélat à la cour [2].

Loin de trouver mauvais désormais que Richelieu fortifie le Havre ; que, suivant le conseil du P. Joseph qu'il nomme son bras droit, il ait des gardes pour l'escorter [3], comme tout autre général, on se disposait à une obéissance raisonnée ; mais quand on apprend que Marie de Médicis est exilée à Cologne [4], que la Bastille est remplie de prisonniers qu'on ne juge pas, que la princesse de Condé, à l'âge de quatre-vingt-quatre ans, est consignée dans son château d'Eu, où elle se meurt [5] ; quand chacun éprouve la famine ou une disette trop longue, des partis se soulèvent. Marillac et Gaston d'Orléans font des enrôlements presque pour leur compte [6]; une émeute est suscitée à Rouen par les drapiers [7], la condamnation d'un Montmorency, l'abolition de son duché, l'exécution du maréchal sur un échafaud, à Toulouse, soulèvent la noblesse [8]. Il faut l'effet du traité du 29 mars avec l'Angleterre [9], la convocation des états provinciaux, l'emprisonnement du garde-des-sceaux lui-même pour démontrer que Richelieu n'a peur de rien ni de personne. Galilée eût été en France, il ne

An 1631

An 1632

An 1635

---

(1) Longuerue, Abrégé, p. 19.
(2) Tallemant des Réaux, t. 4, p. 413. — Hénault, p. 536. — Longuerue, p. 21. — Voltaire, Essai sur les mœurs. — Dict. hist. v° Richelieu.
(3) Anquetil, t. 11, p. 59. — Pleuvri. — Dict. hist.
(4) Dict. hist. — Hénault, p. 537.
(5) Estancelin, p. 9. — M. Floquet, t. 4, p. 459.
(6) Merc. Franç., t. 18, p. 87. — Ladvocat, v° Louis XIII.
(7) M. Floquet, t. 4, p. 544.
(8) Causes célèbres. — Isambert, p. 374, 376. — Dict. hist. — Hénault.
(9) Merc. Franç., t. 18, p. 40.

lui eût peut-être pas été plus permis qu'à Rome de dire que la terre tourne [1]. Un impôt sur les cartes amenait une émeute à Rouen, et un commis était jeté dans la Seine [2]; peu importait au maître, l'impôt était établi. On lui parlait de conspirations, il donnait des fêtes pour les découvrir par l'espionnage [3], et cela ne l'empêchait pas de fonder l'Académie française, d'attacher à cette institution des revenus qui l'ont rendue plus durable que les autres sociétés savantes [4].

An 1635 Si l'on dénonce au cardinal le froid des seigneurs cauchois, des cultivateurs cauchois, il vient dans le pays, séjourne à Neufchâtel-en-Bray, séduit les habitants par des manières affables, parle des intérêts ruraux avec intelligence; signe là plusieurs ordonnances; gagne le duc de Longueville, le crée intendant de Normandie [5]; encourage les marins, adresse des félicitations au sujet de François d'Espinay, qui se distingue au siége de Corbie [6], et ne part pas sans accorder une pension en faveur de Benserade, né à

An 1636 Lyons-la-Forêt [7]. Nous venons de voir que la noblesse avait été irritée; elle est calmée par l'institution de cette école militaire qui a produit tant d'officiers distingués [8]. Des Cauchois emportent Ruffac d'assaut, et dégagent Colmar [9].

Le génie de Richelieu a compris le génie de Pierre Corneille. Cet auteur qui allait effacer par le *Cid* (représenté avant le *Venceslas* de Rotrou), les Hardy, les

---

(1) Hénault, p. 542. (2) M. Floquet, t. 5, p. 549.
(3) Bassompierre, t. 3, p. 372.
(4) Trévoux, v° Académie. — Hist. de l'Acad. franç.
(5) Isambert, p. 442. (6) Courcelles.
(7) Biogr. univ. — M. A. Passy, Disc. 1845.
(8) Merc. Franç., t. 21, p. 278 : le préambule de l'ordonnance est fort curieux. (9) M. Brahaut.

Rolland, les Marcé, les Bertrand d'Orléans, les Champ-Repus, les Auvray, les Mainfray, les Duhamel, les Monchrétien, les Mairet, les Bois-Robert, et tant d'autres, allait voir à la vérité sa belle tragédie examinée par un comité littéraire; mais Richelieu n'empêchait pas qu'elle ne fût traduite en trente-deux langues; et lorsque ensuite Corneille avait fait représenter sa *Toison d'or*, le premier opéra régulier, dans la salle de Neubourg, c'était le cardinal qui voulait qu'elle fût représentée à Paris [1]. Quand le frère de mademoiselle de Scudéry, né au Havre, disait en un mauvais calembour : *Dépouillons cette corneille* [2], Richelieu ne riait pas; loin de décourager le poëte, il autorisait une troupe de comédiens à s'établir exprès pour jouer ses pièces [3].

Dès lors beaucoup de genres de mérite voulaient plaire au ministre, aussi bien le père Martin, auteur de la Vie de sainte Austreberte, abbesse de Pavilly [4], que les Cauchois qui étaient avec le duc de Longueville à l'assaut de Lons-le-Saulnier [5]; que Pierre d'Espinay, près duquel Leroux, sieur du Mesnil-Jourdain se faisait tuer à Landrecies [6]; aussi bien le comte d'Harcourt qui battait les Espagnols devant Gênes [7], que les évêques, en voyant la défense adressée au parlement de les troubler dans le droit de destituer leur personnel [8]; aussi bien les officiers de sa

An 1637

---

(1) Taschereau. — La Vallière, t. 3, p. 10. — Soleinne, in-8, 1843, p. 260. (2) Feuilleton du Siècle, M. Hypp. Lucas, sur Scudéry, Bois-Robert. (3) Voltaire, Vie de Molière, Héran, 1810, p. 8.

(4) In-8, v. Catalogue Delassize.

(5) M. Brahaut. — Hénault; p. 549. — Anquetil, t. 2, p. 15.

(6) Tableau de la famille d'Esneval. — De Courcelles.

(7) Longuerue, p. 33. — Ladvocat, v° Louis XIII. — Hist. de la maison d'Harcourt.

(8) Mém. du clergé, t. 2, p. 36. — Isambert, p. 481.

police qui découvrait la conspiration de septembre [1], que les amis des arts.

Il y a pourtant, sous tous les règnes, une classe de gens studieux, amis du calme, mais aussi d'une sage indépendance, qui signalent l'excès de la puissance ministérielle dans l'intérêt public, et dans l'intérêt du trône. Elle lisait le livre de Smith, imprimé par les Elzevirs [2]; la reine flattait ces savants [3]. Il importait aussi peu à beaucoup d'entre eux que le roi demandât au chapitre métropolitain de Rouen une relique de Saint-Romain [4], qu'il leur importait de savoir quelles étaient jadis les prérogatives du gouverneur Pivesus-Tetricus dont on retrouvait à ce moment les médailles [5]; ils pensaient aux abus possibles de la part de Richelieu quand rentreraient les six armées qui étaient sur pied, dont une en Italie sous les ordres du duc de Longueville [6]. Autant ils étaient satisfaits de la naissance de cet enfant que l'on a appelé Dieudonné et qui a depuis porté le nom de Louis XIV, autant ils étaient irrités de la révolte des *Nus-Pieds* [7], et de la faveur que le duc de Bouillon donnait à ces troubles [8]; ce n'étaient pas eux qui riaient de ce que le procureur général mourait de frayeur [9]. Ils attendaient même l'effet de la

<small>An 1638</small>

<small>An 1639</small>

(1) Aubery, Mém. t. 1, p. 580. — Anquetil, t. 1ᵉʳ, p. 20. — Hénault, p. 548.

(2) De rep. Angl. — V. le travail de M. Laîné d'Avranches, sur l'Industrie. (3) Anquetil, t. 11, p. 36. — Tallemant des Réaux.

(4) M. Floquet, t. 1, p. 301.

(5) Farin, t. 1, p. 10.

(6) Hénault, p. 551. — M. Brabaut.

(7) Rœderer, Soc. polie. p. 77. — Tallemant des Réaux, t. 1, p. 392; t. 3, p. 212. — M. Floquet, t. 4. — Servin, t. 2, p. 99. — L. Thiessé, p. 320. — M. Chéruel, p. 224. — Fr. de Vertamont. — Isambert, p. 524.

(8) Tallemant des Réaux, t. 4, p. 204. — Longuerue, Hist. de Rich., p. 36. (9) Hist. du parlement, de 599 à 631.

paix et de la confédération entre la France et la Suède ;
l'effet de l'occupation de Rouen par dix mille hommes
sous les ordres du maréchal de Gassion [1] ; l'effet des
victoires d'Harcourt et des Cauchois, à Cazal, à Turin [2],
pour émettre leurs inquiétudes. Mais ces hommes applaudissaient vivement aux vers de *Cinna* qui paraissait en cette année ; aux relations du grand Condé
et du grand Corneille ; enfin à tout ce qui respirait une
politique modérée. L'ordonnance du 8 janvier 1640, An 1640
qui rendait les magistrats responsables des émeutes [3],
était ridiculisée par eux. L'effet du mépris de leurs
conseils se montrait quand Richelieu abolissait à son
gré les titres de noblesse [4], c'est-à-dire qu'il faisait
déserter les villes et forçait les anciens nobles de
monter des gardes dans les campagnes [5].

La peste qui désolait la péninsule de Jumiéges [6], An 1641
prouvait que le grand ministre ne savait plus gouverner en ce moment. Le séjour de troupes nombreuses
en Normandie [7] était le symbole d'un despotisme qui
ne voulait plus s'éclairer. C'est à peine si l'on pouvait
se croire le droit d'applaudir le corsaire Dieppois
Legrand qui, avec vingt-huit hommes prenait, près
de Saint-Domingue, un navire défendu par cinquante-
quatre pièces de canon [8].

Pouvait-on espérer que l'assemblée du clergé à
Mantes [9], une requête adressée à Richelieu [10], le séjour
du roi dans son palais d'Eu [11], la demande du parle-

---

(1) M. Floquet, t. 5, p. 4.   (2) M. Brahaut.
(3) Mercure franç., t. 23.— Aubery, p. 423. — Levassor, t. 16, p. 391.
(4) Néron, t. 1, p. 912.   (5) M. Floquet, t. 5, p. 35 et suiv.
(6) Deshayes, p. 139.   (7) Vie de Pascal, notes.
(8) Dict. hist., v° Legrand.
(9) Soc. de l'hist. de Fr. 1825, p. 438.
(10) Dubois, t. 2, p. 258.   (11) M. Estancelin.

ment de Normandie d'être relevé d'une quasi interdiction, le succès même de cette demande [1], les derniers conseils de Sully expirant [2], pourraient rétablir le calme? Non; il fallait quelques victoires en Allemagne [3], même la gloire de Longueville avec ses Cauchois à l'assaut de Tortone [4], pour amener le silence ; enfin pour laisser passer sans insurrection la condamnation à mort de Cinq-Mars et du savant de Thou [5], il fallait le décès du cardinal lui-même [6]. Ensuite, quand on réfléchissait que ce ministre, mourant à cinquante-huit ans, avait opéré tant de choses ; quand on entendait dire qu'à ses derniers instants il avait légué au roi trois millions de notre monnaie, et qu'il pensait à justifier sa sévérité par l'intérêt de la couronne, bien des animosités cessaient ; on cherchait à connaître les leçons testamentaires qu'il avait données au roi. L'é-

An 1643 motion prenait le caractère d'un vif attendrissement quand on apprenait que le roi Louis XIII, accablé, surchargé par son rôle, venait de mourir au jour anniversaire de l'assassinat de Henri IV [7], laissant pour tenir le sceptre, Louis XIV, âgé de cinq ans [8]. D'autres sentiments ont suivi, comme on sait, cette position pathétique, quand on a vu que la reine mère était devenue régente, sans respecter l'acte testamentaire [9]; surtout quand on a vu encore un ecclésiastique à la

(1) M. Floquet, t. 5.
(2) Biogr. des hommes utiles ; il est décédé le 21 décembre.
(3) Hénault, p. 560. (4) M. Brahaut. — De Serres, t. 2, p. 603. — Hénault, p. 563.
(5) Aubery, t. 2. — Monglat, t. 1. — Montrésor. — Anquetil, t. 11, p. 121. (6) Monglat, t. 2, p. 65. — Brienne, t. 2. — Anquetil, t. 11.
(7) Hénault, p. 507. — Dupuy. — L'Esprit de la Fronde, t. 1, p. 82.
(8) Cordemoi. — Voltaire. — Hénault. — Il est né le 5 septembre 1638.
(9) Dupuy, p. 520. — Mém. de Talon. — L'Esprit de la Fronde, t. 1. — Hénault, p. 570.

tête de l'État ¹. Beaucoup de Cauchois ont fait comme Turenne, qui, dans une lettre que nous avons sous les yeux, disait à son frère : *S'il apprenait que le roi fût mort de rester en place, et de faire de même si on lui disait le contraire* ².

On a été distrait de cette attente encore par la victoire : Turin, Thionville, Rhodes, Turenne, Brézé, Harcourt, Longueville, étaient des noms que les pères de famille gravaient dans la mémoire de leurs jeunes enfants³. Autant on a applaudi à l'ordonnance en trente-quatre articles contre les duels⁴, au maintien de la paix avec l'Angleterre, à la taxe des lettres⁵, parce que chacun de ces actes sert un intérêt ou une affection, autant on a approuvé un règlement sur les sépultures⁶, et l'encouragement donné aux sciences.

An 1644

An 1645

Lorsque l'épouse de Charles Ier, roi d'Angleterre, traversait cette partie de la Normandie où elle avait abordé, elle ne recevait que des marques de respect⁷ ; l'Hôtel des Monnaies de Rouen, qui conservait le second rang⁸, reproduisait ses traits. On les recherchait avec empressement. L'attribution à la régente, du titre de surintendante des mers⁹, pouvait paraître vaniteuse, en présence de cette disgrâce ; mais les pays maritimes ne blâmaient pas trop cette prétention. Les artistes et les hommes de lettres commençaient à faire parler d'eux : tandis que les frères Augier, nés à Eu, plaçaient si avantageusement leurs sculptures

An 1646

---

(1) L'Esprit de la Fronde. — Ladvocat, v° Mazarin.
(2) Lettre aut. de Turenne.
(3) M. Brabaut. — Hénault. — Decruzy, Taillandier, p. 34.
(4) L'Édit est du 20 juillet. — Néron, t. 2, p. 1.
(5) Decruzy, p. 39. (6) Néron, t. 2, p. 691.
(7) Pleuvri. (8) Decruzy, p. 49.
(9) Mém. d'Omer Talon.

An 1647 dans la capitale[1], Pierre Corneille se faisait recevoir à l'Académie française[2]. On portait quelque attention aux poésies légères du seigneur de Charleval, Faucon de Ris[3]; on attendait l'œuvre de Philibert Delorme, que ce grand architecte faisait imprimer à Rouen, en dix livres in-folio[4]; on se prêtait l'in-quarto imprimé à Dieppe, et intitulé *Musarum Deppensium sedes;* de l'abbaye de Jumiéges sortait une grammaire hébraïque[5]; on pensait à imprimer les cinq volumes in-folio de Sully[6]. Puis, comme toute disposition, tout règlement dépend du caprice de Mazarin, même de ses serviteurs; que la mort du prince de Condé[7], la mort de Gassion, les difficultés du siége de Crémone[8], le peu de succès de Longueville à Munster et par suite sa disgrâce désenchantent, on choisit presque le voyage du jeune Louis XIV à Eu, à Dieppe, au château d'Arques[9], avec Anne d'Autriche et Mazarin, mais aussi avec les *importants*[10], pour trouver là un signal d'agitation. On remet sur le tapis l'annulation du testament de Louis XIII; on s'offense de la création de nouveaux offices de judicature[11]; les intendants des finances supprimés[12] soulèvent des mécontentements; le jansénisme An 1648 s'en mêle[13]; puis l'occasion de cette *Fronde*, comme s'il s'agissait d'imiter les enfants dans leurs jeux[14],

---

(1) Dict. hist. (2) Ann. de la Soc. de l'Hist. de Fr. — Soleinne, p. 276. — OEuvres de Th. Corneille.

(3) Dict. hist. (4) Id. (5) Id., v° Dufour.

(6) Les cinq volumes in-fol. du ms. ont formé 2 vol. du même format : Disc. de M. Dunoyer à la Soc. de l'Hist. de Fr. mai 1845.

(7) Hénault, p. 590. — L'Esprit de la Fronde, t. 1, p. 214.

(8) M. Brahaut. (9) Notice sur Arques, p. 10. — M. Vatout, Hist. d'Eu. (10) Anquetil, t. 11, p. 153.

(11) Omer Talon. — M. Decruzy, p. 62, 63.

(12) Soc. de l'Hist. de Fr. 1840. p. 239. (13) Anquetil. — Hénault.

(14) L'Esprit de la Fronde, 5 vol. in-12. — Mém. de Retz, 1718. —

naît contre le cardinal, de l'ordre donné d'exhumer le curé du Mesnil-Jourdain, pour le brûler, parce qu'il a écrit un livre obscène[1]; parce qu'on veut trouver et punir des possédées[2]; parce qu'on exige que ceux qui blasphèment aient les lèvres coupées[3]; parce qu'on veut abuser des victoires de Turenne pour augmenter les tarifs de toute espèce[4]. On rappelle l'obligation de convoquer des représentants de l'opinion publique; des barricades suivent[5]. Jusqu'à M. de Longueville qui s'associe à la Fronde, quoique bailli et gouverneur de Normandie, parce que la ville de Paris tient son enfant sur les fonts baptismaux[6]; enfin, jusqu'au jeune Condé qui y joue un rôle[7], et qui veut plaire à la duchesse de Longueville.

La grande inondation qui survient[8] cause des malheurs que le gouvernement n'est pas en état de réparer. De ce que le parlement de Paris, en relation avec le parlement de Rouen[9], en neuf séances mettant des bornes à l'autorité de la régente[10], forme une espèce de budget, pour la Normandie comme

Reg. de l'hôtel de ville, publié par la Soc. de l'Hist. de Fr. — Saint Aulaire, Hist. de la Fronde. — Trévoux, v° Fronde. — La Rochefoucauld, Mém. 1699. — Omer, Talon, 1732. — Anquetil, t. 11.

(1) Dict. hist. v° Picard. (2) M. Dibon, p. 140.
(3) Arch. du royaume. — Arrêt de Paris.
(4) L'Esprit de la Fronde, p. 239. — Hénault, p. 591.
(5) Registres de l'hôtel de ville de Paris.
(6) Dussouilley, t. 1, p. 187. — Voltaire, Siècle de Louis XIV, t. 1, p. 259. — Joly, t. 1, p. 47. — Registres de l'hôtel de ville, p. 19. — Pleuvri. — Apologie, par un gentilhomme breton. — M. Floquet, t. 5, p. 171. — Mém. de La Rochefoucauld ; v. à la fin le projet de traité signé au nom de M. de Longueville.
(7) Villefore, Vie de la duchesse de Longueville, Amsterdam, 1739. Registres de l'hôtel de ville, t. 2, p. 1.
(8) Farin, t. 1, p. 507.
(9) Anquetil, t. 11, p. 209. — Reg. de l'hôtel de ville, t. 1, p. 279.
(10) Decruzy, p. 72. — Isambert, p. 102 à 108. — Guénois, p. 172.

pour le reste de la France, avec la révocation des tailles, des aliénations du domaine royal, et le principe de la vérification des états en cour souveraine, en supprimant les lettres de cachet, à peine de dix mille francs d'amende contre le ministre, il n'est pas évident que la cour se prête à des mesures aussi sages. On regarde comme le résultat d'une certaine crainte, cet édit qui défend d'obéir aux lettres du roi, au préjudice des parties [1]. La paix de Munster seule, glorieuse, lucrative [2], empêchait un véritable débordement ; Mazarin, déconcerté d'abord, vavaincre la duchesse de Longueville, et cette femme, rivale de la régente, qui s'était fait précéder lors de son arrivée à Rouen, par soixante chevaux, et avait demandé la signature des chefs sur le traité d'union de la Fronde, se déguise en paysanne pour fuir. Qui ne sait les tentatives de Mazarin pour vaincre à son tour le parlement? qui ne connaît l'arrêt qui, le déclarant ennemi de l'État, lui ordonne de quitter le royaume, sous huitaine, puis ordonne la saisie de ses biens, la vente de sa bibliothèque [3]?

AD 1649

A qui la pensée d'une convocation des états est-elle venue? On ne peut trop le décider; on en parlait dans les projets de réunion : toujours est-il qu'ils ont été appelés à Orléans le 23 janvier 1649 [4]; mais aussi ils n'ont pas été tenus. Ce que la cour a fait, elle a ramassé plus de troupes; elle s'est moquée de Condé, et les Longueville qui occupaient quelques villes de

---

(1) Mém. de la Châtre. — Hist. de l'archevêché, p. 653. — Mém. de Nemours, 1738. — Joly, p. 103. — Biogr. univ. art. Longueville.

(2) M. Brahaut. — Ladvocat, v° Louis. — Hénault, p. 593.

(3) Ladvocat, v° Mazarin. — Mém. de la Châtre. — Joly, p. 62. — Anquetil, p. 303. — M. Floquet, t. 5, p. 258.

(4) Mém. de Nemours. — Arch. du royaume.

Caux, ont été arrêtés, ainsi que Condé, soupçonné d'avoir voulu être roi. On a donné six jours à Paris pour rentrer dans le devoir; le parlement de Normandie a été appelé à Vernon; on n'a point puni ceux qui usaient habituellement du poignard [1]; l'obéissance a coïncidé avec le retour de Mazarin et la cruauté des partis en Angleterre. Le roi est venu à Rouen, avec son ministre, pour créer le comte d'Harcourt duc de Normandie [2]. N'est-on pas porté à faire une réflexion curieuse, et qui indique la tristesse des partis, quand on lit ces mots que mademoiselle de Scudéry écrivait à l'évêque de Vence, en parlant du prince de Condé transféré au Havre [3] : « Quand je « vois ce gagneur de batailles, ce preneur de villes « qui a sauvé trois fois l'État, aller de prison en pri- « son, j'en ai compassion étrange [4] ». On sait aujourd'hui que, pour correspondre entre eux, les partisans se servaient de pièces de monnaie creusées et formant boîte [5] ! Qu'il en venait de Hollande, où mademoiselle de Longueville a failli se noyer en allant trouver Turenne, pour le tourner contre ce qu'elle appelle les *mazarinades* [6]. Mademoiselle de Scudéry écrivait encore : « Quand M. de Longueville couchera à Jumiéges, « à Bolbec, au Havre, quelle douleur de passer en « cette posture en son gouvernement [7] ».

An 1650

---

(1) Anquetil, t. 11, p. 392. — M. Floquet, t. 5, p. 282, et de 327 à 415. — Isambert, p. 175. — Journ. du parlem. de Paris.
(2) Registres de l'hôtel de ville de Paris, p. 4.
(3) Motteville, t. 3, p. 355. — Mém. de Nemours p. 62. — Hénault, p. 599. — Joly, t. 1. — Talon, t. 7, p. 162. — Anquetil, t. 11, p. 431. — Voltaire, Siècle de Louis XIV, t. 1, p. 264.
(4) Lettre du 18 novembre 1650. — Anquetil, t. 11, p. 468.
(5) Anquetil, p. 438. (6) Volt., Siècle de Louis XIV, p. 263. — Mém. de Duplessis, p. 361. — Mem. de Motteville. — Mém. de Retz. — Mém. de La Rochef. — Reg. de l'hôt. de ville, p. 5. (7) Tallem. des Réaux, t. 5.

An 1651. La Fronde dissipée, les jours littéraires, scientifiques et artistiques reviennent; l'auteur de *Cinna* est créé procureur-syndic des états [1]; une amnistie est accordée [2]; Condé sort de prison [3]; Longueville, mis en liberté par Mazarin, reprend l'administration de son gouvernement [4]; Thomas Corneille, le frère du procureur-syndic, après avoir publié son grand Dictionnaire si curieux pour la Normandie, enrichit les œuvres de Favre de remarques sur la langue française [5]. Il serait trop long de dire tous les ouvrages qui ont paru alors dans la ville des libraires; on ne peut pourtant passer outre, sans jeter un regard sur les vers du grand Corneille, déplorant le décès de Rotrou que les muses perdaient [6].

Reviennent les détails heureux : l'application du pendule aux horloges, invention due aux Galilée [7]; la destruction d'une partie des murs de Rouen qui avaient eu sept mille pas de tour [8], et la plantation du Grand-Cours, emblème de la cessation de l'état de place forte, pour cette ancienne capitale [9]; la conversion de la duchesse de Longueville [10]; la visite de Ninon chez Varicarville [11].

An 1652. Si l'on a la douleur de voir Turenne et Condé diriger des Français les uns contre les autres [12], puis une nouvelle fuite de Mazarin, cela ne durait pas plus d'un

---

(1) C'est à M. Floquet, t. 5, p. 454, que nous devons les curieux détails de cette nomination et de son résultat.
(2) Isambert, p. 206. (3) Mém. de Brienne.
(4) Reg. de l'hôtel de ville, p. 7. — Mém. de Nemours.
(5) Dict. hist. (6) Notice sur Rotrou. — Ladvocat. — Dict. hist.
(7) Dict. hist., v° Galilée. (8) Farin, t. 1, p. 2.
(9) Servin, t. 2, p. 103.
(10) Voltaire, siècle de Louis XIV, p. 358. L'acte du 24 janvier 1662.
(11) Pleuvri. (12) Montpensier, t. 2, p. 78. — Prud'homme, tables, p. 116. — Anquetil, t. 12.

mois ou deux ; mais c'était à Rouen que Pascal publiait la connaissance de son procédé pour le calcul, exécuté par un ouvrier rouennais [1]. Le curé d'Hénouville achevait son traité sur la culture des arbres fruitiers ; la famille Dufour de Longuerue donnait naissance à ce savant dont les ouvrages sont encore recherchés [2] ; Pierre Corneille venait achever son *Nicomède* [3] dans cette ville où successivement Talma, Lafon, l'ont représenté de nos jours ; enfin Molière, qui n'avait pas encore publié le *Dépit amoureux*, donnait des représentations en Normandie [4], et jouait dans une des pièces de Corneille [5].

On ne s'occupait pas plus du régiment de Normandie qui était en Catalogne [6], que des prétentions de M. de Varengéville [7] ; mais on prenait part à la découverte du Dieppois Jean Pecquet, de la voie qui porte le chyle au cœur, et est encore appelée *le réservoir de Pecquet* [8]. Puis le sacre de Louis XIV [9], et son goût pour les belles fêtes, allaient amener les carrousels, les bals, les déguisements, les parodies. On lisait même l'inventaire général de la muse normande [10], en langage *purin*, ou le *bateau de Bouille*, dédié à la marquise de Bonneval [11] ; surtout on applaudissait à la requête des vingt-huit curés de Rouen contre les jésuites [12], et à ces fameuses *Provinciales* de Pascal, conçues dans le même esprit, et dont le président Hé-

An 1653

An 1654

An 1655

---

(1) Tallemant des Réaux, t. 3, p. 174.
(2) Longuerue, Genève, 1769. (3) Biogr. de Corneille.
(4) Voltaire, Vie de Molière, p. 11. — OEuvres de Molière, édit. Didot, in-18. (5) Soleinne, 1843, p. 251.
(6) M. Brahaut. (7) Soc. des ant. de Norm., 1835, p. 51 et suiv.
(8) *Epist. de thorœis lacteis.* — Guill. Hénault, in-8°, 1663.
(9) Hénault, p. 608. (10) 1 vol. in-8. — Dict. hist., v° Ferrand.
(11) Lavallière, t. 3, p. 47, 63.
(12) Arrêt du 6 août 1743.

An 1656 nault dit qu'elles ont fixé la langue [1]. On eût certes fait une fête, une fête cauchoise, autour du berceau de cet enfant qui naissait le 25 novembre 1656, au château de Bennetot, si l'on eût su qu'il devait être un jour l'auteur des *Révolutions romaines* [2].

On va chercher, comme dans tous les temps calmes, à rendre la vie plus agréable, à lui donner des jouissances que ne connaissent ni les partisans de mauvaise foi, ni les hommes sanguinaires, ni même les brouillons : Louis XIV permettant aux roturiers de posséder des fiefs, sans payer de droits [3], est alors aussi populaire pour cette décision que pour la permission qu'il donne d'introduire cette *cahue* ou café, que Jean Thévenot, l'un des conservateurs de la bibliothèque, vient d'apprécier et de communiquer à ses amis [4], ce café dont on fait usage dans le pays de Caux, plus qu'en aucun lieu de la terre.

An 1657 On laissait alors l'archevêque de Rouen faire le chancelier, en publiant les remontrances des trois états de Normandie [5], et, de son côté, Thouroude d'Aptot, garde des sceaux, faire l'archevêque en fondant le beau monastère de Fécamp [6], qui, par suite, allait prétendre avoir juridiction sur trente-six églises.

---

(1) P. 591. — (2) Dict. hist., v° Vertot. — Ladvocat. — Biogr. univ.
(3) Néron, t. 2, p. 490 et suiv.
(4) Galland, Caen, 1 vol. in-12. — Fauste Néron, né au mont Liban, a publié à Rouen, en 1671, un vol. in-8, intitulé *Discursus de celeberrima potione cahue seu caffé*. — Dictionn. des voyages. — Encyclopédie moderne, v° Café. — Ladvocat. — Le Dict. hist. n'admet l'introduction qu'en 1700; il l'attribue par erreur au médecin Procope Coutaux. — On a confié à Thevenot un établissement dans l'Amérique méridionale. Voir Archives de la Cour de cassation, Isambert, p. 319.
(5) Pommeraye, p. 672.
(6) Hénault. — Servin, t. 1, p. 11. — Moréri, v° Fescam. — Duchesne, Recherches. — Baudrand. — Vues du monastère Cazin, 1725, Fragonard. — Garneray 1843.

On laissait Henri de Longueville visiter, avec une certaine affectation, les couvents [1], tandis que son fils méditait un plus beau rôle. Ce n'étaient pas seulement les monastères qui s'entretenaient de cette conversion du protestant Boynet, qui, en dirigeant les travaux de Saint-Wandrille, avait abjuré ses doctrines entre les mains du sous-prieur [2]. Pourtant, on commençait à trouver un peu trop exagérée la mode des couvents d'hommes. On pensait que ce n'étaient pas tous guerriers blessés au siége de Mortare, à la bataille des Dunes [3], qui se retiraient aux dominicains du précieux sang, aux mathurins, aux hospitaliers de Saint-François, aux jésuites, aux bénédictins même [4].

An 1658

Puis, voici la dîme que l'on veut prélever sur toutes les récoltes, comme témoignage de la seigneurie de Dieu [5]; voici un arrêt du conseil contre les lettres provinciales [6] si goûtées dans les châteaux cauchois, comme chez les hommes de robe; tous les membres du parlement, excepté le premier président, qui venait d'être fait comte de Bâqueville [7], demandent si tout ira selon les caprices de Mazarin; les épigrammes contre celui qui parle si mal français recommencent à courir [8]; des mouvements séditieux se manifestent. En réponse à ces troubles, dont une police active lui révèle les détails, le ministre fera

---

(1) Deshayes, Hist. de Jum., p. 144.
(2) Langlois, Saint-Wandrille, p. 114.
(3) Voltaire, Siècle de Louis XIV. — Hist. de Turenne. — Gaspard de Chavagnac, 1699. — Tavannes, 1691. — Mém. du prince de Tarente, 1767. — M. Brahaut.
(4) Servin, t. 1, p. 13. — Moreau de Saint-Méry.
(5) Néron, t. 2, p. 52.
(6) Arch. du royaume. — Isambert, p. 380. (7) Duplessis, t. 2.
(8) Dict. hist., v° Mazarin. — Mém. de Monglat, en 4 vol., 1728.

tout décider par son grand conseil; il enverra des troupes, mais pour raser les maisons, abattre les bois des factieux. Sa main est devenue bien plus forte depuis qu'elle a touché celle de Lopez de Haro; on en sent les étreintes à Quillebœuf, à Criquetot, à Bâqueville [1]. Saint-Gabriel, l'avocat général, qui publie son livre sur l'entrée de la reine et de cent autres dames du temps dans le paradis des héroïnes [2], est fort heureux de ne pas déplaire.

La paix des Pyrénées rendait à Mazarin son armée, avec Turenne nommé maréchal général [3], et amenait le mariage du roi avec l'infante [4]. Le ministre est peu soucieux de quelques irrévérences; il s'en occupe autant que de la position du dernier des Guises dont on va vendre les biens deux millions six cent cinquante mille livres pour payer ses dettes [5], et se moque du reste. Pour le roi, il veut faire jouir ses sujets d'un état réel de paix [6]; il applaudit à tout ce qui est noble, élevé; c'est à lui qu'est due la pensée de défendre la mendicité à tout individu valide [7]. Ces vues royales ne l'empêchent pas de descendre à des détails : d'encourager le sage Coquelin qui dirige l'abbaye du Tréport, ainsi que le fils de Fleury, avocat normand, qui commence son histoire ecclésiastique [8]. Le roi a dû faire une réflexion dont on conçoit déjà la portée, quand Mazarin, lui offrant à signer la permission pour la baronne de Cailly de devenir mar-

_____

(1) Soc. de l'hist. de France, 1845, p. 76, 123. — M. Floquet, t. 6, p. 58.
(2) Un vol. in-8°, Catalogue Delassize.
(3) Hénault, p. 619. — M. Brahaut.
(4) Recueil des traités, 7 nov. 1659. — Anquetil, t. 12, p. 180.
(5) Hist. des Châteaux de France, p. 32. — Coquelin fixe le prix à quatre millions. (6) Ladvocat, v° Louis XIV.
(7) Arch. du royaume. (8) Dict. hist., v° Fleury.

quise, a fait insérer aussi la condition qu'elle ne souffrirait dans son marquisat ni temple, ni prêche pour les huguenots [1] !

Bientôt la mort de Mazarin, arrivée le 9 mars 1661, permet à Louis XIV de peser lui-même en ses mains le gouvernail de l'État. En profitant des conseils que lui donnait l'italien mourant, de se fier à Colbert [2], il voulait diriger une partie des choix, et ne rien laisser faire à la haute politique, sans y donner un coup d'œil; il paraît avéré que Colbert pensait à réunir les États, et que le souvenir des conseils de Mazarin amenait une opinion opposée chez le jeune roi [3]. Avant toutefois de décider absolument le principe, le ministre et le roi étaient d'accord sur la protection à donner aux arts, aux sciences, aux lettres. Qui ne sait par cœur les noms de tous les savants, de tous les poëtes, de tous les artistes de ce règne? Les noms cauchois ou rouennais d'Isaac de Larrey, d'Amontons, de Le Prieur, de Girard, de Malassis, de Chaulieu, d'Anneville, de Juigné, de Pommeraye, de Le Burney, de Fermanel, d'Auzou, d'Adrien Holles, de Carel de Sainte-Garde, de mademoiselle de Scudéry, de Bayle, de Boisguilbert, de Lémery [4], ne demandent pas plus de détails que les autres. Il y a pourtant un écrivain cauchois sur lequel il faut excuser deux lignes, c'est ce Morin [5], qui, enfermé plusieurs fois à la Bastille comme fou, brûlé

An 1661

---

(1) T. Duplessis, t. 2.
(2) Voltaire, Essai sur les mœurs. — Ladvocat, v° Colbert.
(3) Voltaire, siècle de Louis XIV.
(4) Il y a eu trente éditions de Lémery. — Fournier, bibliogr. — En 1681, Jacques-Constant de Rebecque a publié : *Nic. Lémery cursus chimicus in*-12. — M. Floquet, t. 6, p. 57.
(5) Dict. hist., v° Simon Morin. — Servin, t. 2, p. 318.

vif, avait promis de ressusciter et n'a pas tenu parole.

Un autre Cauchois, duquel nous avons dit tout récemment qu'il devait jouer un plus beau rôle que son père, est ce Charles Pâris, seigneur de Longueville et d'Estouteville, qui, devenu prince de Neufchâtel, après avoir reçu à Rouen, en octobre, un accueil plein d'enthousiasme, loin de suivre aussi les inspirations de sa mère, a été sur le point d'être roi de Pologne quand on parlait de l'abdication de Jean Casimir, et n'a plus laissé pour héritier en Normandie, après Jean-Louis Charles d'Orléans, duc de Longueville et d'Estouteville, décédé dans un état d'aliénation mentale en l'abbaye de Saint-Georges, qu'une sœur à la mort de laquelle le duché est revenu à la couronne [1]. Pâris de Longueville a donné une juste idée de la position d'un grand seigneur qui voulait mériter les suffrages d'un peuple brave et loyal, en ne conservant des souvenirs de sa belle patrie que ce qui ne pouvait nuire à son pays adoptif; il a eu l'estime de tous [2].

Nous parlons d'un peuple qui a toujours voulu conserver la liberté et la gloire; le grand problème à résoudre par Louis XIV était de savoir comment la première serait soumise à la seconde : on consent enfin à l'assemblée des États; les députés sont élus par des citoyens inscrits au rôle des contributions; on publie à Rouen, on répand dans les campagnes un

An 1664

---

(1) Moréri, v° Orléans, p. 382. — M. Floquet, t. 5, p. 538 ; t. 4, p. 331. — Anselme, t. 1, p. 223. — Hist. de la maison de Longueville. — Carte de Mothe, à la Bibl. royale, Longueville est en 1847 à la maison d'Ambray.

(2) Coyer, Hist. de Sobiesky. — Ruthière, 4 vol. in-12. — Thiessé, p. 188 et suiv. — Moréri, v° Pologne et les auteurs qu'il cite. — Loret, Muse historique.

livre sur les États, empires et principautés [1]. Voici en deux mots quels furent les résultats de cette assemblée : en conférant directement avec le peuple, qui se lassait aussi de maintes bizarreries des parlements [2], le roi a fait cesser l'importance de ceux-ci ; en rendant des ordonnances bien rédigées, et dont les parlements ne pouvaient refuser l'enregistrement, il habituait chacun à une sage obéissance ; pensant à révoquer tant de lettres de noblesse accordées depuis 1634, il faisait rédiger un nouveau nobiliaire, mais qui est resté manuscrit [3]; en laissant entrevoir que les États seraient une chose périodique, on intéressait de nouveau tous les sujets au bien du royaume [4]; les Cauchois s'inscrivaient avec joie dans le régiment de Normandie qui allait combattre les Turcs et les Maures sous les ordres du duc de Beaufort [5]. Sous ce long règne, les États de Normandie n'ont plus été convoqués. Tout ce qui a du talent pour écrire va devenir un organe de flatterie, ou, poussé par les jésuites, va se diriger vers la carrière ascétique. Il faudra être prêtre pour être professeur d'hydrographie à Dieppe [6] ; pour être lingère, il faudra être catholique [7]! Corneille lui-même, mémoratif des leçons des jésuites, recevant le jeune Racine, qui vient lui lire sa tragédie d'*Alexandre*, cherchera à le dissuader d'écrire des

---

(1) 1 vol. in-4.

(2) C'est en cette année que le parlement de Normandie fixait le nombre des avocats qui pouvaient être religionnaires.

(3) Biblioth. de Blosseville. — Rech. de Chamillard. — Nob. ms. de 261 pages.

(4) Soc. des ant. de Norm., 1836, p. 530. M. Arago, ch. des dép., 16 mai 1840. — Broch. de 1789, sur les états de Normandie. — Registres du bureau des finances de Rouen.

(5) M. Brahaut.   (6) Nouvelle Minerve, 1835, p. 332.

(7) Arrêt du 21 août 1665, Isambert, p. 59.

tragédies ¹ ! Il fera, comme expiation peut-être, admettre une de ses filles au couvent de Saint-Dominique, dans le faubourg cauchois à Rouen². La dissertation sur la comète de cette année n'est permise que parce que son auteur a reçu un bref du pape ³. Le comédien Mesnil prépare une vie des saints ⁴. On ne permet qu'au jésuite dieppois Crasset, de publier l'histoire du Japon ⁵.

A vrai dire, et ce despotisme et les amours publiques du roi n'empêchent pas l'industrie et le commerce de spéculer sur une longue paix, de fonder des haras, d'amener aux ports du pays de Caux les produits des deux hémisphères, de bâtir des draperies à Aumale et à Caudebec ⁶. Le Havre, cette ville dont on se rappelle la fondation récente, dont le bassin se creuse, est le chef-lieu de cent cinquante paroisses ⁷; les coches d'eau sur la Seine sont établis ⁸; si les Algériens ont nui aux bâtiments français, on apprend bientôt leur punition ⁹. Le parlement, toutes les chambres assemblées, fait un règlement tendant à modifier la coutume relativement au droit de *haro*, au droit de succéder en Caux, au droit de partage¹⁰, comme si le parlement seul dût faire ces modifications. Cela n'est pas plus régulier que de voir le maire de Rouen qui est

An 1666

---

(1) Ladvocat, *v.* Racine, Desmares, Champmeslé.
(2) Arch. des not. de Rouen. — Acad. de Rouen, *v.* 1840.
(3) Servin, t. 2, p. 288.
(4) Dict. hist. (5) Id.
(6) Noël, t. 1, p. 43. (7) Duplessis. — Pleuvri.
(8) Isambert, p. 55.
(9) Voltaire, siècle de Louis XIV. — Ladvocat.
(10) Régl. des placités, à la suite de tous les édits postérieurs à 1666.— Farin, t. 1, p. 15. — Pernelle, Comm. sur ce règlement. — Frigot. — Flaust. — Oursel, 1783. —V. Conférence de la cout. de Normandie avec la cout. de Paris, ms. in-fol., à la bibl. de Rouen.

en même temps premier avocat général[1] ; que de voir rendre par le roi des ordonnances générales sur l'exercice de la religion [2]. Mais quelles observations faire à un prince qui vous répond par des traités avec l'Angleterre, la Hollande, le Danemark, par la conquête de la Flandre[3]. Pas un seul parlement n'a un mot à dire à ce ministre qui publie l'ordonnance sur la procédure civile [4]; on assure que quelque part elle a été enregistrée sans avoir été lue en entier [5] ! Toutes les familles nombreuses applaudissent à cette autre ordonnance qui accorde une pension de deux mille livres à un père de douze enfants [6], et à la mention honorable accordée au régiment de Normandie pour la part qu'il a prise aux siéges de Bayonne, de Furnes, de Courtrai, d'Oudenarde [7]. Aux trente-six églises, aux quarante-huit couvents, aux dix-sept chapelles de Rouen [8], qui remplissaient les airs du bruit de leurs cloches, venaient se joindre les cris des constructeurs de maisons nouvelles; le bruit de ces mariniers qui, les premiers, venaient de faire un voyage dans la mer du sud [9], le bruit de ces lanternes qui allaient imiter l'éclairage de Paris [10].

An 1667

Si Vauban a des projets pour fortifier Jumiéges [11], si Jacques d'Étampes, ce brave Cauchois qui était à tant de siéges avant d'être ambassadeur, souriait à la

---

(1) Catalogue Delassize, p. 227.
(2) Mém. du clergé, t. 6, p. 497. — Isambert, p. 77, v. ordonn. en cinquante-neuf articles.
(3) Voltaire, siècle de Louis XIV. — Rec. des traités de paix.
(4) V. Jousse. — Serpillon   (5) M. Floquet, t. 5, p. 562 et suiv.
(6) Voltaire, siècle de Louis XIV. L'ord. est datée d'Amiens.
(7) M. Brahaut.   (8) Farin, t. 1, p. 6.
(9) M. Estancelin, Rech., p. 56.
(10) M. Laquerrière, t. 2, p. 41.
(11) Desbayes, p. 221. — Trav. législatifs de 1846.

conquête de la Franche-Comté, si l'on entendait dire que Pierre d'Espinay avait été blessé au siége de Lille[1], il semble qu'alors ce fussent des raisons en Normandie pour chérir la paix. Beaucoup de nobles profitaient de l'ordonnance qui autorisait à faire le commerce sans déroger[2]; on remarquait la facilité avec laquelle plusieurs se baissaient pourvu qu'ils pussent ramasser de l'argent.

An 1669

Cependant, lorsque la volonté du roi publiait un code pénal en vingt-huit titres, et qu'il fallait l'admettre sans réclamations, aussi bien que l'ordonnance qui défendait aux maîtres d'école d'enseigner aux enfants des religionnaires autre chose que lire et calculer[3], on se dispose à réclamer; on croit l'occasion favorable quand le Cauchois Lecerf de la Viefville devient garde des sceaux de la chancellerie[4], ou quand il a pour successeur Étienne d'Aligre[5]; on se désabuse, et l'on a la conviction que tout est faveur ou rigueur royale. La terre de Charost élevée en duché-pairie[6], la terre de Rozay érigée en marquisat[7], le comté d'Eu que la grande *Mademoiselle* avait acheté, et où son mari Lauzun est resté dix-sept jours, cédé de force au duc du Maine[8], le comté du Vexin scandaleusement donné à l'un des bâtards de madame de

An 1670

An 1671

An 1672

---

(1) Hénault. (2) Hénault, p. 637. — Montesquieu, liv. 20, ch. 21, — Isambert, p. 217.

(3) L'ordonn. est du 9 novembre. — Sur le code de 1670, v. Rec. des édits enregistrés en Normandie. — M. Floquet, t. 5, p. 567, et les auteurs qu'il cite.

(4) Hénault. (5) Dict. hist.

(6) Hénault, p. 645. — Anselme, t. 5, p. 80.

(7) Duplessis, t. 2.

(8) Hist. de Lauzun. — Ladvocat, v° Montpensier. — Mém. Amst., 1755. — Coquelin, 1 vol. in-fol. — M. Estancelin qualifie l'acte d'escroquerie. — V. Anselme, t. 5, p. 43 et suiv. — Mém. 1735, 8 vol. in-12.

Montespan [1], sont des actes que ne peuvent effacer quelques nouvelles de la frontière. La mort de beau- *An 1673* coup de Cauchois à Waerden devient cette fois [2] bien sensible; on finit par détester cette volonté qui parle sur mer par l'organe de soixante vaisseaux de ligne et de quarante frégates [3]; qui inflige des impôts à son gré, qui crée des offices héréditaires [4], qui ferme les ports [5], et tout cela parce que cela lui plaît. L'éloge même que donne Turenne à son régiment de Normandie [6], fait moins de plaisir qu'en d'autres circonstances. On n'est pas trop ému d'entendre dire qu'une conspiration s'est ourdie; qu'elle avait pour but de livrer le Havre et Quillebeuf à des ennemis personnels du roi; *An 1674* on raconte les derniers mots du chevalier de Préaux décapité à la Bastille [7]; on se défend d'avoir pris part *An 1675* à la conspiration, on ne l'abhorre pas, certes, et la création des Invalides, et la mort de Turenne arrivée le 27 juillet [8], et dont les Cauchois de l'armée donnent les détails, intéressent tous les Français; mais beaucoup se demandaient à la fin pour qui l'on se battait et l'on se faisait blesser ou tuer.

On prend bien quelque plaisir aux épigrammes que *An 1676* le Rouennais Pradon s'attire [9], à celles que le Normand Benserade lance [10]; les savants accueillent avec *An 1677* satisfaction l'édition de Cassiodore donnée par Garet,

(1) Hist. de la noblesse. — Hénault. — Isambert, p. 186.
(2) M. Brahaut. (3) Anquetil, t. 12, p 235. — Hénault, p. 642.
(4) Ordonn. 23 mars. (5) Ordonn. 29 mai.
(6) M. Brahaut. (7) Hénault, p. 651. — Dict. hist., v° Truaumont.
(8) Mém. de Deschamps, 1756, p. 241. — Anquetil, par erreur, fixe la date au 7 juin. — Hénault, p. 653.
(9) Les œuvres de Pradon forment 2 vol. in-12.
(10) Benserade, auteur de six tragédies et de beaucoup d'épigr., est né à Lyons-la-Forêt. — La Vallière, t. 2, p. 537. — Servin, t. 2, p. 236. — M. A. Passy, 1845.

né au Havre et moine de Jumiéges [1], l'*Histoire de Saint-Wandrille* par Tessin [2]; mais on sait bien que si l'orientaliste Simon, auteur des *Coutumes du Levant*, a obtenu d'être curé de Belleville en Caux, c'est qu'il s'est adressé aux jésuites [3]; et l'on parle avec une juste malignité d'une *Histoire de Louis XIV* qui sera confiée aux faiseurs d'épigrammes Racine et Boileau, au moyen d'une pension qui leur est assurée [4].

An 1678 — La mention honorable accordée au marquis d'Amfreville qui commandait le *Vigilant* au blocus d'Alger [5], la paix de Nimègue [6], la mort de la fameuse duchesse de Longueville, sœur du grand Condé, que le cardinal de Retz appelait une héroïne [7], excitent de l'intérêt; mais quelle impression dut produire, même alors, la défense à tout ce qui n'était pas gen- An 1679 tilhomme de porter des armes [8], la nécessité pour le parlement de se présenter seize fois devant le roi [9], une ordonnance qui veut que l'archevêque de Rouen soit membre de l'Académie française [10]? Ne regardait-on pas comme un trait de courage que Bayle vînt passer une partie des vacances près de son ami Basnage, lié avec des protestants [11] à une époque où le An 1680 roi réglait le duel par une ordonnance en trente-cinq articles sans la moindre opposition [12], à une époque où il faisait lacérer les registres du parlement, parce

(1) Pleuvri. — Dict. hist. (2) Soc. de l'Hist. de Fr. 1840.
(3) Ladvocat. (4) Hénault, p. 660.
(5) V. le plan, Valazé, 1835.
(6) Voltaire. — Hénault.
(7) Mém. de Nemours, p. 12. — Hénault, p. 667.
(8) L'ordonn. est du 4 décembre. — Isambert, p. 222.
(9) Hist. du curé de Saint-Godard.
(10) Alm de la soc. de l'Hist. de Fr. — Gilbert place le fait en 1691; Servin aussi. (11) Lettres de Bayle, publ. en 1784.
(12) Néron, t. 2, p. 148.

que c'était son bon plaisir [1], où le brave Duquesne allait bombarder Alger parce que le roi l'avait dit [2] ; à une époque où toutes les lois sur la marine dépendaient de lui [3], où la ville de Louviers regardait comme faveur de faire des draps comme en Hollande et en Angleterre [4] ? Ans 1681 1682

Dès que la reine et Colbert ont rendu le dernier soupir, les jésuites contenus au moins par eux, sont, à découvert, les maîtres partout [5]. L'assemblée du clergé à Paris [6] n'est qu'un leurre. Vingt ordonnances de détail sont rendues contre les protestants [7] ; on va jusqu'à défendre à un particulier de recevoir un religionnaire malade [8] ! Les érudits ne se mêlent pas plus de politique que d'Espinay, Saint-Luc, abbé de Boscherville, qui meurt à la chasse [9]. On trouve chez Cantel, le Rouennais, beaucoup d'audace à publier un volume : *De republicâ Romanâ* [10] ; à rechercher ces lois qui ont fait durer six cents ans la république de Cincinnatus et de Scipion. Nous parlons de Rome, tout ce qui a le cœur élevé déplore l'événement arrivé le 1ᵉʳ octobre de cette année : c'est ce jour qu'est mort celui qui avait produit sous un si beau jour les mœurs romaines, celui qui avait dit en parlant de Brutus et de Cassius : An 1683 An 1684

> Sont-ils morts tout entiers avec leurs grands desseins ;
> Ne les compte-t-on plus pour les derniers Romains ?

(1) Soc. de l'Hist. de Fr., Bulletin 1846, p. 372.
(2) Hénault, p. 673. (3) V. ordonn. d'août 1681.
(4) Archives. — Isambert, p. 366.
(5) Biogr. diverses. (6) Néron, t. 2, p. 172. — Prud'homme, p. 208.
(7) Isambert, p. 408 et suiv. — M. Floquet, t. 6.
(8) Archives. — Isambert, p. 460.
(9) M. Deville, Dissert. sur Saint-Georges.
(10) Un vol. petit in-12. — Biogr. univ.

An 1685. Mais il faut reprendre le cours des volontés du roi : c'est son seul caprice qui révoque l'édit rendu par Henri IV [1], et connu sous le nom d'*édit de Nantes*. Tout en faisant regretter encore plus ces conseils qu'on savait lui avoir été donnés par Colbert, cela fait enfin ouvrir les yeux ; on voit jusqu'où peut aller la volonté qui n'a aucun contrôle ; surtout jusqu'où peut entraîner la résolution patiente, persévérante, inflexible des jésuites, qui, en même temps qu'ils font démolir à Rouen un temple protestant construit depuis quatre-vingt-cinq années [2], font exiler des hommes honnêtes, savants ou industrieux, utiles au pays, seulement parce qu'ils prétendent mieux comprendre avec Calvin qu'avec Ignace de Loyola. Par suite, le Rouennais Bauldry, éditeur de Lactance, va abandonner ses amis et ses biens [3] ; Jansse le Pasteur va mourir loin de sa patrie [4] ; le fils du célèbre Basnage se retire à Rotterdam [5] ; Samuel Delangle à Westminster [6] ; un magistrat cauchois fera enlever dans son carrosse, pour la jeter en prison, malgré ses cris et sa résistance, la jeune fille d'un religionnaire [7] !

Ces actes d'un despotisme à peine excusable dans des temps moins éclairés, puis de nombreuses guerres, ont diminué la population du pays [8] ; les troupes amenées pour opérer des changements de dogme, ont refroidi l'ardeur de beaucoup de catholiques ; tous les magistrats s'irritent à la fin, quand on leur

---

(1) Ladvocat, v° Louis XIV.—Hénault.—Voltaire, Siècle de Louis XIV. — Dict. hist., v° Calvin. — M. L. Vitet, Dieppe, t. 1, p. 360.
(2) Éloge de Samuel Bochard à l'Acad. de R., 1839.
(3) Servin, t. 2, p. 234. (4) Dict. hist., v° Jansse.
(5) Ladvocat. —M. Floquet, t. 6, p. 172. (6) Dict. hist.
(7) Hist. de la Persécution, p. 20. — M. Floquet, t. 6, p. 120.
(8) Anquetil, t. 12, p. 297.

dit que le roi a fait supprimer des registres du parlement de Paris tout ce qui lui déplaisait depuis 1647 jusqu'à 1652, c'est-à-dire ce qui pouvait rappeler ou les états-généraux, ou certains noms de la Fronde [1]. Croirait-on aujourd'hui que Bossuet lui-même, quand il était à Germini, a reçu des félicitations pour n'avoir pas employé son éloquence à rendre Louis tolérant [2]? que Le Brun des Marettes, l'éditeur des œuvres de saint Paulin a été enfermé cinq ans à la Bastille [3]? que le traducteur de saint Chrysostôme, Émeric Bigot, que Thomas Dufossé, l'auteur de la Vie de Tertullien, n'ont pas osé prêcher l'indulgence [4]? Regardera-t-on comme des conspirateurs ces savants qui se réunissaient en cachette et formaient des réunions appelées *assemblées du désert* [5]? Croit-on que l'opinion publique félicitât le parlement quand, pour décider une question coutumière, une question de douaire, il s'adressait au conseil du roi [6]? La création de quelques marquisats nouveaux [7] va bien flatter quelques nouveaux enrichis, mais ne formera pas une opinion favorable. Duquesne mourant, certain que la postérité lui élèvera une statue comme au Ruyter de la France [8], envisagera cette gloire avec bien plus de plaisir que tous les titres qu'on lui donne. Quel prince de l'Église fut plus célèbre alors et l'est resté

An 1686

An 1688

---

(1) L'esprit de la Fronde, t. 1, p. xxxjv.
(2) Recueil des lettres de Bossuet, 1748.
(3) Dict. hist., v° Lebrun.
(4) Servin, t. 2, p. 240. (5) Coquerel, Hist. des églises du désert 2 vol. in-8. — M. Floquet, t. 6, p. 182.
(6) Houard, v° Douaire, p. 679. (7) T. Duplessis.
(8) Voltaire, Siècle de Louis XIV, p. 395. Il est mort le 2 février et est inhumé dans sa terre du Bouchet. — Ladvocat, v° Duquesne. — Inscriptions sur la statue à Dieppe.

autant que ce sage et tolérant abbé de Saint-Valery [1], connu par ses contemporains et la postérité sous le nom de Fénelon? Y a-t-il une comtesse plus honorée que l'épouse de Langlois de Motteville [2], premier président de la chambre des comptes, chérie d'Anne d'Autriche, et qui a laissé des mémoires si curieux? Le Rouennais Raguenet, qui remportait le prix d'éloquence à l'Académie française [3], ne devait-il pas préférer sa réputation à celle de Chevillard, que madame de Maintenon faisait nommer intendant de Rouen [4]?

An 1690

On dirait même, en examinant le cours des faits avec une certaine attention, que l'animadversion ne cherchait que l'occasion d'éclater : quand la Rouennaise Catherine Bernard, qui avait aussi remporté un prix à l'Académie, faisait représenter son *Brutus*, le public donnait à certains vers un sens qui faisait bientôt supprimer les représentations. Le séjour en France de Ludlow, ce chef d'un parti républicain en Angleterre, et antagoniste de Cromwell [5]; coïncidait avec la publication, en Hollande, de l'ouvrage du Rouennais Gueudeville, élève de l'abbaye de Jumiéges, intitulé : l'*Esprit des cours de l'Europe*, ouvrage rempli de satires contre le gouvernement de Louis XIV [6].

An 1691

An 1692

S'il plaît au roi de créer des maires à son choix dans toutes les villes hors Lyon et Paris [7], et cela au moment où trois cents Cauchois tuaient huit cents ennemis à Worms [8], où Joseph d'Espinay, maréchal de camp, était tué à Nerwinde, près de son frère, on

---

(1) Dict. hist. (2) Mém. 1689.
(3) Ladvocat. — Dict. hist. (4) Ladvocat.
(5) Hume. — Gibbon. (6) Ladvocat. — Dict. hist. Gueudeville a publié aussi le Grand th. hist., 7 vol. in-fol.
(7) Arch. du royaume. — Reg. du parlement de Paris. — Isambert, p. 159. (8) M. Brahaut.

s'en indigne, et l'on n'est presque pas fâché de la dispersion de la flotte de Tourville vers les côtes de l'Océan [1]. Il faut les sévérités du maréchal de Bellefonds pour calmer les murmures [2]. Une famine épouvantable, s'étendant de la Bretagne à la Normandie [3], prouve, encore bien que le roi ordonne d'ensemencer les terres [4], que le despotisme n'a pas eu la prévoyance qui est un de ses prétextes. Le Roux d'Esneval, ancien ambassadeur en Portugal et en Pologne, madame de La Fayette née au Havre, l'amie de madame de Sévigné, ne blâmaient pas les mouvements de leurs compatriotes [5]. Faucon de Ris finissait par regretter les effets de cette flatterie [6] qu'avaient blâmée Louis Petit, l'ami de Pierre Corneille, Louis Bulteau, l'auteur érudit de l'histoire monastique de l'Orient, Charles Dutot, auteur d'un traité sur la cour de Rome [7].

Nos ennemis connaissent très-bien cette disposition des esprits : c'est après l'acte arbitraire qui, malgré la réclamation de la duchesse de Nemours, a réuni le duché de Longueville à la couronne [8]; c'est quand la noblesse elle-même a réclamé en vain contre certaines décisions du conseil du roi [9], que l'Angleterre, le 22 juillet, fait bombarder la ville de Dieppe [10], et en détruit une grande partie; que le 26, le 27, le 28 du même mois, elle ordonne le bombardement du Ha-

An 1694

---

(1) Anquetil, t. 12, p. 312. — Ladvocat. (2) Saint-Simon.
(3) M. Louandre, t. 2, p. 52. — M. Dibon, p. 85.
(4) Peuchet, t. 1, p. 59. — Isambert, p. 201.
(5) Pleuvri, p. 215. — Ladvocat, v° Fayette.
(6) Dict. hist., v° Charleval. (7) Servin, t. 2. — Ladvocat.
(8) Reg. ms. à la Biblioth. de Dieppe. (9) Hénault, p. 696.
(10) M. Estancelin, Introd., p. iij, p. 125. — M. L. Vitet, p. 263. — Nouvelle Minerve 1835, p. 332.

vre ¹, et menace les Cauchois de tous les maux qu'ils ont éprouvés dans les temps d'anarchie.

Que ne suivait-on parfois les inspirations de ce sage abbé de Saint-Valery, qui, professeur d'un prince du sang, demandait pour son élève une vaste recherche sur les constitutions et les révolutions de chaque province ² ! Il aurait conseillé une sage pondération des forces, laquelle (il le comprenait à merveille) n'est qu'un obstacle aux effets de la flatterie. Ne devait-il pas se moquer de cette ironique déclaration royale qui défendait aux tailleurs d'habits de faire des boutons de drap, et de toute autre sorte d'étoffe ³? Ses querelles avec Bossuet ne doivent-elles pas leur origine au mécontentement que lui donnait la politique? Hénault ne remarque-t-il pas que tous les partisans de Fénelon étaient chassés de la cour ⁴?

An 1695

Les nouvelles fortifications ordonnées au Havre ⁵, et l'établissement du corps d'arbalétriers à Rouen ⁶, ne pouvaient pas à la fin empêcher les sarcasmes sur l'anoblissement de cinq cents personnes moyennant finance ⁷, et sur le triste ascendant des jésuites. L'archevêque de Rouen allait même commencer ouvertement les débats avec ceux-ci, par un ouvrage sur la lecture des pères de l'Église ⁸. Hermant, curé de Maltot, dans son histoire des ordres religieux, donnait occasion de comparer les jésuites aux autres corporations. Le roi répond à tout cela, lui, par la paix de

An 1696

An 1697

An 1698

---

(1) Voltaire, Siècle de Louis XIV. — Pleuvri.
(2) Ce travail forme 15 vol. — M. Thierry, t. 1, p. 52.
(3) L'acte est du 25 sept. — Isambert, p. 227.
(4) P. 709.   (5) Pleuvri.
(6) M. Ballin, Palinods, p. 17.
(7) Arch. du royaume. — Anselme, t. 5. — Isambert, p. 261.
(8) Annales de la Cour, Cologne, J. Marteau. — Dict. hist.

Ryswick, par le succès du Breton Duguay-Trouin [1] et de ses compagnons. On ne fait pas de fêtes joyeuses, peu importe au roi ; la flatterie reprend son cours à l'occasion d'un prix pour un discours français, fondé par le premier président de Bâqueville [2] ; et à l'occasion d'un événement que nous aimons à signaler, c'est-à-dire l'exposition publique de tableaux qui avait lieu à Paris pour la première fois [3], c'était à qui reproduirait la figure du monarque. An 1699

Quelle patience il faudrait pour relever les éloges donnés par tant d'auteurs pensionnés de l'État ! On a bien plus tôt fini de citer les ouvrages indépendants comme l'*Histoire d'Angleterre, d'Écosse et d'Irlande* du Cauchois Isaac de Larrey [4] ; comme les trois volumes in-quarto du bénédictin Martenne ; comme le volume in-folio sur les *Franchises des habitants de Dieppe* [5] ; comme l'ouvrage d'Amontons sur les *Hygromètres*, que l'auteur publiait sans s'inquiéter de ce qui se passait autour de lui ; pas plus du mariage de mademoiselle de Varengeville avec un ex-ambassadeur à Vienne, appelé par Saint-Simon un *manant de Normandie* [6], que des effets de la loterie nouvellement instituée [7], afin de distraire la vieillesse de ce roi qui tient sa famille si fort dans la gêne sur l'article de la confession [8]. Le sage abbé Legendre, curé d'Hérouville, celui qui tant de fois avait étudié, décrit, analysé ce Chêne-Chapelle d'Allouville, ayant alors trente An 1700

---

(1) Mém. de la Garde, 1740. — Anquetil, t. 12. — Ladvocat, v° Louis. — Hénault, p. 704. (2) M. Ballin.
(3) Notice sur J. Jouvenet et auteur cit.
(4) Servin, t. 2, p. 301. (5) Catalogue Delassize, p. 413.
(6) Saint-Simon, t. 4.
(7) Delamarre, t. 1, p. 509.
(8) Saint-Simon, t. 4, p. 358.

pieds de tour et resté là depuis huit siècles [1], lui qui obtenait le titre de contrôleur des jardins fruitiers du roi, s'occupait certainement plus de son traité de la taille des arbres, que de matières ecclésiastiques [2]. Justice était bien rendue à Vertot quand le roi le nommait spontanément académicien ; mais n'eût-on pas préféré que le règlement fût suivi [3].

Ans 1702 1703

Il faut, pour que les pensées générales de Paris et des provinces changent, que le pays soit en danger : une ligue formée entre l'Angleterre, l'empereur, la Hollande et leurs alliés [4], exige un nouveau recrutement des armées, la nomination de dix maréchaux de France, une guerre qui menace de durer bien des années [5]. Pendant qu'une nouvelle création de nobles donne un peu d'argent [6] ; que le tarif de la poste [7] en donne beaucoup ; que tous les impôts sont levés ; que le pays de Caux fournit des hommes à la cavalerie ; les noms d'Eugène et de Vendôme rivalisent dans l'estime européenne [8]. Le comte d'Harcourt, le comte de Blainville, se sont distingués à une affaire où le régiment de Normandie a perdu soixante-trois officiers [9]. La défaite des Français à la bataille d'Hœchstœdt [10], porte tous les jeunes cultivateurs à abandonner les récoltes pour rejoindre l'armée. Qui ne prend part à la nouvelle que la digue et la batterie du Havre sont

(1) M. Marquis, Notice in-8, 1822. — Fr. Pitt. 3e vol., p. 121. — Le Voyage Pitt. place à tort ce chêne ailleurs que dans le pays de Caux.
(2) Servin, t. 2, p. 283. — Mém. de l'Acad. de Rouen, 1834, p. 21.
(3) Éloge de Vertot, p. 10.
(4) Rec. de la Cour de cass. — Isambert, p. 412.
(5) Anquetil, t. 2. — Voltaire, Siècle de Louis XIV. — Garnier. — Puységur, Art de la guerre. — Hénault, p. 715, etc.
(6) Archives. — Isambert, p. 410.
(7) Règl. 8 déc. 1703.   (8) Hénault, p. 718.
(9) M. Brahaut.   (10) Guthrie.

démolies par la tempête¹ ! Si l'amour-propre des Rouennais est flatté de voir Fontenelle, le vétéran de l'Académie², Jouvenet directeur de l'École de Peinture, ces nouvelles sont bientôt effacées par celles qu'on reçoit de l'armée qui est répartie en Flandre, en Italie, en Espagne; la belle conduite du régiment de Normandie au siége de Tunis³ ; la gloire de Villars, quoiqu'elle n'empêche pas la honte de Villeroy⁴, ramène un peu les anciennes émotions ; les grands avantages de Duguay-Trouin sur la mer⁵, les succès du duc d'Orléans et de ses Cauchois à l'armée d'Espagne⁶, ramènent du moins l'obéissance.

An 1705
An 1706

On parle déjà de la paix et de ses conséquences : le Havrais Du Bocage se dispose à faire le tour du monde⁷; une chambre de commerce va être créée à Rouen⁸. Thomas Corneille se plaît à constater que le pays de Caux contient trois duchés, six comtés, cinq marquisats, trois baronnies, cinq bailliages, cinq maîtrises, seize abbayes, et que Caudebec en est encore considéré comme la capitale⁹; et ce qu'il ne constate pas, et que nous avons le temps de consigner, c'est qu'alors l'accent grave a été admis dans la langue française; que Thomas Corneille a été des premiers à en user¹⁰, et qu'on a bien de la peine à l'admettre chez les Cauchois. Pourquoi ne constaterions-nous pas aussi la mort du sculpteur Mazeline, membre de l'Académie,

An 1708

---

(1) Pleuvri. (2) Ann. de la Soc. de l'Hist. de Fr. — La Vallière, t. 3, p. 116. — Lacretelle, xviiiᵉ siècle, t. 3, p. 13, 53.

(3) OEuvres de Frollard. — Hénault, p. 731. — Anquetil, t. 12, p. 339, 341. — M. Brahaut. (4) Voltaire, Essai sur les mœurs. — Ladvocat.

(5) Ladvocat. — Dict. hist. (6) M. Brahaut.

(7) Dict. hist. — Son fils a composé un mém. sur le Havre.

(8) Tableau dans la grande salle du tribunal de commerce à Rouen.

(9) Dict. hist. de Th. Corneille, vº Caux.

(10) Volney, acad. celt. t. 1, p. 117.

qui avait copié en marbre l'Apollon du Belvédère [1].
Les malheurs publics, les victoires de Malborough [2],
l'affreux hiver, empêchaient alors de remarquer cet
événement, de même que la mort de Thomas Corneille [3], celle de Henri Basnage [4], celle de Jean le Lor-
rain, auteur d'une *Histoire des Conciles* [5].

La taille imposée à Honfleur, bien que des vaisseaux
aient apporté de la mer du sud des tonnes d'or et
d'argent [6], en fait sortir cent familles. La découverte
faite à Fécamp du tombeau de Robert, fils de Richard Ier [7], offre aux hommes érudits l'occasion de
remarquer le sort des peuples quand tout dépend du
caprice des chefs. Toutes les classes pourront le faire,
quand le petit-fils de celui qui a acheté la terre de
Saint-Denis-le-Thiboust, le président Hénault, qui déjà
travaille à sa tragédie de *Marius* sous le nom de De-
caux [8], résumera la chronologie de l'histoire de France.
Certes, c'était un événement pour Rouen et les villes
de Caux construites en bois que l'apport de Hollande
des pompes à incendie [9]; eh bien! on a peu récom-
pensé celui à qui l'on devait ce bienfait. On daigne ne
pas oublier ce négociant rouennais Ménager qui, délégué dix ans auparavant près du gouvernement par les
négociants, procurait la paix avec l'Espagne, la Hollande, l'Angleterre, et devait coopérer à la paix
d'Utrecht; on le décore du titre de comte de Saint-
Jean [10].

---

(1) Dict. hist. (2) M. Lacretelle, xviiie siècle, p. 1.
(3) Le 8 décembre. (4) Dict. hist.
(5) Servin, t. 2, p. 305. (6) Hénault, p. 742.
(7) T. Duplessis. (8) La Vallière, t. 3, p. 193.
(9) Mém. de l'acad. de Rouen, 1er vol.
(10) Mém. de Torcy. — Guilbert. — Anquetil, t. 12, p. 357. —
Voltaire, Siècle de Louis XIV. — Hénault, p. 749. — Biogr. univ.

Un moment de calme redevient une occasion pour les nombreux hommes de lettres d'occuper les imprimeurs. Le P. Lelong, entre autres, publie sa bibliothèque historique si riche en citations normandes ; Daniel publie, en trois volumes in-folio, un ouvrage que le roi recommandait de lire, dont Saint-Simon dit qu'*il passe sur beaucoup de choses avec des patins de jésuite* [1].

Ans 1711 1712

Le traité de Rastadt, du 6 mars 1714, allait peut-être tranquilliser le monarque affaibli par la mort des trois Dauphins, par tant d'autres pertes dans sa famille [2]. Ce qui le tranquillisait plus encore était l'enregistrement par quelques parlements de la bulle *unigenitus* [3]. Il est vrai que les seuls ennemis armés étaient les Turcs auxquels les chevaliers de Malte, qui comptaient beaucoup de Cauchois dans leurs rangs, notamment le comte de Bonneval, faisaient la guerre [4]. Il était intéressant, à cette époque d'égoïsme, de voir le pays de Caux faire des souscriptions pour subvenir aux successeurs des chevaliers de Rhodes, et le seigneur de Goupillières vendre son argenterie pour faire une offre présentable [5]. L'année 1715 est pour ainsi dire funéraire : Le Pesant de Boisguilbert, ce docte traducteur de Dion Cassius [6] ; le diplomate Ménager [7] ; le savant bénédictin Guérard ; celui qui a publié *Opus imperfectum* de saint Augustin et un bon abrégé de la *Bible* [8] ; Lemery, le créateur de la Chimie française [9] ;

Ans 1713 1714

AD 1715

---

(1) T. 11, p. 24.
(2) Lacretelle, XVIIIe siècle, p. 15, 25, 50. — Dumont, corps diplom.
(3) M. Floquet, t. 6, p. 25. (4) Vertot, 6 vol. in-12. — Voltaire, Siècle de Louis XIV, p. 3. — Notice sur Vertot, éd. 1709, p. 23.
(5) Dict. hist., v° Porlier. (6) Dict. hist.
(7) Guilbert. (8) Dict. hist.
(9) Acad. de Rouen, 1838, p. 147. — Il est décédé le 13 juin.

le Dieppois Le Nourry, éditeur de saint Ambroise [1], un des bénédictins les plus éclairés, précèdent Louis XIV dans la tombe. Ce n'est pas à nous de retracer les circonstances de ce testament arraché au roi septuagénaire, de ce testament cassé par le parlement de Paris [2], mais nous pouvons remarquer combien le pays dont nous nous occupons, et la Normandie entière, et la France, et le monde, devaient être attentifs à ce qui allait se passer après la mort de celui qui avait légué son cœur aux jésuites [3].

An 1716 — Ce régent qui prenait les rênes de l'État et qui allait être soutenu de bonne foi par d'Aguesseau et Joly de Fleury, avait certainement des torts; mais on l'avait déjà dégradé avant qu'il eût aucune puissance [4]. Ses pensées étaient certes rassurantes quand il divisait toutes les parties de l'administration de manière à établir des responsabilités ministérielles [5], et quand il rendait au parlement de Paris son droit de remontrances [6]. On ne peut nier qu'il eût un goût éclairé pour les arts [7]; mais deux torts, sa trop grande confiance en l'abbé Dubois, son ancien précepteur [8], et l'ascendant trop prononcé qu'il laissait prendre aux Anglais [9], amenèrent promptement un froid qui finit par être de la haine. Pour ne parler que des Cauchois,

(1) Notice de M. Dupin.
(2) Dumont, Corps diplom. — Isambert, p. 628. — Anquetil, t. 12, p. 381, 406. — Voltaire, Siècle de Louis XIV, p. 2. — Saint-Simon, t. 13. — Dangeau. — Lacretelle, XVIIIe siècle, t. 1, p. 89. — Berwick, t. 2, p. 238. — Simon Riboulet, 3 vol. in-8. — Le ms. de Louis XIV que le général Grimoard a fait impr. en 1806, 6 vol. in-8.
(3) Hénault, 571.
(4) M. Lacretelle, t. 1, p. 106. — Decruzy et Taillandier, t. 21.
(5) Hénault, p. 571. (6) M. Floquet, t. 6, p. 200.
(7) Lacretelle, XVIIIe siècle, p. 17.
(8) Mém. du temps. — Anquetil, t. 12. — M. Lacretelle.
(9) Anquetil, p. 415.

devaient-ils être satisfaits de voir nommer abbé de Jumiéges un enfant de vingt-huit mois¹! d'entendre appeler lieutenant-général un favori âgé de seize ans²! A la vérité, de bons règlements sur les toiliers³, sur les maltôtiers⁴, indiquaient d'heureuses pensées; mais tout allait donc dépendre du caprice ou du hasard. D'Aguesseau destitué⁵, était la preuve de ce désordre. N'était-ce pas le règne de l'agiotage que ce temps où l'Écossais Law, après avoir acheté le comté de Tancarville huit cent mille livres, offrait à la marquise de Beuvron cinq cent mille livres, et parlait d'acheter les biens de Sully⁶? N'était-il pas évident que d'Aguesseau avait déplu pour avoir dit la vérité? *An 1718*

Le système de Law cependant va être dans toute sa splendeur, ou du moins dans tout son clinquant, en l'année 1719. On sera tellement ébloui, qu'on ne verra pas l'exil du comte d'Eu dans son domaine⁷, chacun va chercher pour soi un marquisat, comme le haut justicier de Blaquetuit⁸; puis, la gloire souriant à ces Cauchois qui, sous le commandement du maréchal de Berwick⁹, avaient terminé si rapidement la guerre d'Espagne¹⁰, on ne pensera qu'aux illusions, qu'à la joie du moment. L'instruction donnée gratuitement en l'université de Paris¹¹, la publication des révolutions romaines, sembleront prouver que le *An 1719*

---

(1) Deshayes, p. 157.
(2) M. Dubois, p. 221.   (3) Savary, Dict. Comm.
(4) Anquetil, p. 425.   (5) Lacretelle, t. 1, p. 294.
(6) Anquetil, p. 442, 446. — Fr. Pitt., t. 3, p. 132.
(7) M. Estancelin, p. 10.   (8) Toussaint Duplessis.
(9) M. Brahaut.
(10) Anquetil, p. 466, et t. 13, p. 1. — Saint-Simon, t. 5.
(11) M. Decruzy, p. 173.

An 1720 gouvernement ne craint pas le progrès des classes les moins élevées; mais bientôt les déboires du fameux système ont des effets terribles; la translation du parlement de Paris à Pontoise [1], les prêts usuraires [2], le désespoir de beaucoup de familles, absorbent l'intérêt qu'aurait pu inspirer la visite du roi de Pologne à l'abbaye de Jumiéges [3]. Le décès de Henri d'Harcourt, ce brave maréchal, ce prudent ambassadeur [4]; les derniers moments de ce médecin cauchois Daval, qui avait refusé de succéder à Fagon près de Louis XIV [5], le dévouement de ce Jean-Baptiste de

An 1721 Lasalle qu'on a sanctifié en 1842 [6], sont des choses inaperçues. On en était réduit au point de craindre que les hommes et les femmes qui ne justifiaient pas de certaines attestations, ne fissent partie de la bande du fameux Cartouche qui désolait le pays [7].

A la fin, l'espérance enthousiaste qu'on met en cet enfant qui portait le nom de Louis XV [8], le bon sens de la nation, et l'attachement du parlement de Paris à d'Aguesseau [9], ont détruit les effets du triste système. Au moment où le jeune roi va recevoir la bénédiction de Claude Fleury, son précepteur mourant, on parle d'un code de la Martinique [10]; le journal de Grégoire de Chasles, sur l'*expédition de Duquesne aux Indes orientales* [11], est lu comme les sermons de l'éloquent Robert le Prévost [12]. Ferrier, l'auteur de quelques

---

(1) Decruzy, p. 185. (2) M. Floquet, t. 6, p. 203.
(3) Deshayes, p. 150. (4) Hist. de la maison d'Harcourt.
(5) Dict. hist., v° Daval. (6) Journaux du temps.
(7) Biogr. univ., v° Cartouche. — V. aussi un vol. in-12, imprimé à Rouen chez Machuel.
(8) M. Lacretelle, t. 1, p. 353 et suiv.
(9) M. Floquet, t. 6, p. 409. (10) Decruzy, p. 207.
(11) 3 vol. in-12, dict. hist. (12) Dict. hist.

tragédies, l'ancien gouverneur du chevalier de Longueville, décédant près de Caudebec [1], dans son châ- An 1722
teau de la Martinière, entrevoit à ses derniers moments un avenir meilleur. Le sacre du jeune roi à Reims, le 25 octobre [2], peut-être même la mort de Dubois et celle du ministre qui avait été régent, sem- An 1723
blent autoriser à voir une ère nouvelle. On tolère sans trop de plaintes l'établissement de la douane [3], parce qu'en même temps les immunités des imprimeurs et libraires, la permission d'établir beaucoup de manufactures, le règlement du flottage de la Seine, respirent des idées d'ordre [4]. Qui n'applaudit au Normand Chambray prenant onze vaisseaux aux infidèles? L'on ne pense qu'à bénir les débuts du ministère du prince de Condé [5]. Le premier président du parlement An 1724
de Normandie, Antoine du Portail, reçoit lors de son installation un accueil qui prouve l'espérance qu'on met en sa justice. Le mariage du roi [6] excite une joie sage [7]. Les savants se montrent en foule; la nouvelle franc-maçonnerie que les Anglais possèdent de- An 1725
puis 1703 paraît à beaucoup de personnes une occasion de faire du bien [8]; il faut un nouvel édit contre les protestants pour attiédir un enthousiasme de bonne foi [9]; les villes sont bientôt remplies d'espions; la société s'en effraie [10], surtout quand à cet acte succèdent l'édit du cinquantième, la suppression des pensions,

(1) La Vallière, t. 3, p. 92.
(2) M. Lacretelle, t. 1, p. 375. — Decruzy, p. 211.
(3) Duplessis, t. 2. (4) Baudrillart, t. 1. — Decruzy, p. 216.
(5) Anquetil, t. 13. (6) M. Floquet, t. 6, p. 204. (7) Anquetil.
(8) M. Edm. Leclerc. — Chambers. — Chandler. — Laurie, hist. of Masonry. — Declavel, hist. pitt. de la Fr. maç. — Courtin, encyclopédie moderne.
(9) M. Lacretelle, t. 2, p. 5. (10) Encyclopédie moderne, v° Police.

la disette [1]. On revoit les tristes effets de ce pouvoir sans modérateur.

An 1726. Le ministère de Fleury, de 1726 à 1733, le rappel de d'Aguesseau, montrent cependant une de ces époques pendant lesquelles il y a harmonie et bonne foi entre les gouvernants et les gouvernés, une de ces époques que nous avons signalées comme présentant heureusement peu de faits historiques. Il faut un certain soin pour découvrir les effets des rapports quotidiens des colonies. Un séjour de la duchesse du Maine au château d'Eu [2], l'invention des toiles brochées [3]; la mort de Claude-Adrien Leroux d'Esneval, ce brave chevalier de Malte qui, né en Portugal, avait mis tant de soin à prouver que c'était le sang français qui coulait dans ses veines [4], la fondation des corps de pompiers dans nos villes [5], la publication d'une foule d'ouvrages sur le langage et la prononciation, signalent ce moment comme nous avons noté le règne de Henri IV, et les débuts de Louis XIV. C'est alors que le Dieppois Bruzen de la Martinière imprimait son grand dictionnaire géographique en 10 vol. in-folio [6], et que Dubocage de Bliville publiait son mémoire sur la navigation et le commerce du Havre, sa ville natale. Si la peinture prend un style plus mou et plus affecté; si la foule se porte aux soirées de la Camargo [7], s'il y a des lecteurs pour les poésies du baron

---

(1) M. Lacretelle, t. 2, p. 41. — M. Floquet, t. 6, p. 203, 402.
(2) M. Estancelin, p. 10.
(3) Revue de Rouen, 1843.
(4) Tableaux d'Acquigny. (5) Acad. de Rouen, t. 1.
(6) Dict. hist. — M. Estancelin, Rech. — C'est alors que l'accent circonflexe a été mis en usage, v. Molney, Acad. celt., t. 1; p. 117. — Pougens, Arch. de la langue française, 1821, 2 vol. in-8.
(7) Dict. hist.

de Thibouville et l'histoire de Dusouillet [1], on apprécie aussi cet écrivain laborieux, spirituel, philanthrope, qui vient travailler à Rouen à sa tragédie de la mort de César, qui est resté à l'hôtel de Mantes du 15 mars au 20 juillet, et qui prétend *qu'il n'y a plus qu'à Rouen qu'on fait de bons vers* [2]. On est bien plus occupé de Voltaire, ou du battant de la cloche de Georges d'Amboise qui se casse [3], que des ordonnances contre les convulsionnaires [4].

Un état de guerre, dont on a quelque peine à discerner la cause, mais qui appelle tant de Normands sous les ordres de Berwick, de Noailles et de Coigny, contre les troupes de l'Empereur [5], et qui amène un impôt du dixième des revenus [6], finit cependant par faire demander si les hostilités ont une cause réelle. On croit voir que non ; une insurrection menaçait. On apprend bientôt que la paix est signée entre la France, l'Autriche, l'Espagne, les Deux-Siciles [7]. On reprend les distractions littéraires : le Cauchois Richer publie ses tragédies [8] ; le Dieppois Gourné travaille à sa géographie du Portugal [9] ; Lemaître, à son traité du vrai mérite. On accueille comme un bienfait [10], après avoir reçu avec quelques hésitations une première ordonnance sur les donations entre-vifs, une seconde ordonnance sur les testaments [11], une disposition sur les formes de l'état civil, une sur les faussaires [12] ; on

An 1754

An 1755

An 1756

---

(1) 6 vol. in-12. (2) Nouvelles Lettres à Cideville.
(3) Gilbert, p. 46. (4) Peuchet.
(5) Arch. de Rouen.— Anquetil, t. 13.— Lacretelle, p. 151. — M. Brahaut. (6) Decruzy.
(7) Decruzy, p. 404. (8) Lavallière, t. 3, p. 180.
(9) Servin, t. 2, p. 286. (10) Servin.
(11) Decruzy, p. 402. — Ricard.— Hoüard, v° Donations, v° Successions en Caux. — Duplessis. — Routier, p. 307.
(12) Decruzy. — Archives.

en bénit l'auteur; on commence à goûter ces règlements généraux qui, peu à peu, dérogeraient, dans l'intérêt de toute la France, aux coutumes du temps de Rollo et de Philippe-Auguste. Des navires de tous les pays arrivent dans nos ports [1]. Quand le ministre Maurepas vient visiter le Havre et longer les rives de l'Océan [2], il excite encore plus aux travaux littéraires; aussi, l'abbé de Bellozane, copiant le bréviaire de Rouen, présente un chef-d'œuvre de calligraphie [3]; le jurisconsulte Clérot publie ses dissertations un peu hasardées, mais d'une bonne foi évidente sur le pays de Caux [4]; Gilles de Caux, se disant descendant du grand Corneille, fait connaître son *Marius* [5]. Le comte de Bonneval publie les anecdotes vénitiennes [6]; le Rouennais Boizard de Pontau fonde l'Opéra-Comique [7]; la belle Louise Cavalier imprime ses gracieuses poésies [8]. Voltaire lui-même oublie la politique pour célébrer les eaux de Forges [9], et se trouve à Forges avec ce président Hénault dont nous avons tant de fois invoqué l'autorité [10]. Il semble que ce soient des guirlandes autour du berceau de Bernardin de Saint-Pierre, l'auteur des Études de la nature, qui va naître au Havre [11].

An 1757

Ans 1738 1759

Les cours de Lecat [12], les leçons de Valmont de Bo-

---

(1) Sur Louis XV et la Soc. du XVIIe siècle, *v.* M. Capefigue 1842.

(2) Pleuvri. (3) Dict. hist.

(4) Mercure 1736, p. 1961, 1966, 2864, 2871, et Mercure 1737, p. 1705. (5) Biogr. univ. (6) Dict. hist.

(7) Lavallière, t. 3, p. 184.

(8) Sur Louise Cavalier, décédée le 18 mai 1745, *v.* Dict. hist.

(9) Noël, t. 1, p. 29. (10) Sur le séjour du président Hénault, *v.* sa lettre autogr. du 12 juin.

(11) V. lettre de M. Gilbert du 26 août 1812, journal de Rouen.

(12) Mém. de l'Acad. de Rouen, 1er vol.

mare¹ sont autant des signes de tranquillité que le feu d'artifice allumé par le premier président, que les fontaines de vin qui coulent dans les rues à l'occasion de la paix du 17 juin 1739². L'abbaye de Jumiéges, qui fournit du pain à 700 pauvres³, remplit d'une manière philanthropique le but de son institution; la fondation par Deschamps d'une école de peinture que Cideville, l'ami de Voltaire, a fixée à Rouen⁴, est un bienfait généralement apprécié.

An 1740

Pourquoi le changement dans les mœurs du roi devient-il la cause du changement dans le sort du du peuple⁵? La guerre aura lieu après la mort de Charles VI, empereur d'Autriche, parce que Louis XV tient à plaire à son allié l'électeur de Bavière⁶. On pense quelles sommes il va falloir pour une guerre qui menace d'être longue⁷; l'appel d'un grand nombre d'hommes, l'apport du dixième du revenu des biens⁸, la création de nouveaux nobles moyennant finance, l'impôt sur les livres nouveaux, l'impôt sur les estampes⁹, les règlements sur les armes, les costumes, l'avancement, émanent du caprice royal. Aussi les Cauchois, comme les autres Français, ont été attristés en apprenant la mort de Fleury¹⁰. Le séjour que Clairon est venu faire à Rouen avant de s'attacher au théâtre français¹¹, n'a pas l'art de les distraire. On prévoit que le roi n'aura plus de ministres, mais des

An 1741

An 1743

An 1745

---

(1) 15 vol. in-8, notice par Mérault.
(2) Flambeau astron. 1740, p. 266. (3) Deshayes, p. 160.
(4) Vie de Descamps. — Lesguillez, p. 68.
(5) Flamb. astron. (6) Lacretelle, t. 2, p. 227 et suiv.
(7) M. Brahaut. (8) Reg. du Cons. d'État, 29 août.
(9) Decruzy, p. 146. (10) Anquetil, t. 13, p. 93. — Lacretelle, t. 2, p. 264. Il est mort le 29 janvier.
(11) Mém. de Clairon, 1799, 1 vol. in-8. — Decruzy. — Biogr. moderne, t. 1, p. 463.

serviteurs. Comme il veut se mettre à la tête des armées, en prenant sous ses ordres le maréchal de Saxe [1], on craint même qu'il ne veuille jouer le rôle de conquérant; c'est le bruit qui court dans le régiment de Normandie qui est sous les ordres du maréchal d'Harcourt. Quand on sait que la duchesse de Châteauroux doit diriger les ministres [2]; que certains courtisans annoncent même la comète comme une marque du pouvoir surnaturel du roi [3], des querelles s'élèvent parmi les corporations ; la guerre à l'Angleterre, un projet de descente [4], semblent d'une autre époque; même, quand on sait que la bataille de Deltingen où le comte d'Eu s'est distingué près du duc de Chartres et du duc de Penthièvre, a eu aussi pour témoin le roi d'Angleterre [5], on ne veut voir là que des occasions de récompense pour la cour et pas autre chose. On apprend presque avec le seul plaisir de faire des épigrammes qu'une escadre de vingt-six vaisseaux de ligne, appelée le long des côtes de la Manche a reçu l'ordre de rentrer [6]. Il faut la maladie du roi pour qu'on lui donne de ces marques d'attachement qui lui ont fait décerner le titre de *bien-aimé* [7]. Un traité de paix avec l'Espagne, Naples et Gênes [8]; l'édit signé au camp sous Tournay qui ordonne de porter les fusils des gardes-côtes du Havre et de Caudebec vers le nouveau théâtre de la guerre, c'est-à-dire vers le Rhin [9], les nouvelles de l'armée données par le brave François d'Espinay [10], enfin beaucoup de rencontres comme

---

(1) Anquetil, t. 13. — Lacretelle, t. 2, p. 256.
(2) Lacretelle, t. 2, p. 270. (3) Francœur.
(4) Lacretelle, t. 2, p. 284. (5) Volt., Siècle de Louis XIV, p. 92, 93.
(6) Lacretelle, t. 2, p. 288. (7) Hénault, p. 568.
(8) Kock, t. 1, p. 405.
(9) Archives, 30 juin. — Decruzy, p. 184. (10) De Courcelles.

Ypres, Menain, terminées par la victoire de Fontenoy, suivie de la nationalisation du maréchal de Saxe [1], et de pointes en Italie [2], semblent excuser, mais non justifier la guerre. Elle se termine enfin, mais on ne savait pas à quels autres excès la puissance d'une maîtresse allait porter le roi et son entourage. On s'occupait peu du Dieppois Gouyé et de son histoire des enfants de Clovis [3]; du comédien Lanoue et de *sa coquette corrigée*, de Jacques Chrétien et de son traité de la juste position des bourgs en Normandie [4]; on ne pouvait prévoir que le caprice de Pompadour, alors âgée de 26 ans, allait devenir le levier le plus puissant pour renverser certains abus, faire fonder l'école militaire [5], et produire d'autres effets que nous allons bientôt analyser; on était accablé de maladies [6]. Après avoir entendu dire que les grenadiers Cauchois s'étaient bien conduits à Raucourt; que beaucoup d'autres avaient péri au siége de Berg-op-Zoom [7], que la flotte éprouvait des malheurs véritables [8], ce qui amenait de nouveaux recrutements le long de la Seine [9], on éprouvait l'hésitation qui, dans la politique, suit toujours un pouvoir déréglé. Que dire d'une ordonnance qui défendait aux gentilshommes et ouvriers verriers de quitter leurs manufactures, sous peine de trois mille livres d'amende [10]? Était-ce répon-

An 1746

An 1747

---

(1) Decruzy, p. 185. — Hist. gén. de Fr.
(2) Lacretelle, p. 303. — Anquetil, t. 13, p. 98.
(3) 1 vol. in-12. (4) Bulletin de la Soc. de l'Hist. de Fr., 1846, p. 224.
(5) Dict. hist., v° Poisson. — Lacretelle, t. 2, p. 383. — Feuilleton du Constitut. des 3 et 4 mai 1845. — Marmontel, Mém., 5e liv. — Dangeau. — Mém. de Mme de Vaucluse. — Soulavie, 1802. — Du Hausset, 1824. — Genuine history of the march. de Pompadour. — Voltaire, Siècle de Louis XV. — M. Thiers, Ch. des Députés, 17 mars 1746.
(6) Peuchet. (7) M. Brahaut. (8) Anquetil, t. 13.
(9) Valm. t. 1, p. 536. (10) Decruzy, p. 192.

dre à la sagesse de cet ouvrage qui se lisait sur les bords de la Seine, et qui a pour titre l'*Esprit des lois* [1].

An 1748 — Le grand aumônier de France, de Tavannes, archevêque de Rouen, aura pourtant le premier le courage de lancer un mandement contre les jésuites, aux-
An 1749 — quels il attribue tout le désordre [2]; le voyage du roi en Normandie, après la paix d'Aix-la-Chapelle, pourra éclairer un peu, et calmer quelques plaintes; en traversant tout le pays pour se rendre au Havre [3], le monarque entendra parler de ces épigrammes qui sont le commencement de l'insubordination [4]; l'aristocratie qui apprend qu'on va faire une noblesse militaire, sans lettres d'anoblissement, commence aussi
An 1750 à murmurer [5]. La guerre d'Amérique, vers laquelle de jeunes guerriers vont se diriger [6], ne paraît pas une occasion de mépriser les anciens services. On veut
An 1751 bien applaudir à la création d'une école pour cinq cents gentilshommes nés sans fortune [7]; mais on reconnaît les instigateurs de cette autre ordonnance qui attribue au roi seul le droit de juger [8]. Cet ordre donné
An 1752 de faire des constructions aux quais de Rouen, de Saint-Valery, de Dieppe, du Tréport, paraît une distraction pour empêcher l'effet des lettres de cachet ou du scandale du Parc aux cerfs [9]. Aussi, le parlement conquérait le suffrage public en signalant l'abus que
An 1755 lui révélait un de ses membres, le Cauchois Thomas Dufossé, sur des refus de sacrement. Remontrances,

(1) Biogr. de Montesquieu.
(2) Arr. du parlem. de Paris, 6 août 1742. (3) M. Dibon, p. 84.
(4) M. Lacretelle, t. 3, p. 57. (5) M. Decruzy, p. 238.
(6) Anquetil, t. 13. (7) M. Decruzy, p. 262.
(8) Id., p. 263. (9) Lacretelle, t. 3, p. 170. — Procès du curé de Saint-Godard, p. 31. — Récit in-12 de 114 pages.

audiences à Versailles, mercuriales, tout popularisait les magistrats, en dégradant le pouvoir royal [1]. On dirait que l'Académie de Rouen voulait faire le rapprochement de cette époque et des temps où la politique est modérée, quand elle offrait un prix à celui qui donnerait une bonne histoire du pays, depuis les temps les plus reculés jusqu'à Théodose [2].

Le commerce même usait avec défiance de la paix signée avec la Suède et le Danemark [3]. Quelle intention pouvait-on supposer à un pouvoir qui faisait renouveler à Rouen la statue de Jeanne d'Arc [4], tout en montrant à la cour des mœurs aussi dissolues; à un monarque esclave de sa maîtresse [5]; à celui qui voulait annuler les parlements [6] ? Quand le premier président de Rouville, après s'être retiré dans son manoir pour rédiger la coutume de Normandie en vers [7], n'en sortait que si sa compagnie le chargeait d'une mission près du roi, ne peut-on pas croire qu'il ait dit au monarque une partie des brocards répandus contre les jésuites [8] ? Ne lui parlait-il pas de l'opinion publique sur la nouvelle déclaration de guerre à l'Angleterre? Le roi ne savait-il pas les bons mots de ce Rouennais qui mourait centenaire le 9 janvier 1757 [9] ? Les faveurs royales pouvaient diviser les amis de leur pays; mais en vain voulait-on faire des soupers de Versailles un objet d'envie pour tous, le premier pré-

An 1755

An 1756

An 1757

---

(1) M. Floquet, t. 6. — (2) Mém. de l'Acad. de Rouen, t. 2.
(3) Kock, t. 1, p. 512, 522.
(4) Servin, t. 1, p. 355. — Lesguillez, p. 74. — Laquerrière.
(5) Bulletin de la Soc. de l'Hist. de Fr., déc. 1845, p. 175.
(6) Toustain de Rich., t. 2, p. 295. — (7) Nous possédons le ms.
(8) Le ballet-moral donné dans le collége des Jésuites, 1 vol. in-12, par Gauthier de Louviers.
(9) Garat, 1784. — Trublet, Hist. de la vie de Fontenelle. — OEuvres de Fontenelle, 8 vol. gr. in-8.

sident du parlement de Normandie, Hue de Miromesnil, leur préférait certes le suffrage public et une tenue digne de vrais magistrats.

Une tentative de régicide, Damiens qui a frappé le roi au côté droit, dans la cour de Versailles, en présence de son fils, au milieu de ses gardes, donne enfin lieu aux vrais amis du roi d'accuser hautement les jésuites[1], comme ceux-ci en prennent l'occasion d'accuser les parlements[2]. Alors, la cour examine de près l'accusation : il paraît vrai que Damiens n'a reçu d'impulsion que de ses vices; le jugement, les cris du condamné au milieu des tortures, n'ont pas découvert une autre cause; mais enfin l'occasion ne se charge pas de dire toujours les motifs qui la font agir; des mesures violentes sont conseillées par Pompadour elle-même contre les jésuites. Tandis que Jean-Antoine de Mirabeau (l'oncle de celui qui jouera bientôt un si grand rôle), pendant sa fonction d'inspecteur général des côtes de Normandie, va, surtout dans le pays de Caux, amasser les éléments de cette vaste bibliothèque de sa famille[3], tandis que Favart aura des succès sur la scène normande[4], Léonard Sonnes, prêtre à Rouen, publie une satire contre les jésuites sous ce titre : *Anecdotes ecclésiastiques, lesquelles n'ont point encore paru*[5] ; on entend dire que les jésuites sont supprimés en Portugal[6] ; le fameux mot du jésuite italien créé général le 21 mai 1758, répondant à Louis XV, qui lui propose de ré-

En 1758

En 1759

---

(1) Anquetil, t. 13.
(2) Voltaire, Siècle de Louis XV, p. 339.
(3) Mém. sur Mirabeau, t. 1, p. 304. (4) Dict. hist.
(5) Dict. hist., v° Sonnes.
(6) Servin, t. 1, p. 17. — Gilbert.

former ses règlements *sint ut sunt aut non sint*[1], a du retentissement partout; c'est une joie expansive chez presque tous les sujets, quand on sait que le roi a reçu et suivi le conseil de laisser agir les parlements [2]. On fait à peine attention au bombardement du Havre par les Anglais[3]. L'archevêque Dominique de La Rochefoucauld, le nouvel abbé de Saint-Wandrille, précédemment évêque d'Orléans [4], vingt-huit curés de Rouen [5] s'élèvent contre les jésuites; le parlement de Normandie, qui avait vu ses arrêts biffés par le duc de Luxembourg quand il ne faisait qu'appliquer les ordonnances, demande ou des états-généraux, ou des états provinciaux[6]; et, après une procédure volumineuse qui a duré pendant les années 1760, 1761, 1762, il amène enfin la suppression des jésuites. Elle est prononcée par un bref de Clément XIV [7]; leur collége à Rouen devient le collége royal. Tant de livres ont été imprimés depuis qu'on a cherché à repeupler l'Europe et le monde des disciples de Loyola, que nous ne nous chargeons pas d'en rappeler seulement la nomenclature. Il faut dire pourtant qu'il y a eu peu de ces disciples dans le pays de Caux; le bon sens de la population ne s'est même jamais diverti de leurs finesses, de leurs subtilités; si quelques-uns des plus instruits ont veillé dans les châteaux à l'éducation de

An 1760

---

(1) Dict. hist., v° Ricci, — v° Lainez, — v° Loyola. — Le mém. de Ricci 1775.

(2) Institutum soc. Jésus 1757, 2 vol. in-fol. — Les nombreux auteurs cités par Floquet, t. 6. — Orlandin, Hist. de la Soc. — Les Jésuites, par Arnould, 2 vol. in-8, 1845. — Linguet 1768. — Les larmes de saint Ignace. — Montesquieu, Pensées diverses. — Hist. du P. Guignard. — Apologie des Jésuites, 1763.

(3) Pleuvri. (4) Langlois, p. 156.
(5) Pièces de l'arrêt du 6 août 1762.
(6) M. Floquet, t. 6, p. 369 à 376. (7) Lacretelle, t. 4. — Ingoult.

quelques enfants, ils ont eu l'art de ne pas irriter la population qui les entourait. Maintenant, viennent des motifs de colère pour la noblesse elle-même : c'est une ordonnance du 29 juillet, laquelle prétendant que chacun s'est ingéré de prendre ou usurper des armoiries, exige un enregistrement des titres, en d'autres termes, un nouvel impôt déguisé [1]; c'est la négligence du ministère qui a exposé l'armée coloniale à des désastres épouvantables [2]; enfin toutes les classes étaient irritées du désordre des finances [3], des mœurs de plus en plus désordonnées de la cour, des levées de recrues sans autre loi que la volonté, disons mieux, le caprice du ministère [4]. On avouera que lorsqu'on trouvait alors à Dieppe et aux environs des médailles de Marc-Aurèle [5], il ne fallait pas être très-fort en histoire pour faire des rapprochements satiriques. Le maire de Rouen, le docte Lallemant, voulait bien faire élever par l'architecte Louis un hôtel de ville immense, mais on ne pouvait pousser cette œuvre au delà des caves, faute d'argent.

An 1765. La paix, dont les conditions sont honteuses [6], donne des faits qui tiennent plus au journal qu'à l'histoire. La publication par le Havrais Galon de l'art de convertir le cuivre rouge en cuivre jaune [7], le livre de Raoult sur la chaleur du globe [8], les expériences de Pingré sur le passage de Vénus devant le disque du soleil [9], la traduction par d'Eprémagny des Épîtres de saint

---

(1) Decruzy, p. 301.
(2) Prud'homme, p. 136. (3) M. Lacretelle, t. 3, p. 371.
(4) Ordonn. 25 novemb. (5) M. L. Vitet, p. 9.
(6) Arch. du conseil d'État. — Le Constitutionnel du 18 août 1845. — Anquetil, t. 13. — Lacretelle, t. 3, p. 393.
(7) Dict. hist. (8) Idem.
(9) Biogr. moderne, t. 4, p. 559.

Clément qu'on vient de découvrir[1], les cinq volumes in-folio de Brequigny si pleins d'une sage érudition[2], l'histoire de la maison de Montmorency, par Désormaux[3], s'ils n'intéressent pas tous les habitants de la Normandie, démontrent du moins à tous des habitudes bien différentes chez les citoyens ou chez les courtisans. Il faut de nouveau des sévices ministériels contre le parlement, les arrêts de cette compagnie biffés, dix magistrats exilés[4], la démission de tous ses membres parmi lesquels se trouvent les Cauchois de Rouville, de Bonneval, de Crosville, de Bouville, de Guichainville, de Baumetz, de Doudeauville, d'Hénouville[5], pour qu'on demande quelle règle de gouvernement le pouvoir veut suivre ; pour qu'on demande à quoi sert de parler de lois, de précédents, de jurisprudence, puisque tout est arbitraire, caprice, bizarrerie. La semonce donnée par le roi à Miromesnil, à Marolles, à Lecouteulx et à d'autres magistrats[6], n'est pas moins blâmée par l'opinion publique tout entière que la défense faite aux religionnaires de Bolbec de rebâtir leurs maisons réduites en cendres[7]. La rentrée du parlement[8] est enfin un triomphe pour l'opinion publique ; l'ordonnance en cinquante-quatre articles sur l'administration des villes et bourgs, sur leurs revenus, sur leurs dettes[9], n'est regardée que comme une concession forcée. Le désordre est tel

An 1764

---

(1) Biogr. univ., v° Clément.
(2) M. Thierry, t. 1, p. 109. (3) 5 vol. in-12.
(4) Servin, t. 2, p. 136. — M. Floquet, t. 6, p. 554.
(5) M. Floquet, t. 6, p. 565, 568. — Notice en tête du ms. de la cout. en vers. (6) M. Floquet, t. 6, p. 574.
(7) Coquerel, t. 2, p. 400. — M. Floquet, t. 6, p. 217.
(8) Servin, t. 2, p. 139. — M. Floquet, t. 6. p. 582 à 585.
(9) Arch. — Decruzy. — Rég. du Parl. de Paris.

que si les ministres ont un plan louable en parlant du cadastre¹, le parlement exagère son pouvoir en le repoussant. La pensée manifeste du Roi à cette occasion, de se débarasser de tous les parlements et de leur contrôle, au moment où une disette affreuse désole le pays, cette pensée, disons-nous, transmise jusque dans les moindres hameaux, devient une cause d'irritation comme on n'en avait pas ressenti depuis bien longtemps. Le monopole des grains est tel que l'on a des dépôts à Jersey, à Guernesey, pour en revendre, mais seulement au prix fixé par les monopoleurs². Aussi, ce fils de Louis XV, qui mourait le 20 décembre de cette année, la mémoire pleine de documents historiques, l'imagination tendue vers le bien, le cœur plein de philanthropie, ce prince qui avait blâmé tant d'erreurs de son père, laissait beaucoup de regrets que la douleur publique manifestait³, tandis que Pompadour, dont quelques caprices avaient été heureux, mourant dans le palais du Roi, ne laissait de véritables regrets à personne⁴.

An 1766 — Une année qu'on dirait passée sous l'inspiration des dernières paroles du fils du Roi, voit publier une assez bonne ordonnance sur les poids et mesures, une autre sur les fabriques de toiles et étoffes⁵, dont on a tant usé dans le pays de Caux. Il est permis de noter la rédaction par Toustain de Richebourg, d'un mémoire sur la Normandie, auquel l'Académie a dé-

---

(1) M. Floquet, p. 598.
(2) Dict. hist., v° Laverdy. — Lettre de Voltaire à M. Taboureau. — OEuvres de Laverdy.
(3) Villiers, in-12, 1769. — Provart, in-8, 1778. — Grillet, Mém. 1778. — Biogr. univ. — Lacretelle, t. 4, p. 62. — Ce fils de Louis XV est le père de Louis XVI.
(4) Lacretelle, t. 4, p. 60. (5) Decruzy, p. 449, 459. — Peuchet,

cerné une couronne ¹, la publication du livre curieux de Houard sur les coutumes anglaises et sur Littleton ², de ce livre qui semble fait pour établir la différence des législations nées du caprice, ou de celles nées d'une sage liberté; mais, si l'on sourit aux œuvres dramatiques du Rouennais d'Orville qui travaille avec Favart³; si d'Ambourney publie ses études sur les plantes territoriales⁴ ; si le Cauchois Clairfontaine publie un sage éloge de Duquesne⁵ ; si Malfilâtre offre de belles odes aux Palinods, ce ne peut être un soulagement des nouvelles rigueurs qui affligent le parlement à cause de la ferme résolution qu'il avait prise de dénoncer la misère de la population et le rôle des accapareurs de blé dans toute cette campagne qui est limitée par la Seine et par l'Océan⁶. Empressons-nous de noter que dès le commencement de l'administration de M. Crosne, qui avait été le sage rapporteur de l'affaire Calas ⁷, au moment même où la population bénissait MM. de Nagu et Mustel, pour avoir importé la pomme de terre ⁸, les habitudes redeviennent paisibles; on a applaudi à cette ordonnance qui défend à un homme de s'engager dans les ordres religieux avant 21 ans, à une femme avant 18⁹. On est allé voir l'exposition au Palais de justice de Rouen du tableau de Du Rameau, élève de l'école de Rouen¹⁰; le Coq de Villeray communique à ses amis son abrégé chronologique de l'histoire civile, politique et littéraire, depuis le milieu

An 1767

An 1768

---

(1) Mém. de l'Acad. de Rouen.
(2) Préf. du traité des coutumes anglo-norm.
(3) Dict. hist. (4) Biogr. mod.
(5) Dict. hist., v° Dagues de Clairfontaine. (6) M. Floquet, t. 6.
(7) Biogr. mod. — Biogr. des ag. de police, p. 53.
(8) Renseignements de M. Dubreuil.
(9) Peuchet. — Decruzy, p. 476. (10) Dict. hist.

du III ᵉ siècle jusqu'au XIII ᵉ [1]; Gaillard obtient le prix proposé par l'Académie pour un éloge de Pierre Corneille [2]; Bailly n'avait que l'accessit [3]; Auger publie la traduction du discours pour la couronne qui allait être suivie d'une traduction complète de Démosthène [4]; avec une analyse très-opportune du gouvernement athénien. La première édition de l'ouvrage du président Hénault, qui résidait si souvent dans le pays de Caux qu'on le regardait comme Cauchois, était enlevée, et devait être suivie de huit autres [5]. Tandis que Valmont de Bomare livrait à l'imprimeur son grand ouvrage, le Havrais Dicquemare publiait ses vues nouvelles sur l'astronomie [6]; l'Académie de Rouen achetait la bibliothèque de Cideville; mais lui en laissait l'usufruit [7].

Ans 1769
1770

Un homme qui semble représenter en sa personne l'emblème du grand événement que le désordre a préparé, un orateur en même temps politique, historien, philosophe, vient se placer au barreau de Rouen : nous voulons parler de Thouret, qui, âgé de 24 ans, va avoir de grands succès, pour périr ensuite sur le même échafaud où Charlotte Corday, qui venait de naître, devait périr aussi [8]; mais l'intérêt des carrières

---

(1) Le manuscrit est à la Bibl. de Rouen.
(2) OEuvres du P. Corneille, t. 11, Didot 1801.
(3) Mém. acad.— Biogr. univ. (4) 6 vol. in-8.
(5) Dict. hist. — Le président Hénault demeurait dans l'enclos où est maintenant une propriété de M. L. Quesnel, à Saint-Denis-le-Thiboust, près d'une ancienne fortification.
(6) Dict. hist. (7) Mém. de l'Acad., t. 1.
(8) Nous avons, sur Charlotte Corday, née le 17 juillet 1768, une lettre du 15 octob. 1842, à nous écrite par M. C. Clogenson, qui rectifie les erreurs de Prud'homme, de Feller, de la biographie mod. de M. Thiers; elle était fille de Jacques-François Corday sieur d'Armont, et de Charlotte-Marie-Jacqueline Gauthier.

rapides et glorieuses nous entraîne ; il faut revenir aux dates qui nous restent à fixer avant la révolution que le gouvernement de Louis XV rend nécessaire.

Tandis que des peintres rouennais qui appartiennent à une autre histoire, s'efforçaient de se soustraire au style des Boucher, des Vanloo, Claude-le-Doux dessinait les châteaux de Normandie, comme s'il pressentît que beaucoup ne devaient bientôt plus subsister, ou n'être plus que des monuments [1]. Tandis que la population était émue par le récit des événements de Paris [2], ou attentive aux malheurs du régiment de Normandie qui était à l'île de France [3], un édit vraiment curieux, et dont les expressions n'ont toute leur portée que pour ceux qui ont vécu vingt-trois ans plus tard, est celui qui, en blâmant l'opposition de plusieurs parlements, ainsi que leur prétention à *l'unité*, à *l'indivisibilité*, leur défendait même de se servir de ces expressions [4]. Précisément à cause de cette défense, les mots *unité*, *indivisibilité*, devenaient populaires; ils unissaient les magistrats et les justiciables; ils étaient le principe caché, mais électrique, qui devait éclater plusieurs années après. Croit-on que ces Normands instruits, qui savaient l'histoire des libertés de leur pays, se regardassent comme abattus, parce qu'il plaisait au roi de supprimer les parlements par ordonnance [5], et malgré tant de protestations? Croit-on que ce lit de justice, lors duquel le chancelier disait que

---

(1) Dict. hist. (2) Lacretelle, t. 4, p. 240 et suiv.
(3) M. Brahaut.
(4) Reg. du parlem. de Paris. — Archives. — Lacretelle, t. 4, p. 257.
— Decruzy, p. 501.
(5) Ann. de la Soc. de l'Hist. de Fr., 1839. — Lacretelle. — M. Floquet, t. 6, p. 613 et suiv. — Lettre de Voltaire, id., p. 616. — Les remontrances du parlem. forment un gros vol. in-8.

les parlements tenaient du roi leur existence [1], ne fût pas ridiculisé ? Croit-on que la suppression de la cour des aides et la suppression de la cour des comptes, pour remplacer tout cela par des *conseils* nommés *supérieurs* [2], qui allaient soumettre les décisions judiciaires mêmes aux caprices du gouvernement, fussent regardées comme lois ? On en riait encore, on se montrait les lettres de cachet adressées aux magistrats, qui leur ordonnaient de se retirer dans leurs maisons de campagne, d'y rester jusqu'à nouvel ordre, *avec défense de voir personne avant leur départ* [3] ; l'astronome Pingré en a reçu cinq [4] ! Les brochures que la cour faisait répandre contre les parlements, et qui ont pour titres : *Réflexions d'un citoyen ; Entretiens d'un militaire et d'un avocat ; Réponse de Henri le Grand aux parlements ; Manifeste aux Normands ;* ou bien encore *Confiteor d'un avocat,* étaient lues et communiquées par ceux mêmes qui étaient l'objet de leurs injures [5]; on imprimait d'un autre côté, et l'on réimprimait la protestation des princes d'Orléans et de Bourbon, laquelle reconnaissait que le roi est sujet aux lois [6]; les lettres du parlement de Normandie formaient un gros volume ; aussi, empressons-nous de rendre encore une fois au parlement de Normandie la justice qu'il a demandé une convocation d'états-généraux ; que cette pensée est consignée sur ses registres [7].

---

(1) Procès-verbal in-4, Impr. Royale.
(2) Servin, t. 2, p. 141. — Broch. intitulée : De profundis de la C. des aides. — M. Floquet, t. 6, p. 654. — Decruzy, p. 512. — Lacretelle.
(3) Nous avons plusieurs de ces lettres sous les yeux.
(4) Biogr. moderne, v° Pingré. — Corr. de Lecat.
(5) Ces brochures forment 2 vol. in-8. — Léon Thiessé, p. 325.
(6) Cette brochure contient 16 pages in-12.
(7) M. Floquet, t. 6, p. 631 et suiv.

Certes, en de telles circonstances, la mesure ne devait rien avoir de fatal pour le trône; elle était de bonne foi; elle était exprimée en termes pleins de convenance et de respect; elle invoquait les précédents consignés dans l'histoire de Normandie [1]; les noms de Rollo, de Guillaume le Conquérant, de Philippe-Auguste, étaient cités. Qu'on rapproche des choses aussi justes de l'obligation dans laquelle on voulait, bon gré mal gré, mettre les Cauchois d'aller porter leurs contestations civiles et le débat de leurs intérêts quotidiens à Paris [2]; on verra s'il était mal, lorsque les magistrats sortaient du palais de justice avec les avocats, qu'ils fussent salués respectueusement, applaudis par les justiciables [3]; s'il était mal que les parlements établissent une correspondance entre eux [4].

Parce que Meaupou était exilé à Tuy, en Normandie [5]; parce qu'on avait le secret que d'Harcourt était possesseur de deux cents lettres de cachet, dont il lui était loisible de remplir les noms; parce que même quelques avocats étaient conduits à la Bastille, ce n'était pas encore une frayeur véritable qui occupait les esprits. Les sieurs Chesnon et d'Emmery avaient beau courir de château en château, pour prophétiser l'exil aux seigneurs qui imiteraient les magistrats, on en haussait les épaules. Enfin, le conseil supérieur périssait par l'arme la plus puissante du moment, le ridicule, quand il forçait les serrures des salles du parlement [6]; on jetait dans toutes les mai-

An 1772

---

(1) M. Floquet, p. 643.
(2) M. Pluquet, p. 341. — M. Floquet, p. 645 et suiv.
(3) Id., p. 249. (4) Broch. impr. à Rouen en 1771. — M. Floquet, p. 693. (5) Dict. hist.
(6) M. Floquet, t. 6, de la p. 697 à la p. 716. — L. Thiessé, p. 326.

sons la brochure intitulée : *Protestation des dames* [1].

An 1773 L'an 1773 est signalé par le refus net des Cauchois d'aller plaider à Paris, par la nouvelle que Versailles même s'insurge [2], par l'assurance que les ministres ne sont pas d'accord; on finit par croire qu'une révolution positive va éclater, lorsqu'au commencement de An 1774 l'année 1774, le 10 mai, un roi de vingt ans, Louis XVI, succède à celui qui avait porté le nom de *bien-aimé*, qui finissait par être appelé le *détesté*. Chacun pressentait que tout allait changer [3], et la sagesse des mœurs du nouveau roi, son amour du travail, son esprit de justice, son penchant à se conformer aux idées de son siècle, faisant présager une ère nouvelle, cela calmait, comme par enchantement, les esprits les plus irrités. Qu'on juge de la popularité du nouveau monarque, lorsqu'on entendait proclamer, de suite, le rétablissement des parlements, et spécialement du parlement de Normandie [4]; lorsqu'il remettait le droit d'avénement [5]; lorsque Dorat, dans une ode, fêtait le *Roi-Citoyen*; lorsque les avocats cimentaient une confraternité nouvelle [6]; lorsque les commerçants apprenaient la liberté du commerce des grains [7]. Le recrutement de l'armée s'exécutait facilement, par cela seul qu'il coïncidait avec l'exercice du droit de remontrances [8]. Hüe de Miromesnil, le nouveau garde des

(1) En 15 p. in-8.
(2) Lacretelle, XVIIIe siècle, t. 4, p. 281 et suiv.
(3) L'Hist. de la révol. franç. de M. Thiers, 1836, commence à l'avénement de Louis XVI.—V. Anquetil, t. 13. — Lacretelle, t. 4. — Biogr., v° Louis. — Rec. Jourdan, Isambert, Decruzy.
(4) Ann. de la Soc. de l'Hist. de Fr., 1839, p. 155. — Servin, t. 2, p. 145. — Decruzy, p. 50. — Dict. hist., v° Louis XVI.
(5) Jourdan, p. 41.
(6) Decruzy, p. 560.
(7) Jourdan, p. 30. (8) Jourdan, p. 87, 117, 135. — Goujon.

sceaux, parle déjà d'un autre plan dans les finances, et demande des avis à tout ce qui a de l'expérience et de la bonne foi [1] ; chacun s'empresse de concourir à ses vues.

Le pays de Caux, gracieusement impressionné par le mariage de la belle Marie-Antoinette, fille de Marie-Thérèse [2], voit avec satisfaction le comté d'Eu échoir au duc de Penthièvre dont la bonté lui est connue [3]. Le Havre a reçu en un an dans son port trois millions sept cent vingt-huit mille huit cent soixante-huit livres de café [4], et une quantité proportionnée d'autres denrées coloniales. Le sage Servin sait bien qu'il est exempt de flatterie en dédiant au magistrat cauchois précédemment exilé, aujourd'hui garde des sceaux, son *Histoire de Rouen* dont nous avons si souvent consulté les dates [5] ; il applaudit à la persévérance des intentions du roi, quand il voit Malesherbes ministre de sa maison [6]. En même temps qu'on suspend les droits d'entrée sur les grains [7], qu'on défend d'user en justice de lettres interceptées [8], et qu'on donne au parlement de Rouen juridiction pour appliquer ce sage principe, Malhesherbes fait le rapport sur les lettres de cachet, et semble prédire leur abolition [9]. Le privilége des diligences d'eau sur la Seine, comme sur les autres fleuves, ne va plus être un droit seigneurial [10] ; l'adoucissement des peines contre les déserteurs [11] sera regardé comme un excitant à mieux

An 1775
An 1776

---

(1) Lacretelle, t. 4, p. 353. (2) Biogr. univ.
(3) Hist. d'Eu. — M. Estancelin.
(4) Savary, t. 1, p. 101. (5) 2 vol. in-12, v. la lettre dédic.
(6) Goujon. — Jourdan, p. 201.
(7) Jourdan, p. 186. (8) Mor. de Saint-Méry, Lois des colonies. — Jourdan, p. 229, 230. (9) Jourdan, p. 243.
(10) Id., p. 266. (11) Id., p. 268.

aimer la patrie. Combien de Cauchois voudraient entrer dans les gardes du corps, nouvellement recomposés, sans que personne exprime un blâme sur le mode de recrutement de l'armée [1]. La ridicule défense faite aux gentilshommes verriers de Normandie de vendre leurs produits à Paris est bientôt levée [2]. Ces nobles, à leur tour, comme les quarante mille autres qui étaient en France, comprenaient la liberté [3]. Ce mot de liberté devenait légal : il traversait l'Océan avec les jeunes français qui allaient rejoindre Washington [4], et certes ce n'était pas contre cette devise que se battait le marquis du Vaudreuil [5]. Le parlement croit devoir mettre opposition à des lettres patentes sur le commerce des grains, prétendant attribuer aux juges de police l'approvisionnement; son opposition est appréciée sans humeur ; son arrêt est réformé dans les règles, et il ne donne plus l'exemple d'une insurrection [6]. Les Cauchois s'étaient plaints de la largeur indéfinie des routes, malgré les anciens règlements dus à la sagesse de leurs pères; bientôt un arrêt du conseil réduit à quarante-deux pieds la dimension des routes principales, et fixe même les autres [7]. Qui d'entre eux n'applaudissait à cet arrêt du conseil de Louis XVI qui ordonnait l'envoi annuel, dans les provinces, de deux mille deux cent cinquante-huit boîtes

---

(1) Jourdan, p. 285.
(2) Déclarat. du 24 février, enreg. au parlem. de Norm.
(3) Revue de Paris, t. 51, p. 10.
(4) Ramsay, Hist. de la révol. américaine.—Marshall, Vie de Washington. — Lacretelle, t. 5, p. 68, 94. — Sawans, Lafayette, 1832. — Barbaroux, Résumé, 1824.
(5) Biogr. moderne. (6) Rép. de jurisprud. de Merlin, v° Grain. — Jourdan, p. 301. — Règl. du parlem. de Norm.
(7) Art. six cent vingt-trois de la cout. de Norm.— Jourdan, p. 348. — Isambert, de la Voirie, t. 1, p. 44.

de remèdes pour être distribués aux pauvres des campagnes [1] ?

Qui donc, au moment de pareilles publications, a porté Turgot et Malesherbes à donner leur démission? Leur montrait-on à la cour trop d'irritation à cause de l'édit qui supprimait la corvée [2], à cause de la suppression des jurandes et communautés [3], à cause du nouveau mode d'inhumation [4]? Est-ce parce qu'ils n'étaient pas d'avis de faire lacérer, au pied des grands escaliers du Palais, la brochure sur les inconvénients des droits féodaux [5] ? Ou plutôt, l'histoire n'a-t-elle pas vérifié que le caractère probe mais irrésolu du jeune roi, dominé par la reine et par sa cour, ne se sentait plus de force à réaliser les réformes qu'il avait d'abord approuvées? Quelle que soit la solution de ces questions, toujours est-il que c'est à partir de cette démission qu'une tout autre disposition a monté les têtes. On prenait mal ces règlements généraux sur l'exercice, les récompenses, les punitions de l'armée [6], à l'égard desquels les personnes les plus expérimentées n'avaient pu donner leur avis. La création d'un emploi de cadets-gentilshommes [7] dans les régiments paraissait d'un autre siècle, et, ce qui était le pire, restait sans exécution. On se moquait d'une ordonnance qui faisait une répartition des élèves de l'école militaire chez les Bénédictins, les Oratoriens, les Minimes! comme de cette autre qui rétablissait certaines fonda-

---

(1) Jourdan, 348.
(2) Isambert, Voirie. — Rég. de la Cour des aides. — Jourdan, p. 358. — Lit de justice du 12 mars.
(3) Rrg. de la C. des aides. — Jourdan, p. 371.
(4) Merlin, v° Cimetière. — Fleurigeon.
(5) M. Lacretelle, xviii° siècle, t. 5, p. 7, 8.   (6) Ord. milit. — Berrian. — Jourdan, p. 451 et suiv.   (7) Jourdan, p. 504.

tions en faveur de certains gentilshommes [1]. La désignation des villes qui auraient faculté de fabriquer des cartes à jouer, dans lesquelles on avait la bonté de comprendre Rouen, le Havre [2], était ridiculisée par toutes les autres. Montrait-on une grande confiance dans la nation, quand on voulait créer un régiment d'infanterie irlandaise [3] ?

Le duc de Penthièvre, qui avait le titre d'amiral de France, obtenait, il est vrai, pour son pays de Caux, six commissaires-généraux des ports et arsenaux [4] ; il faisait décider, par un arrêt du conseil, que l'état de navigateur dans la marine marchande n'excluait plus de la magistrature [5], et cela paraissait curieux, quoique moins bien combiné que la création de ce corps royal du génie, dont l'institution subsiste encore en partie [6]; mais on ne savait comment on finirait par répondre à la demande positive d'états-généraux.

Au 1777 Toute l'année 1777, employée à faire des règlements sur l'obligation de rentrer le soir le coutre des charrues [7], sur l'établissement des monts de piété [8], à promettre de ne jamais rétablir les jésuites [9], à faire un traité de paix avec les treize cantons suisses [10], à prendre de bonnes mesures sur la police des noirs [11], à créer des chambres syndicales de libraire à Dieppe, au Havre [12]; toute cette année, disons-nous, paraissait
Au 1778 un temps d'essai pour distraire l'opinion générale par d'assez sages tempéraments. On faisait beaucoup de

---

(1) Jourdan, p. 505. (2) Id., p. 531. (3) Id., p. 561.
(4) Jourdan, p. 141, 232. (5) Jourdan, p. 263.
(6) Rec. d'ord. milit. Maginel. — Isambert 1823, suppl., p. 213.
(7) Jourdan, p. 195. (8) Id., p. 153.
(9) Arch. du Parlem. de Paris. — Jourdan, liv. 16, p. 1.
(10) Martens. (11) Code de la Martinique, Jourdan, p. 81.
(12) Jourdan, p. 16.

bruit aux environs de Jumiéges, pour la translation du cœur d'Agnès Sorel dans la nef de l'abbaye, opérée avec solennité par les moines [1]; mais c'était un bruit d'une autre nature quand on entendait parler du duel entre le comte d'Artois et le duc de Bourbon, à l'occasion d'un bal masqué [2] ! Pouvait-on respecter des princes que Devismes, le nouveau directeur de l'Académie de musique [3], appelait *les marguilliers de l'Opéra?* A ce moment, qui est la date du décès de Voltaire [4], beaucoup de préjugés quittaient l'horizon avec lui. Quand le parlement de Normandie était chargé de décider si la réhabilitation de la mémoire de Lally, aurait lieu et si l'arrêt du Parlement de Paris, qui l'avait condamné à avoir la tête tranchée, était justement attaqué par la piété filiale [5]; l'opinion devenait souveraine. Le poëte Portugais Manoël, cet esprit supérieur, cet auteur d'odes si pleines d'inspirations, le savait bien, lui, quand il venait au Havre fuyant la persécution des tyrans de son pays [6]. Le traité avec les États-Unis [7] allait mettre les Français en relation quotidienne avec un peuple sans préjugés. Le combat d'Ouessant où, le 27 juillet, le régiment de Normandie s'était tant distingné avec du Vaudreuil [8], accoutumait à moins redouter que jamais les attaques de l'Angleterre. Que de Cauchois surtout s'habituaient à passer

---

(1) Deshayes, p. 104. (2) Lacretelle, t. 5, p. 155.
(3) Jourdan, p. 215.
(4) Lacretelle, p. 164. — Note de l'édit. de Beuchot. — Ecrlinf, Éloge de Volt. 1788.
(5) Dict. hist. — Mém. de Lally-Tollendal. — Tableau de l'Inde. — Causes célèbres.
(6) Sané, Notice sur Manoël 1808. — Les OEuvres de Manoël forment 1 vol. in-8.
(7) Martens, p. 701. — Anquetil, t. 13. — Jourdan, p. 196.
(8) M. Brahaut. — Biogr. mod.

désormais leur vie sur des vaisseaux de guerre [1], à employer la réciprocité envers toutes les mesures maritimes [2]! Les manufactures ne demandaient au gouvernement qu'une sage indépendance, et Roland, celui qui venait au Havre comme administrateur de ces établissements, qui certes ne prévoyait pas alors comment, après avoir été ministre, il finirait dans le même pays, Roland tenait des notes précieuses pour publier un ouvrage sur l'industrie [3]. Le duc de Penthièvre, qui prenait toutes les mesures pour augmenter le nombre des matelots en Normandie [4], semblait ouvrir une carrière spéciale à la jeunesse et la détourner des autres guerres. Il faisait user de représailles lors d'une insulte faite aux frégates *la Licorne* et *la Pallas* [5], puis échanger les prisonniers. Qui n'était enchanté de voir Joseph Vernet, le père de Carle, l'aïeul d'Horace, faire ses études dans tous nos ports et rentrer presque tous les jours à Caudebec [6]?

Si l'on parle d'un mode nouveau, étendu, d'administrer les hôpitaux, les plus influents des habitants briguent l'honneur d'y concourir [7]. Le vieux Flaust, quand il mettait fin à son *Explication* in-folio *de la coutume de Normandie* [8], quoiqu'il ne prévît pas tout à fait sa prochaine abrogation, omettait facilement de vieilles matières qui n'étaient plus dans les mœurs. Aussi, quand un parti de la cour demandait qu'on exigeât quatre générations de noblesse pour une sous-

---

(1) M. Pluquet, p. 351. — Règl., 21 mars. — Kerguelen, Relation de la guerre maritime. (2) Lebeau, Code des prises.
(3) Biogr. mod. (4) V. Ord. du 3 janvier.
(5) Lebeau, Code des prises. — Jourdan, p. 119.
(6) Noël, t. 2, p. 139.
(7) Jourdan, p. 236.
(8) 2 vol. in-fol. Flaust est mort le 21 mai 1783.

lieutenance¹, quand un parlement brûlait l'histoire de Raynal², avait-on quelque prévoyance de ce qui devait se passer bientôt. Quand Duchayla devenait abbé de Saint-Georges-de-Boscherville, et le cardinal de Brienne, abbé de Saint-Wandrille³, on ne pou- *An 1782* vait encore se douter qu'ils seraient les derniers chefs de ces abbayes, à moins que le tremblement de terre qu'ils éprouvaient⁴ ne leur semblât un avertissement supérieur. Mais on pouvait croire qu'un homme, peu connu, dont l'esprit était véritablement inspiré, comprenait tout le mouvement qui allait s'opérer, et que le changement se montrait à lui avec évidence, quand il écrivait des *Essais de conciliation des coutumes françaises;* nous voulons parler du docteur *Jean Olivier*⁵, dont l'ouvrage n'a pas été assez apprécié.

A l'occasion de la naissance du Dauphin, le parlement demande d'exercer le droit de grâce⁶ ; on voit là l'ingénieuse pensée de rendre agréables les événements arrivés dans la famille royale ; mais on lui retire une antique prérogative. Si les grandes fortunes seules regardent comme un sage privilége le droit d'être exempté de l'impôt pour les futaies au-dessus de soixante années⁷, toutes les classes, excepté une, applaudissaient à la correction des abus dans la rédaction des actes de baptême⁸ ; le compte rendu de Necker⁹ paraît l'œuvre d'une condescendance envers l'opinion publique. La paix, signée avec l'Angleterre *An 1783* à la suite de la victoire de la Chesapeake¹⁰, puis avec

---

(1) Jourdan, p. 29.   (2) Id., p. 32.
(3) M. Deville. — Langlois, p. 156.
(4) Constitutionnel du 14 juillet. 1847.   (5) Biogr. univ.
(6) M. Floquet, t. 6, p. 492.   (7) Dupleix.
(8) Décl. du 12 mai.   (9) M. Lacretelle, t. 5, p. 246.
(10) Prud'homme, Tabl., p. 141.

l'Espagne et la Hollande, enfin, l'alliance avec les États-Unis[1], offraient une position politique où il était permis de penser à améliorer la législation sans éprouver de troubles.

Certes, lorsque le Cauchois Angot-des-Rotours publiait ses mémoires sur les monnaies[2]; lorsque Blanchard s'élevait dans les airs[3]; lorsque, suivant l'expression de Valazé, l'opinion publique était l'idole[4] des sages, on n'avait d'autres vues que des améliorations; mais quand au moment même où l'administration si éclairée de M. Decrosne vint à cesser à Rouen, parce qu'il devenait lieutenant de police à Paris[5], on publia les mémoires de Linguet sur la Bastille[6]; quand on se communiqua un règlement nouveau sur les chevaliers du Saint-Esprit[7]; quand la cour obtint que le comte d'Artois et le duc d'Orléans fussent maintenus dans leur apanage sur la voirie[8], qu'un arrêt du conseil supprimât les 30 premiers volumes de Voltaire[9], qu'on donnât le nom de duc de Normandie à un enfant que la reine mettait au monde[10]; quand on affecta l'acte de béatification d'un capucin[11]; quand un arrêt du conseil défendit à toutes personnes, si ce n'est aux seigneurs hauts justiciers[12], la chasse aux loups; quand on fit défendre, par l'autorité du Roi, à tous les jour-

---

(1) Martens. — Jourdan, p. 326. — Lacretelle, t. 5, p. 331.
(2) Biogr. mod.
(3) Blanchard est né aux Andelys. — Lacretelle, t. 6. p. 96. — Dict. hist. — Prud'homme, Tabl., p. 142. (4) Lettre autogr. à son fils.
(5) La biogr. des ministr. porte la date au 11 août 1785.—V. les autres biogr. — Le journal de Rouen du 29 décembre 1834. —M. Laquerrière, Revue monum.
(6) In-8 de 151 p. (7) Jourdan, p. 288.
(8) Jourdan, p. 255. (9) Decruzy, p. 63.
(10) Guénard, Vie de Marie-Antoinette. — Biogr. univ.
(11) Éloge de Laurent de Brindes, in-12. (12) Decruzy, p. 4.

naux de parler de législation[1]! il était évident que cette autorité était soumise à celle de la cour.

Lorsqu'en 1786, Louis XVI se rendait à Cherbourg, pour animer d'importants travaux[2], il pouvait s'apercevoir qu'on distinguait parfaitement ses idées de celles de son entourage ; ce n'étaient pas les lois de l'étiquette qu'on observait, la sagesse des aïeux qu'on paraphrasait, on applaudissait la faculté donnée à tous les genres de mérite de pouvoir parvenir[3]. Ce que Lemonnier qui avait à faire le portrait du Roi à Rouen, s'attachait à représenter, était non pas une attitude empruntée à l'air de Louis XIV ou de Louis XV, mais le sourire à la Henri IV[4].

An 1786

La fameuse cloche de Georges d'Amboise, qui avait été mise en branle lors du passage de tant de rois, avait été cette fois tellement sonnée, qu'on l'avait entendue des abords du pays de Caux, et qu'elle avait même été fêlée[5]. On donnait aux nouvelles ordonnances du Roi sur les moyens de suppléer à la disette des fourrages et d'augmenter la subsistance des bestiaux[6], même à la permission pour tous les fabricants de venir s'établir dans le royaume[7], une publicité prodigieuse. Qu'on juge combien alors était répandu aussi le traité de commerce et de navigation avec la Grande-Bretagne, signé le 26 septembre 1786, en quarante-sept articles[8] ; on le trouvait bien prudent, bien mûr, bien pondéré, national. Qu'on juge si le commencement

---

(1) Decruzy, p. 17 (2) Toust. de Richeb., t. 2, p. 281.
(3) Journaux. — Mém. de Madame Campan. — Ségur. — Pleuvri. — Voy. du roi, noté au catalogue Delassize.
(4) Notice sur Lemonnier, p. 9. — M. Laquerrière, Monum. — Le tableau est à la Chambre du commerce.
(5) Gilbert, p. 47. (6) Instruct. en 10 p. in-8. — Decruzy, p. 52.
(7) Decruzy, p. 106. (8) Decruzy, p. 248.

An 1787 de 1787 changeait ces idées : c'est le premier janvier qu'est entré au Havre le premier navire portant pavillon américain [1]. Le 11 a été signé le traité de navigation avec la Russie [2]. Le 22 février a eu lieu à Versailles, dans l'hôtel des Menus-Plaisirs, l'assemblée des notables. Il est vrai qu'on eût désiré que le choix de ces députés ne fût pas laissé tout à fait au ministre [3]; on trouvait que la prétention d'avoir seulement à les consulter, ne ressemblait pas à ce qui avait eu lieu sous d'autres règnes; mais enfin, on supposait qu'une concession pourrait en amener une autre. La noblesse de Caux croyait voir même déjà dans la convocation une certaine témérité. Les Cauchois, qui comptaient parmi les notables le sage duc de Penthièvre, et le très-ferme marquis de Belbeuf [4], s'ils blâmaient la qualification des *deux premiers ordres* de l'État et surtout l'oubli du Tiers-État, s'ils ridiculisaient le nouveau duché créé en faveur de la famille Franquetot [5], n'en espéraient pas moins qu'une concession timide pourrait amener une concession rationnelle. Ils y comptaient même lorsque le discours du Roi, répandu dans les châteaux, dans les presbytères, dans les manufactures, dans les fermes, ne parut pas l'œuvre du Roi. Le rôle joué par le frère du monarque (depuis Louis XVIII) et qui montrait une sorte d'opposition [6], paraissait à beaucoup le fond de la pensée de Louis XVI; on allait jusqu'à croire que la chaleur intelligente du comte d'Artois et l'insouciance affectée

---

(1) Journal de Normandie.
(2) Martens, t. 3, p. 1.
(3) Soulavie, 9 vol. in-8.— Pièces inédites sur Louis XIV, XV, et XVI, 2 vol. in-8, 1809. — Lacretelle.
(4) Biogr. des contemp. (5) Ann. de la Soc. de l'Hist. de Fr. 1839, p. 129. (6) M. Lacretelle, t. 6, p. 165.

du duc d'Orléans étaient concertées ; qu'une autre clarté viendrait à surgir de l'état pitoyable des finances ; enfin presque tous comptaient sur des états-généraux réguliers et surtout plus complets.

Voici de suite des projets qui sortent de l'imagination des citoyens : c'est un plan de banque nationale [1], c'est l'amélioration des ports [2], c'est un système sur le pouvoir des parlements. Une correspondance d'un page de Louis XVI avec les Cauchois, rédigée par le jeune Boulanger de Boisfremont [3], donne le moyen de faire parvenir ses avis. Les entretiens même du jésuite d'Herbouville qui revenait d'Allemagne, d'Angleterre, de Hollande, annonçaient des pensées toutes neuves sur le clergé [4] ; mais quand le roi crée, de sa seule autorité, six millions de rente viagère [5], ce qui est si différent de ce qui se passe aux États-Unis et en Angleterre ; quand il forme un conseil royal des finances et un conseil du commerce [6], tous voient un retour aux manières de Louis XV. L'arrêt du conseil qui supprime une lettre du comte de Mirabeau sur l'administration de Necker [7], si regrettée, n'est plus de saison. On trouve léger que le roi seul ait déclaré la liberté du commerce des grains, sans qu'il y ait réciprocité des autres puissances ; l'enregistrement par le parlement de Paris [8], n'opérait pas l'opinion publique ; lui-même en était bien convaincu, quand il demandait enfin d'assembler les *États-généraux pour sonder les plaies profondes de l'État* [9]. C'est là le principe de la

---

(1) Imprimé à Jersey. (2) M. Estancelin, broch. en 14 p. — Mém. de M. Ch. Dupin. (3) Acad. de Rouen, 1838. (4) Dict. hist.
(5) Decruzy, p. 349. (6) Id., p. 354. (7) Id., p. 360.
(8) La déclaration est du 17 juin, l'enregistrem. du 25.
(9) Dufay, Hist. des Parlements, t. 2, p. 478. — M. Mignet, t. 1, p. 30. — M. Rathery, in-8.

révolution nouvelle. La demande de la suppression des lettres de cachet fait répéter jusques aux moindres villages les noms des magistrats de Paris, tandis que la révocation de l'édit sur l'impôt territorial [1], montre une faiblesse de la cour; tandis que le rétablissement à Paris du Parlement qu'on avait voulu reléguer à Troyes [2], indique des résolutions prises à contre-cœur; tandis que Louis XVI dans toutes ses ordonnances, même dans celle qui supprime l'édit des protestants, vante Louis XIV [3]; tandis enfin qu'il signe cette promesse de convoquer les États-généraux, mais avec la condition ridicule que le fait sera ajourné de cinq années [4]. La révolution a pris consistance, elle a grandi et la cauchoise Thérèse Le Boucher de Cairon a même déjà ridiculisé ses adversaires quand elle a publié une ode sur *l'insensibilité* que les journaux se sont hâtés de reproduire dans leurs colonnes [5].

An 1788   On dirait que le commerce veut offrir un emblème de la révolution demandée par la magistrature : Au lieu de boutiques mal éclairées, obscurcies même parfois exprès, ses magasins sont illuminés [6]. Le numérotage des maisons avait été évité, dans l'espoir de se soustraire aux charges publiques; le commerce s'empresse de l'accueillir et de l'exécuter [7]; il croyait même voir, en la route que s'était tracée Blanchard, dans les airs, un moyen de relations nouvelles très-utiles [8]. Mais voici encore une année de

---

(1) Decruzy, p. 432.   (2) Les lettres-patentes sont du 15 août.
(3) Decruzy, p. 526.
(4) M. Mignet, t. 1, p. 32.
(5) Dict. hist., v° Cairon. — Biogr. mod.
(6) M. Laquerrière, t. 2, p. 86.   (7) Id., t. 2.
(8) Biogr. moderne, v° Blanchard.

tergiversations de la part de la cour : Le 1ᵉʳ mai, on vient bien dire qu'il y a lieu de modifier la législation criminelle ; mais, en vantant toujours l'auteur de l'ordonnance de 1670. On veut bien abolir la sellette [1] ; mais quelques jours après on déclare toujours que les justices seigneuriales font partie du droit des fiefs [2]. On consent bien à supprimer certain tribunal d'exception [3] ; mais en établissant de *grands bailliages* par la seule force de l'autorité royale et sans respecter la protestation du parlement de Normandie, signée entre autres des noms cauchois Desneval, de Folleville, de Frondeville, de Bonneval, de Baumetz, de Guichainville, de Bénouville, de Belbeuf [4]. Il faut même que les *juges gruyers des seigneurs* conservent les affaires de leur compétence, et puis, c'est le roi seul qui crée une *cour plénière* [5]. Le mécontentement public se montre alors dans les cafés, dans les salles de spectacle, dans les rues [6]. Le parlement de Paris proteste contre la *cour plénière* [7]. Une requête de la municipalité de Rouen fait la demande formelle du rétablissement immédiat des *états* [8]. On reprend les conditions de la réunion de la Normandie à la France sous Philippe-Auguste [9]. Un seul changement dans le personnel calme pourtant encore une fois les esprits : Necker est rappelé au conseil [10] ; le 5 juillet 1788, un arrêt de ce

---

(1) Decruzy, p. 527.   (2) Id., p. 536.

(3) Id., p. 550. — V. sur le Grand-Bailliage les brochures locales. Une en 53 pages remontait à l'origine du pouvoir royal.

(4) Archives.   (5) Decruzy, p. 653.

(6) Journaux du temps.

(7) Dufay, t. 2, p. 455.

(8) Archives de Rouen. — M. Canel, Soc. des ant. de Norm., t. 10, p. 503.   (9) In-8 de 34 pages.

(10) Biogr. moderne. — Journaux.

conseil convoque les *états généraux* du royaume[1]. On parle dans cet acte signé de Louis XVI des élections et de leur forme, de représentants de la nation, de vœux des sujets, d'assemblées provinciales, d'une grande famille ayant pour chef un père commun, de recherches à faire pour arriver à un résultat légal, même de la part que doivent prendre au résultat les personnes instruites. On va jusqu'à faire le règlement des assemblées provinciales[2], à fixer au 1er mai la tenue des états généraux ; bien entendu que la cour plénière sera supprimée[3]. On voulait ouvrir les états-généraux au 1er janvier 1789[4]. Chaque parlement se hâtait d'enregistrer la déclaration ; alors on ne parle plus, il ne s'agit plus que d'une assemblée de *notables* pour délibérer sur la convocation même des états généraux. On en donne pour raison que les habitants des campagnes n'auraient été appelés que dans un petit nombre de districts ; bien entendu que la cour se réserve le choix de ces notables ; bien entendu aussi que les brochures pour la noblesse, contre la noblesse, vont courir sous le titre de *Parallèle,* d'*Additions au parallèle,* etc.

Elle a eu lieu le 6 novembre, cette assemblée des notables. Le roi, le garde des sceaux, le directeur général des finances, Monsieur, frère du roi, le premier président du parlement de Paris, ont fait des discours[5], bientôt répandus, et malgré un froid de

---

(1) Collect. du Louvre, t. 1, p. 1. — Duverger, t. 1, p. 1. — Decruzy, p. 601. — L'arrêt était publié à Rouen, sous ce titre : Arrêt du conseil d'État du roi.

(2) Decruzy, p. 604. (3) Collect. du Louvre, t. 1, p. 6.

(4) *V.* Déclar. du 6 octobre.

(5) Decruzy, p. 623. — Une gravure représente cette assemblée ; au bas sont tous les noms.

dix-huit degrés [1]. Il en résulte qu'enfin les *états généraux* doivent être assemblés, et le seront au commencement de 1789. C'est cette convocation qui, An 1789 suivant l'expression de celui qui le premier, et à une époque difficile a écrit l'histoire de l'Assemblée constituante [2], *proclame la révolution.* C'est aussi le sentiment d'Anquetil, qui a consigné les faits avec sagesse, surtout avec indépendance; enfin, c'est celui de cet auteur véridique, rapide, concis, qui trace, presque par des chiffres, comment la révolution française a été amenée, ce qui ne l'empêchera pas de parler de ses excès [3] avec âme, avec une profonde émotion.

Ainsi, malgré une brochure des classes qui regrettaient leurs priviléges; brochure publiée en décembre, et portant le titre ironique de *Jugement du Champ de Mars, le peuple assemblé* [4], c'est un véritable changement de constitution; c'est la fin d'une des périodes par nous tracées; c'est la révision des conditions du gouvernement de Philippe-Auguste, de ces conditions d'abord exécutées, puis éludées, violées, reprises, violées encore, et qui, revenant à leur principe, allaient être examinées par ceux que les suffrages de toutes les classes allaient réunir dans la capitale du royaume.

(1) L. Dubois. (2) Rabaud Saint-Étienne, p. 2.
(3) M. Mignet, Hist. de la Révol. franç., 2 vol. in-8.
(4) In-8, 53 pages.

SIXIÈME PÉRIODE [1].

An 1789 Il n'y avait pas de partie de la France plus intéressée aux changements politiques qui se préparaient, que celle dont nous avons bientôt terminé l'histoire. Les campagnes garnies de châteaux et d'avenues, les familles qui avaient partagé tant d'héritages sous l'empire du droit d'aînesse, de douaire des veuves, de légitime des filles, du droit de bourgage, du droit de retrait et de mariage encombré ; les bourgs qui commençaient à entendre les mécaniques de l'industrie, les corporations religieuses qui voyaient leurs retraites flairées de si près, les agriculteurs qui rêvaient un sort pareil à celui des agronomes anglais, les soldats mêmes qui n'avaient aucune règle d'avancement ; toutes les positions, toutes les personnes désiraient ou craignaient vivement

---

(1) Rabaut, 1 vol. — M. Mignet. — Anquetil, t. 13. — Lacretelle, t. 7. — Recherches sur les états provinciaux de la Norm., 1 vol. in-8. — Moniteur universel. — Coll. des lois. — Biogr. moderne, 4 vol. in-8., v° Louis XVI. — Tables chron. de l'Hist. moderne, par Prud'homme. — Hist. popul. de la Révol., par H. Raisson. — M. Thiers, Hist. de la Révol. franç., édit. 1836. — M. Rathery, Hist. des états généraux de Fr., in-8. couronné par l'Institut. — M. Soulavie, Mém. de Louis XVI. — Hist. parlem. de la Révol., par MM. Buchez et Roux, 1re série. — L'abbé de Montgaillard. — Mad. Campan. — Soc. de l'Hist. de Fr., ann. 1840, p. 127. — Ant. Caillot, 1827. — Fr. Hue, Dernières années de Louis XVI, 1814. Bourniseaux, 4 vol. in-8. — Clery, 1798. — Mad. de Staël, 1818, 3 vol. in-8. — Rœderer, la Révol. de 1789. — Mém. de Bailly, Condorcet et autres, 21 vol.

l'avenir. Un historien a dit pourtant bien vrai, quand il a consigné qu'il y avait espérance de tout ce qui était de bonne foi [1].

Les cinq mois qui allaient s'écouler entre la proclamation du principe de cette assemblée nationale et le jour même de l'ouverture, furent, comme beaucoup peuvent s'en souvenir encore, une époque vibrante. La convocation pour les états généraux, faite le 24 janvier 1789 [2], appelant tous les sujets à concourir à l'élection, suivant une forme consignée en cinquante-un articles; la nouvelle de l'élection de Washington à la présidence des États-Unis [3]; le règlement pour créer des suppléants des députés [4]; ces fragments romains qu'on trouvait à Rouen [5], et qui faisaient réfléchir les hommes instruits sur les législations antérieures; la publication des ouvrages et brochures comme l'*Essai sur l'Histoire de Neustrie*, dédié aux trois ordres de la nation, par Charles Gaspard de Toustain Richebourg [6]; l'*Avis des bons Normands*, par Thouret; *les Réflexions d'un Normand à nos seigneurs les états généraux; les Réflexions d'un citoyen relatives à la Coutume* [7]; *les Doléances du tiers-état* [8], résumées en cent deux articles; *le Parallèle des assemblées provinciales avec l'assemblée des états; le Projet de protestation*, par de Bouville, député de la noblesse de Caux; les arrêtés des bailliages d'Arques et de Cany; *la Normandie, pays d'États; l'Avis à tous les propriétaires de biens régis par la Coutume de*

---

(1) Anquetil, t. 13. (2) Collect. de Louvre, t. 1, p. 49. — Duverger, t. 1, p. 15. — Decruzy, p. 634.
(3) Hist. d'Amérique. — Biogr. mod., v° Washington.
(4) Rondonneau, t. 1, p. 35. (5) M. Laquerrière.
(6) 2 vol. in-12. (7) In-8 de 58 pages.
(8) En 56 pages, impr. chez Soyer.

Caux [1]; les *Recherches sur les états provinciaux; le Procès-Verbal de la noblesse; le Cahier des pouvoirs aux députés de la noblesse*, la *Charte aux Normands, le Cahier des doléances du clergé*, le règlement pour la tenue des états [2], pour la vérification du titre de noble; l'ordre du roi sur le costume des députés des trois ordres [3], l'assemblée du clergé de Caux, convoquée à Caudebec par son président provisoire, le marquis de Bailleul, grand bailli, et qui a élu pour son président définitif l'abbé de Pradt (sauf ensuite à le regretter à cause de la tenue de ce grand vicaire de l'archevêque [4]); l'effet des députations vers cette assemblée, du marquis de Bâqueville, du marquis d'Offranville, du marquis de Cany, du président du tiers-état de Caux, M. de Thouville [5]; la publication du règlement sur les suppléants aux états généraux [6]; tous ces faits épars, sans ordre, mais provenant du même principe, étaient des éclairs qui parcouraient rapidement la contrée cauchoise.

Une chose encore à consigner avant de rendre compte de l'effet de la séance du 5 mai, est la liste de ceux qui, à l'assemblée nationale, allaient représenter tous les intérêts cauchois, avec Thouret, Lecouteulx de Canteleu, Defontenay et autres Rouennais [7]. M. de Barentin lui-même (le garde des

---

(1) V. 1 vol. in-8, recueilli par le sieur Lemaître.
(2) Collect. du Louvre, t. 1, p. 76. — Duvergier, t. 1, p. 13. — Decruzy, p. 657. (3) Id., p. 665.
(4) V. le procès-verbal de l'assemblée de Caux. — Catalogue Delassize, p. 406. — Biogr. mod. v° de Pradt.
(5) Procès-verbal en 57 pages in-8.
(6) Collect. du Louvre, t. 1, p. 85. — Duvergier, t. 1, p. 23. — Decruzy, p. 667.
(7) Une gravure représente aussi la séance d'ouverture avec tous les noms. — V. Biogr. mod. — M. Mignet, t. 1, p. 35.

sceaux); M. de Beaumetz, député de l'Artois; M. Begouen, élu par le bailliage de Caux; M. Bourdon d'Arques; M. de Bouville, délégué par la noblesse cauchoise; M. de Cairon, l'archevêque de La Rochefoucauld, comme abbé de Fécamp, M. Lefèvre de Chailly, M. de Frondeville, en étaient chargés [1].

Aussi, les effets de la première réunion de Versailles sont bientôt connus : de onze cent quatre-vingt-six députés qui ont entendu le discours du roi, la moitié appartient au tiers-état; de là la prétention que les autres ordres viennent se joindre à lui, dans la salle du jeu de paume, parce qu'on a fermé celle des états; de là le titre d'*assemblée nationale*, proposé par Sieyès [2]; puis la fameuse repartie de Mirabeau au maître des cérémonies, qui se répète jusqu'aux bords de l'Océan; de là, enfin, la translation de l'assemblée à Paris.

Malheureusement, il faut le dire, on ne va pas seulement travailler à la constitution; on va descendre jusqu'aux détails de l'administration [3]. Si l'on ne s'était occupé que des droits de chacun des pouvoirs, législatif, exécutif, judiciaire; de la codification des lois, du nombre des corps délibérants, des époques de chaque législature, d'un budget modèle, du mode d'assurer le paiement de la dette publique, de la perception des impôts, de la déclaration d'inviolabilité des députés, de la responsabilité ministérielle, d'un emprunt national, des bases de l'organisation départementale, de la conscription militaire; on eût

---

(1) Procès-verbal.
(2) Rabaud Saint-Étienne, p. 133. — Anquetil, p. 13. — M. Mignet.
(3) V. les dernières pages de la Chron. des états généraux de M. Beugnot, Ann. de la Soc. de l'Hist. de Fr. 1840.

marché rapidement, en laissant ensuite le pouvoir exécutif achever le reste. Mais on entrait dans des détails que nous ne devons même pas citer; détails qui prenaient du temps, facilitaient les émeutes, et forçaient l'assemblée à jouer le rôle du pouvoir exécutif[1]. De là cette résistance du pouvoir royal sur beaucoup de points; de là ces excès des partis, ces incendies de châteaux, imputés aux personnages les plus élevés[2]; de là, enfin, la prise de la Bastille par les citoyens[3], la fuite de La Vauguyon au Havre[4], et tant d'autres conséquences qui n'ont point été arrêtées, par cela seul qu'un décret ordonnait le rétablissement de la tranquillité[5].

Relevons promptement ce qui intéressait spécialement notre contrée : la suppression des priviléges; l'abolition des justices seigneuriales; la suppression des dîmes; la défense d'exporter les grains; le prêt à intérêts; la loi martiale; le décret sur la tranquillité de Rouen, qui appelait le secours de la garde nationale, dont le président d'Esneval commandait la dixième compagnie[6]; la suspension des vœux monastiques; la disposition au profit de l'État des biens des églises; la divulgation de ce secret que l'abbaye de Saint-Wandrille payait quatre mille florins par an à la cour de Rome[7]; l'ordre d'instruire contre la chambre des vacations de Rouen, jugée séditieuse[8];

(1) Rondonneau. — M. Mignet. — M. Thiers, p. 92 et suiv. — Biogr. mod. — Rabaud Saint-Étienne.
(2) V. le procès de Bordier dont on réhabilite la mémoire. — Dict. hist. — Biogr. mod. — Lacretelle, Assemblée constituante, p. 130.
(3) M. Mignet. — Rabaud Saint-Étienne. — Prud'homme, p. 144.
(4) Rondonneau, p. 14. (5) Le décret est du 10 août, Rondonneau, p. 16. (6) Rôles de la garde nationale de Rouen.
(7) Alman. royal, 1789. — Langlois, p. 157
(8) Anquetil, t. 13, p. 331. — Rabaud Saint-Étienne.

le décret portant que la Corse fait partie de la France; le sort des Juifs; le détail de l'organisation des départements [1], sont parmi les produits de la première année, ce qui frappe le plus le Cauchois qui lit le journal, ou bien qui a son correspondant à Paris, ou encore qui veut seulement écouter la voix du crieur public; le nom de Thouret, président de l'assemblée nationale, les noms de Mirabeau, de Maury, de Cazalès, de Mounier, de Lally-Tollendal [2], sont ceux qui retentissent le plus souvent à son oreille.

L'an 1790 aura-t-il moins d'événements que nous appellerons législatifs-provinciaux? Si le rétablissement des barrières [3], le sursis à la demande de Rouen, qui propose une augmentation d'impôts pour soulager les pauvres [4]; la subdivision des soixante-neuf cantons de la Seine-Inférieure, l'abrogation formelle du nom de *pays de Caux* qui durait depuis tant de siècles [5], la publication du *Livre rouge* [6], l'apparition de l'*Ami du peuple*, sont pris diversement; les conditions exigées pour être nommé citoyen actif, la réunion de diverses paroisses en une municipalité, la défense aux membres de l'Assemblée nationale d'accepter aucune place en don du gouvernement, l'abolition du régime prohibitif des haras, la désignation des éligibles, le traitement des religieux qui vont quitter

---

(1) Rabaud Saint-Étienne. — M. Mignet, ch. 3, p. 139 et suiv. — Le travail de la Seine-Infér. forme 26 pages in-4. On conservait le nom de Caux : Saint-Valery-en-Caux, Saint-Laurent-en-Caux, Bec-aux-Cauchois, Montreuil-en-Caux, etc.

(2) M. Mignet. (3) Rondonneau, p. 25.

(4) Brochure en 8 pages chez Soyer et Béhourt.

(5) Rondonneau, p. 26. — Rabaud Saint-Étienne, p. 17. — Un travail en 29 pages in-4.

(6) Le livre rouge ou liste des pensions secrètes était en cinq livraisons in-12, et écrit en lettres rouges. — Rondonneau, p. 136.

leurs maisons (disposition qui touchait Jumiéges, Saint-Wandrille, Saint-Valery, Saint-Riquier, Le Tréport, Fécamp, Longueville¹, Sainte-Austreberte, Saint-Germer); l'aliénation aux municipalités de quatre cents millions de biens ecclésiastiques ², tous ces actes n'intéressaient-ils pas ou la masse ou les individus? On voyait dans leur principe tant de bonne foi, qu'on les applaudissait à mesure qu'ils paraissaient, autant que l'acte de dévouement de ce marin du Tréport, André Bouzard, qui avait sauvé tout l'équipage d'un navire, et que le roi Louis XVI avait invité à venir manger à sa table ³; ou bien que l'action de ces autres Cauchois qui s'étaient si distingués à Saint-Domingue, et dont les journaux publiaient l'éloge ⁴.

Le pays de Caux était-il plus insensible que les autres contrées à la suppression de la gabelle, à la réformation provisoire de la procédure criminelle, à la création des assignats ⁵, à l'institution d'une cour régulatrice, aux deux degrés de juridiction, à l'élection des juges par le peuple ⁶, à l'unité des poids et mesures ⁷, inutilement tentée par les autres gouvernements ⁸? On félicitait M. de Baumetz, élu président de l'assemblée constituante ⁹ sur le deuil pris à l'occasion de la mort de Franklin ¹⁰; on mettait, il est

---

(1) Des Bénédictins qui habitaient l'abbaye de Longueville sont restés au nombre de huit jusqu'au moment où l'on a adjugé cette abbaye et le château. A la place de l'abbaye est une filature.
(2) Rondonneau, p. 150. — Rabaud Saint-Étienne, p. 32.
(3) Dict. hist. v° Bouzard. — Il est mort en 1795.
(4) M. Brahaut. (5) Rondonneau, p. 207.
(6) Rabaud Saint-Étienne, p. 36.
(7) Rondonneau, p. 221.
(8) Id., p. 254. (9) Lesguillez, p. 122.
(10) Rabaud Saint-Étienne, p. 40.

vrai, déjà quelque malice à le féliciter sur l'abolition des titres de prince, de comte, de marquis [1]; sur le droit accordé aux communes de reprendre leurs anciens noms [2]; mais, en même temps, si personne ne regrettait le titre de *roi* donné au seigneur d'Yvetot, titre qui était devenu ridicule, il faut dire que beaucoup de familles cauchoises protestaient contre le sacrifice de leurs anciens titres, et que déjà beaucoup de personnes, même qui n'en avaient aucun, commençaient à craindre qu'on n'allât trop loin. Des nombreux actes qui ont encore eu lieu en 1790, et qui pouvaient intéresser notre pays, nous ne relevons plus que le décret sur l'armée navale [3], le droit de former des sociétés libres [4], et enfin, cette fédération du 14 juillet, célébrée par Louis XVI, où s'étaient rendus tant de Cauchois, dont les médailles se sont répandues par milliers, et à l'occasion de laquelle le roi avait reçu tant de témoignages d'amour, que bien des opinions opposées s'étaient ralliées, et que l'entraînement, l'enthousiasme, paraissaient avoir formé une nation nouvelle [5].

Puis, bientôt, on ne met plus aux réformes le sérieux qu'on y mettait en 1789 : tandis qu'on imprime un agenda pour les citoyens actifs [6], qu'on donne au vieux régiment de Normandie le nom de Neuvième régiment d'infanterie [7], qu'on veut ré-

An 1791

---

(1) Rondonneau, p. 291. — Lacretelle, p. 354. — Rabaud Saint-Étienne, p. 41. (2) Rondonneau, p. 293.
(3) V. une brochure de Lecouteulx de Canteleu, dép. de Rouen, en 24 pages in-8.
(4) Rondonneau, p. 579. — M. Dubois, Hist. de Lisieux, p. 270.
(5) M. Mignet, t. 1, p. 168 et suiv. — Prud'homme, p. 145. — Rabaud Saint-Étienne, p. 55. (6) Broch. en 12 pages.
(7) M. Brabaut.

gulariser un budget, ce qui est si nécessaire [1], qu'on affecte six cent cinquante mille livres aux travaux du Havre [2]; on répand les couplets chantés dans un dîner offert par les amis de la constitution de Rouen à l'abbé Grégoire [3]; on imprime un *Projet d'alliance entre M. Tiers-État et mademoiselle Noblesse; les Litanies du tiers-état*, sont criées dans les rues [4]. En voyant démolir la prison du vieux palais de Rouen, quelques personnes croyaient voir tomber non la féodalité, mais la royauté elle-même [5]; et des nobles en profitaient pour faire dès tentatives révolutionnaires [6]. La poursuite des distributions d'un bref du pape [7], l'établissement d'un tribunal à Orléans, pour ne juger que certains crimes [8], paraissaient à tous contradictoires avec ces institutions de tribunaux bien classés, et avec la nomination de Thouret à la Cour de cassation [9]. La vente des bois nationaux convenait fort à maint spéculateur, mais elle affligeait les vrais économistes. Un nouveau partage de successions [10] entrait assez dans le goût de la majorité; mais il était évident que la levée de plusieurs centaines de mille hommes présageait une guerre. Déjà l'on ne regardait plus les assignats comme argent, et la fonte des cloches n'était pas considérée comme une bien réelle économie. Ce fut bien autre chose, quand on apprit le projet de fuite de la princesse de Lamballe par Dieppe [11], le projet de fuite du roi par la basse

---

(1) Rondonneau, p. 929. (2) Collect. du Louvre, t. 3, p. 819.
(3) Chez Soyer et Béhourt. (4) Brochure en 15 pages.
(5) Lesguillez, p. 37. (6) M. Mignet, p. 173, 185.
(7) Rondonneau, p. 101. (8) Id., p. 86.
(9) Biogr. mod. — Mouard, 1806. — Pasquier, Biogr. ms.
(10) Rondonneau, p. 129.
(11) Biogr. mod. v° Lamballe.

Seine[1], son voyage nocturne vers Montmédy, son arrestation à Varennes[2]; on ne pouvait croire à cette défense positive faite à toute personne de sortir de Paris.

A la vérité, cette défense est bientôt levée; mais un grand coup avait été porté : il s'agissait de savoir si le roi lui-même était libre, quand tout, autour de lui, répétait le mot de *liberté;* s'il avait pris un faux passeport[3]. En portant un décret qui enjoint à tous les citoyens de Paris de veiller à la sûreté du roi[4], l'assemblée appelait le chef de l'État à se justifier! Le trône était tellement en danger, qu'il paraît certain qu'un parti républicain s'est formé[5]. Tandis que l'archevêque de Rouen, cet ennemi déclaré des Jésuites, se déclarait ouvertement contre ce qu'il appelait les innovations de la constituante[6], le duc de Penthièvre pensait à se rendre à la frontière[7]. Le pays de Caux perdait sa tranquillité, à ce point qu'un décret spécial voulait qu'il fût informé contre les auteurs des troubles[8]. L'absence des deux frères du roi[9] était-elle de nature à ramener le calme? Quelle était la position morale d'une contrée si riche en récoltes, et qui, elle aussi, éprouvait la disette! Pouvait-on avoir confiance en un état de choses lors duquel la monnaie même était altérée? Il était manifeste que les pièces

---

(1) Anquetil, t. 13, p. 353. — Lacretelle, introd., p. 27.
(2) Collect. du Louvre, t. 4, p. 1288. — M. Mignet, t. 1, p. 187 et suiv.
(3) Collect. du Louvre, t. 4, p. 1301.
(4) 19 juillet, Rondonneau, p. 43.
(5) M. Mignet, t. 1, p. 197.
(6) Biogr. mod.   (7) M. Estancelin.
(8) Collect. du Louvre, t. 5, p. 469. — Rondonneau, p. 44. — Rabaud Saint-Étienne, p. 81. — Le Rapport du 23 juillet à l'Ass. constituante.
(9) Collect. du Louvre, t. 5, p. 733.

de quinze sous et de trente sous étaient pleines d'alliage [1].

Empressons-nous de dire que le calme est rapidement revenu, dès que l'œuvre principale de l'assemblée a été complète; la présentation solennelle de la constitution française, à la date du 14 septembre, donnait à tous et des règles et des espérances. Elle avait été votée par les délégués de la nation; elle était acceptée par le pouvoir exécutif du moins, avec solennité; les titres de tous étaient consacrés. La force et aussi la bonne foi dans l'exécution auraient peut-être pu la rendre séculaire. Il faut dire que ceux qui les premiers auraient dû mettre en action ce grand principe, étaient précisément ceux qui l'avaient conçu, et qu'ils en ont empêché la sanction, en s'interdisant, par modestie, de faire eux-mêmes partie de la prochaine législature [2]. Il n'était pas de Cauchois qui, dans son bon sens, ne regardât Thouret, Bégouen et autres, comme les meilleurs interprètes de l'acte par eux rédigé. Beaucoup pourtant de ceux qui avaient étudié l'histoire et surtout le mécanisme de la constitution anglaise, n'avaient pas de confiance en une seule chambre [3]; ils craignaient, ou que le gouvernement ne l'absorbât, ou qu'il ne fût absorbé par elle; nous allons voir laquelle de ces appréhensions était fondée.

Les premiers mouvements du mécanisme étaient réguliers; ils pacifiaient Paris et les provinces; comme l'acceptation par le roi avait donné un enthousiasme

(1) Ces pièces ont été démonétisées en 1846.
(2) M. Mignet, t. 1, p. 205.
(3) Titre 3, ch. 1, art. 1.

pur [1], on se plaisait à répéter que c'était la voix de Thouret qui avait déclaré, le 30 septembre, que la mission de l'assemblée constituante était achevée; mais bientôt on répand aussi le bruit que l'exécution ne va pas se faire de bonne foi de part ni d'autre. L'établissement d'une cour martiale maritime [2], l'allocation arbitraire d'une pension à la veuve du maréchal de Richelieu [3], le décret sur les protestations contre la constitution [4], même le code militaire et le décret sur la police rurale, ne paraissent pas autre chose que des excès de pouvoir de l'assemblée constituante elle-même; excès contre lesquels protestaient les Cauchois de Cairon et de Bouville [5], et que la cour ne tarderait pas à imiter.

L'attitude de l'assemblée législative excite au plus haut degré l'intérêt de nos contrées; les députés Albitte, Brémontier, Boullenger [6], Ducastel [7], Forfait [8], Froudière, Grégoire de Rumare, Lucas, Pocholle, Ruault, curé d'Yvetot, Tarbé, Vimart [9], étaient des hommes instruits, laborieux [10]. Albitte était le plus ardent; aucun ne partageait la pensée du député bas-normand Achard, qui voulait le maintien de la Coutume [11]. Si l'on a regardé comme trop sec le compliment fait au roi par Ducas-

---

(1) M. Mignet, t. 1, p. 209. — Anquetil, t. 13, p. 360. — Prud'homme fixe la signature au 15 septembre.

(2) Rondonneau, p. 5.

(3) Collect. Baudouin, p. 491. (4) Rondonneau, p. 58.

(5) Biogr. mod., t. 1, p. 329. — Le décret du 6 octobre est pourtant resté en vigueur. (6) Il a été président à Rouen.

(7) Il a présidé l'assemblée. — V. Guilbert, Not. en 34 pages.

(8) Depuis ministre. (9) Depuis sénateur.

(10) Monit. — Biogr. mod. — M. Thiers. — M. Lacretelle. — M. Mignet. Anquetil, t. 13. — M. Rathery. — Fr. Hüe.

(11) Biogr. mod. v° Achard.

tel, au nom de l'assemblée¹ ; si l'on trouvait même ridicule cette exigence que le fauteuil du monarque ne fût pas plus haut que celui du président², il n'était personne qui ne trouvât sage la décision qui demandait compte aux ministres³. Bientôt le brûlement d'une partie des assignats, la suppression de l'épithète, *honorable membre,* la demande aux citoyens de communiquer leurs vues sur la législation, même sur l'administration⁴ ; le délai de deux mois imparti à Louis-Xavier, frère du roi, pour rentrer en France, ne sont pas d'un bon augure. Le provincial le moins habitué à la politique, en voyant le choix même des ministres, discernait l'embarras dans lequel le roi devait être. Qui n'était promptement au courant de la répugnance personnelle de la reine pour les agents à peu près imposés à Louis XVI⁵ ? Mais voici de bien plus tristes résultats : ne devait-on pas craindre que les massacres du Midi⁶ ne fussent imités dans les contrées séquaniennes⁷ ? Quel allait être l'effet du mode nouveau d'exécuter à mort, inventé par Guillotin, ce médecin qui avait été membre de l'Assemblée constituante⁸ ? celui qui avait communiqué une pensée dictée par l'humanité, pouvait-il présumer l'usage qu'on allait faire de son invention ? Pourquoi les anciens seigneurs, les descendants de tant de glorieuses familles quittaient-ils leurs châteaux, quand on dressait un acte d'accusation contre les

---

(1) Collect. Baudouin, p. 5. (2) M. Lacretelle, p. 75.
(3) Collect. Baudouin, p. 13. (4) Id., p. 73.
(5) M. Mignet, t. 1, p. 229. — Le décret de déchéance est du 17 janvier 1792. (6) M. Mignet, t. 1, p. 256. — Journaux du temps.
(7) M. Lacretelle. — M. Thiers. — M. Mignet.
(8) Biogr. mod. — Prud'homme, t. 20, p. 145. — Guillotin est mort en mars 1814.

princes français[1]? N'était-ce pas justifier le bruit que la cour était en relation avec les ennemis extérieurs[2]?

Déjà le tumulte est assez grand pour que la sage voix de l'histoire ne puisse plus être entendue. Les Français se divisent; ils vont être vaincus, malgré le zèle qu'on a mis à faire des enrôlements volontaires, à fabriquer des piques, à donner des armes pour la garde nationale[3]; le déportement des prêtres insermentés[4] va augmenter le nombre des ennemis. L'armée nationale sera décontenancée vers la Bohême[5]; quelque confiance qu'on ait d'abord en Rochambeau, Dumouriez, Lafayette, leur retraite donnait une inquiétude qui était loin d'être calmée par la suppression de la garde royale[6], suppression exécutée à Dieppe[7], de manière à ce que les Anglais en étaient aussitôt instruits. Brûler les anciens drapeaux[8] semble une ingratitude, et Lafayette y était sans doute plus sensible qu'à l'ordre de brûler les titres de noblesse[9]. Puis le torrent va devenir si rapide, qu'aucune force humaine ne pourra l'arrêter. Le mouvement du faubourg Saint-Antoine est raconté peu d'instants avant l'histoire du bonnet rouge mis sur la tête de Louis XVI[10]. On assure qu'au Havre l'intendant Mistral, après avoir entendu le récit de ce dernier événement, s'est noyé[11];

---

(1) M. Mignet, t. 1, p. 224. — Collect. du Louvre, t. 8, p. 129. — Prud'homme, t. 20, p. 145. (2) M. Mignet, t. 1, p. 231.

(3) Rondonneau, p. 312. (4) Collect. Baudouin, p. 221.

(5) M. Mignet, t. 1, p. 240. — V. la décl. de guerre, Rondonneau, p. 365t

(6) M. Mignet, t. 1, p. 253. — Les mém. de Dumouriez, qui comprenaient la monarchie constitutionnelle et en indiquaient les bases, en 1794, sont fort curieux à lire aujourd'hui.

(7) V. Lettre d'Amabert, en 7 pages in-12. (8) Rondonneau, p. 301.

(9) Id., p. 507. (10) M. Mignet, t. 1, p. 258 et suiv. — Anquetil, t. 13, p. 360 et suiv. (11) Biogr. mod.

mais, de quelque façon que les plus indifférents le prissent, ils ne pouvaient y voir autre chose que la violation de la demeure royale. La nouvelle que le duc de La Rochefoucauld-Liancourt a proposé au roi de venir à Rouen [1], est bientôt absorbée par l'attaque du 10 août. Si cette impulsion a été un peu calmée par la démarche du roi, conseillée par Rœderer [2], le courage même de Louis XVI n'a pu empêcher le massacre des Suisses, la destruction de beaucoup de statues de rois [3]. On comprend que dès lors personne n'est en état de diriger les mouvements. La victoire seule saura sauver la France. Si la prise de Verdun par les légions, si la belle tenue des volontaires de l'orient vers la Seine-Inférieure [4], et la mission de Lecointe dans le même département n'avaient pas encore assez d'ascendant, ceux des Cauchois qui étaient dans l'armée de Kellermann font bientôt part à leurs père et mère de ce qu'ils nomment la *canonnade de Valmy* [5]; ils racontent que la bataille a été engagée aux cris de *Vive la nation!* que des Français émigrés ont été repoussés. Du moins, ceux qui restent dans leur patrie ont un mot d'ordre électrique, qui les fait mourir tranquilles au milieu des baïonnettes et de la mitraille. Les bataillons carrés sont comme des citadelles. Les corps de cavalerie sont des forces lancées, qui n'auraient pu elles-mêmes contenir leur première impulsion.

Tous les petits détails provinciaux vont être ef-

(1) Biogr. mod. v° La Rochefoucauld. — M. Mignet, t. 1, p. 262.
(2) Anquetil, t. 13. — Procès-verbaux de l'assemblée. — M. Thiers, t. 2, p. 247. (3) Mém. de M. de La Rochejaquelein, 1 vol. in-8.
(4) Lettre de Le Hulle, 23 août 1792.
(5) Biogr. mod. v° Kellermann. — Vict. et conq., t. 1. — M. Mignet t. 1, p. 309. — Prud'homme, p. 186.

facés par la haute politique. Quel intérêt veut-on que l'on porte à ce fait, que Bernardin de Saint-Pierre, le Havrais, est nommé intendant du Jardin des plantes [1]; à cet autre fait, que des religieux disent qu'ils n'abandonnent pas une chapelle près Fécamp [2]; à cet autre, que l'on vend telle maison occupée par des religieuses [3]; à cet autre même, qu'une émeute à Rouen a été calmée par l'ascendant du sage de Fontenay, au moment où l'on allait enfoncer la porte de la maison commune [4], quand il y a eu menace d'incendier les Tuileries [5], quand un décret demande la formation d'une *Convention nationale* [6], quand un autre ordonne la translation du roi et de la famille royale au Temple [7], enfin quand on fait publier treize recueils de pièces trouvées chez l'intendant de la liste civile [8], lesquelles dénonceraient les intentions cachées de la cour? Ce ne sera que lorsqu'on sera remis des impressions de la capitale, de la violence du décret relatif aux pères et mères des émigrés [9], des mouvements du camp de Paris [10], de l'établissement de la Convention aux Tuileries [11], qu'on s'occupera de la dispersion des dix mille volumes de la bibliothèque de Jumiéges [12], de l'arrestation de Charles de Lameth à Barentin [13].

Certes, beaucoup de chauds partisans de la révo-

---

(1) Biogr. mod. (2) Collect. du Louvre, t. 10, p. 55.
(3) Collect. Baudouin, p. 348.
(4) Monit. du 14 février 1816. — Collect. du Louvre, t. 10, p. 347, 407. — Journ. de Louviers, 3 janvier 1844.
(5) Collect. Baudouin, p. 14. (6) Anquetil, t. 13. — Rondonneau, p. 610. (7) 13 août 1792. — Scellé le 14. — Rondonneau, p. 621.
(8) V. le rapport de Gohier. (9) Rondonneau, p. 804.
(10) Baudouin, p. 820. (11) Collect. du Louvre, t. 11, p. 357.
(12) Deshayes, p. 145. — Soc. de l'Hist. de Fr. 1835, p. 255.
(13) Collect. Baudouin, p. 1056.

lution de 1789 déploraient de n'être pas les maîtres de ses conséquences. Mais que sera-ce donc, lorsque les journaux apporteront les décrets quotidiens de la Convention nationale. L'abrogation de la royauté [1] n'était qu'une disposition inutile, car le pouvoir royal n'existait plus. Albitte (de Dieppe), Bailleul (du Havre), Bourgeois (de Neufchâtel), Faure (du Havre), Pocholle (de Dieppe), Ruault (d'Yvetot), Lefebvre (de Gamaches), envoyés avec Hardy, Delahaye, Duval, Mariette, Vincent, Blutel et Yger [2], ne devaient pas être d'accord sur tous les votes. Beaucoup d'entre eux tenaient plus à la liberté effective, qu'à ce que chacun pût faire trembler son voisin; on était moins flatté de voir jusque dans les écoles d'enfants la devise renouvelée de 1770, ou bien celle-ci : *l'on s'honore du titre de citoyen*, que l'on n'était désireux d'un civisme réel. Tout ce qui était raisonnable et constitutionnel voulait bien que Louis XVI fût jugé; mais on voulait que, comme le moindre accusé, il eût une libre et complète défense. Ainsi, quand après Jemmapes, Lille, Anvers, Tirlemont, Nice, après un armement extraordinaire et la division des forces en huit armées [3], intervint, le 3 décembre 1792, le décret qui, malgré la noble harangue de Faure, décidait que Louis Capet serait jugé [4], les amis des lois, ceux même qui voyaient la liberté pratiquée dans l'Amérique septentrionale, crurent encore qu'il était possible, et que Louis fût

---

(1) Rondonneau, Couvent. nat., p. 1. — M. Lacretelle, Précis.
(2) V. la liste officielle chez Périaux, 14 pages in-4. — Biogr. mod. — Anquetil, t. 13. — M. Lacretelle, Précis. — V. sur chacun de ces conventionnels, la Biogr. mod.
(3) M. Thiers, t. 3, p. 57 et suiv.
(4) Id., p. 177. — Biogr. mod. — M. Lacretelle, Précis.

déclaré innocent, ou du moins gracié, et que la France essayât du gouvernement républicain. De leur côté, les amis d'une royauté plus forte que celle de Louis XVI ne désespéraient pas encore [1]. On peut croire que le testament rédigé par Louis était copié, répandu de manière que le zèle de ses partisans serait réchauffé, que même les plus indifférents en politique éprouveraient de l'émotion.

Maintenant la révolution française a trois théâtres historiques : les frontières, Paris, les provinces ; les frontières où le cri de *Vive la république,* les hymnes, les chants patriotiques, font triompher plusieurs armées en présence de l'Angleterre, de la Hollande, du Portugal et de l'Espagne [2] ; Paris où tout est soumis à la Convention ; les provinces où les partis se déchirent, se dénoncent, où les uns détruisent certains monuments que les autres regrettent [3], où la moindre élection est une occasion d'épigrammes sanglantes. On ne croit pas sans doute que nous allons réveiller ces dernières misères. Les Cauchois, comme les autres Français, cherchent ce qu'ils peuvent avoir dans leurs greniers, dans leurs caves, qui puisse être converti en armes, en poudre à canon [4], et tout cela est envoyé à ceux qui se battent à Breda, à Nimègue, à Chambéry, à Nice, à Thionville, à Lille, à Spire, à Worms, à Verdun, à Villefranche. Ce n'était pas la stratégie (qu'on allait bientôt mieux apprendre à

An 1793

---

(1) Soulavie, Mém. en 6 vol. in-8. — Rondonneau, p. 72. — Baudouin, p. 39, 74, 85.
(2) Prud'homme, Tables chron. p. 146. — Hymnes patriot. 1 vol. in-8, chez Soyer et Béhourt. — Poésies nationales, Bailly, édit. 1835. — Lacretelle, Précis. — M. Thiers, t. 3, p. 109 et suiv.
(3) M. Laquerrière. — M. Lesguillez, p. 55.
(4) M. Laquerrière, t. 2, p. 275.

l'école de Carnot)[1] qui faisait vaincre, c'était l'entraînement. On n'a pas assez publié le fait du Normand Cabien, lequel s'est saisi de quinze bâtiments anglais, lui qui déjà, en 1761, avait sauvé la partie du territoire qu'il habitait, et que les Anglais avaient voulu attaquer; on assure qu'il les avait éloignés en battant la générale, comme s'il eût dû rassembler une troupe nombreuse[2]. Pendant que Custine prend Mayence, que Kellermann est vainqueur à Longwy, que les Autrichiens évacuent Saint-Amand, Orchies, Marchiennes; que le général Delâtre, né à Saint-Valery-en-Caux, après avoir battu les Espagnols, se laisse ensuite accuser de négligence, et doit être condamné par le tribunal révolutionnaire[3]; que Dumouriez, à vingt-quatre ans, compte vingt-deux blessures[4]; que la république, après avoir fait un traité avec Genève[5], reprend Toulon, qui s'était livré aux Anglais[6]; qu'elle est encore victorieuse à Mons, à Comines, à Varleron, à Bruxelles, Ypres et Namur; que la population de Bâle veut aussi goûter de l'état républicain[7]; pendant ce temps, disons-nous, Louis XVI avait comparu, accompagné de trois défenseurs, devant ce tribunal de sept cent vingt-un juges, qui, malgré la ferme observation de Delahaye[8], s'était constitué lui-même, et que Treilhard présidait[9]. La discussion avait été fermée le 7 janvier; des mouvements en Normandie, comme en Provence deman-

---

(1) Vict. et conq. — Corresp. cauchoise inédite, p. 80. — M. Lacretelle. — M. Thiers. (2) Dict. hist. v° Cabien.
(3) Id. v° Delâtre. (4) Mosaïque de l'Ouest.
(5) Lacretelle. (6) M. Thiers.
(7) Lacretelle. (8) Biogr. mod., t. 2, p. 47.
(9) Hist. de la Convention. — Mém. de Cléry. — Lacretelle. — M. Thiers, t. 3, p. 148 à 270.

daient l'appel au peuple. Le 12 janvier, trente mille citoyens signaient à Rouen, sur la place de la Rougemare, une pétition en ce sens [1]; puis quand, le 17 janvier, Louis est condamné à la peine de mort par une majorité de cinq voix, on a soin de recueillir qu'il n'y a eu pour la condamnation que deux voix dans toute la députation de la Seine-Inférieure [2]; les anciens du pays rappellent comme un fatal présage, que lors des fêtes du mariage de ce prince, quatre mille personnes ont péri; qu'il s'est trouvé malheureux, quand il a été appelé sur le trône [3]; puis, quand on apprend la fatale journée du 21 janvier, tout ce pays est attristé, courbé, flétri [4].

A partir de ce moment, beaucoup d'hommes modérés, de ceux même qui avaient blâmé Louis XVI d'avoir résisté à l'indépendance des Américains, et de n'avoir pas profité des leçons de Tacite, dont il faisait sa lecture favorite [5]; beaucoup, disons-nous, vont se retirer. Les places publiques ruisselleront de sang humain; des assassinats vont être commis dans le pays de Caux comme ailleurs; on violera les tombeaux de la ville d'Eu, après le décès du duc de Penthièvre, arrivée le 3 mars [6]. La partie saine de la Convention, celle qui était ennemie du meurtre, est dominée par Robespierre, Saint-Just, Couthon, Marat, Joseph Lebon; pour ceux-ci, ils vont bientôt s'entre-détruire eux-mêmes [7]. Le ministre Roland, qui donne sa démission après avoir rêvé pour sa patrie

---

(1) Lacretelle, p. 13. — Rapport Valazé, en 28 pages.
(2) Soulavie. — Biogr. mod. (3) Biogr. mod.
(4) Chambre des députés, janvier 1816. — Dumouriez, Mém., p. 69, dit que le 21 janvier est la perte de la république, comme il l'entendait.
(5) Biogr. mod. (6) M. Estancelin. (7) M. Lacretelle. — Nous possédons des lettres fort curieuses de Joseph Lebon.

la liberté américaine, fuit vers la basse Seine; il apprendra en route la mort de son épouse, et se frappera de deux coups de poignard [1]. La Rochefoucauld sera assassiné dans les bras de sa mère, à Forges [2]; Thiroux de Crosne, ce sage rapporteur de l'affaire Calas, l'ancien intendant de Rouen, et dont cette ville honorera un jour la mémoire, va recevoir la mort avec résignation [3]; on trouvera à Forges Pâris, qui avait tué Lepelletier de Saint-Fargeau, et qui préfère le suicide à un jugement [4]; Faure sera incarcéré, pour avoir émis nettement son opinion lors du procès du roi [5]. La condamnation de Ligneville, d'Estourmel, Barneville, Longueville et de neuf Rouennais, guillotinés comme des conspirateurs [6], produira tant d'effet qu'on fera peu d'attention à l'établissement de nouvelles fabriques d'armes, à l'envoi de commissaires aux frontières [7], à l'exemple donné par Dieppe, qui offre du numéraire contre des assignats [8], à l'augmentation de la solde des marins. L'établissement d'un théâtre à Rouen, à la place du jeu de paume, sera bien le commencement [9] d'une distraction désirée, mais bientôt le séquestre mis sur les biens des émigrés [10] ramènera au sein du pays de Caux un désordre dont on aurait de la peine à se faire une idée de la distance où nous sommes. Tandis

---

(1) Compte-rendu par le ministre de l'intérieur, 14 pages in-12. — Procès-verbal de Pillon et Legendre, ms. en 2 pages in-fol. — Dict. hist. — Hist. des ministres.

(2) Norvins. — Biogr. mod. (3) Biogr. mod.

(4) Id. (5) Id. v° Faure.

(6) V. la liste des condamnés par le tribunal révolutionnaire, in-8 de 32 pages, impr. chez Marchand en l'an II.

(7) Collect. du Louvre, t. 13, p. 228. (8) Collect. Baudouin, p. 231.

(9) Journal de Rouen. — Laquerrière, Revue mon.

(10) Rondonneau, p. 317.

qu'on proclame législativement *les droits de l'homme*[1], on donne l'exemple de l'injustice et de l'intolérance. L'établissement des écoles primaires [2], les distributions de prix dans les colléges, l'adoption des fils de ceux qui sont morts sur le champ de bataille, la récompense publique des bonnes actions, habituent bien l'enfance à ces pensées qui chassent l'égoïsme, et font naître l'amour de la patrie; mais l'arrestation de plusieurs membres de la Convention, de deux ministres et de tout ce qu'il y avait de plus distingué dans les lettres [3], ne permettait pas de discerner où l'on allait, ce qu'on allait devenir. Que penser de ce principe, qu'il était permis de déporter ceux qui auraient commis des crimes, *même non prévus par les lois* [4]!

Mais enfin, quelques hommes, amis de la liberté, et ne pouvant supporter l'effusion du sang, commencent à se rallier : on entend bien parler de la mission de Saint-Just dans le département de l'Eure [5]; mais on tâche de ne point avoir de pareils émissaires dans la Seine-Inférieure. La suspension des juges du premier de ces départements [6] n'amène point de dénonciations dans le deuxième. On ricanait à bas bruit de la proposition faite à Montpellier, par le citoyen Couthon, d'établir un jury pour juger la Convention à son tour [7], de même qu'on se communiquait le poëme imprimé à Rouen sur *la Constitution reconnue par les dieux* [8]. Si Carrier, mécontent de la froideur

---

(1) Rondonneau, p. 403. (2) Id., p. 354.
(3) Liste des condamnés, in-12, à Paris, chez Berthe.
(4) Décret du 7 juin 1793. — Rondonneau, p. 369.
(5) Collection Baudouin, p. 144.
(6) Collection du Louvre, t. 14, p. 781.
(7) Collection Baudouin, p. 70.
(8) Catalogue Delassize, p. 383.

des habitants voisins de la basse Seine, venait pour les réchauffer par des arrestations, des perquisitions, des interrogatoires [1]; s'il venait changer les églises en salpêtrières [2]; si tous les chevaux de selle étaient requis; si le décret qui porte que les citoyens de Metz, de Mayence, ont bien mérité de la patrie [3], porte à discuter lequel sera plus utile au pays, ou de la cloche de Georges d'Amboise ou d'une couleuvrine [4], l'action de Charlotte Corday excite d'autres pensées. Aussi, que voulez-vous qu'on fasse d'une constitution promulguée en de pareilles circonstances? Le législateur avait beau dire qu'il voulait déclarer les droits de l'homme, afin que le peuple eût toujours devant les yeux les bases de sa liberté et de son bonheur, le magistrat la règle de ses devoirs, le législateur l'objet de sa mission (on sait bien que le despotisme n'oublie pas les préambules), aussitôt après avoir proclamé la liberté, l'égalité, la propriété, comme bases du gouvernement, après avoir demandé la volonté générale pour en faire une loi, on mêlait le pouvoir législatif et le pouvoir exécutif [5]. Charger un conseil de vingt-quatre de gouverner, était rendre le gouvernement impraticable; quand, sous le moindre prétexte, les rédacteurs de la constitution faisaient arrêter l'un d'entre eux [6], sauf à le faire mettre en liberté aussitôt après, ils indiquaient la pratique de leurs principes.

Il y a cependant une énergie sans exemple dans

---

(1) Collection du Louvre, t. 15, p 70, date du 12 juillet.
(2) Journaux. — M. Laquerrière, t. 2, p. 275.
(3) Collection Baudouin, p. 124. (4) Gilbert, p. 47.
(5) Rondonneau, p. 403. — V. 24 juin 1793.
   V. l'affaire Defermon.

une partie de ce gouvernement révolutionnaire [1] : la création du Bulletin des lois est un emblème d'ordre, le comité de salut public et le comité de sûreté générale étaient absolus, à ce point qu'il ne pouvait exister d'apathie nulle part. Lors de la guerre des chouans, quoiqu'elle n'ait jamais eu le pays de Caux pour théâtre [2]; quoiqu'on ait blâmé l'arrestation de Custine, de Westermann et de Lamorlière; qu'on se soit moqué de l'association des Carabots [3], du décret qui punit de mort le citoyen déguisé en femme [4]; de celui qui déclare Pitt l'ennemi du genre humain [5]; lors de cette guerre, disons-nous, la Seine-Inférieure a fourni quinze bataillons composés presque de volontaires, lesquels ont formé plusieurs des fameuses demi-brigades; La Tour-d'Auvergne est dans la quarante-sixième, et un nombreux détachement est incorporé dans la cavalerie [6]. Le drapeau tricolore va conduire ces braves au Mans, avec Marceau, Kléber, Hoche et Canclaux [7]; et tandis que les députés Legendre, Louchet, Lacroix [8], vont s'assurer de la disposition des pères de ces guerriers, eux, ils meurent pour la patrie.

Qui croirait que ces décisions sages : qu'un citoyen ne peut occuper deux places en même temps [9]; qu'une école d'hydrographie sera fondée à Quillebœuf [10], un hôpital de marine au Havre; qu'il est bon de statuer sur les successions et dona-

An 1794

---

(1) Décret du 4 décembre. — Rondonneau, p. 784, numéro 1950.

(2) Crétineau-Joly, p. 410 et suiv. (3) Collection du Louvre, t. 15, p. 359. (4) Rondonneau, p. 512.

(5) Collection du Louvre, p. 361. (6) M. Brahaut.—Collection Baudouin, p. 75. (7) M. Thiers, t. 5.

(8) Collection Baudouin, p. 146. (9) Id., p. 159.

(10) Rondonneau, p. 679.

tions [1]; que ces décisions émanent du même pouvoir qui fait monter sur l'échafaud Marie-Antoinette et madame Dubarry [2]. La prétention de ne fixer l'*ère des Français* [3] qu'à la date voulue par un décret, est suivie de la déclaration d'un certain nombre de traîtres à la patrie; de l'ordre d'arrêter tous les Anglais qui sont en France, et de la traduction devant le tribunal révolutionnaire du Cauchois Béthune-Charost [4]. On décide que la statue de Marat doit remplacer celle de Mirabeau au Panthéon, en même temps qu'on ordonne et qu'on exécute la vente du château d'Arques [5]. Les églises devenaient de prétendus temples de la Raison; on condamnait à la déportation un certain nombre d'ecclésiastiques [6]. L'éloignement des nobles qui étaient rentrés dans le pays, était un acte de despotisme brutal [7]. Si les Cauchois ne pouvaient retenir tous les nouveaux noms donnés aux rues de Rouen, du moins ils tâchaient de se souvenir qu'une partie du boulevard cauchois devait se nommer *Boulevard de la République*, et l'autre Boulevard du Mont-Blanc [8]; ils étaient fiers d'avoir de leurs enfants dans l'armée du Nord et l'armée des Alpes, qui *méritaient bien de la patrie* [9]. La formation des sociétés populaires, dont le but principal semblait être de surveiller l'envoi d'argent aux armées,

---

(1) V. Loi du 17 nivôse an II. — Acad. de Rouen, 1844, p. 171. — Dalloz, Jurispr. — Rec. des arrêts de Rouen.
(2) Prud'homme, p. 147. — M. Thiers, t. 5. — Biogr. mod.
(3) Millin, Calendr. rép., 1 vol. in-12. — Sc. du 22 fructidor an XIII. — Collection Baudouin, p. 177. — Manuel de concord.
(4) Collect. Baudouin, p. 177. (5) Notice sur Arques, p. 66.
(6) Decret du 22 germinal an II. — Rondonneau, p. 1058.
(7) Décrets des 16 germinal et 26 floréal an II.
(8) Délibér. du conseil général, 29 brumaire an II. — Recueil Béhourt, en 8 pages in-4. (9) Décrets des 11 et 12 floréal.

spécialement à la quatorzième demi-brigade, surnommée *la Brave* ¹, de veiller à l'établissement des bains froids, d'envoyer de la charpie aux blessés, d'encourager la culture des pommes de terre, de fonder des écoles publiques, de planter des arbres de la liberté, de recevoir les titres anciens pour faire des gargousses, ont produit peu de résultats; elles n'ont pas tardé à se mettre d'accord entre elles et avec les autorités administratives ². La tristesse de tous les partis était évidente, quand on apprenait la mort de Thouret ³, la condamnation de la veuve Colbert Maulévrier, marquise de Manneville, coupable d'avoir rejoint son fils émigré ⁴; celle de Maussion, ex-intendant de Rouen ⁵. Il n'y avait pas de division dans la haine qu'on portait à Robespierre, à Collot-d'Herbois ⁶. Enfin, la victoire devenant plus chère que toute liberté, on lisait partout les rapports de ce Barrère, qui avait autrefois célébré Louis XII ⁷, et qui, apologiste de Robespierre, devait être à son tour accusé et déporté; on les criait avec enthousiasme dans les rues. Beaucoup de personnes honnêtes voient un avenir meilleur dans le décret qui appelle des jurés pour prononcer sur les faits dans les tribunaux militaires ⁸. La fête de l'Éternel qui se célébrait dans toutes les communes, si elle retournait un peu trop aux formes de l'ancienne religion celtique, avait

---

(1) M. Brahaut. (2) Les Bulletins des séances forment 2 vol. in-8.

(3) Séances de la commune du 6 floréal. — Thouret a été condamné le 21 avril. (4) Biogr. mod. t. 3, p. 265.

(5) Biogr. mod. (6) Id

(7) Biogr. mod. — David, Hist. des opérations de l'armée du Nord et de Sambre-et-Meuse, 1 vol. in-8. — Séance de la Société populaire de Rouen, 14 floréal.

(8) Décret du 14 floréal an IV.

du moins le mérite d'être exempte de cruautés[1]. Une montagne élevée au milieu du Champ de Mars de Rouen, par tous les bataillons de la garde nationale, était un emblème comme tous les autels, et cependant une pétition, qui avait pour but de remplacer la croix sur les églises par un bonnet de liberté, n'avait pas de suite[2]. On accueillait avec bien plus d'unanimité l'ouvrage de Hurpy sur l'artillerie, qu'il pensait à offrir sans en vouloir d'argent[3]. Si les nobles qui avaient obtenu de rester en France, avaient à gémir d'être contraints de se présenter chaque jour devant les officiers municipaux[4], du moins ils devenaient plus calmes sur leur avenir. Quand Siblot ordonnait un recensement des subsistances de Neufchâtel[5]; quand Yvetot, Bolbec, Montivilliers, Cany, Harfleur, Dieppe, Toste, étaient tenus d'alimenter Rouen, personne ne songeait à résister à l'exécution de cet arrêté[6]. S'il est curieux de consigner aujourd'hui que le château d'Eu fut alors métamorphosé en hôpital militaire, et que la raison qu'en avait donnée le directoire du département, est que sous Henri II, duc de Guise, sous mademoiselle de Montpensier et du temps de Lauzun, même quand le duc de Penthièvre y passait un mois, ce n'était que le temple de la fausse grandeur et de la vanité; du moins il ne faut pas omettre qu'on avait soin de recommander les objets d'art, *vu, disait-on, que le beau en tout genre mérite le respect*[7]. On peut consigner aussi que la barbarie se retirait. Certes,

---

(1) Broch. locales.
(2) Commune de Rouen, séance du 23 prairial.
(3) Séance du 22 floréal. (4) Séance du district, 24 prairial.
(5) V. l'arrêté impr. chez Oursel. (6) Séance du 7 messidor.
(7). Bulletin des séances des corps admin., p. 691.

beaucoup de citoyens furent renfermés à Saint-Yon, comme suspects d'incivisme ou d'aristocratie [1], mais déjà quelques-uns en sortaient au moment où leurs fils étaient vainqueurs à Fleurus, Ostende et Tournay. La décision qui envoyait aux armées les officiers de santé de dix-huit à quarante ans [2], émanait du même pouvoir qui chassait de la société populaire du Houlme deux individus coupables d'un délit dans les bois [3]. Il faut même dire que les victoires de l'armée de la Moselle, la prise de Maubeuge et de Gand [4], l'armement de plusieurs vaisseaux de guerre, les travaux militaires du Havre, la publication des actions héroïques [5], la création de l'école de Mars [6], ont élevé les idées. Si l'on a fait à Paris la proposition de détruire les tours seigneuriales, cela n'a pas eu de suite [7]. Enfin, la coïncidence du commandement du général Beauvoisin dans la Seine-Inférieure avec la réaction thermidorienne, laisse entrevoir un meilleur avenir. L'arrestation des deux Robespierre, de Le Bas, de Couthon, de Henriot, de Saint-Just, et la comparution au tribunal révolutionnaire de Fouquier-Tinville lui-même [8], confirment l'espérance de ceux qui veulent retrouver les anciennes mœurs françaises. Des dons civiques, pour augmenter la flotte, abondent de

---

(1) Séance de la commune du 6 messidor.
(2) Bulletin des séances, p. 700. (3) Bulletin, p. 711.
(4) Bulletin, p. 728, 745. — Vict. et conq. — Rapport Barrère. — M. Thiers, t. 6. (5) 1 vol. in-8.
(6) Rapport à la Convent. — Bulletin, p. 795.
(7) Séance du 29 floréal.
(8) Décret du 14 thermidor. — M. Lacretelle, p. 96. — Mém. de Carnot, 1 vol. — Madame Campan, 3 vol. in-8. — De Proussinailles, 2 vol. in-8. — Prud'homme, Crimes de la révolution, 6 vol. — Rapport Barrère, 7 pages in-8. — Turreau, Hist. de la Vendée, in-8. — La Rochejaquelein, 1 vol. in-8. — M. Thiers, t. 6, p. 200 et suiv.

toutes parts[1]; le pouvoir du comité du salut public est restreint[2]; le département de la Seine-Inférieure félicite, par une adresse, ceux qui ont veillé sur la patrie dans la nuit du 9 au 10 thermidor[3]. Le général Vial, le général Huet, qui viennent visiter et défendre les côtes de l'Océan, félicitent le pouvoir de ne plus envoyer des *Muscadins* à l'armée, mais de vrais et vieux militaires, dont les cheveux ont blanchi, et qui se sont instruits ou dans les batailles ou dans les camps[4].

La Société populaire de Caudebec a bien le tort de demander au district, en termes déplacés, une décision sur les subsistances[5], et de s'arroger le pouvoir de mander le maire; le district retarde la réponse, pour qu'elle ne soit pas dictée par l'irritation; mais il la fait sérieuse; puis, l'enthousiasme excité par l'inauguration des bustes de Barra et Viala[6], rallie beaucoup de suffrages. On chante dans les rues les morceaux de poésie et de musique que leur dévouement patriotique a inspirés. Si Denneville est accusé d'avoir tenu des propos contre-révolutionnnaires, si l'on continue d'être encore un peu strict envers les prisonniers qui ont dessiné des épigrammes sur les murs[7], on se montre disposé à l'indulgence, par le choix même de l'officier de santé qu'on envoie à la maison de détention. Les bulletins qui signalaient le nom de Moreau[8], tandis que les journaux an-

---

(1) Soc. pop. séance du 8 thermidor. — Séance publ. du départ. du 13.
(2) Loi du 13 thermidor an II.
(3) Bulletin des séances, p. 801. (4) Département de la Seine-Infér. séance du 13 thermidor. (5) Bulletin, p. 803.
(6) Soc. pop. séance du 12 thermidor.
(7) On avait dessiné Pilon la tête en bas broyant des têtes dans un mortier. (8) Lacretelle, xcvj. — Biogr. mod. v° Moreau (jv).

nonçaient la mise en liberté du jeune Bonaparte, injustement arrêté [1], annoncent aussi que Liége est occupé par l'armée de Sambre-et-Meuse [2]; que le fort de Lillo est pris par l'armée du Nord; qu'elle a trouvé dans Anvers quatre-vingt mille sacs d'avoine et trente-huit pièces de canon; que Fontarabie, l'une des clefs de l'Espagne est au pouvoir de la république [3]; cela occasionne chez les pères, les mères, les frères, les sœurs des défenseurs de la patrie, un enthousiasme qui rend indulgent. On va faire un hôpital militaire de l'ancien établissement de Joyeuse. Un employé avait été incarcéré, on a reconnu son innocence; celui qui avait eu sa place s'empresse de la lui rendre, et tous les partis applaudissent à cette action [4]. Le sage Lecoutour avait été emprisonné, il est mis en liberté, il est félicité au milieu de cette Société populaire [5], que le département a déclaré n'avoir jamais été hostile aux lois ni aux bons principes [6] : c'est Lecoutour qui obtiendra la liberté des autres détenus. Enfin, tout le pays de Caux est fier de l'action héroïque du brave Henriol, né à Yvetot, qui, sommé par les Anglais, le 29 floréal, de se rendre, tire sur eux en criant : *Voilà comme les soldats de la république se rendent* [7]*!*

On dirait que le génie industriel va même de nouveau développer ses ailes : le télégraphe, inventé par Chappe [8], servira d'abord à transmettre les nouvelles

---

(1) Biogr. mod., t. 1, p. 271.   (2) Séance du district du 13.
(3) M. Thiers, t. 7, ch. 26.
(4) Séance du département, du 21 thermidor, p. 437.
(5) Séance du 1er fructidor.   (6) P. 878, 887.
(7) Bulletin des corps administratifs, p. 945.
(8) Dict. hist. v° Chappe. — Séance du département, du 22 fructidor.

de l'armée. C'est à Rouen que la motion a été faite, de réunir le drapeau genevois et le drapeau américain au drapeau français [1], et toutes les sociétés populaires du pays de Caux ont adopté cette pensée; c'est à Rouen que Boïeldieu, Garat et Sallentin ont demandé la permission de faire entendre des airs patriotiques [2]; des centaines de Cauchois sont venus applaudir, et aujourd'hui Boïeldieu a une statue de bronze dans sa ville natale. On recommence, pour ainsi dire, à s'occuper du droit écrit, en sollicitant et en obtenant une loi sur des points relatifs aux donations, aux successions, aux substitutions [3]. Un rapport de Grégoire, sur le vandalisme [4], est lu avec le charme d'un roman.

Le vœu de la société populaire de Duclair étant qu'on redresse certains abus qui se commettent dans les marchés, elle obtient ce redressement de l'administration départementale [5]. A l'exemple des temps les plus calmes, on pense à améliorer la navigation par un bon halage et la canalisation des fleuves. Qui croirait, à entendre certains historiens, qu'au moment où l'on célébrait une fête pour l'évacuation entière du territoire français [6], où l'on modifiait l'organisation du tribunal révolutionnaire [7], où l'on mettait en accusation l'odieux Carrier [8], où l'on faisait rentrer dans la convention le sage Lefèvre de Gournay [9], où l'on décrétait à Rouen ce principe,

---

(1) Recueil, p. 922. (2) Id., p. 963.
(3) Du 9 fructidor an II. (4) 19 pages in-8.
(5) Recueil administr., p. 967.
(6) Loi du 3 vendémiaire an III. — Bulletin, numéro 63.
(7) Bulletin, numéro 103.
(8) Décret du 4 frimaire. — Bulletin, 91.
(9) Bulletin des lois, numéro 96.

que chacun devait concourir à nourrir les pauvres[1], on a aussi employé un capital de trois cent mille francs à l'amélioration du port du Havre, deux cent mille à celui de Dieppe, trente mille pour le curage de la retenue de Saint-Valery, six cent mille pour les dépenses courantes de l'hospice d'humanité[2], et qu'on a créé quatre cents officiers du génie?

Aussi nous allons devenir plus concis : la victoire va consolider l'ordre; les uns vont pouvoir se mêler du gouvernement sans danger; les autres vont, sans danger aussi, retourner à leurs charrues. Dans nos contrées, plus qu'ailleurs, on se ralliait à ce principe, proposé en pleine Convention, d'acorder amnistie à tous ceux qui auraient été poursuivis à cause de leurs opinions[3], de ne plus violer le secret des lettres. Des félicitations du conseil général de la Seine-Inférieure étaient envoyées à Paris[4]. Les traités avec la Prusse et la Hollande[5], le renvoi des religieuses dans leurs familles[6], le décret sur la liberté des cultes[7], la création des écoles centrales[8], coïncidant avec la formation de l'Institut, avec la suspension de la vente des immeubles des condamnés[9], étaient certes plus qu'une espérance; c'était aussi une révolution, mais qui procédait avec calme. Barras, Kellermann, Schérer, Moncey, Canclaux, en devaient assurer les principes. Si le Cauchois Bailleul avait été

An 1795

---

(1) Délibération du conseil général publiée par Leboucher-Dutronché, maire. (2) Rec. administr., p. 977, 990. — Décret du 22 frimaire.

(3) M. Lacretelle, p. 109. — V. le discours de la Convention au peuple français, Bulletin, numéro 70.

(4) Journaux de Rouen.

(5) Prud'homme, p. 147. (6) Décret du 2 pluviôse an III.

(7) 3 ventôse an III. (8) Décrets, 7 ventôse, 18 germinal an III.

(9) Lacretelle, p. 114.

trop loin, en appelant la loi de 1793 *une charte* [1] ; la réorganisation de la garde nationale [2], la dissolution des sociétés populaires [3], la loi sur l'avancement des gens de mer, celle qui rendait chaque commune responsable des délits commis à force ouverte dans son sein [4], indiquaient qu'on était arrivé à une époque où l'on pouvait penser véritablement à une constitution. Le Code pénal du 8 brumaire [5] allait être le résultat de cette politique modérée, et nous ne pouvons, en effet, nous empêcher de reposer l'attention sur la constitution de l'an III, qui devait être en vigueur le 5 brumaire an IV [6], et sous les inspirations de laquelle le représentant du peuple, Casenave, s'exprimait au Champ-de-Mars le 23 thermidor [7].

Cette constitution définissait les droits et les devoirs de l'homme en société ; elle traçait la division du territoire, l'état politique des citoyens ; elle créait des assemblées électorales, formant le pouvoir législatif d'un conseil des anciens et d'un conseil des cinq cents, tous éligibles ; son tort était d'accorder le pouvoir exécutif à cinq personnes, dont chacune devait présider à son tour. Ces cinq personnes, disposant de la force armée, nommant les ministres responsables, devaient présenter le budget aux conseils. Il était bien difficile que leur pouvoir fût toujours en harmonie. Chaque membre du Directoire devait recevoir pour traitement la valeur de cinq cent mille kilogrammes de froment ; on ridiculisait un peu sa prévoyance, et

(1) Biogr. mod. (2) Loi, 28 prairial.
(3) Décret, 6 fructidor, numéro 174. (4) 10 vendémiaire an IV.
(5) Bulletin, numéro 204.
(6) Chez Ferrand, 61 pages in-8. — Bulletin des lois, numéro 180. — M. Thiers, t. 8, p. 1.
(7) Discours chez Soyer et Béhourt.

quand la constitution parlait de sa propre révision dans un temps donné, c'était peu compter sur sa durée; vérifions pourtant qu'elle avait un assez bon principe, et qu'il a fallu un grand mouvement militaire pour la détruire; que la conspiration de Pichegru et toute l'habileté du comte de Lille ne l'ont pas même ébranlée [1]. On sait par des ouvrages écrits avec impartialité quelle a été l'administration de ce Directoire [2] pendant quatre ans, comment a eu lieu l'échange de la fille de Louis XVI, sous la condition de la remise des députés livrés par Dumouriez [3], et comment tant d'armées ont formé tant de généraux. La modération prenait un juste ascendant, et Bréquigny, ce savant cauchois, auteur des Révolutions de Gênes, du Recueil d'ordonnances de la troisième race et de tant de documents précieux, dut entrevoir de beaux moments pour sa patrie [4].

Le Directoire, dans lequel Carnot remplaçait Sieyès non acceptant, a eu une phase décrite par plusieurs historiens, mais il est bon d'en rappeler quelques dates : quand le conseil des anciens eut été placé aux Tuileries, celui des cinq cents au palais Bourbon, le Directoire exécutif au Luxembourg [5], on s'informait chaque jour dans la Seine-Inférieure de ce que faisaient Beaulieu, Vimart et Vincent au conseil des Anciens; Beauvais, Castillon, Eude, Grégoire de Ru-

---

(1) Lacretelle, introduct. à l'Hist. du Directoire. — Montgaillard, an XII. — M. Thiers, t. 7, ch. 21.
(2) Lacretelle, Précis. — Revue rétrospective. (3) M. Thiers, t. 8.
(4) Servin, t. 2. — Dict. hist. v° Bréquigny.
(5) Buchez, Hist. du Directoire. — Lacretelle. — Arnauld Robert, Atlas historique. — Journal des Débats, Messager, et autres journaux du temps. — Revue rétrospective. — Henry, Histoire du Directoire, 2 vol. in-8, 1801.

mare, Lucas, Pavie, Rabasse, Tarbé, aux cinq cents [1]; on n'avait porté qu'un intérêt secondaire à un nom que nous avons déjà cité, mais qui, dans quelques années, allait absorber tous les autres : Napoléon Bonaparte, général de l'armée d'Italie, devait obscurcir toutes les autres réputations [2]. La fin de la guerre de la Vendée, opérée par Hoche, après la ridicule expédition de Quiberon [3], où le Dieppois David a joué un rôle si curieux [4]; les exploits même de Moreau, ce général si redouté de l'ennemi, si chéri de ses soldats, n'effaçaient point Mondovi, Lodi, Lonato, Castiglione, Roveredo, Bassano. Si la mort de Marceau, dont ses propres ennemis saluaient le cercueil, suspendait les autres louanges, elles reprenaient bien vite leur cours, au récit de la bataille d'Arcole. Il semblait que ce fût à l'ascendant de la victoire que l'on dût la liberté des cultes, la réouverture des églises [5], la mise en liberté des religieuses insermentées, l'ouverture de nouveaux théâtres [6]. On eût dit que le calme littéraire allait se manifester, aux regrets que les savants exprimaient, en appre-

---

(1) Journaux.
(2) Sur l'Hist. de Napoléon, v. Schoel, vol. in-8. — Caillot, 2 vol. in-8. — Beaulieu, 6 vol. in-8. — Paganel, 3 vol. in-8. — Madame de Staël, 3 vol. in-8. — Miot, 1 vol. in-8. — Bignon, 4 vol. in-8. — M. Thiers. — Ségur, Hist. de Napoléon, 2 vol. in-8. — Mém. secrets sur Napoléon Bonaparte, 1815, 2 vol. in-12. — Sarrans. — Louis Blanc. — A. Hugo, Hist. de l'empereur Napoléon. — Jomini. — Lacretelle, XVIIIe siècle. — Arnauld Robert. — Revue rétrospective. — Guilbert, 1812, 2 vol. in-8. Grosley, Éphém. 1811. — Guizot, Hist. de la révolution d'Anglet. 1826, 2 vol. — J. Fox, Hist. des deux derniers Stuarts. — Biogr. de Noël Korn. Mém. de madame d'Espinay. — Collin de Plancy, 1821. — Biogr. mod.— Recueil de poésies nationales, chez Michel et Bailly, 1835. — Prud'homme, Tables chron.
(3) Lacretelle, p. 35. (4) Biogr. mod.
(5) Périaux, Indicateur.
(6) M. Laquerrière.

nant la mort de Dambournay [1]. Les libraires cauchois répandaient un livre publié à Caen par l'abbé de La Rue, sur la vie de plusieurs poëtes anglo-normands du XIIIe siècle [2]; on recueillait, sur la rive gauche de la Seine, des urnes antiques, des fers de lances, des haches; on les destinait au musée qu'on était dans l'intention d'ouvrir.

Bénezech, ministre de l'intérieur, Delacroix, ministre des relations extérieures, Truguet, ministre de la marine, Aubert du Bayet, ministre de la guerre, Faipoult, ministre des finances, Merlin, ministre de la justice, ne tardaient pas à recueillir le fruit de la modération. La création d'un ministère de la police générale était un besoin apprécié de tout ce qui était sage [3]. Le programme du Directoire, dans lequel il parlait d'étouffer l'agiotage, et de donner une vie nouvelle aux sciences [4], semblait une garantie pour tout ce qui était honnête. Le négoce reprenait ses espérances. Lorsque de bizarres dispositions contre les sociétés commerciales étaient abrogées [5], et qu'on parlait de fabriquer des monnaies [6], Chénier, Defermon, Tronchet, Portalis, Lecouteulx de Canteleu, Muraire, Lebrun, Pastoret, Baudin, Lanjuinais, Daunou, Eudes, étaient ceux qui s'occupaient le plus de la rédaction des lois nouvelles; ainsi, des dispositions dont le détail n'est point fixé par l'histoire, mais dont elle a du plaisir à signaler le succès, étaient prises par les trois pouvoirs [7].

(1) Dict. hist. — Mém. de l'Acad. de Rouen.
(2) Bibliogr. mod. (3) V. Loi du 12 nivôse an IV.
(4) Bulletin des lois.
(5) Bulletin des lois, numéro 27, loi du 30 brumaire an IV.
(6) Bulletin, numéro 41, loi du 8 frimaire.
(7) Loi du 18 frimaire et autres.

An 1796. Tout en conservant par un décret l'anniversaire de ce qu'on appelait encore la *juste* punition du dernier roi des Français [1], tout en faisant une loi sur le serment de *haine à la royauté* à prononcer par les fonctionnaires, la majorité du corps législatif avait, sur l'événement du 21 janvier, des pensées bien différentes de celles de la Convention. Le brûlement, la fonte et le brisement de tout ce qui avait servi à la fabrication des assignats [2], étaient comme l'emblème d'une ère nouvelle.

Si l'institution des fêtes de la jeunesse [3], de la fête des époux, adoptée dans l'ancien pays de Caux, comme par toute la France, c'est-à-dire avec une certaine froideur, distrait pourtant un jour chacun de son commerce ou de ses travaux, on applaudit bien autrement la loi sur l'échenillage des arbres [4]; le mode de procéder en conciliation [5]; l'organisation des gardes nationales sédentaires [6]; aucune partie de la France n'est plus intéressée que celle-ci aux radiations de la liste des émigrés [7]. Il est vrai que la mutilation des arbres de la liberté allait presque devenir une cause de troubles; elle indiquait une vengeance cachée; la conspiration de Babœuf, quoique si habilement épiée par le ministre de la police [8], jetait du trouble dans toutes les classes; mais des victoires nouvelles remontaient le gouvernement républicain [9]; certes, c'est aux nouvelles de l'armée d'Italie, à laquelle Bonaparte montrait du haut des montagnes les

---

(1) Lois du 3 nivôse et du 17 ventôse an IV. — M. Thiers, t. 8, ch. 2, p. 92. (2) Loi du 30 pluviôse an IV.
(3) Loi du 19 ventôse an IV. (4) Loi du 26 ventôse an IV.
(5) Id. (6) Loi du 2 germinal.
(7) Loi du 5 germinal an IV. (8) M. Thiers, t. 8, p. 119.
(9) Loi du 27 germinal.

campagnes de la Lombardie, à la discipline des treize autres armées de la république [1], à la tenue irréprochable de Hoche et de ses soldats, gardiens des côtes de l'Océan [2], que sont dus l'ascendant et la fermeté qu'a repris le Directoire [3]. Les applaudissements donnés le long des rives de la Seine, comme le long du Rhône à Moreau, Hoche, Augereau, Masséna, Joubert, Rampon, Marceau, Jourdan, Kléber, Lefebvre, Colaud, Saint-Cyr, Gardanne, Dubois, Berthier, Desaix, Lannes, surtout à Bonaparte [4], sont vraiment de l'enthousiasme.

On jugera de la diversité des opinions sur la réouverture de l'église Saint-Louis à Versailles [5], quand on réfléchira qu'à peu de jours de là, il fallait une loi relativement aux *chouans* qui se rendaient à Paris [6]. Les fêtes de la Liberté, célébrées en deux journées, les 9 et 10 thermidor (28 et 29 juillet), n'avaient pas l'ensemble des fêtes de 1789, malgré les beaux bulletins de l'armée de Sambre-et-Meuse, de l'armée de Rhin-et-Moselle et de cette armée des côtes de l'Océan, qui allait donner des inquiétudes à l'Angleterre, en essayant de débarquer vingt-deux mille hommes en Irlande [7]. La gloire ne pouvait encore tout à fait avoir le mérite de rendre les opinions una-

---

(1) Mém. de Gouvion Saint-Cyr. — Mém. du prince Charles. — Principes de stratégie, par le général Rémond. — Jomini.
(2) M. Thiers, t. 8, p. 127. — M. Brahaut.
(3) Journaux. — Bulletin des lois, 3 floréal an IV. — Sur le caractère des Directeurs, v. M. Thiers, t. 9.
(4) Loi du 6 floréal. — Bulletin des armées. — M. Thiers, t. 8, ch. 3. — Vitoires et conq. — Lacretelle, Hist. du Directoire.
(5) Arrêté du Directoire du 4 floréal.
(6) Loi du 5 floréal. — Beauchêne, Hist. des chouans.
(7) M. Thiers, t. 8, p. 392 et suiv. — Loi du 29 messidor, numéro 546.

nimes, et pourtant déjà elle faisait rentrer des millions au trésor national [1].

Si l'institution d'une haute cour de justice [2] semble une dérogation à cette pensée première du Directoire, de ne plus avoir de tribunaux spéciaux pour la politique, il veut bien distraire de cette faute par le soin de réprimer les délits ruraux et forestiers [3]; par l'accueil fait aux sages ecclésiastiques qui promettaient de se renfermer dans leur ministère [4]; par des mesures favorables à la marine [5]; par de nouveaux détails ajoutés légalement à la fête des vieillards [6]; par des bulletins de l'armée d'Italie; par des fêtes anniversaires de la fondation de la république; mais les trois pouvoirs étaient forcés d'avouer que la police venait de découvrir des conspirations, auxquelles même avait pris part Jean-Baptiste Drouet, l'un des représentants du peuple [7]; les tribunaux n'étaient pas saisis par une police, trop occupée de politique, de tous les vagabondages, de tous les incendies qui désolaient les campagnes [8].

La juste radiation sur la liste des émigrés, de ceux qui étaient inscrits parmi les défenseurs de la patrie, paraissait à certains démocrates un moyen de rendre le pouvoir à ceux qu'ils disaient être simplement *réfugiés sous les drapeaux*. Le commerce, à son tour, qui avait été évidemment favorisé par les vues du Directoire, s'irritait contre le droit de patente [9], auquel l'industrie elle-même ne demandait pas mieux

---

(1) Biogr. mod. art. Bonaparte, t. 1, p. 272.
(2) Loi du 20 thermidor. (3) Loi du 23 thermidor.
(4) Loi du 19 fructidor. (5) Loi du 21 fructidor.
(6) Loi du 27 thermidor.
(7) Procès-verbal du conseil des Cinq-Cents, du 25 thermidor.
(8) Journaux du temps. (9) Loi du 6 fructidor an IV.

que de se soumettre; beaucoup de commerçants s'emportaient contre la prohibition des marchandises anglaises, sollicitée par la fabrique [1]; l'intention manifestée d'interdire la chasse dans les forêts nationales faisait bien des mécontents dans d'autres classes [2]. Il fallait un camp à Grenelle, pour que le Directoire se crût en sûreté [3]. Veiller sur les biens des défenseurs de la patrie [4], paraissait de ces mots brillants faits seulement pour éblouir. L'organisation de la garde provisoire du corps législatif [5], un Code militaire imparfait, ne déposaient pas de la tranquillité des législateurs. On a avoué qu'une conspiration tendant au rétablissement de la royauté, au renversement absolu du gouvernement républicain, était sur le point de réussir [6].

An 1797

Bientôt le traité d'alliance offensive et défensive avec l'Espagne, la paix avec le roi des Deux-Siciles, la suspension des hostilités avec le duc de Parme [7], une loi générale d'amnistie, indiquent l'influence de Cambacérès, de Quinette, de Berlier, de Fourcroy.

Les propriétaires, les fermiers, les fonctionnaires cauchois étaient des premiers à prouver par l'exemple combien il était intéressant d'aider au pouvoir, et de le remercier de la paix de Campo-Formio. On montrait la pratique des maximes enseignées en ce moment

---

(1) Loi du 10 brumaire an v.
(2) Loi du 28 vendémiaire an v. (3) Loi du 26 fructidor.
(4) Loi du 6 brumaire an v. (5) Loi du 17 brumaire an v.
(6) Message du Directoire du 18 pluviôse an v : c'est l'affaire Brottier, Laville-Heurnoy. — Louis XVIII était le prince qu'on voulait rétablir. — Rec. de pièces, collection du corps législatif, impr. nationale, pluviôse an v.
(7) Prud'homme, Tables, p. 149.

par le livre de madame de Staël [1]; et il est vrai qu'on faisait un peu moins d'attention à celui de Lenud, citoyen d'Yvetot, intitulé *la Pierre de touche de la révolution* [2]. C'étaient certes des félicitations sincères que recevait le Directoire, quand on le remerciait d'avoir déjoué la conspiration du 12 pluviôse [3], de poursuivre l'assassin de Sieyès [4], et d'encourager les lettres, en favorisant Didot, l'éditeur des œuvres de Corneille [5]; de même qu'on doit trouver bien que les trois pouvoirs, en même temps qu'ils s'occupaient de matières criminelles, d'une juste répartition des impôts, aient donné des récompenses à l'armée de Sambre-et-Meuse, et félicité Bonaparte ainsi qu'Augereau, pour l'héroïsme d'Arcole [6].

Ce sont des épisodes de modération, que les proclamations sur la tenue des Assemblées primaires. Quand le département de la Seine-Inférieure envoyait cinq députés aux Anciens, et dix aux Cinq-Cents [7], il prouvait, par la sagesse des choix, le calme avec lequel on avait procédé. Qui adressait un seul reproche à Guérard de la Quesnerie, Grégoire de Rumare, de Bérigny, Charles Leroux et autres, envoyés précisément au moment où on levait le séquestre sur les biens de Marie-Adélaïde de Penthièvre, veuve d'Orléans?

C'est encore l'emblème d'un pouvoir qui se calme de plus en plus, que l'annonce d'un concile natio-

---

(1) De l'influence des passions.
(2) 1 vol. in-18. (3) *V.* les pièces publiées par le corps législatif.
(4) Journal des Débats, numéro 537. (5) Conseil des anciens, séance du 14 germinal. — Journal des Débats.
(6) Prud'homme, Tables, p. 149. — Journal des Débats. — Loi du 7 pluviôse. — Loi du 24 pluviôse. — M. Thiers, t. 9.
(7) Loi du 11 ventôse.

nal[1]. L'arrêté sur la célébration de l'aniversaire de ce jour où la république a été fondée[2], était loin de paraître contradictoire avec un sage repos. Si tout à coup la déportation de plusieurs jurisconsultes[3], les événements du 18 fructidor[4], la reprise de la loterie[5], la disgrâce de Moreau[6], faisaient craindre de graves conséquences, la paix avec Bade, le Portugal, la Sardaigne, le pape lui-même, rétablissaient le repos.

Si donc le Directoire donnait au général Hédouville des pleins pouvoirs pour mettre en état de siége toutes les communes, depuis le Havre jusqu'à l'embouchure de la Vilaine[7], il ne pensait qu'à dégoûter l'Angleterre d'une attaque. C'était de sang-froid qu'il apprenait que l'assassinat de Duphot, à Rome, avait donné l'occasion de rendre à cette ville le gouvernement républicain, par elle conservé pendant six siècles[8].

L'année 1798 est employée un peu aux recherches d'un bon système de finances[9], mais beaucoup encore à la guerre : la Suisse, le Piémont, Rome, l'Autriche, tiennent attentifs plusieurs généraux, tandis que l'apparition d'une flotte anglaise de treize voiles[10], et même un autre projet infructueux de descente en Angleterre amènent Bonaparte le long

---

(1) Prud'homme, t. 20, p. 208.
(2) Bulletin, numéro 140.
(3) Id., numéro 143. (4) Journal des Débats, numéro 152. — M. Mignet. — M. Thiers, t. 9. — M. Lacretelle.
(5) Journal des Débats. (6) M. Thiers, t. 9.
(7) Crétineau-Joly, p. 521. (8) Prud'homme, Tables, p. 150. — M. Lacretelle. — M. Thiers. — M. Mignet.
(9) Discours aux conseils.
(10) Bulletin, numéros 175, 179, 185, 187.

des côtes de l'Océan [1], en donnant au Cauchois Forfait l'occasion de déployer ses talents [2]. S'il est vrai que ce soit spontanément que Bonaparte ait tourné ses efforts vers l'Égypte [3], il n'est pas moins vrai qu'alors deux cent mille hommes étaient debout en France; que beaucoup de jeunes Cauchois étaient dans l'armée de Sambre-et-Meuse ou dans celle de Championnet à Naples [4]; que très-peu firent partie des quarante mille hommes qui se battirent vers Alexandrie, les Pyramides, Aboukir. On est si préoccupé du sort de toutes les armées, qu'à peine quelques faits d'intérieur trouvent leur place : L'Amblardie, ingénieur chargé des travaux de Dieppe, du Havre, du Tréport, répand presque dans l'ombre un bon mémoire sur les jetées; lorsque Blanchard s'élève dans les airs avec une flottille [5], chacun réfléchit qu'on n'a tiré qu'une seule fois quelque utilité de sa découverte; des partisans de l'ancien régime venaient-ils abattre des arbres de la liberté, l'injonction de les remplacer dans la décade arrêtait peu cette tendance [6]; la seule exécution des trente-deux chauffeurs de pieds [7], qui avaient jeté tant de troubles, sous la direction de Duramé, laissait une profonde impression dans l'âme de tous ceux qui avaient vu

---

(1) Biogr. mod., t. 1, p. 274. — M. Lacretelle, p. 99, 117. — Prud'homme, p. 151.
(2) Biogr. mod. — Daru, Hist. de Venise, cite plusieurs fois le Mém. de Forfait sur la marine de Venise.
(3) Denon, Hist. de l'expédition. — Biogr. univ. — Notes de Barthélemy et Méry. — M. Thiers, t. 9, p. 351 et suiv.; t. 10. — Panckoucke, Description de l'Égypte. — Saintine, 1830.
(4) Instruct. de Schérer du 23 vendémiaire an VI.
(5) Biogr. mod. v° Blanchard. — *Journ. de Rouen.*
(6) Loi du 24 nivôse an VI.
(7) Journal de Rouen. — Archives du palais, 25 janvier.

couler tant de sang. Pourtant on s'agite aussi un peu à l'intérieur; les opérations électorales, faites en vertu de ce que le Directoire nommait lui-même la *Charte* [1], appelaient Vimart, Bourdon, Bourgeois, Bailleul, Hardy, Thiessé, Brémontier, Lefèvre de Gournay, Lemesle du Havre, Rabasse, Legendre, Guttinguer, Beauvais et Castillon de Sassetot, au corps législatif [2]. Enfin, le choix de J.-P. Duval, habitant du département de la Seine-Inférieure, pour en faire un ministre de la police [3], ne peut être une chose indifférente. Ne semble-t-il pas qu'on va revenir aux époques les plus calmes, lorsqu'on entend publier une loi sur le régime hypothécaire [4]? quand les lois sur le timbre, des lois pour annuler certaines opérations d'assemblée primaire, à Gonneville, Saint-Romain de Colbose, Gournay, Englesqueville et autres endroits [5], une pour établir les recettes départementales et communales [6], d'autres pour régler la poste aux chevaux, l'enregistrement [7], absorbent les soins? Qui pouvait s'attendre que, quand une armée venait de prendre quatre-vingt-dix-neuf pièces de canon aux Napolitains, et produire la république parthénopéenne [8]; quand on prenait tant d'intérêt aux dangers de l'armée d'Égypte; quand Jourdan dirigeait l'armée du Danube, Masséna celle d'Helvétie [9], Moreau celle d'Italie; quand le pouvoir venait de

An 1799

---

(1) Proclamat. du 28 pluviôse, impr. nationale. (2) Journaux.
(3) Biogr. mod. v° Duval. — Bulletin, numéro 2119.
(4) Loi du 11 brumaire an VII. — Guichard, 1 vol. in-12.
(5) Bulletin des lois, numéros 240, 245 et suiv.
(6) Id., numéro 246.
(7) Id., numéro 297. — Loi du 22 frimaire, numéro 248.
(8) Message du Directoire. — Bulletin, numéro 2433. — Général Rémond, p. 57. (9) Bulletin du 12 ventôse. — M. Thiers, t. 10.

de créer la conscription [1], et semblait ne pas craindre que les États barbaresques, l'Angleterre, le duc de Toscane, la Porte et la Russie fussent encore une fois d'accord contre la France [2]; quand on ne se désespérait pas dans le Directoire, dans les Cinq-Cents, dans les Anciens, et quand les citoyens, pour montrer leur confiance, réélisaient les mêmes membres [3]; qui pouvait s'attendre, disons-nous, que Duval allait cesser d'être ministre de la police et François de Neufchâteau ministre de l'intérieur [4]? On sait comment Cambacérès, devenu ministre de la justice, amenait à d'autres pensées; comment Fouché, ministre de la police générale, faisait exécuter la loi du 19 fructidor an v, à l'égard de Camille Jordan, Portalis, Pavie et autres, qui n'avaient pas subi leur déportation [5]. Le pays de Caux craint, à cause de l'établissement de l'octroi, qu'on ne cherche pas à alléger les charges [6]; il ne comprenait pas encore qu'on préparait un nouveau pouvoir; le Directoire a beau rendre hommage à l'armée de Batavie, à celle du Danube, à celle d'Helvétie [7]; il a beau prendre des dispositions pour arrêter le brigandage dans l'Orne et le Calvados [8], proclamer que les défenseurs de la patrie, morts de leurs blessures, vivent pour la gloire [9], et accorder des pensions à leurs veuves et orphelins; il a beau penser à la santé des marins, à l'éducation pu-

---

(1) M. Thiers, t. 10.
(2) Proclamation du 28 prairial. — Dict. hist. t. 20, p. 151. — M. Lacretelle. — Ritchie, Mém. sur les campagnes de l'an VII et années suiv., 2 vol. in-8.
(3) Bulletin 2852. (4) Bulletin 1er messidor an VII.
(5) M. Mignet, t. 2. (6) Bulletin, numéros 302, 303.
(7) Bulletin, numéros 313, 314, 317. (8) Bulletin, numéros 313, 314.
(9) Bulletin, numéros 314, 322.

blique[1], rendre deux fois hommage à l'armée d'Orient ;
c'est cette armée qui a été bien définie, quand on a
dit qu'elle avait été brillante sans résultat[2], qui va
laisser surgir un pouvoir nouveau, une prétendue
constitution nouvelle. Bonaparte, quittant ses soldats
de l'Égypte, avec le blâme du loyal Kléber, mais
escorté de Murat, de Marmont et autres, passant
presque à travers les flottes ennemies, va débarquer à
Fréjus ou à Saint-Raphaeu, le 7 octobre, arriver à
Paris le 16, et, sans être contrarié par Fouché,
d'accord avec Lucien Bonaparte, Baudin, Sieyès,
Régnier, Lemercier et Regnauld de Saint-Jean-d'Angély, malgré l'irritation de Jourdan et de Moreau,
opérer cette révolution de deux jours, connue sous le
nom de 18 brumaire[3], qui s'est accomplie dans An 1799
l'orangerie de Saint-Cloud. Elle a été décrite avec
tant de talent, les secrets en ont été divulgués avec
si peu de mystère, même celui du rôle sévère qu'y
a joué Bernadotte, sauf à accepter ensuite d'être roi,
que nous n'avons pour nous qu'à nous renfermer
dans notre cadre, qu'à préciser les effets qu'elle a
produits dans nos contrées.

Le premier est le changement des pouvoirs législatifs : c'est une prétendue loi signée de Lucien

---

(1) Règlement, 8 vendémiaire an VIII.
(2) M. Mignet, t. 2, p. 255.
(3) Sur le 18 brumaire, v. Biogr. mod. v° Bonaparte. — Monit. univ.
— Lacretelle, Table chron. p. ccxj, p. 377 et suiv. — Hist. du consulat,
par Bignon, p. 384. — Journ. des Débats. — L'Ami des Lois. — La Décade
philosophique. — Ant. Caillot, 2 vol. — Hist. de Fr. depuis le 18 brumaire, 2 vol. — Beaulieu, 6 vol. in-8. — Paganel, 3 vol. in-8. —
Madame de Staël, 3 vol. in-8. — Carnot, Mém. 1 vol. — Jacques Miot.
— M. Mignet, t. 2, p. 256 à 271. — Gallais, Hist. du 18 brumaire,
1 vol. in-8, 1814. — M. Thiers, t. 10. — Correspond. autogr. de Lucien
Bonaparte.

Bonaparte, qui dit *qu'il n'y a plus de Directoire* [1]. On va jurer fidélité à une prétendue constitution, qui n'a été ni discutée, ni votée, qui durera quatre ans, et que violera celui qui l'aura proposée, pour n'avoir plus de constitution que sa propre volonté. Le premier jour, il se fâchait qu'on l'appelât César [2]! Les dispositions de cet acte transitoire [3] sont cependant curieuses à relever : une commission consulaire exécutive, composée de Sieyès, Roger Ducos et Bonaparte, ajournait les législateurs dans leurs palais au 1er ventôse, et on maintenait, comme de raison, leur indemnité; on jurait aussi de maintenir la république *une* et *indivisible* [4]; pourtant, c'étaient tout simplement deux commissions qui devaient remplacer les Cinq-Cents et les Anciens. Il était de rigueur de faire une proclamation au peuple français [5] : en parlant au peuple de sa souveraineté, on a traité les vaincus de *parricides*. Il faut remarquer que les trois consuls admettaient le serment politique d'être fidèle à la république toujours *une* et *indivisible*, fondée sur l'égalité, la liberté et *le système représentatif* [6], sauf à prendre de suite des mesures plus ou moins illégales, et entraînant le boulet, les travaux publics, la peine de mort [7]. On ne pouvait trouver mauvais qu'il y eût des délégués dans les

---

(1) Loi du 19 brumaire an VIII, ou 10 novembre, numéro 3413.
(2) M. Mignet, t. 2, p. 265.
(3) La date est 22 frimaire ou 13 décembre.
(4) Loi du 19 brumaire an XII. (5) Bulletin des lois, numéro 324.
(6) Prud'homme, t. 20. — Mém. secr. sur Napoléon, 2 vol. in-12. — Thibaudeau, 10 vol. in-8. — Procès-verbaux des séances des conseils. — Buchez, Hist. du consulat. — La Révolution de brumaire, par le prince de Canino, 1845.
(7) Arrêté du 19 vendémiaire, bulletin, numéro 320.

départements, et que Desprez de l'Orne eût à surveiller les trois départements de la Seine-Inférieure, de l'Eure et de la Somme[1]; mais, que le pouvoir qui en usait ainsi décrétât une liste départementale dans laquelle devaient être pris les fonctionnaires; que ceux même qui figuraient sur cette liste dussent, à leur tour, faire une autre liste des éligibles aux fonctions nationales; qu'un sénat de quatre-vingts membres fût nommé par quatre citoyens[2], et qu'il fût inamovible; qu'un corps législatif de trois cents membres, ayant chacun dix mille francs par an, fût institué, même un tribunat de cent membres, ayant chacun quinze mille francs par an, sauf à éliminer ceux qui parleraient trop librement; qu'enfin les trois consuls eussent encore un conseil d'État; que le Sénat jugeât des recours pour inconstitutionnalité, soit que ce défaut vînt des sénateurs ou d'autres : tout ceci était fort curieux. Il y avait pourtant deux bons principes : la responsabilité ministérielle pour les actes illégaux, et l'obéissance de la force publique.

La forme qu'on a prise pour faire accepter la constitution, était originale : c'étaient des commissaires choisis dans les Anciens et les Cinq-Cents, qui devaient tenir des registres ouverts[3]. C'était aux greffes, chez les juges de paix, chez les notaires, que l'acceptation devait avoir lieu. Le délai fixé était de quinze jours pour chaque département, de trois jours pour chaque commune, et ce qui est plus curieux, les consuls seuls étaient chargés de l'ouverture et de la clôture des registres. On sait quel a été le résultat

---

(1) Arrêté du 29 brumaire, numéro 330. (2) Art. 24.
(3) Loi du 23 frimaire an VIII.

de cette constitution : certes personne ne niera qu'il y a eu des choses utiles, glorieuses, faites par les consuls ; c'est à ce gouvernement que sont dues la fixation définitive des mesures de longueur et de poids calculées sur la distance du pôle à l'équateur [1], les lois disciplinaires de la marine conseillées par Forfait [2]; l'offre de la paix à l'Angleterre [3]. Si l'organisation de l'école Polytechnique, les récompenses militaires, l'amnistie proclamée à propos, étaient des créations que la sagesse approuvait, il y avait bientôt des choses que le caprice seul avouait, et elles arrivaient en foule : la suspension de la constitution dans quatre départements, au gré des consuls [4], la déclaration du premier consul qui, se fiant sur l'amour des Français pour la gloire, *voulait envahir les États ennemis* [5], acte contresigné du ministre de la justice; ces règlements portant peine de mort dans les lieux où la constitution est suspendue [6], sont-ils des actes destinés à ce peuple qui, depuis dix ans, ne parlait que de constitution? Il faut donc le dire, le gouvernement consulaire a donné de la gloire; ce sont quatre années brillantes; beaucoup de Cauchois ont dû être fiers de porter des sabres d'honneur délivrés par ce gouvernement [7]; mais les contrées dont nous nous occupons, qui continuaient d'envoyer leurs enfants à ces armées toujours sur pied; ces contrées qui n'avaient plus de commerce, et dont les grains ne pouvaient être exportés, n'avaient ni bon-

---

(1) Loi du 19 frimaire. — Biot, Traité d'arithm. in-8. — Haros, sur le Cadastre. — Dict. des mots dérivés du grec, *v*. Mètre, Gramme, Litre, etc.
(2) Biogr. mod. (3) Biogr. mod.. t. 1, p. 277.
(4) Arrêté du 26 nivôse, bulletin 3533.
(5) Num. 3498, 4 nivôse an VIII. (6) 26 nivôse, bulletin, num. 3534.
(7) Arrêté du 4 nivôse (25 décembre 1799).

heur réel, ni liberté réelle. Le citoyen Lecouteulx de Canteleu, le citoyen Vimart, le citoyen Levavasseur, président du tribunal de commerce, qui ont été appelés au sénat; les citoyens Anquetin, Bourdon, Brémontier, Duval, ancien ministre, Hardy, Lemesle, Rabasse, qui ont été appelés au corps législatif; Costé, Guttinguer, Thiessé, membres du tribunat, demeuraient si volontiers d'accord, qu'il n'y avait là qu'une transition opérée par un militaire, que le dernier des noms que nous avons cités a été bientôt éliminé, pour avoir voulu montrer de l'indépendance [1].
La lassitude, l'hiver, le dégoût, faisaient qu'après l'installation du corps législatif, on rentrait dans ces habitudes que reprend trop vite une nation qui n'a pas de constitution réelle, et cherche le bonheur, ou du moins le calme; elle avait un chef sérieux, résolu, actif, infatigable, habitué à la victoire, parlant avec entraînement, entouré de braves et d'hommes de talent, promettant des places et des emplois à tout ce qui suivrait son mouvement, ne connaissant pour gouvernement que sa volonté, semblant n'admettre pour emblème de l'ordre que l'obéissance; elle fléchissait.

An 1800

Beaucoup de Cauchois sont entrés dans la garde des consuls [2]; pourtant, c'est le moment de remarquer, sans prétendre en avoir trouvé la cause, que parmi ces généraux qui vont signaler leurs noms sur tant de champs de batailles, et qui deviendront des maréchaux d'empire, des princes, il y a peu de Cauchois; leurs noms sont même bien rares.

L'Ouest va être pacifié par Brune; Moreau, maintenant d'accord avec Bonaparte, va bientôt annoncer

---

(1) Biogr. mod. v° Thiessé. (2) M. Brahaut.

ses victoires sur les Autrichiens; Lecourbe va les battre à Hœchstædt, à ce même endroit où ils nous avaient battus sous Louis XIV [1]. Pendant que le génie du premier consul va lui tracer le passage des Alpes, il lui donnera aussi le conseil de constituer une banque nationale [2]. Le décès du législateur Anquetil de Beaulieu [3] sera certes moins remarqué que la confiance, que les faveurs accordées par le premier consul au Cauchois Begouen [4]. L'institution des préfectures [5] était généralement approuvée, et la nomination du citoyen Beugnot à celle de la Seine-Inférieure indiquait l'intention de choisir des administrateurs instruits, fermes, capables [6]. On rendait justice de toutes parts à Bonaparte sur son art supérieur dans le choix du personnel. Puis, on ne tarde pas à voir que c'est un gouvernement trop militaire qu'on a laissé se poser : tous les Français dont la vingtième année s'est terminée le 1er vendémiaire an VIII, sont appelés sous les drapeaux [7]; il faut bien aller dissoudre les soixante mille hommes de Souwarow [8], parmi lesquels étaient des émigrés français. L'institution d'un grand juge de cour martiale [9] n'est certes pas instituée par un article de la constitution, et ce n'est pas aussi sage que l'institution des autres tribunaux [10], mais il s'agit bien de cela : pendant quelques années la victoire tient lieu de constitution. Si, malgré les soins de Forfait, et quoique le Havre soit devenu un chef-lieu d'arron-

---

(1) W. Guthrie. (2) Arrêté du 18 janvier.
(3) Biogr. mod. (4) Id. (5) Loi du 28 pluviôse an VIII, numéro 115.
(6) Biogr. mod. — Biogr. des contemporains.
(7) Loi du 17 ventôse. (8) Général Rémond, p. 74.
(9) 3 vendémiaire an IX.
(10) Loi du 27 ventôse an VIII.

dissement [1], il n'y a pas encore un grand développement maritime; si l'on cite accidentellement Boulogne, Algéziras, comme des points où nos marins et nos soldats se distinguent [2]; Marengo, dont les militaires comme les historiens ont les détails, heure par heure, depuis le moment où la charge a sonné jusqu'à celui où Desaix mourant a entrevu la victoire, devient bientôt l'objet d'un enthousiasme général [3]. On répète partout les noms de ceux qui ont mérité des fusils d'honneur [4].

C'est une joie générale vers l'Océan, quand, en célébrant les exploits de Saint-Hilaire en Italie, on apprend que la paix est signée avec les États-Unis [5]; que beaucoup d'émigrés renoncent à leurs projets [6]; qu'en même temps notre habile diplomatie a su mettre mal avec le gouvernement anglais, la Suède, le Danemark et la Russie [7]. Le gouvernement est félicité avec bonne foi, avec entraînement, quand il accorde des amnisties, quand il élève des monuments à Kléber, à La Tour-d'Auvergne, à Desaix. Le départ de Baudin, du Havre, avec les corvettes *le Géographe* et *le Naturaliste*, pour aller faire des découvertes vers la Nouvelle-Hollande, est regardé comme le commencement d'expéditions savantes [8]; le premier consul est tellement chéri et les autres si estimés, que l'explosion de la

---

(1) Règlements, 7 floréal, 7 thermidor an VIII.
(2) M. Brahaut.
(3) Jomini, t. 7 et 8. —Victoires et conq.— M. Lacretelle.— M. Mignet. — M. Thiers. — Pelet, campagnes de Naples. — Général Rémond, p. 145, 340 et suiv.
(4) M. Brahaut. (5) Prud'homme.
(6) Madame La Rochejaquelein, p. 214.
(7) Prud'homme.
(8) Biogr. mod. v° Baudin.

machine infernale est le sujet d'adresses sincères envoyées par tous les départements [1].

An 1801

N'est-il pas vrai cependant que Bonaparte ne voyait dans un succès que l'occasion d'augmenter sa puissance personnelle? De suite, il va mettre sur le compte du sénat ces mesures de haute police qui consistaient à envoyer en surveillance, hors du territoire européen, cent trente individus qui n'avaient pas subi de jugement [2]. Il n'a pas plus tôt décrété que l'armée du Rhin, que l'armée Gallo-Batave, que l'armée d'Italie, l'armée des Grisons [3], ont bien mérité de la patrie, qu'il traite de légaux des suppléments de crédit [4] non votés par les contribuables. L'excellente pensée de nommer Chaptal ministre de l'intérieur, l'arrêté si intéressant pour les Cauchois, relatif au recrutement des troupes de la marine [5], sont suivis de l'établissement de tribunaux spéciaux, *là où le gouvernement le jugera nécessaire* [6]. L'établissement de foires nouvelles en très-grand nombre, de commissions administratives des prisons [7], les encouragements aux hospices, l'établissement des bourses de commerce [8], les vérifications des poids et mesures, l'espérance d'un Code civil [9]; l'utile délimitation des paroisses [10], celle des justices de paix, spécialement dans les cantons du Havre, d'Yvetot, de Dieppe, de Neufchâtel [11]; la réparation envers la mémoire du sage

---

(1) 24 décembre. — Biogr. mod., t. 1, journées remarq. — Monit. univ.
(2) Actes des 14 et 15 nivôse an IX.
(3) Bulletin, numéro 62. (4) Id., numéro 62.
(5) Du 15 pluviôse an IX. (6) Loi du 18 pluviôse an IX.
(7) Trav. de la soc. d'Émul. de Rouen, 1810, p. 127.
(8) Bulletin, p. 211, 212.
(9) Proclamation du 21 messidor an IX.
(10) Périaux, Indicateur. (11) 3 vendémiaire an X.

Decrosne à Rouen [1], les encouragements donnés aux arts, la paix avec l'Angleterre [2]; une proclamation sur la paix continentale [3], dans laquelle on a le juste soin de prêcher la concorde, de rappeler l'industrie; même la loi sur les juges de paix qui rappelait de sages habitudes constitutionnelles, ont pour contre-poids la fixation du mode d'avancement dans la marine, réglé par un simple arrêté [4], la défense aux voitures publiques de transporter les journaux [5], l'annonce de la répression de la liberté de la presse, l'abrogation d'une partie des anciennes lois sur les listes de notabilité. Le développement évident de l'industrie, les succès des négociants, font accueillir et répéter jusque dans les moindres hameaux, la proclamation des consuls du 18 brumaire an x. Cet anniversaire semble la justification de la journée inconstitutionnelle. On y parle *de chérir les institutions, l'égalité civile, d'attirer l'étranger par l'attrait de nos jouissances,* etc. [6]

L'exposé de la situation de la république, porté au corps législatif par trois orateurs du gouvernement, et qui contient 12 pages in-8, quoiqu'un peu amplifié, permettait, à ceux qui étaient encore naïfs, d'avoir cette espérance que la paix, que même la constitution de l'an VIII, seraient de quelque durée ; on signalait comme l'emblème de cette durée *la rentrée de nos guerriers au milieu des fêtes* [7]. Les enfants apprenaient à lire dans les traités de paix avec l'Angleterre, l'Amérique, l'Allemagne, les Deux-Siciles, le Portugal,

An 1802

---

(1) Journaux du temps. (2) 12 vendémiaire an x.
(3) 29 ventôse. (4) 23 germinal an 9.
(5) 27 prairial an IX. (6) Bulletin, numéro 115.
(7) Bulletin des lois, an x, p. 372 et suiv.

l'Espagne, la Russie, la Porte Ottomane, les États Barbaresques [1]; dans le concordat fait avec Pie VII [2]. La liberté religieuse a rempli les temples de fidèles, comme cela aura toujours lieu dans les temps de tolérance; le frère de Cambacérès en était enchanté, quand il prenait possession de son siége archiépiscopal, le 11 avril [3]. On détestait les Anglais, il y a quelques jours, on se hâte, après la paix, de prendre leurs modes [4], excepté dans le pays de Caux où l'on avait trop souffert de leurs incursions. Et puis d'ailleurs, on entendait dire que l'Anglais Hamp avait acheté et enlevé en Angleterre les vitraux de plusieurs églises [5]; on prêtait à beaucoup d'Anglais des dispositions analogues, mais on accueillait bien les émigrés rappelés par le sénatus-consulte [6]. Toutes les parties de la France n'étaient pas d'accord sur le consulat à vie [7], mais toutes désiraient voir la figure de celui qui, en si peu de mois, avait changé la guerre en paix glorieuse, qui créait la légion-d'honneur [8]. Les politiques les plus sévères oubliaient les échecs du Directoire; aussi, lorsque le premier consul vint à Rouen [9], le 10 brumaire an XI (1ᵉʳ novembre 1802), pour visiter les fabriques, puis, passant par Caudebec, s'arrêta une heure à Yvetot, y reçut vingt Cauchoises, toutes

---

(1) Biogr. mod., t. 1, p. 273. — Bulletin, p. 539, 542.
(2) Bulletin, numéro 172. — Proclamation du 26 germinal an x.—V. le Discours de Portalis et ses rapports sur les articles organiques du culte protestant. — La convention est du 10 septembre 1801. — V. la bulle au Bulletin des lois, p. 743.
(3) Biogr. mod., t. 1, p. 379.
(4) Laquerrière, t. 2, p. 96.
(5) Id., p. 213. (6) 6 floréal an x.
(7) Bulletin des lois, numéro 183, 205, 206.
(8) Loi 29 floréal an x. (9) Journaux du temps.— Lettres autographes de personnes d'une position indépendante.

très-jolies à ce qu'assure le Moniteur, se rendit à Bolbec, au Havre le jour aniversaire du 18 brumaire, désigna à plusieurs reprises cette ville sous le nom de Port de Paris [1], passa par Fécamp, Dieppe, Arques, examina le Tréport, et pensa l'augmenter [2]; constitua la sénatorerie de la Seine-Inférieure, d'abord à l'abbaye du Bec, puis au château d'Eu, en faveur du brave Rampon [3], pour se rendre enfin à Forges et de là à Beauvais, en rentrant à Paris, ce n'était qu'une suite de fêtes, de compliments, d'applaudissements, de marques d'enthousiasme : nous en fûmes témoin, et nous nous souvenons encore de l'attitude calme, digne, imposante, qu'avait le premier consul; sa pâleur nerveuse agitait, son coup d'œil magnétique enlevait des applaudissements.

Mais il faut qu'il use de suite de la position que les suffrages lui ont faite. Le sénat remplace à son gré le cinquième sortant du corps législatif, le cinquième sortant du Tribunat; il n'y avait pas, dans les nouveaux, un seul nom de la Seine-Inférieure [4]. Bailleul, éliminé, en faisait la remarque avec une juste aigreur. Dans le concordat, on a mentionné que la formule de prière suivante serait récitée à la fin de l'office divin dans toutes les églises catholiques de France :

DOMINE SALVAM FAC REMPUBLICAM [5],

et l'on va voir bientôt la durée de cette stipulation :

---

(1) Moniteur, p. 201. (2) D. Lebœuf.
(3) Biogr. mod. v° Rampon. — Arrêté du 13 messidor an x, Bulletin, p. 468; 14 nivôse an xi, p. 316. — Message du 5 vendémiaire an xii, Bulletin, p. 89.
(4) Bulletin, p. 6 à 11.
(5) Id., p. 15. — Monit. univ.

on n'accorde point de grâce au Rouennais Picot, qui, ancien montagnard, ayant tramé un complot contre le premier consul, est jugé par une commission militaire [1].

An 1803. La paix cependant autorise à conserver dans la mémoire des faits intéressant les lettres, les arts ou les sciences. La découverte du pyroscaphe [2], la mort de la célèbre Lepage du Boccage, née le 22 octobre 1710; celle de Lemoine, peintre; celle du savant Houard [3], né Dieppois, et dont nous avons si souvent cité les Œuvres; la publication de l'ouvrage de Framery [4], sur les moyens d'appliquer la déclamation à la musique, le vote d'une médaille pour perpétuer le souvenir du passage du premier consul [5]; le rétablissement de l'Académie royale de Rouen [6]; une bonne organisation du notariat [7], laquelle intéresse essentiellement toute la contrée; l'érection d'un monument à Henri IV dans la plaine d'Ivry [8], la publication progressive de tous les titres du Code civil [9], l'abrogation de ce qui restait de la Coutume de Normandie, prononcée par la loi du 30 ventôse an XII [10]; la préparation des autres Codes [11], sont les sujets de tous les entretiens. On regarde comme signes de calme, le désir de la paix, les encouragements à la religion, la création du titre de cardinal au profit de l'archevêque

---

(1) Biogr. mod., t. 4, p. 45.
(2) V. Constitutionnel du 25 août 1845.
(3) Dict. hist. (4) Id.
(5) Monit. univ. — Journal de Rouen.
(6) Mém. de l'Acad.
(7) Loi du 25 ventôse an XI.
(8) Biogr. mod., t. 1, p. 279.
(9) La liste des commentaires du Code civil est hors de notre sujet.
(10) Bulletin des lois.
(11) V. Exposé de la situation de la république, du 25 nivôse an XII.

de Rouen ¹, l'établissement d'un entrepôt réel dans l'ancienne capitale de la Normandie ².

Après un long repos, tout promet aux consuls la reconnaissance du siècle. Puis, on apprend que, prenant occasion de quelques hostilités anglaises ³, de quelques indiscrétions de Moreau et de Pichegru, profitant de la condamnation du premier à un emprisonnement, malgré les protestations de son frère le tribun ⁴, la volonté de celui qui tout à l'heure priait Dieu qu'il sauvât la république, est de fonder pour lui le gouvernement impérial ⁵. Le sénat décrète en sa faveur un empire héréditaire, il décrète les formes de la régence, les grades des fonctionnaires, les pouvoirs du sénat, ceux du conseil d'État, du corps législatif, du tribunat, d'une haute cour et de l'ordre judiciaire. On soumet cette prétendue constitution à l'acceptation du peuple français, et l'adhésion de trois millions cinq cent soixante-quatorze mille huit cent quatre-vingt-dix-huit votants ⁶ est déclarée la représentation de la volonté de trente millions d'habitants. Les Cauchois ont bientôt un échantillon des goûts de ce gouvernement, quand il crée, par décret, une cour martiale au Havre ⁷.

La politique extérieure, le désir des places nouvelles, les fêtes même éteignent, suivant l'usage, la

_An 1804_

----

(1) Gilbert. (2) Arrêté des consuls.
(3) Biogr. mod., t. 1, p. 279.
(4) Rec. des interr. de Moreau, 1 vol. in-8.
(5) Décret du 28 floréal an XII. — Buchez, Hist. de l'empire. — M. Thiers, Hist. du consulat et de l'empire. — Thibaudeau, le Consulat et l'Empire, 10 vol. in-8. — Perrot, Itinéraire de Napoléon. — Norvins, Hist. de Napoléon.
(6) Bulletin, p. 77. (7) Id., p. 218.

voix des mécontents. Peu de personnes ont envié le sort des Cauchois ou Rouennais, Lecouteulx de Canteleu, Vimart, Defontenay, Forfait, Hely d'Oissel, Aroux, Saint-Hilaire, Thieullen, Fouquet, Carel, Chapais de Marivaux, Desmadières, de Boscherville, de Pommereu, Delamarre, Desmarets, Boullenger, Morin-d'Auvers, lesquels, avec le préfet Beugnot, se sont rendus au couronnement [1]; mais aussi des conspirations, ou dans l'intérêt de la liberté, ou dans l'intérêt d'une famille qui se donnait le titre de *légitime*, puis des brochures de toute epèce, marchaient dans l'ombre, et occupaient tous les instants de la police impériale [2].

La victoire seule pouvait de nouveau, en faisant oublier des actes si arbitraires, éteindre même les conspirations; Napoléon le savait bien, quand il envoyait en France les nouvelles de ses cohortes. Il est vrai de dire que, dans le pays on déplorait le nombre des bras enlevés à l'agriculture, la mort de centaines de milliers d'hommes, la perte des institutions.

An 1805 Rendre légal le calendrier grégorien [3], inspirer au sénat dont Cambacérès, archevêque de Rouen, était appelé à faire partie, le rétablissement des gardes nationales [4], semblait à Napoléon une conciliation de quelques idées de 1789 et de quelques pensées antérieures; puis, l'intérêt porté à tous ceux qui

---

(1) Procès-verbal du couronnement, 1 vol in-4, impr. impér.

(2) V. Brochures sur les conspirations de Gorges Cadoudal, Gaillard, Deville, Joyant. — Dict. hist. v° Deville, etc. — Louis XVI dans sa prison, etc.

(3) Décret, 9 septembre 1805.

(4) Id. du 24 septembre 1805.

figureraient dans les bulletins de la guerre de huit semaines [1], absorbait toute autre pensée. Avait-on le temps de donner des regrets à Brument, l'architecte de la Madeleine, à Dulague, au sculpteur Jadoulle, à l'agronome de Janville, à Mouchet de Darnétal, qui avait commencé, disait-on, un Glossaire de l'ancienne langue française, même au bon et sage sénateur de Fontenay [2], lorsque chaque journée se passait dans l'attente des nouvelles du Danube ou des Alpes, quand on apprenait que l'empereur était roi d'Italie [3], quand on entendait parler d'Austerlitz, qui avait valu une si belle mention en faveur des conscrits de la Seine-Inférieure [4]? La présentation des drapeaux au corps législatif [5], la paix avec l'Autriche [6], après notre entrée dans Vienne, l'exposition des produits de l'industrie française [7]; le titre de roi de Hollande conféré à l'un des frères de l'empereur [8], la confédération du Rhin qui reconnaissait Napoléon pour son *protecteur* [9]; les villes autorisées à donner à leurs rues les noms des grands hommes [10]; la création de nouveaux ducs, la publication du Code de procédure [11], la paix avec la Russie, la Prusse [12], voilà ce qui occupe. Si le Dieppois Ferey, d'abord avocat à Rouen, puis à Paris, laisse une mémoire plus célébrée que les

An 1806

An 1807

---

(1) V. Bulletin du 15 vendémiaire an XI ; frimaire an XIV.
(2) Guilbert, Éloge nécrologique, 19 pages in-8.
(3) Biogr. mod., t. 1, p. 280. (4) M. Brahaut.
(5) 11 mai, *v.* discours de Jaubert. (6) Bulletin des lois.
(7) Décret, 25 mai. (8) Décret du 5 juin.
(9) M. Mignet, t. 2, p. 327.
(10) C'est en cette année que le nom de Thouret a été donné à une rue de Rouen. — V. Correspondance du maire de Rouen, en janvier 1806.
(11) Il est en activité depuis le 1er janvier 1807.
(12) La paix avec la Russie est du 7 juillet, la paix avec la Prusse est du 9.

autres, c'est que l'empereur veut bien permettre que Delamalle prononce son éloge, à Paris, devant une nombreuse assemblée de magistrats, d'hommes de lettres, d'étudiants [1].

An 1808. Tout 1808 est absorbé encore par les suites de l'expédition de Portugal [2], par des créations de majorats, par des dons multipliés aux hospices, par la création de comptoirs d'escompte, d'administrations de bureaux, mais aussi par les succès de Wellington [3]. Un homme d'esprit et de conscience a dit que la pensée de mettre l'histoire en régie, était digne du vainqueur d'Iéna [4].

An 1809. Tout 1809 va être occupé par la guerre d'Espagne, et par suite, à cause de l'état de la mer, par les encouragements au sucre indigène [5] ; par la culture du tabac, par l'exploitation des terres vitrioliques dans le pays de Caux ; mais on ne se prête point à tout cela autant qu'à la propagation de la vaccine, prêchée avec tant de succès par le Cauchois Arnaud Planchon [6].

An 1810. Qui peut prévoir ce que va devenir la France, ce que vont devenir ses diverses provinces, ou, pour parler plus correctement, ses départements, quand, par la seule volonté du chef, Rome étant réunie à la France, une levée est ordonnée [7] de manière que les conscrits romains vont, comme du temps de Constantin, être sous les mêmes aigles que les Cauchois. Les comtes et les barons cauchois

(1) V. l'Éloge de Ferey, brochure in-4.
(2) V. Thiélaint, 1 vol. in-8. — M. Mignet, t. 2, p. 333.
(3) M. Mignet, t. 2, p. 337. (4) M. Thierry.
(5) Journaux. — Journaux anglais. — Général Rémond, p. 106.
(6) Dict. hist.
(7) Décret du 20 mars.

de nouvelle création [1] ne sont pas les seuls qui obtiennent des faveurs et font des sacrifices; Napoléon vient de signer les décrets sur la confection des routes de Rouen à la mer [2], sur la construction d'un pont de pierre à Rouen [3], sur la réunion du château d'Eu au domaine de la couronne [4]; il signe des décrets sur un dépôt de mendicité affecté à tout le pays de Caux [5], et tous les habitants y concourent; avant d'entrer dans la tombe [6], le sage et érudit Haillet de Couronne s'empressait de souscrire à une fondation si heureuse.

Les faits intéressants, mais locaux, relatifs à la mort de Servin, auteur d'une Histoire de Rouen [7], à la présence de Laujon, l'Anacréon français, en Normandie, au rôle de l'ancien secrétaire de Robespierre, Taschereau, qui faisait le métier d'agent d'affaires [8]; la mort du Cauchois Ruffin dans une prison d'Angleterre; la réunion de tous les prélats dans un concile national à Paris [9], sont bientôt absorbés par des majorats nombreux [10], par l'institution de cours prévôtales [11], par des changements de juridictions; par des dispositions arbitraires sur le port d'armes [12], sur la police [13], sur des suppressions de corporations religieuses au gré de l'empereur; enfin par l'ambition impériale, qui ne connaît ni mesures légales, ni obstacles politiques, ni frein à sa volonté, qui, sans avoir terminé la

An 1811

---

(1) V. Bulletin des lois. (2) Décret du 13 avril.
(3) Décret du 10 juin. (4) M. Estancelin, p. 13.
(5) Décret du 5 novembre. (6) Il est mort le 29 juin.
(7) Il est mort le 30 mai 1811. (8) Biogr. mod.
(9) Prud'homme, p. 208. (10) Bulletin, numéros 351, 356, 359, 366, 374, 378, 389. (11) Id., numéro 345.
(12) Bulletin des lois, numéro 370. (13) Id., numéro 308.

triste guerre d'Espagne [1], veut aller vers le nord. Et quel est aussi l'historien, quelque désir qu'il ait de n'être qu'un chroniqueur, à qui la possibilité reste de s'occuper de quelques majorats de plus en présence des événements de la campagne de Russie [2].

An 1812

L'armée, qui pouvait être évaluée à six cent mille hommes [3], et comptait dans la cavalerie beaucoup de Cauchois, se dirigeant vers le Niémen, au commencement de mai 1812, voyait les princes et les rois faire leur cour à son empereur [4]. Des Autrichiens, des Prussiens, des Espagnols, étaient affectueux envers celui qui était resté vainqueur à Wagram, à Iéna, à Madrid [5]; tous comptaient atteindre avec lui aux confins de l'Europe [6]. Lorsque, le 16 juillet, l'armée entière était en mouvement, lorsqu'elle atteignait Ostrowno, lorsqu'elle avait conquis la Lithuanie [7], elle souriait en entendant ces mots : *Nous ne ferons pas la folie de Charles XII.* Elle croyait conquérir la paix à Moscou [8], et, en voyant le soin qu'avait l'empereur de faire une allocution à chaque régiment, elle répondait par une exacte discipline qui la menait précisément devant Moscou, la ville dorée, vers le milieu de septembre [9]; mais, quand elle apprend les résultats de la mission de Rostopchin [10], quand, après tant de succès et tant

---

(1) Général Rémond, p. 100. — M. Mignet, t. 2, ch. 15.

(2) V. sur cette campagne, Ségur, 2 vol. in-8, 1825. — Hist. de Napoléon, par A. Hugo. — Bulletin de la grande armée. — Moniteur. — M. de Chambray, Hist. de cette campagne. — Bignon.

(3) Ségur, t. 1, p. 56. (4) Id., p. 112.

(5) Id., p. 125. (6) Id., p. 131.

(7) Ségur, t. 1, p. 217 à 220. (8) Id., p. 294.

(9) Id., p. 431. (10) Id., t. 2, p. 29.

de combats, c'est sur Pétersbourg que l'on pense à marcher [1], avec le butin que les moins disciplinés ont pu faire, on a beau parler de créer un théâtre au milieu des ruines, on a beau faire venir des acteurs de Paris, il est évident aux yeux de tous, que c'est une conquête sans utilité qui a été faite; que la retraite est tardive [2]; et quelle est la position des familles, quand on reçoit des nouvelles qui apprennent le départ de Moscou pour la France; la lutte de l'ordre et du désordre [3], le défaut de précautions pour la nourriture des divers corps d'armée [4], la destruction de tant de bataillons, la combustion des aigles qui coïncidant, pour ainsi dire avec la conspiration de Mallet à l'intérieur, nécessitent le retour de l'empereur, presque seul, à Paris, le 19 décembre, malgré les réclamations de Berthier [5]! Tous les partis opposés à Napoléon semblaient renaître, à la lecture du vingt-neuvième bulletin, et aux récits des survivants de cette grande armée qui avait péri presque en entier [6].

Il est vrai que la seule présence de l'empereur calmait les conspirations; mais les plus sages commençaient à comprendre que, dans l'état actuel de l'Europe, celui qui veut jouer le rôle de conquérant finit mal son dernier acte, et que Napoléon lui-même, suivant l'expression de M. de Ségur, avait fait une expédition aussi inutile que celle de saint Louis en Égypte et en Afrique [7].

Napoléon a beau maintenant convoquer un prétendu

---

(1) Ségur, t. 2, p. 60.   (2) Général Rémond, p 76.
(3) Ségur, p. 205.   (4) Général Rémond, p. 75, notes.
(5) Ségur, p. 383.
(6) Général Rémond, préf. p. 13.   (7) T. 1, p. 77.

corps législatif, et promulguer certains décrets émanant de ce corps, tout en demandant au sénat de mettre à sa disposition des centaines de mille hommes; créer des majorats nouveaux, augmenter les contributions, faire même de nouveaux ministres [1], le temps des illusions est passé. Que des Cauchois se rendent à Cherbourg, pour voir ce bassin creusé à une époque plus brillante, et qui va recevoir les eaux de la mer [2] ; que l'impératrice pose la première pierre d'un nouveau pont à Rouen [3], soit; mais le maire du Havre, qui sait fort bien que deux millions cent quatre-vingt-dix-sept mille quatre cents militaires français ou alliés ont été tués en neuf ans, interrogé par l'empereur lui-même, sur le point de savoir quelle différence il y a pour le pays de Caux entre la guerre et la paix, a répondu nettement et spirituellement : qu'*il y a la même différence qu'entre la vie et la mort* [4], et cette réponse a circulé dans toute la France, en même temps que la nouvelle d'une invasion.

An 1814 La formation de régiments des ouvriers restés sans ouvrage dans la Seine-Inférieure, pour servir jusqu'à ce que l'ennemi ait quitté le territoire [5], indique et les malheurs de l'industrie, et les besoins de l'armée. La suspension, par un simple décret [6], de la loi sur l'intérêt de l'argent, dénonce le peu de confiance des sages capitalistes, et une nouvelle violation des lois. Le titre de régente, conféré à l'impératrice, ne semble-t-il pas dire que Bonaparte reprend son rôle de

---

(1) Bulletin des lois. (2) Journaux d'août.
(3) Lesguillez, p. 63.
(4) La Seine-Inférieure, brochure de 33 pages.
(5) Décret du 15 janvier. (6) Décret du 18 janvier.

général ? Mais c'est bien autre chose, quand on apprend que le roi de Naples, ce Murat qui était revenu d'Égypte avec lui, n'est plus son allié [1], ou bien qu'il faut un décret sur les fonctionnaires qui refroidissent l'élan patriotique [2] ! L'ironie accueille ces nouvelles, comme la création d'un majorat en faveur d'un Cauchois sur le Moulin de la Fosse ou Maheul de Dieppe ; majorat qui est le dernier accordé par Napoléon [3].

Le 1ᵉʳ avril est la date du sénatus-consulte qui nomme un gouvernement provisoire ; le 3, Napoléon est déchu du trône ; Louis Stanislas Xavier, frère de Louis XVI, y monte ; l'empereur même abdique le 11 avril [4] ; les puissances alliées traitent avec le frère du nouveau roi ; les bases d'une charte nouvelle sont promulguées, et certes on peut regarder comme la plus grave leçon qu'ait donnée l'histoire, cette triste déchéance après tant de gloire et de pouvoir.

Il s'en fallait beaucoup que tous les Français, que tous les habitants d'un même département, que ceux d'une même ville, fussent d'accord en ce moment. Si l'organisation des gardes nationales du royaume plaisait, les lettres d'anoblissement étaient contraires à bien des pensées ; si l'encouragement spécial donné à la marine était applaudi, il n'en était pas de même des grades sans nombre accordés à tous les émigrés, ainsi que de la faveur évidente qu'ils obtenaient ; s'il faut dire que le règlement des finances, par une loi véritable [5], donnait l'espérance qu'enfin le sentiment

---

(1) Décret du 24 février. (2) 5 mars. (3) Lettres pat. Bulletin 4, p. 44. (4) Bulletin des lois. — Mém. de Kock, 3 vol. in-8.
(5) Loi du 23 septembre.

national serait consulté sur le mode et le taux du budget, on était singulièrement refroidi, quand on voyait anoblir le père de Georges Cadoudal [1]. La loi sur la liberté de la presse donnait bien autre chose que ce que Napoléon avait permis; mais les priviléges accordés aux corporations religieuses, aux écoles religieuses, la proposition d'une loi de rigueur sur la célébration du dimanche, permettaient aux ennemis du gouvernement nouveau de dire qu'ils craignaient quelque Louis XI.

Certes, personne ne trouvait mauvais que Louis XVIII eût de la reconnaissance pour les Anglais; mais les préférences dont ils jouissaient, même au préjudice de l'intérêt du pays, faisaient craindre que le roi, si profondément instruit, qui était sur le trône, n'eût oublié les leçons du passé; aussi, de sa retraite, et malgré son abdication positive, Napoléon crut le moment arrivé de flatter le sentiment national et de remonter sur le trône.

An 1815

La proclamation du 1er mars, datée du golfe Juan [2], en accusant Augereau d'avoir livré Lyon aux ennemis, et Marmont d'avoir désorganisé l'armée, en louant l'insurrection des paysans lorrains, champenois, alsaciens, franc-comtois, bourguignons, ne mentionnait en rien les sentiments des anciens Normands. L'empereur disait, à son tour, que ce qui avait été fait sans le concours de la nation était *illégitime*. Le décret du 30 mars [3], annulait bien la chambre des pairs, comme ayant, disait-on, intérêt au rétablissement des droits féodaux; mais on annulait aussi la

---

(1) Bulletin, numéro 43. (2) Bulletin des lois, numéro 1.
(3) Bulletin des lois, numéro 2.

chambre des députés. Napoléon critiquait le titre de roi légitime pris par Louis XVIII ; mais il se gardait bien de parler de son abdication personnelle. S'il avait dit à Lyon qu'il allait abolir la noblesse [1], on voit combien il était sincère, quand sept jours après, le ministre de l'intérieur, l'ex-citoyen Carnot, était nommé comte [2] ; puis Savary était qualifié, dans un décret du titre de duc.

Voici l'acte addionnel aux constitutions de l'empire [3] : il parle bien de formes constitutionnelles, de l'acceptation du peuple, de liberté des citoyens, d'affermissement de la liberté publique ; mais l'empereur modifie aussitôt toutes les constitutions ; il répartit les pouvoirs à son gré : la chambre des pairs est héréditaire ; il crée six cent vingt-neuf représentants du peuple ; la nomination de leur président lui est soumise ; ce sera lui qui nommera les présidents des colléges électoraux ; il veut bien que l'impôt ne soit voté que pour un an ; il y a bien un titre sur les droits des citoyens ; mais, pourvu qu'en cas d'extinction de la famille impériale on ne rétablisse pas les Bourbons [4]. Veut-on que le décret impérial, qui ordonne la présentation de l'acte additionnel à l'acceptation du peuple français, ait enfin quelque rapport avec ce qui avait été fait en 1789, en l'an VIII, en l'an X, en l'an XII ; on sait, par le nombre de ceux qui ont voté, comparé à celui de ceux qui en avaient le droit, si c'est là un vœu national. Aussi, lorsque Timoléon d'Espinay et tant d'autres Cauchois quittaient de nouveau la France [5], malgré le blâme de

---

(1) Bulletin des lois, p. 13. (2) Bulletin, numéro 3, p. 25.
(3) 22 avril, bulletin, p. 131. (4) Art. 67.
(5) De Courcelles.

beaucoup d'autres, ils indiquaient du moins ce que pouvait durer cet acte additionnel. Cependant il faut consigner que l'empereur lui-même était forcé de sacrifier à l'opinion, qu'un sage avait si justement nommée, avant lui, la reine des mortels et des immortels [1].

La chambre même des cent jours, encore qu'il y eût beaucoup de talent et de bonne foi dans ses membres, a-t-elle pu empêcher l'effet du discrédit personnel de Napoléon? La seconde abdication de l'empereur, mais en faveur de Napoléon II, signée au palais de l'Élysée [2], a-t-elle pu empêcher que bientôt Paris ne fût en état de siége? Enfin, celui qui était entré en maître à Milan, au Caire, à Vienne, à Berlin, à Rome, à Madrid, à Amsterdam, et qui s'était tant moqué des constituants et des constitutions, n'a-t-il pas fini misérablement ses jours sur le rocher de Sainte-Hélène, après avoir lu dans les journaux, que l'ancien conventionnel De l'Apparent, que l'ex-gouverneur de Moscou, Mortier, que Jourdan, étaient favorables à la seconde restauration, et acceptaient des fonctions dans le département de la Seine-Inférieure [3].

On sait les événements généraux qui se sont passés en France depuis la seconde restauration, et la position particulière de cette portion de son territoire que nous avons tant étudiée; le séjour des Prussiens dans nos départements séquaniens, l'hérédité de la

---

(1) Montesquieu.
(2) Bulletin des lois, numéro 37.
(3) Biogr. mod. — Biogr. des hommes vivants. — Delbarre, Éclaircissements sur les Cent jours. — Hist. de la chute de l'empire, 3 vol. — Hist. de Louis XVIII, 1816. — M. Thiers. — Journaux.

pairie, la formation d'une garde royale [1], devaient amener encore de l'irritation; mais, enfin, on est satisfait de la régularité mise à convoquer les chambres; on applaudit aux lois d'amnistie; si, parmi nos Cauchois, pas un de ces hommes de guerre qui ont servi l'empire n'a obtenu le titre de maréchal, on espère prendre sa revanche, et briller dans les grades de la marine. Le budget va devenir l'occasion de lois accessoires très-utiles. Si l'abolition du divorce suivie de l'établissement d'un aumônier dans chaque régiment paraissait un oubli du principe qu'il n'y a pas de religion de l'État, d'un autre côté la réorganisation de l'école Polytechnique [2], la présence de M. Beugnot pour présider le collège électoral, et l'élection du sage Duvergier de Hauranne au poste de questeur de la chambre des députés, font plaisir aux électeurs. Ne dirait-on pas que chaque décision du gouvernement a son contre-poids dans une autre : on irrite un peu le pays, en accordant un trop grand nombre de lettres de nationalité, en ne donnant qu'un collége électoral par département, en instituant de nouveaux majorats [3]; mais on rentre dans ses habitudes, en créant des pavillons de commerce [4]. Le Havrais Eyriès, le Dieppois Noël de la Morinière, Dumont D'Urville, celui qui va inscrire aux funestes parages de Vani-Koro l'hommage de la France à la mémoire de La Peyrouse, voient dans ces pavillons l'emblème d'une utile rivalité [5].

Un calme profond succède. La loi sur le recrute-

An 1816

An 1817

An 1818

(1) Bulletin des lois.
(2) Bulletin, numéro 112. (3) Ord. mars.
(4) Bulletin des lois, p. 410.
(5) Estancelin, Recherches. — L'incript. de D'Urville est du 14 mars.

ment de l'armée appelle avec justice les Cauchois, comme les autres Français [1]. C'est une autre loi qui accepte l'offre faite par une société de négociants et de capitalistes, de prêter dix-neuf cent cinquante mille francs pour faciliter les travaux du Havre [2]. La duchesse d'Orléans, après vingt-quatre ans d'absence, vient visiter le château d'Eu, et pense à l'habiter, à l'embellir [3]. Qui peut, dans les circonstances où l'on se trouve, être plus disposé à travailler pour une exposition publique des produits de l'industrie [4], que la partie de la France qui se nommait jadis le pays de Caux, quand on réfléchit que déjà elle est le siége de quatre-vingt-quinze filatures, de cent soixante-deux teintureries, de trente-quatre imprimeries en toiles peintes ; que des verreries sont établies à Saint-Riquier, à Neufchâtel ; que les arts les plus variés germent sur tous les points ; que les routes vers la mer s'améliorent, que les compagnies d'assurance s'établissent [5] ? Une irritation bien vive naîtra pourtant des lois nouvelles sur la presse [6], de la création

An 1820 de cinq cents succursales [7], de majorats attachés au titre de pair, de la création d'une gendarmerie d'élite [8], de la suppression des légions [9]. Une pétition pleine de fermeté, signée par une foule de Cauchois et de Rouennais, demande positivement qu'on respecte la charte [10], et la présidence des colléges électoraux, confiée à Castel de Dieppe, Asselin de Villequier, de Montmorency, de Malartic, de Mortemart, de La

---

(1) Bulletin, numéro 200. (2) Bulletin, numéros 212, 226.
(3) Estancelin, p. 15. (4) Bulletin, numéro 259.
(5) Bulletin, numéro 399. (6) Lois des 17, 26 mai, 9 juin.
(7) Bulletin, numéro 309.
(8) Bulletin des lois. (9) M. Brahaut.
(10) Le Constitutionnel du 18 décembre. — Le Censeur.

Lande d'Yvetot, semble la sage critique de mesures intempestives. On dirait que l'assassinat du duc de Berry, qui a plongé dans la tristesse tout ce qui était loyal, a pu seul arrêter la tendance du gouvernement. L'année 1821 a mis en effet à la tête de l'administration des hommes dont les antécédents étaient la garantie du retour à la constitution. Ce ne seront pas seulement les Cauchois, mais les six cent qatre-vingt-huit mille habitants de la Seine-Inférieure [1], qui applaudiront la nomination de M. Vatimesnil au ministère de la justice [2]. La manière de M. Ravez de présider la chambre des députés, est un emblème de l'indépendance de ce corps. Si les Cauchois ne pouvaient être indifférents à l'incendie de la flèche et des combles de la cathédrale de Rouen [3], ils devaient espérer que bientôt ce monument serait réparé, surtout en voyant aux soins de qui la réparation était confiée.

En 1823, la guerre d'Espagne a occasionné une levée extraordinaire d'hommes et le 39° régiment, dans lequel les riverains de la Seine comptaient beaucoup de leurs enfants, s'est distingué devant Jaën; mais bientôt on revenait aux habitudes pacifiques : les nouvelles de chaque jour étaient des découvertes d'antiquités à Saint-Wandrille, à Jumiéges, à Lillebonne [4]; de nouveaux établissements d'éclairage [5] attestaient les progrès de l'industrie. Les plus graves événements pour la population cauchoise, qui va s'élever à près de cinq cent mille âmes, sont

---

(1) M. Périaux. (2) Bulletin, numéro 479.
(3) H. Langlois. — M. Laquerrière, Essai sur les épis, p. 7. — L'incendie est du 15 septembre. (4) M. Laquerrière, t. 2, p. 151. — Deshayes, p. 164, 165. (5) Journaux.

le renouvellement intégral de la chambre des députés[1], et de bonnes dispositions sur les chemins vicinaux[2]. On est dans ces jours de calme, quand on apprend que le roi Louis XVIII est mort, le 16 septembre; chacun remarque ici, comme dans tout le reste de la France, que c'est le seul chef de l'État qui, depuis Louis XVI, soit mort sur le trône, et le bon sens explique, ou remarque aussi, que c'est le prince qui, sauf de légères méprises, a le mieux compris le gouvernement constitutionnel. Tout le règne suivant va être la confirmation de cette leçon si intéressante. Charles X n'est pas plus tôt en possession du sceptre, que c'est un enfant, le duc de Bordeaux, qui est nommé colonel général des Suisses[3]; les écoles ecclésiastiques, les dispositions de police dans les édifices ecclésiastiques, dépassent en nombre les besoins d'une sage piété[4]. A Rouen, on veut défendre la représentation de Tartufe[5]! la garde nationale est réduite[6]. Si l'on veut bien encore publier des lois préparées sous le règne précédent, et relatives à la sûreté de la navigation maritime[7], à certains travaux au Havre[8], à des études d'hydrographie[9]; si les Cauchois sont enchantés de voir leur compatriote Casimir Delavigne, applaudi sur tous les théâtres de France, reçu à l'Académie française[10]; si une sage espérance sourit à une convention avec l'Angleterre sur la navigation[11], on est encore une fois désabusé par l'excès des donations aux commu-

---

(1) Bulletin, numéro 672. (2) Loi du 28 juillet.
(3) Ordonn. du 23 septembre. (4) Journaux. — Bulletin, numéro 29.
(5) Journaux. (6) Bulletin, numéro 22.
(7) Bulletin, numéro 28. (8) Bulletin, numéro 37.
(9) Bulletin, numéro 58. (10) Journaux.
(11) Bulletin, numéro 75.

nautés religieuses, aux séminaires, aux presbytères, aux couvents, aux congrégations [1]. Des troubles qui ont eu lieu à l'occasion des missions, semblent d'un autre siècle ou de l'autre côté des Pyrénées. Si la publication d'un Code forestier, attendu depuis cette sage partie du règne de Napoléon, dans laquelle, au lieu d'être follement conquérant [2], il aspirait au titre de législateur, laisse croire encore qu'il est possible de corriger l'ancien roi émigré; bientôt une foule de nouvelles congrégations démontre son mépris pour l'opinion publique. Peu lui importe que cette opinion pour laquelle le sage Royer-Collard a tant de respect, conseille de suivre l'expérience du siècle; que les savants, par le rapprochement des faits, cherchent à rappeler quelles ont été les époques les plus heureuses ; on dirait que le prince revenu en 1814 n'attend que l'occasion, que le moment, que le prétexte de donner tort à la révolution tout entière de 1789; des ministres donnent leurs démissions, parce qu'ils veulent respecter la charte, on ne tarde pas à les remplacer par un conseil qui a pour président Polignac. Quand Charles X, le 23 septembre 1829, fait des attributions de juridictions par ordonnances, se croyant suffisamment appuyé sur la conquête d'Alger, et proroge la réunion des chambres au 1er septembre 1830; quand il exige des majorats des pairs de France, et dissout encore une fois les chambres, sa police ne lui apprend pas le mécontentement général, ou bien il en rit, en autorisant une communauté de jésuites femelles [3], en suspendant la liberté

<small>An 1827</small>
<small>An 1828</small>
<small>An 1829</small>
<small>An 1830</small>

(1) Bulletin des lois.
(2) V. discours de M. Thiers, 27 mai 1846.
(3) Bulletin, numéro 354.

de la presse [1] par ordonnance. Il amène et nécessite pour ainsi dire cette révolution de trois jours [2], qui, à Paris, a fait répandre un sang que les partis ont regretté de ne pas voir répandre contre un ennemi commun, mais qui, dans les contrées dont nous terminons les Annales, s'est opérée de la manière la plus philanthropique, et la plus apte à prouver que désormais, en France, l'atteinte au droit constitutionnel doit amener nécessairement le renversement de ceux qui s'en rendent coupables.

A partir de la révolution de juillet, les mœurs, les usages, les noms cauchois, sont confondus avec les mœurs, les usages, les noms des autres Français. C'est pour la France, et non pour une province, que les vaisseaux abordent dans les ports [3], que des quantités considérables de charbon de terre sont importées; le Havre n'est plus un port du pays de Caux, mais le port de Paris; deux chemins de fer, établis au prix de plusieurs millions, des courants électriques, vont abréger toutes les distances [4]; beaucoup de châteaux sont habités par des familles qui ne sont pas d'origine cauchoise; la carte de Girard et Carbonnier, si exacte, si détaillée, ne distingue plus le pays de Caux du reste de la Seine-Inférieure [5]. L'industrie amène une population nombreuse; l'ancien rôle de la femme dans la maison, le mode de partage entre les enfants, sont d'un autre siècle; si les arbres sont toujours plus beaux que dans une autre contrée,

---

(1) Ordonn. 25 juillet.
(2) V. Moniteur. — Lady Morgan, la France, 2 vol. in-8. — M. Thiers, Discours du 27 mai 1846. — Constitutionnel 29 juillet 1846. (3) M. Estancelin. — Journal la Flotte, du 7 juillet 1846.
(4) Revue de Rouen, art. de M. Dujardin.
(5) Cette carte a été publiée en 1830, par Andriveau-Goujon.

si la terre a plus de profondeur labourable, si la science géologique a peu de progrès à faire, il n'en est pas moins vrai que le type de la physionomie des habitants a disparu [1]; c'était le moment d'en recueillir les traditions; nous l'avons fait, comme nous l'avions promis, avec une bonne foi égale à notre indépendance. Puissions-nous, avant de descendre dans la tombe, avoir la conviction que nous n'avons pas agi sans utilité.

(1) Journal des Savants de Norm. — Revue de Rouen, publiée sous la direction de MM. Chéruel, Girardin, A. Pottier, Richard, Rouland. — Revue rétrospective normande.

FIN DU TOME TROISIÈME ET DERNIER.

TABLE

PAR ORDRE ALPHABÉTIQUE.

A

Abbod, t. II, p. 367.
Abdérame, II, 30 et suiv.
Achard (Bosc), II, 387 ; III, 383.
Acquigny, II, 363, 380, 462; III, 26.
Adalard, II, 146.
Adélaïde, II, 367.
Adèle de Blois, II, 333.
Aëtius, I, 348.
Afer, I, 102.
Affrique (sainte), III, 398.
Agathe, II, 333.
Agiluf, I, 476.
Agricola, I, 132.
Agrippa, I, 85.
Agrippine, I, 114.
Abala, I, 43.
Alain, II, 164, 199, 259 et suiv.
Alain-Blanchard, III, 142.
Alain-Bourville, II, 326.
Alain-Chartier, III, 130.
Alain-Tranchemer, II, 451.
Alais, III, 298.
Alaric, I, 328 et suiv., 396.
Albermale, II, 398.
Albinus, I, 187.
Albitte, III, 383, 388.
Alcuin, II, 57.
Aldebert, II, 36.
Aldred, II, 309.
Alexander, II, 407.
Alexandre, I, 44 ; III, 14.
Alexandre-Sévère, I, 201.
Alexandre III, II, 420.

Alexian, I, 201.
Alexis, III, 193.
Alfred, II, 147, 247, 271.
Aligre, III, 320.
Alibermont, II, 457.
Allauda, I, 83.
Allia, I, 41.
Allectus, I, 255.
Allouville, III, 329.
Alpaïde, II, 19.
Amandus, II, 4.
Amaury, II, 361.
Ambigat, I, 29.
Amboise (d'), III, 193 et suiv.
Ambroise, 1, 307.
Améric-Vespuce, III, 200.
Amfreville, II, 344.
Amyot, III, 245, 267.
Anaclet, I, 375.
Ancretteville, I, 224.
Andel, II, 422.
Andelys, I, 418 ; III, 246.
Andragathias, I, 315.
Anfred, II, 427.
Angadrême, II, 12.
Angerville, III, 2.
Angilbert, II, 76.
Ango, III, 182 et suiv.
Angot des Rotours, III, 364.
Augradus, II, 18.
Anne d'Autriche, III, 306.
Anne de Bretagne, III, 208.
Annebaut, III, 230 et suiv.
Anneville, I, 224.
Annibal, I, 48.

Anquetin, III, 421.
Ansbert, II, 11 et suiv.
Anseaumeville, I, 224.
Anségise, II, 86, 150.
Anselme, II, 49, 55, 341.
Anthémius, I, 364.
Antioche, II, 346.
Antoine de Bourbon, III, 242.
Antoine de Lève, III, 224.
Antonin, I, 162.
Aper, I, 246.
Aptot, III, 406.
Arbogaste, I, 316 et suiv.
Arcole, III, 406.
Arelaunum, I, 65, 94.
Aristote, I, 46.
Arlette, II, 259.
Arnaud Planchon, III, 432.
Arnaut, II, 170.
Arnoul, I, 416.
Arnould, II, 210.
Arnulphe, II, 347.
Aroux, III, 430.
Arques, II, 38, 309, 477.
Artois (d'), III, 80, 121.
Arundel, III, 162.
Ascalon, II, 447.
Ascelin Gouël, II, 329.
Asclépiodote, I, 250.
Asselin, II, 332.
Attila, I, 327 et suiv.
Auber, I, 38, 266, 312; III, 193.
Auberville, III, 225.
Aubespine, III, 233.
Aubigny, II, 311, 364; III, 203.
Aubin (saint), III, 81.
Aubusson, III, 184.
Auga (ou Eu), II, 182, 194 et suiv.
Augereau, III, 409.
Augier, III, 305.
Auguste, I, 87.
Augustinus, I, 159.
Augustule, I, 369.
Aulerkes, I, 29.
Aulnay, III, 61.
Aumale, II, 311, 344; III, 234, 278, 461.
Aureolus, I, 229.

Austreberte, I, 483.
Auvricher (ou Orcher), III, 2.
Avranches, II, 418.

B

Babœuf, III, 366, 408.
Babolenus, II, 3.
Bacqueville, II, 309, 376, 386; III, 223, 313, 329, 374.
Bailleul, II, 344; III, 72, 374, 415, 427.
Bailly, III, 352.
Balafré, III, 259.
Balbinus, I, 214.
Baldric, II, 92.
Ballue, III, 182.
Bapaume, III, 128.
Baratênes, I, 28.
Bard, I, 19.
Bardes, I, 32.
Barentin, I, 394; III, 374.
Barneville, II, 342; III, 392.
Barra, III, 400.
Basæus, I, 172.
Basques, II, 437.
Bathilde, II, 2.
Baudin, III, 407, 423.
Baudouin, II, 194, 255, 357.
Baumetz, III, 369, 375, 378.
Bayard, III, 194, 216.
Bayeux, II, 182.
Bayle, III, 322.
Baynus, II, 21.
Bazin, III, 170, 182.
Beaufort, III, 317.
Beaulieu, III, 405.
Beauvais, III, 415.
Beauvoisin, III, 399.
Bec, II, 258, 357; III, 219.
Becco, I, 129.
Bec-Crespin, II, 309.
Becquet, III, 229.
Bec-Thomas, III, 55.
Bedford, III, 149, 162.
Begouen, III, 375, 422.
Belbeuf, III, 366, 369.
Belcinac, II, 21.

Bélisaire, I, 415.
Belisana, I, 30.
Bellarmato, III, 229.
Bellesme, II, 251.
Belleville, I, 224.
Bellovèse, I, 30.
Benoît, II, 262.
Bénouville, III, 369.
Beppolen, I, 451.
Béra, II, 92.
Bercing, II, 312.
Bérengier, II, 281.
Bérengère, II, 444.
Bérengéville, III, 112, 275.
Bernard, II, 389.
Bernard le Danois, II, 151.
Bernardin de Saint-Pierre, III, 387.
Berneval, III, 165.
Bernon, II, 126.
Bérold, II, 366.
Berthoald, I, 461.
Bertivilla, II, 61 (v. Dieppe).
Bertrade, II, 35.
Berville, II, 326.
Bethencourt, II, 344; III, 130.
Bethune-Charost, III, 396.
Beugnot, III, 422.
Beuvron, III, 56.
Beuzeville, III, 108.
Binot-Paulmier, III, 202.
Bioern, II, 118.
Biville, II, 311.
Bizet, II, 412.
Blainville, I, 344; III, 108, 119, 136, 162 et suiv., 330.
Blanchard, III, 368, 414.
Blaquetuit, III, 335.
Blaqueville, I, 224.
Blason, II, 211.
Blois, III, 273.
Blondinus de Nesle, II, 449.
Blutel, III, 388.
Boïeldieu, III, 402.
Boisguilbert, III, 315.
Boisguillaume, II, 344; III, 109.

Bois-Rozé, III, 280.
Bolbec, II, 194, 311.
Bonaparte, III, 401 et suiv.
Bondeville, II, 396.
Boniclar, v. Duclair.
Bonnes-Nouvelles (abb. de), II, 288, 307.
Bonneval, III, 194, 224, 311, 369.
Borgia, III, 225.
Born, II, 430.
Boscherville, III, 323.
Boson, II, 156.
Botto, II, 173.
Boucher, III, 353.
Boullenger, III, 383, 430.
Boulogne, I, 66.
Bourdillon, III, 246.
Bourdon, III, 375, 415.
Bourgeois, III, 388, 415.
Bourgeville, III, 48.
Bourgogne, III, 131.
Boussac, III, 155, 159.
Bouttemont, II, 344.
Bouville, III, 109, 349, 375, 383.
Bouvreuil, III, 11, 35.
Bouzard, III, 378.
Braquemont (Rob. de), III, 125.
Brémontier, III, 383, 415, 421.
Brémulle, II, 367.
Brenn, I, 28.
Bretteville, II, 311, 363; III, 61.
Bréville (de), II, 309.
Brézé (de), III, 171, 178.
Brion, III, 227.
Brionne, III, 363.
Bristol, II, 383.
Britten, I, 178.
Brothonne, II, 222.
Brunehaut, I, 435.
Bruno, II, 324.
Brus (de), II, 410.
Brutus, I, 61.
Buchy, II, 309.
Buckingham, II, 312.
Bures, II, 284, 361, 415.
Bussac, II, 277.

C

Cabien, III, 390.
Cailly, I, 174; II, 309, 469; III, 50, 314.
Cairon (de), III, 368, 378, 383.
Caletum, I, 91.
Caligula, I, 102.
Calixte, II, 345 et suiv.
Calog, I, 27.
Calpurnius, I, 141.
Cambremont, III, 109.
Camille, I, 42, 43.
Campo-Formio, III, 411.
Camulogène, I, 71.
Canclaux, III, 403.
Canut, II, 242 et suiv.
Cany, III, 139, 374.
Caracalla, I, 190.
Caractacus, I, 110.
Carausius, I, 250.
Carbonel, III, 140.
Carel, III, 430.
Carinus, I, 246.
Carloman, II, 37, 147, 221.
Carmes, III, 41.
Carnot, III, 405.
Cartouche, III, 336.
Carus, I, 245.
Casenave, III, 404.
Casimir, III, 192.
Casimir Delavigne, III, 445.
Cassimandua, I, 111.
Cassius, I, 173.
Castel, III, 442.
Castille, III, 106.
Castillon, I, 251; III, 405, 415.
Câteliers, I, 251.
Catteville, III, 250.
Cauchon, III, 155 et suiv.
Caudebec, I, 93; III, 161, 170, 183.
Caux, I, 388 et suiv.
Cayeux, II, 298.
Cécile, II, 321, 333.
Celsus, I, 158.
Celtes, I, 17 et suiv.
Cerceau (du), III, 199.
Cerizay, III, 180.

Chabannes, III, 148.
Chadoin, I, 476.
Chailloué, II, 351.
Chambray, III, 337.
Chantemesle, III, 81.
Chappe, III, 401.
Charlemagne, II, 41 et suiv.
Charles-le-Bel, III, 67,
Charles-le-Chauve, II, 212 et suiv.
Charles-le-Simple, II, 159.
Charles-Martel, III, 10.
Charles-Quint, III, 210 et suiv.
Charles Ier, III, 305.
Charles V, III, 105.
Charles VI, III, 105 et suiv.
Charles VII, III, 148.
Charles VIII, III, 186.
Charles IX, III, 244 et suiv.
Charles X, III, 269.
Charost, III, 320.
Château-Gaillard, II, 222 et suiv., 458 et suiv.
Châteauneuf, III, 114.
Châtel, III, 282.
Châtillon, III, 246, 252.
Chesnon, III, 355.
Cheverni, III, 263.
Childebert II, II, 18.
Childebrand, II, 33.
Childéric Ier, II, 1.
Childéric II, II, 6.
Childéric III, II, 35.
Chilpéric II, II, 26 et suiv.
Christ, I, 89, 202.
Christine de Lorraine, III, 271.
Christophle, III, 76.
Cicéron, I, 67.
Cid (le), III, 300.
Cinq-Mars, III, 304.
Civilis, I, 132.
Clairon, III, 341.
Clarence, III, 145, 183.
Claville, II, 311.
Claude Ier, I, 106, 476.
Claude II, I, 234.
Claude-le-Doux, III, 353.
Cléandre, I, 181.
Clément VI, III, 70.

Clères, III, 55, 138, 184, 246 et suiv.
Clisson, III, 79, 115, 126.
Clodion, I, 345.
Clotaire, I, 421 et suiv.
Clotaire III, II, 1.
Clotaire IV, II, 26.
Clotilde, I, 378.
Clovis Ier, I, 373 et suiv.
Clovis III, II, 16 et suiv.
Cocherel, III, 101.
Cœcilius, I, 349.
Coictier, III, 177.
Colboc, II, 193.
Coligny, III, 253.
Columella, I, 107.
Comius, I, 63.
Commines, III, 192.
Commodus, I, 161, 176.
Comyn, II, 317.
Conan, II, 364.
Condé, III, 258, 308 et suiv.
Constance, II, 333.
Constance-Chlore, I, 250 et suiv.
Constantin Ier, I, 261 et suiv.
Constantin II, I, 280.
Constantin de Nyssa, I, 340.
Constantius, I, 270.
Coquelin, III, 314.
Corday, III, 394.
Corneille (P.), III, 289, 297 et suiv.
Cornelius, I, 219.
Costé, III, 421.
Coulon, III, 186.
Couronne ou Corulinus, II, 228.
Cracus, I, 313.
Crasmesnil, III, 140.
Crassus, I, 60.
Crécy, III, 83.
Cremone, III, 306.
Crespon, II, 269, 336, 350, 358.
Crèvecœur, III, 186.
Criquebœuf, II, 193.
Crispus, I, 271.
Croismare, III, 186.
Croisy, III, 162.
Croix-Saint-Leuffroy, II, 8.

Cromlechs, I, 34.
Crosne (de), III, 351, 364, 392.
Cumin, II, 327.
Cuppa, I, 448.
Custine, III, 390, 395.

D

Dagobert Ier, I, 474 et suiv.
Dagobert II, II, 22.
Dambournay, III, 407.
Damiens, III, 346.
Damiette, III, 32.
Danzilen, I, 429, 433.
Dardanius, I, 337.
Darnétal, III, 71.
Daval, III, 336.
David, II, 384; III, 406.
De Buat, II, 442.
Decius, I, 216.
Defontenay, III, 430, 431.
Delahaye, III, 388, 390.
Delamarre, II, 445.
Delâtre, III, 390.
Delavigne, III, 248.
Démosthène, I, 44.
Denis, I, 217; II, 377.
Deschamps, III, 261, 340.
Desfontaines, III, 7.
Desmarets, III, 161.
Desvignes, III, 23.
Déville, III, 56.
Devismes, III, 361.
Deux Amants, III, 3.
Diane de Poitiers, III, 208.
Dicquemarre, III, 352.
Didier, I, 443.
Diel, III, 297.
Dieppe, II, 61; III, 53, 76, 77, 104, 134, 145, 218, 245 et suiv., 327, 403.
Dioclétien, I, 255.
Dioclès, I, 247.
Divitiac, I, 57.
Dolmen, I, 34.
Dombaut, III, 45.
Domesday-Book, II, 326, 408.
Dominicains, III, 41.

Domitien, I, 128, 135.
Dormans, III, 94, 108.
Douze (les), III, 245.
Drengot-Osmond, II, 244.
Dreux (de), I, 365; III, 213.
Driencourt, v. Neufchâtel.
Drogon, II, 184, 274.
Drouet, III, 410.
Druides, I, 31.
Drusus, I, 91.
Duboc, II, 347; III, 97.
Dubourg (Anne), III, 243.
Ducastel, III, 383.
Duchâtel, III, 18.
Ducis, III, 205.
Duclair, I, 64, 251; II, 17, 305; III, 402.
Duhamel, III, 193.
Duhomme, III, 149.
Dumesnil, III, 250.
Dumouriez, III, 385, 390.
Dunois, III, 132, 150 et suiv., 170 et suiv., 194 et suiv.
Duprat, III, 220.
Duputel, II, 326.
Duquesne, III, 186, 323, 325.
Duramé, III, 414.
Duval, III, 388, 415, 416.

E

Ebbo, II, 99.
Ebbolin, II, 161.
Ébroïn, II, 2.
Écretteville, II, 193.
Édouard III, III, 75 et suiv.
Édouard-le-Confesseur, II, 271.
Edwig, II, 311.
Egbart, II, 55.
Egghebart, II, 107.
Éginhard, II, 81.
Éléonore, II, 392.
Élinandus, III, 13.
Élinghal, II, 321.
Élisabeth, III, 285.
Éloi, I, 470.
Elpin, II, 318.
Émalleville, II, 193.

Embriaco, II, 347.
Émendreville, I, 166; II, 290.
Émilianus, I, 220.
Emmeline, II, 255.
Emmery, III, 355.
Enguerrand, III, 4, 14, 51.
Erchinoalde, I, 481; II, 1.
Ernes, II, 100.
Ernuste, II, 177, 311.
Escalles, III, 278.
Esneval (d'), III, 3, 55, 110, 129, 137, 186, 270, 338, 369 et suiv.
Espernon, III, 272.
Espinay, (d'), II, 300; III, 14, 27, 125, 196, 235, 250, 286, 300, 342 et suiv.
Espineville (d'), III, 238.
Estampes (d'), III, 229.
Estourmel (d'), III, 292.
Estouteville (d'), II, 344, 386, 442; III, 98, 110, 149, 192, 223, 245.
Éthelrède, II, 239.
Étienne d'Aumale, II, 335.
Étienne de Tours, II, 439.
Eu, I, 390; II, 344, 368, 379, 441 et suiv., 473; III, 5, 56, 74, 87, 113, 135, 155, 182 et suiv., 252 et suiv., 398 et suiv.
Eudes, II, 26, et suiv., 162 et suiv.; III, 405.
Eumènes, I, 263.
Eusèbe, I, 140.
Eustache de Saint-Pierre, III, 85.
Évrard (saint), II, 246.
Évreux, I, 93 et suiv.
Exeter, III, 143.
Eyriès, III, 441.

F

Fabien, I, 214.
Fabius, I, 51.
Falio, I, 183.
Farges (de), III, 57 et suiv.
Fastrade, II, 59.
Fauconbridge, III, 163.
Faucon de Puis, III, 306.
Faure, III, 388.

Fay (du), III, 85.
Fécamp, II, 264; III, 160 et suiv. 247.
Felleton, III, 100.
Ferey, III, 431.
Fermanel, III, 315.
Fermoville, III, 43.
Ferté-Fresnel, III, 119.
Fervaques, III, 290.
Feugnerolles, III, 41.
Fèvre (le), III, 402.
Filleul, III, 97.
Fingal, I, 192.
Fitz-Osbern, II, 274.
Flamand, III, 261.
Flavacourt, III, 52.
Fleury, III, 338.
Fleury où Floriacum, II, 21.
Floquet, III, 166.
Florent, I, 306.
Florianus, I, 241.
Florus, I, 108.
Folleville, III, 369.
Fontaine-le-Bourg, III, 279.
Fontenay, III, 110, 225, 374, 387.
Fontenelle, II, 23.
Fonteville, III, 172.
Forchal, III, 145.
Forêt (de la), III, 88.
Forfait, III, 383, 420.
Forges (Phil. de), III, 93.
Forniatur, II, 188.
Foulques, II, 102, 111.
Fouquet, III, 75.
Framery, III, 428.
Franco, II, 178.
François Ier, III, 209 et suiv.
François II, III, 242.
Franks, I, 230, 278 et suiv.
Fréauville, III, 25, 47, 92.
Frédégonde, I, 434, et suiv.
Fretteval, II, 453.
Freuleville, II, 193.
Froberville, II, 193.
Frondeville, III, 369, 375.
Frotbald, II, 134.
Froudière, III, 383.

G

Gaalor, III, 1.
Gabriel (saint), II, 314.
Gades (Th. de), 3, 43.
Gaëls, I, 17, 18.
Gaillon, III, 199.
Gaimar, II, 244.
Galba, I, 120.
Galerius, I, 253.
Galilée, III, 299, 310.
Galles (P. de), III, 183
Gallet, II, 271.
Galli, I, 17.
Gallien, I, 217.
Gallus, I, 280.
Galon, III, 248.
Galsuinthe, I, 434.
Gamaches, III, 185.
Gamart, III, 205.
Garat, III, 402.
Garenne, II, 309.
Gargouille, I, 474 et suiv.
Garin, II, 168.
Garnier, I, 467.
Gassion, III, 303 et suiv.
Gaucher, II, 351; III, 50.
Gaulmier, III, 187.
Gaultier, I, 410; II, 393.
Gauzlin, II, 161.
Gélase, II, 363.
Gemeliaco, I, 462, 468.
Géneté, II, 360.
Geoffroy, II, 373.
Geoffroy d'Eu, II, 444.
Geoffroy d'Harcourt, III, 84.
Georges d'Amboise, III, 191 et suiv.
Georges de Boscherville, II, 283 et suiv.
Gérard, II, 257, 340.
Gérard la Guette, III, 67.
Gerberoy, II, 323; III, 162.
Germanus, I, 354.
Gerold, I, 286.
Gervais Chrétien, III, 104.
Gervais (saint), II, 246, 330.
Gervald, II, 74.
Geta, I, 190.

Giffard (Gauthier), II, 280.
Giffard de Bolbec, II, 309.
Giffard de Longueville, II, 295.
Gilbert, II, 266, 330, 352.
Gilles, III, 194.
Gillet de Bolbec, III, 174.
Gizèle, II, 178.
Glanville, II, 422.
Glaorn, II, 382.
Glocester, II, 376, 379.
Glycerius, I, 367.
Gniphon, I, 74.
Goberval, III, 228.
Godard, I, 370.
Godefroy, II, 123.
Godefroy de Bouillon, II, 342.
Godfried, III, 75.
Godwin, II; 280.
Gombaud, II, 102 et suiv.
Gomerville, III, 161.
Gondulphe, II, 358.
Gontard, II, 330.
Gonthier, II, 209.
Gontran, I, 425.
Gordien, I, 211.
Gosselin d'Arques, II, 255.
Gourdon, II, 464.
Gournay, II, 320, 344, 379 et suiv.; III, 145.
Gourné, III, 339.
Goyon, II, 344.
Gradulphe, II, 276.
Grainville, II, 344.
Grammont, II, 393.
Gratien, I, 305; II, 414.
Gravagnes, III, 100.
Graville, II, 343.
Gràville, III, 41, 152, 200.
Grégoire, II, 241, 380.
Grégoire de Rumare, III, 383, 485.
Grestain, III, 47.
Griffon, II, 40.
Grimoald, II, 18.
Grimon, II, 37.
Grimout-Duplessis, II, 275.
Grippon, II, 18.
Groulard, III, 265 et suiv.
Gruchy, III, 240, 252.

Guastavilla, I, 166.
Guercheville, III, 288, 295.
Guérin, III, 11.
Guernesey, III, 109.
Guesclin (du), III, 99 et suiv.
Guichainville, III, 369.
Guilbert, III, 295.
Guilbert d'Auffay, II, 311, 335.
Guillaume de Gournay, II, 361.
Guill. de Roumare, II, 381.
Guill. de Saint-Jean, II, 419.
Guill. de Pont-de-l'Arche, II, 333.
Guillaume Fier à Bras, II, 270.
Guill.-le-Conquérant, II, 263 et suiv.
Guillaume-le-Roux, II, 333.
Guillaume-Longue-Épée, II, 202.
Guilmart, II, 279.
Guises, III, 233, 243, 252, 266.
Guitmart, II, 315.
Gurth, II, 305.
Guttinguer, III, 415, 421.
Guy, II, 42.
Guy de Clermont, II, 364.

H

Hadrien, I, 151.
Hadwise, II, 468.
Hagenon, II, 170.
Hakem, II, 245.
Haldetrude, I, 460.
Hamon, II, 359.
Hampe, III, 426.
Harcourt, II, 209, 368; III, 69, 113, 161, 305 et suiv., 330, 336, 342.
Hardy, III, 388, 415.
Harelle de Rouen, III, 117.
Harfleur, III, 107, 160, 173, 190.
Harold, II, 214, 283 et suiv.
Harteauville, II, 375.
Hastings, II, 110, 302.
Havre (le), III, 200 et suiv.
Hébert, III, 274.
Hédouville, III, 201.
Héliogabale, I, 199.
Hélisacar, II, 95.
Hellouin, II, 287.
Hely de Saint-Saëns, II, 334, 354.

Hemming, II, 77.
Henri, II, 333, 350 et suiv.
Henri II, III, 233 et suiv.
Henri III, III, 247 et suiv.
Henri IV, III, 247 et suiv.
Henri V, III, 146.
Henriot, III, 401.
Héraclius, II, 432.
Hercule, I, 19, 254.
Hériold, II, 83.
Herluin, II, 119, 330.
Hermenfroy, II, 10.
Hermentrude, II, 117.
Hérodote, I, 40.
Héron (le), III, 162.
Herower, II, 426.
Herpin, I, 467.
Hervé, II, 122.
Hésus, I, 31.
Hiesmes, II, 241.
Hildebald, II, 82.
Hildegarde, II, 50.
Hildéric Ier, I, 361.
Hilmeraldus, II, 127.
Hilpéric, I, 425.
Hoche, III, 406, 409.
Hoëchstædt, III, 330.
Hoël, II, 236, 402, 475.
Hom, II, 309.
Hombert, II, 341.
Hommet (du), II, 249, 440, 461; III, 2.
Honorius, I, 323; III, 18.
Hosbern, II, 393.
Hospital (l'), III, 244 et suiv.
Hospitaliers, II, 374.
Hostilianus, I, 219.
Hotot, II, 326.
Houdetot, III, 93.
Hrolf, v. Rollo.
Huë de Mortemer, II, 312.
Huet, III, 400.
Hugo, II, 256.
Hugues Capet, II, 223 et suiv.
Hugues de Gournay, II, 365, 444.
Hugues Lamarre, II, 309.
Hugues le Grand, II, 206, 343.
Hugues de Monfort, II, 374.
Hugues de Neufchâtel, II, 374.
Hurpy, III, 398.

I

Ibbas, I, 398.
Imitatus, I, 105.
Inducciomare, I, 67.
Ingulf, II, 289, 348.
Innocent, III, 12.
Innocentius, I, 339; II, 374 et suiv.
Iold-Gooh, III, 107.
Irène, II, 69.
Isabeau de Bavière, III, 120.
Isambert, II, 256.

J

Jacquerie, III, 94.
Jadoulle, III, 431.
Jaffa, II, 343, 350, 393, 447.
Janville, III, 431.
Jarnac, III, 250.
Jean, I, 101; II, 150; III, 64, 70.
Jean de Bailleul, III, 56.
Jean de Rhoëm, II, 365.
Jean de Vienne, III, 85.
Jean-sans-Terre, II, 447.
Jeanne, III, 151.
Jeffroy, II, 420.
Jersey, I, 67, 260, 282, 361; III, 109, 110, 235.
Jérusalem, II, 434, 447.
Jésuites, III, 228 et suiv, 238 et suiv., 249, 381.
Jeufosse, II, 127.
Joconde, III, 199.
Jourdan, III, 142.
Jovianus, I, 301.
Joyeuse, III, 268.
Judith, II, 91 et suiv.
Jules César, I, 55 et suiv.
Julianus, I, 184, 280 et suiv.
Juliobona, I, 92, 138, 157, 258, 286 et suiv.
Jumiéges, I, 484 et suiv.; II, passim; III, 94 et suiv., 220 et suiv., 247, 336.

Juste de Tours, III, 199.
Justin, I, 334, 431.

K

Kald-Bec, v. Caudebec, I, 171.
Kalètes, I, 27.
Kanolles, III, 108.
Karibert, I, 425.
Karl-le-Martel, II, 19 et suiv.
Kellermann, III, 386.
Keltes, I, 17.
Kent, II, 308.
Khildebert, I, 429.
Kilboë, II, 467.
Kléber, III, 409.
Klodomir, I, 381.

L

Labrosse, III, 44.
Lachâteigneraie, III, 234.
Lacédémoniens, I, 29.
Lafayette, III, 140, 164, 317, 385.
Lahire, III, 147, 152, 159 et suiv.
Laigle, II, 300.
La Lande, III, 443.
Lamballe, III, 380.
Lamberville, III, 162.
Lamblardie, III, 414.
Lameth, III, 387.
Lancelot, II, 184.
Landri, I, 444.
Lanfranc, II, 296, 319.
La Rochefoucauld, III, 386, 392.
Latrémouille, III, 153, 260.
La Tour d'Auvergne, III, 395.
Laurent, II, 429.
Lecat, III, 340.
Lecerf de la Viefville, III, 320.
Lecointe, III, 386.
Lecouteulx, III, 182, 349 et suiv.; 374, 407, 421.
Lecoutour, III, 401.
Ledoux, III, 353.
Lefèvre, III, 388, 415.
Léger, III, 140.
Legrand, III, 303.

Leicester, II, 300.
Lelianus, I, 232.
Lelieur, III, 95, 100.
Lemâchon, III, 202.
Lémery, III, 315.
Lemesle, III, 415.
Le Monnier, III, 365.
Le Nud, III, 412.
Léodgard, II, 2.
Léofwin, II, 305.
Léon, II, 162.
Le Roux, III, 143, 159.
Le Roux de Tilly, III, 293.
Lesley, III, 256.
Levavasseur, III, 421.
Liancourt, III, 290.
Libius-Severus, I, 362.
Lignebœuf, III, 250.
Lignerolles, III, 252.
Ligneville, III, 392.
Ligue, III, 259 et suiv.
Lillebonne, II, 213, 390, 409; III, 160 et suiv., 183, 245.
Lilledieu, II, 435; III, 55.
Limézy, II, 311.
Lindebœuf, III, 3.
Lionnel, III, 154.
Livet, III (de), 142.
Logium, II, 1 et suiv.
Lollius, I, 166.
Lonchamps, II, 443.
Londres, II, 308.
Longueil, II, 300; III, 174.
Longuerue, III, 227.
Longueville, III, 55 et suiv., 65 et suiv., 78, 89 et suiv., 102 et suiv.; 125, 143, 167 et suiv., 184, 201 et suiv., 243 et suiv., 239, 283 et suiv., 392.
Loré, III, 156.
Lothaire, II, 87 et suiv., 226.
Louis, II, 56.
Louis II, II, 154.
Louis III, II, 156 et suiv.
Louis IV, II, 206.
Louis V, II, 230.
Louis VI, II, 372 et suiv.
Louis VII, II, 391.

TABLE ALPHABÉTIQUE.

Louis IX, III, 15 et suiv.
Louis X, III, 62.
Louis XI, III, 165 et suiv.
Louis XII, III, 197 et suiv.
Louis XIII, III, 291.
Louis XIV, III, 302 et suiv.
Louis XV, III, 353 et suiv.
Louis XVI, III, 365 et suiv.
Louviers, III, 82, 94, 98, 106, 131, 142, 156 et suiv., 245.
Loyola, III, 228 et suiv.
Luc, I, 101.
Lucas, III, 383, 402.
Lucilla, I, 170.
Lucius, I, 219.
Lucius III, II, 429.
Lucius Vérus, I, 170.
Lusignan, II, 448; III, 5.
Lutetia, I, 165 et suiv.
Lutgarde, II, 67.
Luther, III, 211.
Luxembourg, III, 163, 185.
Lyons, II, 208, 378; III, 17.

M

Machault, III, 293.
Macrianus, I, 227.
Macrin, I, 198.
Magon, I, 51.
Mahaut, II, 389.
Mahomet, I, 472.
Mailleraie, III, 230, 248, 256.
Majorianus, I, 360.
Malartic, III, 442.
Malcolm, II, 325, 350.
Malcontents (les), III, 255.
Mallet, III, 113, 189.
Mallet de Graville, II, 308.
Mallet de Meynières, II, 305.
Mallius Theodorus, I, 326.
Malmain, III, 99.
Manlius, I, 41.
Manneville, III, 397.
Marbeuf, II, 193; III, 380, 425.
Marc, I, 100.
Marc-Aurèle, I, 169.
Marceau, III, 406.

Marcel, III, 94.
Marcellin, I, 49.
Marcelline, I, 307.
Marculfe, II, 22.
Marengo, III, 423.
Margot, II, 203.
Marguerite, II, 406.
Marie-Antoinette, III, 357.
Marie-Stuart, III, 234.
Mariette, III, 388.
Marigny, III, 51 et suiv., 86 et suiv.
Marillac, III, 299.
Marius, I, 53.
Maromme (de), III, 254.
Marquis, III, 2.
Martinière (la), III, 337.
Masselin, III, 187..
Maternus, I, 181.
Mathieu, I, 100.
Mathilde, II, 277, 350.
Matignon, II, 431; III, 265.
Maufer, III, 184.
Mauger, II, 269.
Maulévrier, III, 91.
Mauny, III, 72, 79, 118, 150, 171, 290.
Maur, I, 407.
Mauriel, III, 31.
Maurile, II, 289, 362.
Maxence, I, 265.
Maximianus, I, 249.
Maximin, I, 209.
Maximus, I, 214.
Mayenne, III, 275.
Mayenne (Geoffroy de), II, 290.
Mazarin, III, 306 et suiv.
Mazeline, III, 331.
Meaupou, III, 355.
Médicis, III, 244 et suiv.
Médiolanum, I, 39.
Mélance, I, 446.
Mélite, III, 298.
Mellon, II, 259.
Ménard, II, 49.
Menhirs, I, 34.
Menneville, III, 269.
Mérovée, I, 353.
Mers, I, 22; III, 76.

460 TABLE ALPHABÉTIQUE.

Messaline, I, 109.
Michel (mont Saint-), III, 149.
Minerve, I, 45.
Miromesnil, III, 356.
Mistral, III, 385.
Mœsa, I, 199.
Montaigne, III, 265.
Montenay, III, 139.
Montéraulier, III, 160.
Montfort, III, 79.
Montgommery, III, 241.
Montholon, III, 291.
Montivilliers, II, 243; III, 160.
Montlhéry, III, 181.
Montmorency, II, 356 et suiv.; III, 83 et suiv., 225, 233, 243.
Moreau, III, 406.
Moreau de Fiesmes, III, 108.
Morin, III, 315.
Mornay, III, 271.
Mortain, II, 291, 306, 390.
Mortemart, II, 300; III, 442.
Mortimer, II, 376.
Morus, II, 223.
Morville, II, 420.
Morvilliers, III, 166, 245.
Moscar, II, 311.
Motteville, III, 326.
Mouy, III, 248.
Mucapor, I, 239.
Mummol, I, 435.
Munatius, I, 84.
Mysithræus, I, 212.
Mythologie grecque, I, 30.
Mythra, I, 37.

N

Nantilde, I, 480.
Napoléon, III, 406 et suiv.
Narbo, I, 52.
Néel, II, 382.
Nerva, I, 139.
Neufchâtel ou Driencourt, II, 208, 309, 356, 407 et suiv.; III, 184.
Neustrie, I, 392 et suiv.
Neuville, III, 294.
Nicaise, I, 217.

Nicot, III, 342.
Noël, III, 441.
Norwigmendia ou Normandie, II, 183.
Numerianus, I, 246.

O

Octonville, III, 132.
Odo, II, 306.
Odon, II, 335, 346.
Odo-Rigaut, III, 31 et suiv.
Oduïn, II, 270.
OEga, I, 477.
Offranville, III, 374.
Ogier, II, 55.
Ogive, II, 195.
Ogmios, I, 27.
Oissel, II, 127, 326.
Olaff, II, 241, 248.
Olivier-le-Daim, III, 187.
Olybrius, I, 366.
Olympius, I, 335.
Onfreville, III, 72.
Onfroy de Bohon, II, 359.
Onfroy de Buch, II, 398.
Orcher, II, 243.
Orléans, III, 131, 187, 331.
Oscher, II, 114 et suiv.
Osmont, II, 184, 214.
Osmont de Sotteville, II, 447.
Osmoy, II, 7.
Othon, I, 122; II, 228; III, 15.
Ouen, I, 482.
Ouen (Saint-), II, 8.
Oueneliocasses, I, 40.
Oxford, II, 308.

P

Paër (Saint-), III, 109.
Pagnel, III, 24.
Palladius, I, 357.
Paré, III, 254.
Paris, I, 19.
Pâris, III, 392.
Parmentier, III, 220.
Paschal, III, 311 et suiv.

Pastoureaux, III, 33.
Paternus, I, 181.
Patourel, III, 118.
Pauliac ou Pavilly, I, 483; II, 5, 311; III, 249.
Pavie, III, 211, 406, 416.
Pecquet, III, 311.
Pennus, I, 43.
Penthièvre, III, 357 et suiv., 391.
Pepin, II, 54.
Pepin d'Héristal, II, 9 et suiv.
Pepin de Lenden, I, 466.
Pepin-le-Bref, II, 34.
Péquigny, II, 210.
Perche (comte du), II, 388.
Percy, II, 295, 300.
Perennis, I, 180.
Pertinax, I, 172, 182.
Petronius, I, 68.
Pevensey, II, 302.
Pharamond, I, 338.
Philibert Delorme, III, 306.
Philippe, III, 240.
Philippe Ier, II, 314.
Philippe III, III, 42.
Philippe IV, III, 47.
Philippe V, III, 64 et suiv.
Philippe VI, III, 69.
Philippe-Auguste, II, 416 et suiv., 475 et suiv.
Philippus, I, 213.
Picard, III, 182.
Pichegru, III, 405.
Pierre d'Amiens, II, 343.
Pierre de Préaux, II, 473.
Pilet, II, 338.
Pingré, III, 354.
Pinterville, III, 25, 109.
Piquet, III, 194 et suiv.
Pise, II, 376.
Pitard, III, 39.
Pître, II, 138.
Plantin, III, 194.
Platon, I, 43.
Pocholle, III, 388.
Poignant, III, 143.
Poissy, III, 250.
Polemius, I, 368.

Pompée, I, 56.
Pont-Audemer, III, 87.
Poppa, II, 165, 196 et suiv.
Portail (du), III, 337.
Possidonius, I, 47.
Posthumus, I, 234.
Postel, III, 227.
Pothon, III, 147.
Poulain (Rob.), III, 17.
Poyet, III, 218.
Pradon, III, 321.
Pradt (de), III, 374.
Praguerie, III, 165.
Préaux, II, 344.
Preuilly (de), II, 288.
Prince Noir (le), III, 91.
Probus, I, 242.
Promotius, I, 295.
Puy de la Conception, III, 190.
Pythagore, I, 40.

Q

Quartinus, I, 210.
Quesnel, III, 226.
Quevilly (ou Chevillies), II, 291.
Quiedreville, III, 23.
Quiefdeville, III, 71.
Quillebœuf, II, 193; III, 208, 395.
Quintrio, I, 458.

R

Rabassse, III, 406, 415.
Radicatel, I, 251.
Ragenarius, II, 119.
Ragnacaire, I, 375.
Ragnoard, II, 99.
Raineval, III, 92.
Rainfroy, II, 24 et suiv.
Ralf, II, 184.
Raoul de Coucy, II, 444.
Raoul d'Eu, III, 78.
Raoul de Gacé, II, 269.
Raoul de Montpinçon, 322.
Raoul de Roumare, II, 364.
Raoul de Tancarville, II, 324.
Ravaillac, III, 290.

Raymond de Poitiers, II, 395.
Réalmont, III, 298.
Regnauld, II, 348.
Regnault, III, 94.
Rembol, III, 123.
Remi, I, 395; II, 40 et suiv.
Renault, III, 14.
Renaut de Trye, III, 69.
Ricarville, III, 159.
Riccius-Varus, I, 263.
Richemond, III, 150 et suiv.
Ricimer, I, 364 et suiv.
Richard, II, 49, 100, 209, 251.
Richard-Cœur-de-Lion, II, 405.
Richard de Camville, II, 443.
Richard d'Évreux, II, 270.
Richard d'Hugleville, II, 335.
Richard Hommet, II, 414.
Riculfe, II, 148.
Rieux, III, 161.
Riothamus, I, 365.
Rioulf, II, 204.
Riquier (saint), II, 66.
Rivallon, II, 285.
Riville, III, 92.
Robert ou Rudbert, II, 180, 232, 250.
Robert d'Arbrisselles, II, 349.
Robert d'Automne, III, 26.
Robert-Blanches-Mains, II, 432.
Robert d'Eu, III, 308.
Robert de Croismare, III, 193.
Robert de Jumiéges, II, 272.
Robert de Leicester, II, 448.
Robert-le-Bossu, II, 415.
Robert le Diable, II, 48.
Robert de Vassy, II, 290.
Rochambeau, III, 385.
Roche-aux-Fées, I, 36.
Rochetaillade, III, 147.
Rodolphe, II, 197.
Roger, II, 396.
Roger, III, 80.
Roger de Beaumont, II, 264, 295 et suiv.
Roger-le-Bègue, II, 383.
Roger Chaussiègue, II, 322.
Roger d'Estouteville, II, 353.

Roger de Montgommery, II, 295.
Roger de Mortemart, II, 281.
Roger de Tosny, II, 264.
Roger d'Yvri, II, 323.
Rognwald, II, 143.
Roland, II, 55; III, 391.
Rolland, II, 23.
Rolleville, II, 193.
Rollo, II, 143 et suiv.
Rotland, II, 172.
Rouen, Roven, Rhoëm, Rodomo, Rothomagus, Ratumacos, I, 77 et suiv., 248 et suiv., 277 et suiv., 353 et suiv.; III, 242 et suiv.
Robin Hood, II, 452.
Rœderer, III, 386.
Rosemonde, II, 416.
Rosny, III, 271.
Roumare, II, 185, 308; III, 249.
Roussel, III, 65.
Rouville, II, 193; III, 119 et suiv.
Ruault, III, 383 et suiv.
Rue (la), III, 407.

S

Sabinus, I, 236.
Saint-Clair-sur-Epte, II, 397.
Saint-Hilaire, III, 423.
Saint-Just, III, 393.
Saint Saëns, II, 5.
Saladin, II, 395, 430, 448.
Saladine, II, 184.
Salisbury, II, 420; III, 181, 147.
Sallentin, III, 402.
Samothès, I, 19.
Sana, III, 41.
Savoye (Agnès de), III, 182.
Saxones, I, 222.
Scudéry, III, 301.
Sebar, II, 166.
Sédécias, II, 154.
Ségovie, I, 30.
Séguier, III, 233.
Seine, I, 388 et suiv.
Séjan, I, 98.
Sénateur, I, 333.

Sénèque, I, 115.
Senne (de), III, 150.
Septime-Sévère, I, 185.
Serenus, I, 99.
Severus, I, 160.
Siblot, III, 398.
Sidon (baron de), II, 350.
Sigebert, I, 382.
Sigebrand, II, 2.
Sigenoy, II, 160.
Sigogne, III, 254.
Silly, III, 48, 216.
Simon Duboc, III, 124.
Simon Legras, III, 116.
Sixte-Quint, III, 269.
Sorel (Agnès), III, 173.
Spencer, III, 119.
Sperlane, II, 184.
Stigand, II, 292, 324.
Stilicon, I, 324 et suiv.
Stuart (Marie), III, 225.
Suger, II, 391.
Sully, III, 351, 363 et suiv.
Surrey, III, 215.
Surville (de), III, 232.
Syagrius, I, 375.
Sybille, II, 351.
Sydroc, II, 125 et suiv.
Sylvanus, I, 189.

T

Tacite, I, 139, 240.
Taillefer, II, 304.
Talbot, III, 149, 170.
Tallou, I, 457; II, 118.
Tancarville, II, 351, 367; III, 22, 54, 73, 136, 335.
   Tancrède de Hauteville, II, 256, 346.
Tanneguy Duchâtel, III, 150.
Tanneguy Leveneur, III, 254, 273.
Tarbé, III, 383.
Taré, III, 151.
Tarente (prince de), II, 343.
Tassilon, II, 60.
Tavannes, III, 344.
Tellau, II, 248.

Templiers, II, 363; III, 38, 58.
Tertullien, I, 191.
Tesson, II, 274.
Tetricus, I, 234.
Teutatès, I, 89.
Teutsinde, II, 31.
Theganus, II, 112.
Théodebert, I, 438.
Théodoalde, II, 23.
Théodose, I, 310 et suiv.
Thévenot, III, 312.
Thézard, III, 108.
Thibaud, II, 222, 380 et suiv.
Thibouville, III, 61, 138.
Thierry, I, 401, 465; II, 1, 27.
Thiessé, III, 415, 421.
Thomas, II, 319.
Thomas Becket, II, 406.
Thorer, II, 168.
Thorf, II, 168.
Thor-ing, I, 36 (v. Thuringe).
Thot, I, 20.
Thouret, III, 374, 377.
Thouville, III, 374.
Thuringe, II, 21.
Tibère, I, 95.
Tibériade, II, 434.
Tilly, II, 342.
Tinchebray, II, 353.
Tirrel, II, 349.
Titus, I, 127, 134.
Tod, III, 293.
Tombelles, I, 34.
Torcy, III, 184.
Torp, II, 114.
Torquatus, II, 127.
Torta, II, 216.
Tortone, III, 304.
Tosny, II, 382.
Touques, II, 300.
Tourville, II, 369.
Toustain du Bec-Crespin, II, 304.
Toustain de Hiesmes, II, 269.
Trajan, I, 143.
Traserius, II, 75.
Trefflier (le), III, 112.
Tréport, I, 308; II, 350, 387; III, 108, 135, 201, 378.

Trubleville, II, 423.
Trye, II, 422, 434.
Tuiston, I, 149.
Turenne, III, 305, 321.
Turquetil, II, 266 et suiv.

U

Uggade, I, 165.
Urbain II, II, 336, 343.
Ursel, II, 289.
Urville (Dumont d'), III, 441.
Utrecht, III, 332.

V

Vadomarius, I, 296.
Vala, II, 100 et suiv.
Valasse, II, 404.
Valens, I, 124, 218, 304.
Valentinien, I, 302 et suiv., 351.
Valery (Saint-), II, 62, 264, 300; III, 161, 403.
Valmont, II, 415; III, 105, 161, 205.
Valmy, III, 386.
Valteline, III, 297.
Varengéville, I, 151; III, 215.
Varennes, II, 379.
Varneville, III, 278.
Varro, I, 77.
Vascueil, II, 362.
Vatimesnil, III, 463.
Vatteville, I, 251; II, 5, 23, 369; III, 228.
Vauban, III, 319.
Vaudreuil, I, 405; II, 297, 380; III, 88, 361.
Vauguyon, III, 376.
Vauquelin, III, 267.
Vauquelin de Ferrières, II, 268.
Vauquelin du Pont, II, 268.
Velleda, I, 130.
Vénion, II, 123.
Venise, III, 206.
Vénus, I, 45.
Verbosc, III, 61.
Vercingetorix, I, 73.

Verclives, II, 363.
Verneuil, II, 425.
Vernet, III, 362.
Vespasien, I, 127.
Veulles, I, 457.
Veulquessin, II, 455.
Vexin, t. II, 183.
Vial, III, 400.
Viala, III, 400.
Vialard, III, 257.
Vic (H. de), III, 103.
Victor, II, 407.
Victor (Saint-), II, 273.
Victoria, I, 235.
Victrice, I, 323.
Vienne (J. de), III, 112, 119.
Vieuville (la), III, 241.
Villars, III, 276 et suiv.
Villegagnon, III, 237.
Villequier, II, 469; III, 103, 256, 443.
Vimart, III, 383, 405, 421.
Vincent, III, 388, 405.
Vincentius, I, 331.
Vindex, I, 117.
Vital, II, 304.
Vitellius, I, 124.
Vivian, II, 414.
Vivien, III, 87.
Voltaire, III, 340.
Vuldus de Gournai, II, 308.
Vulfard, II, 114.

W

Waërden, III, 321.
Wandrille (Saint-), II, 9; III, 215, 376.
Warnachaire, I, 458.
Warwick, III, 182.
Westminster, II, 310, 380.
Westermann, III, 395.
Widevil, III, 147.
Wieland, II, 135.
Wilbert, II, 95.
Willebœuf ou Elbeuf, II, 127.
Willoughby, III, 163.
Wincester, II, 330 et suiv.

TABLE ALPHABÉTIQUE.

Witikind, II, 57.
Witton, II, 164 et suiv.

X

Xaintrailles, III, 148, 155, 162 et suiv.

Y

Yainville, II, 258.
Yger, III, 388.

Yorck, I, 308.
Yvain, III, 109.
Yvetot, I, 409 et suiv.; II, 309, 344, 379; III, 112, 151, 180, 198, 247.

Z

Zaraton ou Varaton, II, 11.
Zénodore, I, 113.
Ziventibold, II, 167.

FIN DE LA TABLE ALPHABÉTIQUE.

ERRATA

DU TOME TROISIÈME.

Pages.	Lignes.	Au lieu de :	Lisez :
39	4	qui	*à supprimer.*
63	21	5	*à supprimer.*
97	32	explique	démontre.
110	19	Gueclin	Guesclin.
125	30	architecture	archives.
146	6	Henrico	Henricus.
166	28	Vital	Vitet.
169	27	comètes	conciles.
189	34	1445	1485.
204	32	8	9
209	24	L.	H.
230	5	Oléans	Orléans.
232	16	w	ffi
246	37	7	*à supprimer.*
247	34	106	*à supprimer.*
272	8	qu'on juge si l'on était	était-on.
273	33	1840	*à supprimer.*
288	5	à raconter	s'il s'agissait de narrer.
318	33	Pernelle	Pesnelle.
338	32	m.	V.
352	25	du	de
358	30	w	rr.
397	7	ont	a
400	1	du	de
406	6	autres	*à supprimer.*
415	18	cpm	com

www.ingramcontent.com/pod-product-compliance
Lightning Source LLC
Chambersburg PA
CBHW070206240426
43671CB00007B/560